七政四余

七政四余

最高度の占星術

判田格

国書刊行会

序文

七政四《しちせいし》余《よ》。

史上、最高度の占星術である。

それは今をさかのぼること千数百年前、唐時代の中国で起きた革新の出来事だった。

すでに占星術が盛んに行われていた古都にギリシャ思想とインド思想が移入され、中国の陰陽五行説とギリシャの四元素説にインドの密教星学が融合して、運命学の最高峰と称される七政四余が誕生した。

しかし七政四余は高度でありすぎた。

あまりの難解さゆえに真伝が途絶え、歴史の深い暗闇の奥に埋没してしまったのである。

この幻の運命学は四柱推命や紫微斗数の源流とされる。

著者が七政四余を知ったのは十九歳の初夏のことだった。

法を求めて神田の古書屋街を彷徨しているうちに出逢った一揃いの書物にその名が記されていた。

あの蒼き日から二十数年、著者は七政四余の中国原本と軌道計算書を入手して真伝の解明に取り組み、長年にわたる苦闘の末、ここにいたって、ようやくこの占星術の実践書を上梓できる段階にたどり着いた。

本書は七政四余の原典に則った真伝を解き明かしている。原典と同じ占星盤が現代において再現され、さらに、位置の把握すら困難とされた炁星《きせい》の二百年分の天文暦も附属している。

手にすれば運命学の最高峰を実践できる。真伝の扉はここに開かれたのだ。

本書が読者の占星術研究と実践の一助となれば幸いである。

西暦二〇一〇年七月十一日

著者謹識

凡例

一、七政四《しちせいし》余《よ》を占術名とする。

一、然るべき原典に則った占術法をもって真伝とする。

一、本書は、中国原本の『張果星宗《ちょうかせいそう》』および『張果星宗大全《ちょうかせいそうたいぜん》』を則とし原典とし、他の中国原本（『星学大成《せいがくたいせい》』など）も参照して執筆された、七政四余の真伝実践書である。

一、『張果星宗』の底本は古今図書集成収録のものを用い、『張果星宗大全』の底本は陸位輯校のものを用いた。

一、本書において何の形容もなく「原典」と記述されているものは『張果星宗』および『張果星宗大全』を表わす。

一、『張果星宗』および『張果星宗大全』の内容であっても、明らかに原典側のミスと判断される記述は、これを適切に修正した上で執筆の書案とした。

一、第一章は、本占術の実践に必要な基礎知識をまとめたものである。

一、第二章は、本占術の占星盤の作成方法を実例をあげながら解説したものである。この章では『張果星宗』および『張果星宗大全』の占星盤集である鄭氏《ていし》星案《せいあん》と同じ占星盤が現代において完全に再現されている。

一、第三章は、聿斯経《いつしきよう》、枢要歌《すうようか》、玉関歌《ぎょくかんか》、琅玕経《ろうかんきよう》の原文を『張果星宗』および『張果星宗大全』から直接和訳（直訳）したものである。

一、第四章は、本占術を用いた著者による占断の実例を述べたものである。

一、主要参考文献の日本図書と中国図書は、初版刊行年または脱稿記載年を年代順に西暦で列記した。中国原本は、一部に他原本内と重複するものもあるが、同名であっても内容が異なるため別に記載した。

一、炁星天文暦は、軌道計算書『四餘《しよ》見伏細草《けんふくさいそう》』に基づく精密な計算によって作成したものである。別の軌道計算書『紫炁月孛羅《しきげつはいら》睺計都《こうけいと》』による計算結果もこれにほとんど一致する。

目次

第一章　基礎知識

第二章　製盤法

第三章　原文和訳

第四章　占断例

資料編

第一章　基礎知識

干支《えと》

干支《えと》（干支《かんし》）には年の干支、月の干支、日の干支、時の干支がある。
年月日時それぞれの干支の変り目は次のとおり。

年の干支の変り目……立春をもって年の干支の変り目とする。立春より前は、前年の干支となる。元旦から次の年の干支になるのではなく、立春より次の年の干支となる。『張果星宗』および『張果星宗大全』の「起上年月《きじょうねんげつ》」（八字《はちじ》を起こす法）にしたがえば、立春が年の干支の変り目となる。冬至を年の干支の変り目とする方式は、卓越した哲理によっているが、原典中に確認できなかったため採用を見送った。

月の干支の変り目……月の節をもって月の干支の変り目とする。月の節より前は、前月の干支となる。一日から次の月の干支になるのではなく、月の節より次の月の干支となる。

日の干支の変り目……かつての中国の時法における子時《ねどき》の初四刻と正初刻の境い目、すなわち午前零時をもって日の干支の変り目とする。すなわち午前零時より次の日の干支となる。『張果星宗』および『張果星宗大全』に図示された昼夜百刻《ちゅうやひゃっこく》は、実際には一日を百二十刻に分けたものである。時の干支を初初刻、初一刻、初二刻、初三刻、初四刻、正初刻、正一刻、正二刻、正三刻、正四刻の十刻に分割している。

時の干支の変り目……一日の二十四時間を、奇数時刻を境い目として二時間ごとに十二刻に区切り、その境い目をもって時の干支の変り目とする。境い目の時刻より次の時の干支となる。

子《ね》の刻の干支は、前半の午後十一時より午前零時までを夜子《よね》（一日の終気《しゅうき》）とし、後半の午前零時より午前一時までを正子《しょうね》（一日の始気《しき》）とし、正子《しょうね》の時の干支は当日の干支をもってこれを定め、夜子《よね》の時の干支は次の日の干支をもってこれを定める。

たとえば甲子《きのえね》日の午前零時より午前一時までの時の干支は甲子《きのえね》とし、前日の癸亥《みずのとい》日の午後十一時より午前零時までの時の干支も甲子《きのえね》とする。また乙丑《きのとうし》日の午前零時より午前一時までの時の干支は丙子《ひのえね》とし、前日の甲子《きのえね》日の午後十一時より午前零時までの時の干支も丙子《ひのえね》とする。

子《ね》の刻の干支の定め方は支那清朝の皇暦に明示されている（『三才発秘《さんさいはっぴ》』を参照）。

七政四余《しちせいしよ》

七政《しちせい》は太陽《たいよう》、月《つき》、木星《もくせい》、火星《かせい》、土星《どせい》、金星《きんせい》、水星《すいせい》の七つをいう。

四余《しよ》（四餘《しよ》）は炁星《きせい》、孛星《はいせい》、羅星《らせい》、計星《けいせい》の四つをいう。

七政四余《しちせいしよ》（七政四餘《しちせいしよ》）は太陽《たいよう》、月《つき》、木星《もくせい》、火星《かせい》、土星《どせい》、金星《きんせい》、水星《すいせい》、炁星《きせい》、孛星《はいせい》、羅星《らせい》、計星《けいせい》をいう。

また木星、火星、土星、金星、水星はまとめられて五星《ごせい》と称される。

七政は東洋の陰陽五行説に関連し、四余は西洋の四元素説に関連する。記号とともに示す。


太陽《たいよう》……日《ひ》、金烏《きんう》とも称する。陰陽五行説の陽性に関連する。記号は☉。

月《つき》……太陰《たいいん》、玉兎《ぎょくと》とも称する。陰陽五行説の陰性に関連する。記号は☽。

木星《もくせい》……歳星《さいせい》とも称する。陰陽五行説の木性に関連する。記号は♃。

火星《かせい》……熒惑《けいわく》とも称する。陰陽五行説の火性に関連する。記号は♂。

土星《どせい》……鎮星《ちんせい》とも称する。陰陽五行説の土性に関連する。記号は♄。

金星《きんせい》……太白《たいはく》とも称する。陰陽五行説の金性に関連する。記号は♀。

水星《すいせい》……辰星《しんせい》とも称する。陰陽五行説の水性に関連する。記号は☿。

炁星《きせい》……紫気《しき》とも称する。二十八太陽年で黄道を一周（順行）する。木星の余気《よき》（余《あま》りの気《き》）。記号はᘓ。

孛星《はいせい》……月孛《げっぱい》とも称する。月の遠地点で、洋名はリリス。水星の余気。記号はø。

羅星《らせい》……羅睺《らこう》、天首《てんしゅ》とも称する。白道の昇交点で、洋名はドラゴンヘッド。火星の余気。記号は☊。
計星《けいせい》……計都《けいと》、天尾《てんび》とも称する。白道の降交点で、洋名はドラゴンテイル。土星の余気。記号は☋。

炁星については諸説あるが、四余の軌道計算書である『四餘見伏細草』および『紫炁月孛羅睺計都』を精査した結果、二十八太陽年で黄道を一周することが解明されたので、それを採用した（一太陽年は約三六五・二四二二日）。

七政四余が人の運命に与える影響は、七政四余それぞれが入っている十二支、二十八宿、十二宮や、交会している他の七政四余などによって異なってくる。第三章の原文和訳を参照されたい。

昼生《ひるうま》れ

日出の時刻から日没の時刻の間に生れた人を昼生《ひるうま》れ（昼生《ひうま》れ）とする。日生《ひうま》れともいう。

夜生《よるうま》れ

日没の時刻から日出の時刻の間に生れた人を夜生《よるうま》れ（夜生《やうま》れ）とする。

数《かぞ》え歳《どし》

後述する大限《たいげん》、童限《どうげん》、小限《しょうげん》、逐年行限度《ちくねんこうげんど》を用いる際には、数《かぞ》え歳《どし》と、年の干支の変り目を使って年齢を数える。つまり実践においては数え歳を用いることになる。

数え歳では、生れた年を一歳として、次の年になる度に一歳ずつ年齢が増えてゆく。

たとえば一九六二年に生れた人は、三月生れであっても十一月生れであっても、一九六二年が一歳となる。そして次の一九六三年に入れば二歳となる。

そして大限、童限、小限、逐年行限度は干支によるので、年齢を数える際も、年の干支と同じように、立春がその変り目となる。

生れた時から次の立春までが一歳となる。その立春を過ぎれば二歳となる。あとは同様に毎年立春を過ぎる度に三歳、四歳と年齢が増えてゆく。

一九六二年の三月に生れた人は、一九六三年の立春が次の立春となる。つまり一九六三年二月四日午後九時五十九分までが一歳となり、その立春を過ぎると二歳となる。

一九六二年の一月に生れた人は、一九六二年の立春が次の立春となる。つまり一九六二年二月四日午後四時十一分までが一歳となり、その立春を過ぎると二歳となる。

生年が同じでも、生れたのが立春前なのか立春後なのかによって、年齢の数え方が異なってくる。

立春前の生れは、前の年の生れとなる。

月限《げつげん》（後述）を用いる際は月の干支の変り目（月の節）によって月を数える。

十二支《じゅうにし》

十二支《じゅうにし》は黄道十二宮をいう。各黄道十二宮の下に記号を示す。

戌《いぬ》……白羊宮♈。
酉《とり》……金牛宮♉。
申《さる》……双児宮♊。
未《ひつじ》……巨蟹宮♋。
午《うま》……獅子宮♌。
巳《み》……処女宮♍。
辰《たつ》……天秤宮♎。

卯《う》……天蝎宮♏。
寅《とら》……人馬宮♐。
丑《うし》……磨羯宮♑。
子《ね》……宝瓶宮♒。
亥《い》……双魚宮♓。

逆算《ぎゃくさん》

逐年行限度《ちくねんこうげんど》（後述）を用いるためには、十二支の度数を三十度から一度まで逆算《ぎゃくさん》する。

逐年行限度は逆算度数《ぎゃくさんどすう》（十二支の度数を逆算したもの）によっている。

実践においては資料編の二十八宿変換表を用いて逆算度数を得る。

二十八宿変換表は00分00秒で前後の十二支と重複しているが、理論的にも実際上においても、七政四余の位置が幅の無い点に一致することはあり得ない。七政四余の位置の計算結果が00分00秒となった場合は、秒の下までさらに計算を行って00分00秒より前なのか後なのか明確にすれば、問題なく二十八宿変換表を用いることができる。

命度《めいど》

命度《めいど》は上昇点（ascendant）をいう。

占星盤に記入する際には二十八宿《にじゅうはっしゅく》（後述）の度数に変換する。

実践においては資料編の二十八宿変換表を用いて二十八宿の度数を算出する。

十二宮《じゅうにきゅう》

十二宮《じゅうにきゅう》は命宮《めいきゅう》、財帛宮《ざいはくきゅう》、兄弟宮《けいていきゅう》、田宅宮《でんたくきゅう》、男女宮《だんじょきゅう》、奴僕宮《ぬぼくきゅう》、夫妻宮《ふさいきゅう》、疾厄宮《しつやくきゅう》、遷移宮《せんいきゅう》、官禄宮《かんろくきゅう》、福徳宮《ふくとくきゅう》、相貌宮《そうぼうきゅう》をいい、それらに加えて身宮《しんきゅう》がある。


命宮《めいきゅう》……また第一宮と称する。

財帛宮《ざいはくきゅう》……また第二宮と称する。

兄弟宮《けいていきゅう》……また第三宮と称する。

田宅宮《でんたくきゅう》……また第四宮と称する。

男女宮《だんじょきゅう》……また第五宮と称する。

奴僕宮《ぬぼくきゅう》……また第六宮と称する。

夫妻宮《ふさいきゅう》……また第七宮と称する。

疾厄宮《しつやくきゅう》……また第八宮と称する。

遷移宮《せんいきゅう》……また第九宮と称する。

官禄宮《かんろくきゅう》……また第十宮と称する。

福徳宮《ふくとくきゅう》……また第十一宮と称する。

相貌宮《そうぼうきゅう》……また第十二宮と称する。

身宮《しんきゅう》。


十二宮は、命度のある十二支を命宮とし、そこから反時計回りに残りの十二宮を配する。

身宮は、月のある十二支に生時支を置き、そこから反時計回りに支を配し、酉に当る支をもって身宮とする。

実践においては資料編の十二宮早見図と第二章の身宮早見表を用いる。

十二宮それぞれの幅は三十度で一定している。

また十二宮それぞれの始まりと終わりの位置は、常に十二支の始まりと終わりの位置に一致する（身宮も同じ）。

たとえば命度が申の一度であっても十度であっても、申のどの位置にあっても、命宮の始まりは申の始まり（申の零度）に一致し、命宮の終わりは申の終わり（申の三十度）に一致する。『張果星宗』および『張果星宗大全』における占術法では十二宮と十二支は一致している。

夫妻宮は、原典では妻妾宮の用語が多く使われているが、十二宮を論じた箇所の「論夫妻」の項目で「夫妻」の語が用いられており、「論女命」の項目では夫妻宮の主星として「夫星」の語が多用されている。妻妾宮の用語は女性には使えない上に、妻妾という語を現代において使用するのは不適切である。その理由から、原典と同じ占星盤を再現するに当って、本書では妻妾宮ではなく夫妻宮の語を採用している。

女命十二宮定位《じょめいじゅうにきゅうていい》と僧道十二宮定位《そうどうじゅうにきゅうていい》は現代にそぐわないため採用を見送った。

『三才発秘《さんさいはっぴ》』は一を命宮、二を相貌宮、三を福徳宮の順で定めているが、十二宮は逆数で十二支に輪転《りんてん》させるため、結果は原典に則った本書と同じ配置になる。

十二宮早見図は月限宮《げつげんきゅう》（後述）を算出する際にも用いる。

十二宮《じゅうにきゅう》の略説《りゃくせつ》

命宮………太陽の象《しょう》は父にして胎内に精神を形成するゆえ、精神を主《しゅ》とし身体を従《じゅう》として人の性質や運命全般を見る。

身宮………月の象《しょう》は母にして胎内に身体を形成するゆえ、身体を主《しゅ》とし精神を従《じゅう》として人の性質や運命全般を見る。

財帛宮……財運のうち、金銭収入や貯蓄、高価な持ち物の所有などを見る。

兄弟宮……兄弟姉妹の仲不仲や貧富、離婚の有無などを見る。

田宅宮……財運のうち、固定資産や相続遺産などを見る。また住居の状態を見る。

男女宮……子供運を見る。子供ができるか否か、どのような子供に恵まれるかなどを見る。

奴僕宮……奴婢《ぬひ》的な労役の有無、その種類と状況や、また部下の多寡や性質なども見る。

夫妻宮……恋愛運と結婚運を見る。

疾厄宮……疾病の種類や事故による怪我、手足の骨折などの有無を見る。

遷移宮……運命（職業など）のうつり変りを見る。また刑務所への入獄（住居移動）の有無や、流浪による死亡の有無、上京による成敗など、中長距離的な移動（遷移）にともなう運命を見る。

官禄宮……職業運（仕事運）を見る。仕事の適性や職場の状況、職業における成敗などを見る。上司運や学業運、試験運もこの宮で見る。

福徳宮……精神的に充実しているか否かを見る。職業運、財運、結婚運、子供運などを見る。

相貌宮……容姿だけでなく、暗疾《あんしつ》による破相《はそう》（目に見える顔面肉体の奇形、身体障害など）や、彫花刺紋《ちょうかしもん》（背中の入れ墨）の有無などを見る。


実際の占断では十二宮の主星《しゅせい》（後述）も兼ねて見る。

兄弟宮は閑宮《かんきゅう》、閑極《かんきょく》とも称され、強宮《きょうきゅう》（後述）の主星《しゅせい》（後述）による吉運を滞《とどこお》らせる性質がある。
（注）父母に関する事柄は太陽（父）と月（母）によって見る。田宅宮によって見る場合もある。

二十八宿《にじゅうはっしゅく》

二十八宿《にじゅうはっしゅく》は赤道や黄道の区分法である。本占術では黄道の区分法が用いられる。二十八宿の幅は各々が異なっており、また初度《しょど》から始まるものと一度から始まるものとがある。

初度から始まるものは、初度、一度、二度、三度のように数えてゆく。


角宿《かくしゅく》……一度から十二度まで（十二度）。

亢宿《こうしゅく》……一度から九度まで（九度）。

氐宿《ていしゅく》……初度から十六度まで（十七度）。

房宿《ぼうしゅく》……初度から五度まで（六度）。

心宿《しんしゅく》……一度から六度まで（六度）。

尾宿《びしゅく》……一度から十八度まで（十八度）。

箕宿《きしゅく》……初度から十度まで（十一度）。
斗宿《としゅく》……初度から二十三度まで（二十四度）。
牛宿《ぎゅうしゅく》……初度から六度まで（七度）。
女宿《じょしゅく》……初度から十度まで（十一度）。
虚宿《きょしゅく》……初度から九度まで（十度）。
危宿《きしゅく》……一度から十五度まで（十五度）。
室宿《しっしゅく》……一度から十七度まで（十七度）。
壁宿《へきしゅく》……一度から八度まで（八度）。
奎宿《けいしゅく》……初度から十六度まで（十七度）。
婁宿《るしゅく》……一度から十二度まで（十二度）。
胃宿《いしゅく》……一度から十五度まで（十五度）。
昴宿《ぼうしゅく》……初度から十度まで（十一度）。
畢宿《ひっしゅく》……初度から十六度まで（十七度）。
觜宿《ししゅく》……初度（一度）。
参宿《さんしゅく》……一度から十度まで（十度）。
井宿《せいしゅく》……初度から三十度まで（三十一度）。
鬼宿《きしゅく》……初度から二度まで（三度）。
柳宿《りゅうしゅく》……初度から十三度まで（十四度）。
星宿《せいしゅく》……一度から六度まで（六度）。
張宿《ちょうしゅく》……一度から十六度まで（十六度）。
翼宿《よくしゅく》……一度から十九度まで（十九度）。
軫宿《しんしゅく》……一度から十七度まで（十七度）。

十二支《じゅうにし》の主星《しゅせい》

十二支にはそれぞれをつかさどる主星《しゅせい》（所属《しょぞく》）がある。

戌……主星は火星。
酉……主星は金星。
申……主星は水星。
未……主星は月。
午……主星は太陽。
巳……主星は水星。
辰……主星は金星。
卯……主星は火星。
寅……主星は木星。
丑……主星は土星。
子……主星は土星。
亥……主星は木星。

十二支《じゅうにし》の陰陽五行《いんようごぎょう》

十二支にはそれぞれの陰陽五行《いんようごぎょう》がある。

戌……陽の土。

酉……陰の金。
申……陽の金。
未……陰の土。
午……陽の火。
巳……陰の火。
辰……陽の土。
卯……陰の木。
寅……陽の木。
丑……陰の土。
子……陽の水。
亥……陰の水。

十二支《じゅうにし》の方位《ほうい》

戌……中央（北西ないし西北西）。
酉……西方（正西）。
申……西方（南西ないし西南西）。
未……中央（南西ないし南南西）。
午……南方（正南）。
巳……南方（南東ないし南南東）。
辰……中央（南東ないし東南東）。
卯……東方（正東）。
寅……東方（北東ないし東北東）。

丑……中央（北東ないし北北東）。
子……北方（正北）。
亥……北方（北西ないし北北西）。

十二支《じゅうにし》の八卦位《はっかい》

戌……乾位《けんい》。
酉……兌位《だい》。
申……坤位《こんい》。
未……坤位《こんい》。
午……離位《りい》。
巳……巽位《そんい》。
辰……巽位《そんい》。
卯……震位《しんい》。
寅……艮位《ごんい》。
丑……艮位《ごんい》。
子……坎位《かんい》。
亥……乾位《けんい》。

年分訣《ねんぶんけつ》

十二宮のそれぞれには大限《たいげん》（後述）における期間に該当する年数があり、それらを年分訣《ねんぶんけつ》という。

命宮の年分訣は十五年となっているが、原典の行度訣《こうどけつ》に「命宮行度随浅深」（和訳すれば「命宮《めいきゅう》の行度《こうど》は浅深《せんしん》に随《したが》う」）

とあるように、十五年で固定されているわけではない。逐年行限度の実践においては、生年月日から大限の相貌宮に入るまでの日数を計算して命宮の年分訣とする。

命宮……年分訣は十五年（実際は人によって異なる）。
相貌宮……年分訣は十年。
福徳宮……年分訣は十一年。
官禄宮……年分訣は十五年。
遷移宮……年分訣は八年。
疾厄宮……年分訣は七年。
夫妻宮……年分訣は十一年。
奴僕宮……年分訣は四年六ヶ月。
男女宮……年分訣は四年六ヶ月。
田宅宮……年分訣は四年六ヶ月。
兄弟宮……年分訣は五年。
財帛宮……年分訣は五年。

二十八宿《にじゆうはつしゆく》の主星《しゆせい》

二十八宿にはそれぞれをつかさどる主星《しゆせい》（所属《しよぞく》）がある。

角宿……主星は木星。
亢宿……主星は金星。
氐宿……主星は土星。

房宿……主星は太陽。
心宿……主星は月。
尾宿……主星は火星。
箕宿……主星は水星。
斗宿……主星は木星。
牛宿……主星は金星。
女宿……主星は土星。
虚宿……主星は太陽。
危宿……主星は月。
室宿……主星は火星。
壁宿……主星は水星。
奎宿……主星は木星。
婁宿……主星は金星。
胃宿……主星は土星。
昴宿……主星は太陽。
畢宿……主星は月。
觜宿……主星は火星。
参宿……主星は水星。
井宿……主星は木星。
鬼宿……主星は金星。
柳宿……主星は土星。
星宿……主星は太陽。
張宿……主星は月。

翼宿……主星は火星。
軫宿……主星は水星。

二十八宿《にじゅうはっしゅく》の方位《ほうい》

二十八宿は、七宿ごとに、東の方位《ほうい》、北の方位《ほうい》、西の方位《ほうい》、南の方位《ほうい》を表わす。

東方の七宿……角宿、亢宿、氐宿、房宿、心宿、尾宿、箕宿。
北方の七宿……斗宿、牛宿、女宿、虚宿、危宿、室宿、壁宿。
西方の七宿……奎宿、婁宿、胃宿、昴宿、畢宿、觜宿、参宿。
南方の七宿……井宿、鬼宿、柳宿、星宿、張宿、翼宿、軫宿。

十二宮《じゅうにきゅう》の主星《しゅせい》

十二宮はそれぞれ十二支のいずれかに該当しており、また十二支はそれぞれが主星を持っている。ここから十二宮《じゅうにきゅう》の主星《しゅせい》があることになる。

命宮の主星（命主《めいしゅ》）…………命宮に当る十二支の主星。
財帛宮の主星（財帛主《ざいはくしゅ》）……財帛宮に当る十二支の主星。
兄弟宮の主星（兄弟主《けいていしゅ》）……兄弟宮に当る十二支の主星。
田宅宮の主星（田宅主《でんたくしゅ》）……田宅宮に当る十二支の主星。
男女宮の主星（男女主《だんじょしゅ》）……男女宮に当る十二支の主星。
奴僕宮の主星（奴僕主《ぬぼくしゅ》）……奴僕宮に当る十二支の主星。

夫妻宮の主星（夫妻主《ふさいしゆ》）……夫妻宮に当る十二支の主星。
疾厄宮の主星（疾厄主《しつやくしゆ》）……疾厄宮に当る十二支の主星。
遷移宮の主星（遷移主《せんいしゆ》）……遷移宮に当る十二支の主星。
官禄宮の主星（官禄主《かんろくしゆ》）……官禄宮に当る十二支の主星。
福徳宮の主星（福徳主《ふくとくしゆ》）……福徳宮に当る十二支の主星。
相貌宮の主星（相貌主《そうぼうしゆ》）……相貌宮に当る十二支の主星。
身宮の主星（身主《しんしゆ》）…………身宮に当る十二支の主星。

強宮《きようきゆう》と弱宮《じやくきゆう》

十二宮には強宮《きようきゆう》と弱宮《じやくきゆう》がある。
強宮は命宮、官禄宮、田宅宮、夫妻宮、男女宮、福徳宮、財帛宮をいう。
財帛宮はまた次弱《じじやく》ともいう。
弱宮は兄弟宮、奴僕宮、疾厄宮、相貌宮、遷移宮をいう。
遷移宮はまた近強《きんきよう》ともいう。

命宮………強宮。
財帛宮……強宮（次弱）。
兄弟宮……弱宮。
曰宅宮……強宮。
男女宮……強宮。
奴僕宮……弱宮。
夫妻宮……強宮。

疾厄宮……弱宮。

遷移宮……弱宮（近強）。

官禄宮……強宮。

福徳宮……強宮。

相貌宮……弱宮。


強宮および弱宮と、先に述べた十二宮の主星は、一つの占断の原則をなす。

一つの原則として、強宮の主星が強宮に入っていれば吉とし、弱宮に入っていれば凶とする。

たとえば夫妻運を見るならば、夫妻主が強宮に入っていれば夫妻運を原則的に吉とし、夫妻主が弱宮に入っていれば夫妻運を原則的に凶とする。

変曜《へんよう》

変曜《へんよう》は一定の条件によって七政四余の性質が変ったものをいう。化曜《かよう》とも称する。

天馬《てんば》と地駅《ちえき》にはそれぞれ二種類がある。

また占星盤では天官《てんかん》は天官星と記され、天貴《てんき》は天貴嗣と記される。


科名《かめい》……標名《ひょうめい》をつかさどる。

科甲《かこう》……登第《とうだい》をつかさどる。

文星《ぶんせい》……能文《のうぶん》をつかさどる。

魁星《かいせい》……奪魁《だつかい》をつかさどる。

天官《てんかん》……官星《かんせい》をつかさどる。

印星《いんせい》……掌印《しょういん》をつかさどる。

催官《さいかん》……催陞《さいしょう》をつかさどる。
禄神《ろくしん》……食禄《しょくろく》をつかさどる。
喜神《きしん》……喜慶《きけい》をつかさどる。
爵星《しゃくせい》……爵尊《しゃくそん》をつかさどる。
天馬《てんば》……陞調《しょうちょう》をつかさどる。
地駅《ちえき》……遷除《せんじょ》をつかさどる。
天禄《てんろく》……享禄《きょうろく》をつかさどる。
天暗《てんあん》……暗昧《あんまい》をつかさどる。
天福《てんぷく》……穫福《かくふく》をつかさどる。
天耗《てんもう》……破耗《はもう》をつかさどる。
天廕《てんいん》……廕庇《いんひ》をつかさどる。
天貴《てんき》……嗣貴《しき》をつかさどる。
天刑《てんけい》……犯刑《はんけい》をつかさどる。
天印《てんいん》……有印《ゆういん》をつかさどる。
天囚《てんしゅう》……囚禁《しゅうきん》をつかさどる。
天権《てんけん》……重権《じゅうけん》をつかさどる。
天元《てんげん》……化禄《かろく》による吉曜。
地元《ちげん》……卦気《かき》による吉曜。
人元《じんげん》……虎遁《ことん》による吉曜。
令元《れいげん》……生月《せいげつ》による吉曜。
天経《てんけい》……才能《さいのう》をつかさどる。
地緯《ちい》……才能《さいのう》をつかさどる。
天馬《てんば》……官禄《かんろく》の干によるもう一つの天馬。

地駅《ちえき》……官禄《かんろく》の支によるもう一つの地駅。
職元《しょくげん》……職分《しょくぶん》をつかさどる。
局主《きょくしゅ》……職元《しょくげん》による吉曜。
生官《せいかん》……官高《かんこう》をつかさどる。
傷官《しょうかん》……壊名《かいめい》をつかさどる。
禄元《ろくげん》……有禄《ゆうろく》をつかさどる。
馬元《ばげん》……利動《りどう》をつかさどる。
仁元《じんげん》……延年《えんねん》をつかさどる。
寿元《じゅげん》……寿考《じゅこう》をつかさどる。
血支《けつし》……血光《けっこう》をつかさどる。
血忌《けつき》……血毒《けつどく》をつかさどる。
産星《さんせい》……産難《さんなん》をつかさどる。
直難《ちょくなん》……凶事《きょうじ》を起こす。

十二運《じゅうにうん》

十二運《じゅうにうん》は長生《ちょうせい》、沐浴《もくよく》、冠帯《かんたい》、臨官《りんかん》、帝旺《ていおう》、衰《すい》、病《びょう》、死《し》、庫《こ》、絶《ぜつ》、胎《たい》、養《よう》をいい、これらは生年干支の納音五行《なっちんごぎょう》と占星盤の十二支から算出される。

神殺《しんさつ》

占星盤に記入される神殺《しんさつ》は次のとおり。

陰刃《いんじん》……横禍《おうか》をつかさどる。

駅馬《えきば》……栄衰《えいすい》は駅《えき》を乗《の》り継《つ》ぐ如《ごと》し。

華蓋《かがい》……聡明《そうめい》の吉星《きっせい》。

卦気《かき》……福禄《ふくろく》をつかさどる。

寡宿《かしゅく》……寡居《かきょ》をつかさどる。

咸池《かんち》……色慾《しきよく》をつかさどる。

貴人《きじん》……昼《ひる》の貴人《きじん》。

玉堂《ぎょくどう》……夜《よる》の貴人《きじん》。

空亡《くうぼう》……少積《しょうせき》をつかさどる。

月殺《げっさつ》……若《も》し此《こ》の殺《さつ》が犯《おか》せば最《もっと》も刑《けい》を為《な》す。

月符《げっぷ》……争闘《そうとう》が多《おお》く身宮《しんきゅう》と命宮《めいきゅう》に臨《のぞ》むを怕《おそ》れる。

月廉《げつれん》……横夭《おうよう》にして須《すべか》らく評《ひょう》せず。

剣鋒《けんぽう》……畳刃《じょうじん》をつかさどる。

絞《こう》……絞殺《こうさつ》は命宮《めいきゅう》を忌《い》む。

勾《こう》……縲紲《るいせつ》をつかさどる。

劫殺《ごうさつ》……劫破《ごうは》をつかさどる。

国印《こくいん》……掌印《しょういん》をつかさどる。

孤辰《こしん》……孤尅《ここく》をつかさどる。

歳駕《さいが》……登駕《とうが》によろしい。

歳殿《さいでん》……登殿《とうでん》によろしい。

三刑《さんけい》……刑傷《けいしょう》をつかさどる。

死符《しふ》……身主《しんしゅ》、命主《めいしゅ》、身宮《しんきゅう》、命宮《めいきゅう》を忌《い》む。

小耗《しょうもう》……身主《しんしゅ》、命主《めいしゅ》、田宅主《でんたくしゅ》、財帛主《ざいはくしゅ》に値《あ》えば家《いえ》を破《やぶ》り、身宮《しんきゅう》、命宮《めいきゅう》、田宅宮《でんたくきゅう》、財帛宮《ざいはくきゅう》に在《あ》れば不吉《ふきつ》。

大殺《たいさつ》……横禍《おうか》をつかさどる。

大耗《たいもう》……身主《しんしゅ》、命主《めいしゅ》、田宅主《でんたくしゅ》、財帛主《ざいはくしゅ》に値《あ》えば家《いえ》を破《やぶ》り、身宮《しんきゅう》、命宮《めいきゅう》、田宅宮《でんたくきゅう》、財帛宮《ざいはくきゅう》に在《あ》れば不吉《ふきつ》。

地雌《ちし》……すなわち喪門《そうもん》（喪服《そうふく》を表象する）にして併殺《へいさつ》を怕《おそ》れる。

地耗《ちもう》……雷轟《らいごう》と虎咬《ここう》によって亡《ほろ》びる。

注受《ちゅうじゅ》……身主《しんしゅ》、命主《めいしゅ》、身宮《しんきゅう》、命宮《めいきゅう》に逢《あ》えば富栄《ふえい》する。

天狗《てんぐ》……嗣《あとつぎ》に難《なん》が有《あ》り男女宮《だんじょきゅう》を忌《い》む。

天空《てんくう》……喜《よろこ》びを空《むな》しく殺《ころ》す。

天耗《てんもう》……雷轟《らいごう》と虎咬《ここう》によって亡《ほろ》びる。

天厄《てんやく》……命宮《めいきゅう》を忌《い》み、男女主《だんじょしゅ》、男女宮《だんじょきゅう》を犯《おか》せば厄難《やくなん》あり。

天雄《てんゆう》……すなわち白虎《びゃっこ》にして命宮《めいきゅう》を忌《い》む。

的殺《てきさつ》……破敗《ははい》をつかさどる。

唐符《とうふ》……重横《じゅうおう》をつかさどる。

斗標《とひょう》……大功《たいこう》をつかさどる。斗杓《としゃく》ともいう。

年符《ねんふ》……詞訟《ししょう》をつかさどる。

驀越《ばくえつ》……疾病《しつびょう》をつかさどる。

飛刃《ひじん》……横禍《おうか》をつかさどる。

病符《びょうふ》……疾病《しつびょう》をつかさどる。

浮沈《ふちん》……没溺《ぼつでき》をつかさどる。

亡神《ぼうじん》……危亡《きぼう》をつかさどる。

文昌《もんしょう》……小試《しょうし》によろしい。

陽刃《ようじん》……横禍《おうか》をつかさどる。

六害《ろくがい》……尅害《こくがい》をつかさどる。

禄勲《ろくくん》……勲禄《くんろく》をつかさどる。

これらの神殺は『張果星宗』および『張果星宗大全』の占星盤集である鄭氏《ていし》星案《せいあん》で実際に使用されているものである。原典の本文には他にも神殺が記されているが、少なくとも鄭氏星案と同じ占星盤を作成するためにはここに掲載された神殺が必要不可欠となる。

またこれらとは別に飛廉《ひれん》という神殺を製盤のために用いる。

飛廉《ひれん》

飛廉《ひれん》は神殺だが占星盤に記入されない。

飛廉は非災《ひさい》をつかさどる。

日月忌格《じつげつきかく》（後述）の「日月夾拱廉鋒《じつげつきょうきょうれんぽう》」（後述）などを調べる際に必要となる。

八殺宮《はっさつきゅう》

八殺宮《はっさつきゅう》は疾病をつかさどる。

疾格《しっかく》（後述）などを調べる際に必要となる。

本書では『星学大成《せいがくたいせい》』の「八殺宮定局図《はっさつきゅうていきょくず》」に基づいて八殺宮を算出している。

八殺宮はまた疾厄宮の別称としても用いられる。

入垣《にゅうえん》、升殿《しょうでん》、廟《びょう》、旺《おう》、喜《き》、楽《らく》、乗令《じょうれい》

七政四余には入垣《にゅうえん》、升殿《しょうでん》、廟《びょう》、旺《おう》、喜《き》、楽《らく》、乗令《じょうれい》がある。

原則として吉意を表わす。

失垣《しつえん》、失躔《しつてん》、受尅《じゆこく》、失令《しつれい》、泄気《せつき》、閑極《かんきよく》

七政四余には失垣《しつえん》、失躔《しつてん》、受尅《じゆこく》、失令《しつれい》、泄気《せつき》、閑極《かんきよく》がある。

原則として凶意を表わす。たとえば七政四余が吉星（天官や天貴など）に変曜していても、失垣、失躔に当っていれば吉意が減ずる。

前後《ぜんご》

十二支の前後《ぜんご》（前後ろ《まえうしろ》）は、たとえば子を中とすれば、丑が前となり、亥が後となる。

二十八宿の前後は、たとえば角宿を中とすれば、亢宿が前となり、軫宿が後となる。

十二支内、二十八宿内における前後は、度数の小さい位置が前となり、度数の大きい位置が後となる。

三合《さんごう》

三合《さんごう》は、数えて四つ目（百二十度）に当る十二支または十二宮をいう。

申子辰、寅午戌、巳酉丑、卯未亥が三合の支となる。

子から見れば辰と申が三合に当る。

命宮から見れば男女宮と遷移宮が三合に当る。

三合はまた三方《さんぽう》、合拱《ごうきよう》、拱《きよう》ともいう。

四正《しせい》

四正《しせい》は、数えて三つ目（九十度）に当る十二支または十二宮をいう。

子卯午酉、丑辰未戌、寅巳申亥が四正の支となる。

子から見れば卯と午と酉が四正に当る。

命宮から見れば田宅宮と夫妻宮と官禄宮が四正に当る。

対《たい》

対《たい》（対冲《たいちゅう》）は、数えて七つ目（百八十度）に当る十二支または十二宮をいう。

子から見れば午が対（対冲）に当る。

命宮から見れば夫妻宮が対（対冲）に当る。

拱《きょう》

拱《きょう》は三合をいう。三方《さんぽう》とも称される。

たとえば命宮が子で、太陽が辰にあり、月が申にあるときは、申子辰が三合にあるので、太陽と月が命宮を拱《きょう》するという。

また命宮が子のときは、官禄主が火星（官禄宮の卯の主星は火星）となり、福徳主が木星（福徳宮の寅の主星は木星）となるので、火星が辰に入り木星が申に入っている場合は、官禄主と福徳主が命宮を拱《きょう》するという。

夾《きょう》

夾《きょう》（夾《はさ》む）は前後すなわち両傍《りょうぼう》をいう。

たとえば命宮が子で、太陽が丑にあり、月が亥にあるときは、丑と亥が子の前後にあるので、太陽と月が命宮を夾《きょう》するという。同じ十二支内に太陽、月、火星がその順に入っているときは、太陽と火星が月を夾《きょう》するという。

また命宮が子のときは、官禄主が火星（官禄宮の卯の主星は火星）となり、福徳主が木星（福徳宮の寅の主星は木星）となるので、火星が丑に入り木星が亥に入っている場合は、官禄主と福徳主が命宮を夾《きょう》するという。

順《じゅん》

順《じゅん》は七政四余の順行（戌→酉→申→未→午→巳→辰→卯→寅→丑→子→亥の方向に進むこと）をいう。

逆《ぎゃく》

逆《ぎゃく》は七政四余の逆行（戌→亥→子→丑→寅→卯→辰→巳→午→未→申→酉の方向に進むこと）をいう。

留《りゅう》

留《りゅう》は七政四余の進行が留《と》まっていることをいう。

遅《ち》

遅《ち》は七政四余の進行が遅くなることをいう。

伏《ふく》

伏《ふく》は七政四余が太陽と同じ位置に来て見えなくなることをいう。

（注）全ての七政四余に逆、留、遅、伏の状態があるわけではない。

天盤《てんばん》と地盤《ちばん》

天盤《てんばん》と地盤《ちばん》は『星学大成《せいがくたいせい》』の天盤加盤図と地盤通関図に記されている。

天盤と地盤の出し方は次のとおり。


天盤……命宮の十二支を占星盤の酉上に置いてそこから時計回りに支を配する。

地盤……命宮の十二支を占星盤の卯上に置いてそこから反時計回りに支を配する。

大限《たいげん》

大限《たいげん》は数年から十数年単位の運勢を占断するための十二宮と十二支をいう。またそれらを大限宮《たいげんきゅう》という。

大限は最初に命宮に該当し、続いて時計回りに相貌宮、福徳宮、官禄宮、遷移宮、疾厄宮、夫妻宮、奴僕宮、男女宮、田宅宮、兄弟宮、財帛宮に該当する。十二支は人によって異なる。

命宮から始まって次の相貌宮に入るが、相貌宮に入る年齢は人によって異なり、十一歳から二十歳までがある。

大限における占断は、大限宮を先に見て、大限宮の主星を兼ねて見る。

大限宮の流れと年分訣は次のとおり。

命宮………年分訣は人によって異なる。
↓
相貌宮……十年。
↓

福徳宮……十一年。
←官禄宮……十五年。
←遷移宮……八年。
←疾厄宮……七年。
←夫妻宮……十一年。
←奴僕宮……四年六ヶ月。
←男女宮……四年六ヶ月。
←田宅宮……四年六ヶ月。
←兄弟宮……五年。
←財帛宮……五年。

年分訣を相貌宮から加算してゆけば、相貌宮以降の大限宮に入るまでの年数が算出される。

相貌宮に入るまで……零年。

←福徳宮に入るまで……十年。
←官禄宮に入るまで……二十一年。
←遷移宮に入るまで……三十六年。
←疾厄宮に入るまで……四十四年。
←夫妻宮に入るまで……五十一年。
←奴僕宮に入るまで……六十二年。
←男女宮に入るまで……六十六年六ヶ月。
←田宅宮に入るまで……七十一年。
←兄弟宮に入るまで……七十五年六ヶ月。
←財帛宮に入るまで……八十年六ヶ月。

これに相貌宮に入る年齢を加算すれば大限宮に入る年齢が算出される。
命宮は常に一歳から入るので、たとえば十四歳で相貌宮に入る人なら次のようになる。

命宮……一歳。（一歳で命宮に入る）
←
相貌宮……十四歳。（零年　＋　十四歳　＝　十四歳で相貌宮に入る）
←
福徳宮……二十四歳。（十年　＋　十四歳　＝　二十四歳で福徳宮に入る）
←
官禄宮……三十五歳。（二十一年　＋　十四歳　＝　三十五歳で官禄宮に入る）
←
遷移宮……五十歳。（三十六年　＋　十四歳　＝　五十歳で遷移宮に入る）
←
疾厄宮……五十八歳。（四十四年　＋　十四歳　＝　五十八歳で疾厄宮に入る）
←
夫妻宮……六十五歳。（五十一年　＋　十四歳　＝　六十五歳で夫妻宮に入る）
←
奴僕宮……七十六歳。（六十二年　＋　十四歳　＝　七十六歳で奴僕宮に入る）
←
男女宮……八十歳六ヶ月。（六十六年六ヶ月　＋　十四歳　＝　八十歳六ヶ月で男女宮に入る）
←
田宅宮……八十五歳。（七十一年　＋　十四歳　＝　八十五歳で田宅宮に入る）
←
兄弟宮……八十九歳六ヶ月。（七十五年六ヶ月　＋　十四歳　＝　八十九歳六ヶ月で兄弟宮に入る）
←

財帛宮……九十四歳六ヶ月。　（八十年六ヶ月　＋　十四歳　＝　九十四歳六ヶ月で財帛宮に入る）

童限《どうげん》

童限《どうげん》は主に一歳から十五歳までの毎年の運勢を占断するための十二宮と十二支をいう。またそれらを童限宮《どうげんきゅう》という。

原典の定童限例歌に「十九起限住三年　二十行限四年畢」（和訳すれば「十九《じゅうく》は三年《さんねん》を住《とど》まりて限《げん》を起《お》こし、二十《にじゅう》は四年《よねん》の畢《おわ》りより限《げん》を行《めぐ》る」）とあるが、十六歳からは次の項で解説する小限《しょうげん》を用いればよいので実践に支障はない。

童限は一歳が命宮、二歳が財帛宮、三歳が疾厄宮、四歳が夫妻宮、五歳が福徳宮で、六歳の官禄宮から時計回りに七歳が遷移宮、八歳が疾厄宮、九歳が夫妻宮、十歳が奴僕宮、十一歳が男女宮、十二歳が田宅宮、十三歳が兄弟宮、十四歳が財帛宮、十五歳が命宮の順にめぐる（大限に入るまで童限を用いる星平会海《せいへいかいかい》の方式もある。十六歳以上の童限は、十六歳を相貌宮、十七歳を福徳宮、十八歳を官禄宮、十九歳を遷移宮として用いる）。

童限における占断は、童限宮を先に見て、童限宮の主星を兼ねて見る。

各年齢の童限宮は次のとおり（十二支は人によって異なる）。

一歳……命宮。
二歳……財帛宮。
三歳……疾厄宮。
四歳……夫妻宮。
五歳……福徳宮。
六歳……官禄宮。
七歳……遷移宮。
八歳……疾厄宮。
九歳……夫妻宮。

十歳……奴僕宮。

十一歳……男女宮。

十二歳……田宅宮。

十三歳……兄弟宮。

十四歳……財帛宮。

十五歳……命宮。

小限《しょうげん》

小限《しょうげん》は毎年の運勢を占断するための十二宮と十二支をいう。またそれらを小限宮《しょうげんきゅう》という。

小限における占断は、小限宮を先に見て、小限宮の主星を兼ねて見る。

小限宮を出すには、命宮に生年支を置いて、そこから支を反時計回りに配する。

たとえば子年生れの人で命宮が寅なら、小限宮は次のようになる。


命宮（寅）　↓　子年を置く　↓　子年の小限宮は命宮（寅）となる。

財帛宮（丑）　↓　丑年を置く　↓　丑年の小限宮は財帛宮（丑）となる。

兄弟宮（子）　↓　寅年を置く　↓　寅年の小限宮は兄弟宮（子）となる。

田宅宮（亥）　↓　卯年を置く　↓　卯年の小限宮は田宅宮（亥）となる。

男女宮（戌）　↓　辰年を置く　↓　辰年の小限宮は男女宮（戌）となる。

奴僕宮（酉）　↓　巳年を置く　↓　巳年の小限宮は奴僕宮（酉）となる。

夫妻宮（申）　↓　午年を置く　↓　午年の小限宮は夫妻宮（申）となる。

疾厄宮（未）　↓　未年を置く　↓　未年の小限宮は疾厄宮（未）となる。

遷移宮（午）　↓　申年を置く　↓　申年の小限宮は遷移宮（午）となる。

官禄宮（巳）↓酉年を置く↓酉年の小限宮は官禄宮（巳）となる。
福徳宮（辰）↓戌年を置く↓戌年の小限宮は福徳宮（辰）となる。
相貌宮（卯）↓亥年を置く↓亥年の小限宮は相貌宮（卯）となる。

結果として小限宮は常に、生年支と同じ十二支が命宮となり、次の年は財帛宮、その次の年は兄弟宮、のように十二宮を反時計回りにめぐってゆく。命宮を一歳として十二宮に反時計回りに二歳、三歳と置いていっても同じ算出結果が得られる。

各年齢の小限宮は次ページのとおり（十二支は人によって異なる）。小限早見表として示す。

小限早見表

命宮……一歳、十三歳、二十五歳、三十七歳、四十九歳、六十一歳、七十三歳、八十五歳、九十七歳。

財帛宮……二歳、十四歳、二十六歳、三十八歳、五十歳、六十二歳、七十四歳、八十六歳、九十八歳。

兄弟宮……三歳、十五歳、二十七歳、三十九歳、五十一歳、六十三歳、七十五歳、八十七歳、九十九歳。

田宅宮……四歳、十六歳、二十八歳、四十歳、五十二歳、六十四歳、七十六歳、八十八歳、百歳。

男女宮……五歳、十七歳、二十九歳、四十一歳、五十三歳、六十五歳、七十七歳、八十九歳、百一歳。

奴僕宮……六歳、十八歳、三十歳、四十二歳、五十四歳、六十六歳、七十八歳、九十歳、百二歳。

夫妻宮……七歳、十九歳、三十一歳、四十三歳、五十五歳、六十七歳、七十九歳、九十一歳、百三歳。

疾厄宮……八歳、二十歳、三十二歳、四十四歳、五十六歳、六十八歳、八十歳、九十二歳、百四歳。

遷移宮……九歳、二十一歳、三十三歳、四十五歳、五十七歳、六十九歳、八十一歳、九十三歳、百五歳。

官禄宮……十歳、二十二歳、三十四歳、四十六歳、五十八歳、七十歳、八十二歳、九十四歳、百六歳。

福徳宮……十一歳、二十三歳、三十五歳、四十七歳、五十九歳、七十一歳、八十三歳、九十五歳、百七歳。

相貌宮……十二歳、二十四歳、三十六歳、四十八歳、六十歳、七十二歳、八十四歳、九十六歳、百八歳。


十六歳以上を表にすれば次のようになる。

小限早見表
（16歳以上）


命宮……二十五歳、三十七歳、四十九歳、六十一歳、七十三歳、八十五歳、九十七歳。

財帛宮……二十六歳、三十八歳、五十歳、六十二歳、七十四歳、八十六歳、九十八歳。

兄弟宮……二十七歳、三十九歳、五十一歳、六十三歳、七十五歳、八十七歳、九十九歳。

田宅宮……十六歳、二十八歳、四十歳、五十二歳、六十四歳、七十六歳、八十八歳、百歳。

男女宮……十七歳、二十九歳、四十一歳、五十三歳、六十五歳、七十七歳、八十九歳、百一歳。

奴僕宮……十八歳、三十歳、四十二歳、五十四歳、六十六歳、七十八歳、九十歳、百二歳。

夫妻宮……十九歳、三十一歳、四十三歳、五十五歳、六十七歳、七十九歳、九十一歳、百三歳。

疾厄宮……二十歳、三十二歳、四十四歳、五十六歳、六十八歳、八十歳、九十二歳、百四歳。

遷移宮……二十一歳、三十三歳、四十五歳、五十七歳、六十九歳、八十一歳、九十三歳、百五歳。

官禄宮……二十二歳、三十四歳、四十六歳、五十八歳、七十歳、八十二歳、九十四歳、百六歳。

福徳宮……二十三歳、三十五歳、四十七歳、五十九歳、七十一歳、八十三歳、九十五歳、百七歳。

相貌宮……二十四歳、三十六歳、四十八歳、六十歳、七十二歳、八十四歳、九十六歳、百八歳。

月限《げつげん》

月限《げつげん》は毎月の運勢を占断するための十二宮と十二支をいう。またそれらを月限宮《げつげんきゅう》という。

月限における占断は、月限宮を先に見て、月限宮の主星を兼ねて見る。

月限宮を出すには、その年の小限宮に生月支を置いて、そこから支を反時計回りに配する。

童限を用いる年でも、生月支を置くのは小限宮である。月限宮を出すためには童限宮でなく小限宮を用いる。

たとえば未月生れの人で小限宮が戌の兄弟宮なら、その年の月限宮は次のようになる。


兄弟宮（戌）→未月を置く→未月の月限宮は兄弟宮（戌）となる。

田宅宮（酉）→申月を置く→申月の月限宮は田宅宮（酉）となる。

男女宮（申）→酉月を置く→酉月の月限宮は男女宮（申）となる。

奴僕宮（未）→戌月を置く→戌月の月限宮は奴僕宮（未）となる。

夫妻宮（午）→亥月を置く→亥月の月限宮は夫妻宮（午）となる。

疾厄宮（巳）→子月を置く→子月の月限宮は疾厄宮（巳）となる。

遷移宮（辰）→丑月を置く→丑月の月限宮は遷移宮（辰）となる。

官禄宮（卯）→寅月を置く→寅月の月限宮は官禄宮（卯）となる。

福徳宮（寅）→卯月を置く→卯月の月限宮は福徳宮（寅）となる。

相貌宮（丑）→辰月を置く→辰月の月限宮は相貌宮（丑）となる。

命宮（子）→巳月を置く→巳月の月限宮は命宮（子）となる。

財帛宮（亥）→午月を置く→午月の月限宮は財帛宮（亥）となる。


実践においては資料編の十二宮早見図を用いて月限宮を算出する。

逐年行限度《ちくねんこうげんど》

逐年行限度《ちくねんこうげんど》は大限宮を細かく分割して七政四余に当る時期を占断する方法をいう。
占断の位置は命宮の逆算一度から始まって時計回りに移動してゆく。
命宮を経過して命宮の逆算三十度を過ぎると相貌宮の逆算一度に入る。
各十二宮の行度訣《こうどけつ》（進行度数）は次のとおり。

命宮……行度訣は人によって異なる。
相貌宮……三十度を十年で進む。一度を四ヶ月で進む。
福徳宮……三十度を十一年で進む。一度を四・四ヶ月で進む。
官禄宮……三十度を十五年で進む。一度を六ヶ月で進む。
遷移宮……三十度を八年で進む。一度を三・二ヶ月で進む。
疾厄宮……三十度を七年で進む。一度を二・八ヶ月で進む。
夫妻宮……三十度を十一年で進む。一度を四・四ヶ月で進む。
奴僕宮……三十度を四年六ヶ月で進む。一度を一・八ヶ月で進む。
男女宮……三十度を四年六ヶ月で進む。一度を一・八ヶ月で進む。
田宅宮……三十度を四年六ヶ月で進む。一度を一・八ヶ月で進む。
兄弟宮……三十度を五年で進む。一度を二ヶ月で進む。
財帛宮……三十度を五年で進む。一度を二ヶ月で進む。

実践においては資料編の逐年行限度早見表を用いる。
命宮の行度訣は、生年月日から相貌宮に入るまでの日数によって計算を行う。

格《かく》

格《かく》は占星盤が示す運命の法式をいい、合格《ごうかく》と忌格《きかく》に二分される。

合格は吉運を表わし、忌格は凶運を表わす。

『張果星宗』および『張果星宗大全』の本文に示された十一曜定格《じゅういちようていかく》、十二宮定格《じゅうにきゅうていかく》、貴格《きかく》、賤格《せんかく》、貧格《ひんかく》、疾格《しっかく》、霊台星格《れいだいせいかく》、補遺格局《ほいかくきょく》に加えて、同原典の占星盤集である鄭氏星案《ていしせいあん》に示された格を解説する。

十一曜定格には日月合格《じつげつごうかく》、日月忌格《じつげつきかく》、五星合格《ごせいごうかく》、五星忌格《ごせいきかく》、四余合格《しよごうかく》、政余合格《せいよごうかく》、政余忌格《せいよきかく》、諸星次格《しょせいじかく》がある。

十二宮定格には身命合格《しんめいごうかく》、命主合格《めいしゅごうかく》、田主合格《でんしゅごうかく》、財星合格《ざいせいごうかく》、禄主合格《ろくしゅごうかく》、福星合格《ふくせいごうかく》、妻星合格《さいせいごうかく》、嗣星合格《しせいごうかく》、身星忌格《しんせいきかく》、命主忌格《めいしゅきかく》、田主忌格《でんしゅきかく》、財星忌格《ざいせいきかく》、禄主忌格《ろくしゅきかく》、福主忌格《ふくしゅきかく》、妻星忌格《さいせいきかく》、子星忌格《しせいきかく》、諸星互格《しょせいごかく》がある。

日月忌格のうち「日居月位《じつきょげつい》」「月到日宮《げっとうじつきゅう》」「日躔月度《じってんげつど》」「月躔日宿《げってんじつしゅく》」は、第三章の枢要歌《すうようか》と玉関歌《ぎょくかんか》を参照するかぎり、忌格として扱うのは困難である。

政余合格のうち「十一曜拱端門《じゅういちようきょうたんもん》」「十一曜拱帝座《じゅういちようきょうていざ》」「十一曜拱天門《じゅういちようきょうてんもん》」「十一曜拱地戸《じゅういちようきょうちこ》」「十一曜拱殿駕《じゅういちようきょうでんが》」「十一曜拱禄馬《じゅういちようきょうろくば》」「十一曜拱身命《じゅういちようきょうしんめい》」「十一曜拱妻嗣《じゅういちようきょうさいし》」「十一曜拱官福《じゅういちようきょうかんふく》」「十一曜拱田財《じゅういちようきょうでんざい》」「十一曜漏関《じゅういちようろうかん》」「十一曜得経《じゅういちようとくきょう》」はそのままでは意味を成しがたいので、実践では参考にとどめておきたい。

原典の身命合格にある「身居閑極《しんきょかんきょく》」は、身主が兄弟宮に入る忌格で、身星忌格に「身居兄弟《しんきょけいてい》」があるため、本書では身命合格から外した。

貴格は格の名称が示されていないので、原典をそのまま和訳しておいた。

鄭氏星案の格は、所喜星格の場所に記されているものを鄭氏星案合格とし、所忌星格の場所に記されているものを鄭氏星案忌格としてアイウエオ順に掲載した。原典本文と重複しているものもそのまま示した。これらは名称が格に入る条件をほぼ表わしており、原典本文と異名同格のものや原典本文の変型したものもある。

鄭氏星案合格の「財星尅命《ざいせいこくめい》」は火星の財帛主と金星の命主が辰の命宮に入り、財帛主が命主を尅している（火尅金）ものだが、これは原典本文の五星忌格「火到金郷《かとうきんきょう》」が変型したもので、慎重に扱う必要がある。また「命婁得経《めいるとくきょう》」も水星である命主が婁宿の主星である金星から相生（金生水）されているとはいえ、この格における得経は必ずしも升殿を意味しないので、扱いに慎重を要する。

鄭氏星案忌格の「田財臨奴《でんざいりんぬ》」は原典では「田財臨福《でんざいりんふく》」となっているが、これは原典側の記述ミス（田宅主と財帛主が奴僕宮に入っている）のため、著者の判断で「田財臨奴」に訂正したものである。「土埋奴女《どまいぬじょ》」も「土埋双女《どまいそうじょ》」の記述ミス（土星は奴僕宮に入っておらず巳〈処女宮〉に入っている）なので、これも訂正しておいた。また「日陥奴宮《じっかんぬきゅう》」と「日居《じっきょ》奴位《ぬい》」は異名同格（太陽が奴僕宮に入っているもの）である。「炁日同宮《きじつどうきゅう》」は炁星と太陽が相貌宮に入っているため忌格に分類されているが、名称が適切であるかどうか疑問が残る（名称としては、たとえば「炁日居貌《きじっきょぼう》」の方が適切に思われる）。

格に関するさらなる深い研究は『璧奥経《へきおうきょう》』などを学ばれたい。

十一曜定格《じゅういちようていかく》

日月合格《じつげつごうかく》

「日居日位《じっきょじつい》」太陽が午に入っているもの。
「月入月垣《げつにゅうげつえん》」月が未に入っているもの。
「日至《じつし》日躔《じってん》」太陽が星宿、虚宿、房宿、昴宿に入っているもの。
「月升月殿《げつしょうげつでん》」月が張宿、危宿、畢宿、星宿に入っているもの。
「日東月西《じっとうげっさい》」太陽が寅、卯、辰に入り、月が申、酉、戌に入っているもの。
「日南月北《じつなんげっほく》」太陽が巳、午、未に入り、月が亥、子、丑に入っているもの。
「日月居垣《じつげつきょえん》」太陽が午に入り、月が未に入っているもの。
「日月升殿《じつげつしょうでん》」太陽と月が両方とも升殿しているもの。
「日月並明《じつげつへいめい》」昼生れで月が望になっているもの。

「陰陽得地《いんようとくち》」太陽が辰又は巳に入り、月が戌または亥にあるもの。

「日月包五《じつげつほうご》星《せい》」五星を太陽と月が夾《きょう》するもの。

「日月包四《じつげつほうし》余《よ》」四余を太陽と月が夾《きょう》するもの。

「日月夾拱禄馬《じつげつきょうきょうろくば》」禄勲または駅馬の入っている十二支を太陽と月が夾《きょう》するか拱《きょう》するもの。

「日月夾拱殿駕《じつげつきょうきょうでんが》」歳殿または歳駕の入っている十二支を太陽と月が夾《きょう》するか拱《きょう》するもの。

「日月拱夾斗貴《じつげつきょうきょうとき》」斗杓または貴人の入っている十二支を太陽と月が夾《きょう》するか拱《きょう》するもの。

「日月拱夾符印《じつげつきょうきょうふいん》」唐符または国印の入っている十二支を太陽と月が夾《きょう》するか拱《きょう》するもの。

「日月拱命《じつげつきょうめい》」太陽と月が命宮を拱するか、命主を拱するもの。

「日月夾命《じつげつきょうめい》」太陽と月が命宮を夾するか、命主を夾するもの。

「日月拱財《じつげつきょうざい》」太陽と月が財帛宮を拱するか、財帛主を拱するもの。

「日月夾財《じつげつきょうざい》」太陽と月が財帛宮を夾するか、財帛主を夾するもの。

「日月拱田《じつげつきょうでん》」太陽と月が田宅宮を拱するか、田宅主を拱するもの。

「日月夾田《じつげつきょうでん》」太陽と月が田宅宮を夾するか、田宅主を夾するもの。

「日月拱官《じつげつきょうかん》」太陽と月が官禄宮を拱するか、官禄主を拱するもの。

「日月夾官《じつげつきょうかん》」太陽と月が官禄宮を夾するか、官禄主を夾するもの。

「日月拱福《じつげつきょうふく》」太陽と月が福徳宮を拱するか、福徳主を拱するもの。

「日月夾福《じつげつきょうふく》」太陽と月が福徳宮を夾するか、福徳主を夾するもの。

「日月拱妻《じつげつきょうさい》」太陽と月が夫妻宮を拱するか、夫妻主を拱するもの。女性の場合は「日月拱夫《じつげつきょうふ》」とする。

「日月夾妻《じつげつきょうさい》」太陽と月が夫妻宮を夾するか、夫妻主を夾するもの。女性の場合は「日月夾夫《じつげつきょうふ》」とする。

「日月拱嗣《じつげつきょうし》」太陽と月が男女宮を拱するか、男女主を拱するもの。

「日月夾嗣《じつげつきょうし》」太陽と月が男女宮を夾するか、男女主を夾するもの。

日月忌《じつげつき》格《かく》

「日居月位《じっきょげつい》」太陽が未に入っているもの。

「月到日宮《げっとうじっきゅう》」月が午に入っているもの。

「日躔月度《じってんげつど》」太陽が心宿、張宿、危宿、畢宿に入っているもの。

「月躔日宿《げってんじっしゅく》」月が星宿、虚宿、房宿、昴宿に入っているもの。

「日西月東《じっせいげっとう》」太陽が申、酉、戌に入り、月が寅、卯、辰に入っているもの。「陰陽背行《いんようはいこう》」とも称する。

「日北月南《じっぽくげつなん》」太陽が亥、子、丑に入り、月が巳、午、未に入っているもの。「日月相背《じつげつそうはい》」とも称する。

「日月失垣《じつげつしつえん》」太陽と月が失垣しているもの。「陰陽失位《いんようしつい》」とも称する。

「日月失殿《じつげつしつでん》」太陽と月が失躔しているもの。「陰陽失躔《いんようしってん》」とも称する。

「陰陽倶晦《いんようぐかい》」夜生れで月が朔月であるもの。

「日月失所《じつげつしっしょ》」太陽が戌、亥に入り、月が辰、巳に入っているもの。

「孤陽無輔《こようむほ》」午月生れで、かつ昼生れであるもの。

「寒月単行《かんげつたんこう》」子月生れで、かつ夜生れであるもの。

「日月夾拱刃雄《じつげつきょうきょうじんゆう》」陽刃（陰刃）または天雄の入っている十二支を太陽と月が夾するか拱するもの。

「日月夾拱的劫《じつげつきょうきょうてきごう》」的殺または劫殺の入っている十二支を太陽と月が夾するか拱するもの。

「日月夾拱廉鋒《じつげつきょうきょうれんぽう》」飛廉または剣鋒の入っている十二支を太陽と月が夾するか拱するもの。

「日月拱夾耗符《じつげつきょうきょうもうふ》」四耗《しもう》（天耗、地耗、大耗、小耗）または四符《しふ》（病符、死符、年符、月符）の入っている十二支を太陽と月が夾するか拱するもの。

「日月拱夾孤寡《じつげつきょうきょうこか》」孤辰または寡宿の入っている十二支を太陽と月が夾するか拱するもの。

「日月拱夾刑害《じつげつきょうきょうけいがい》」三刑または六害の入っている十二支を太陽と月が夾するか拱するもの。

「日月拱奴僕《じつげつきょうぬぼく》」太陽と月が奴僕宮を拱するか、奴僕主を拱するもの。

「日月夾奴僕《じつげつきようぬぼく》」太陽と月が奴僕宮を夾するか、奴僕主を夾するもの。
「日月拱疾厄《じつげつきようしつやく》」太陽と月が疾厄宮を拱するか、疾厄主を拱するもの。
「日月夾疾厄《じつげつきようしつやく》」太陽と月が疾厄宮を夾するか、疾厄主を夾するもの。
「日月拱遷移《じつげつきようせんい》」太陽と月が遷移宮を拱するか、遷移主を拱するもの。
「日月夾遷移《じつげつきようせんい》」太陽と月が遷移宮を夾するか、遷移主を夾するもの。
「日月拱兄弟《じつげつきようけいてい》」太陽と月が兄弟宮を拱するか、兄弟主を拱するもの。
「日月夾兄弟《じつげつきようけいてい》」太陽と月が兄弟宮を夾するか、兄弟主を夾するもの。
「日月拱相貌《じつげつきようそうぼう》」太陽と月が相貌宮を拱するか、相貌主を拱するもの。
「日月夾相貌《じつげつきようそうぼう》」太陽と月が相貌宮を夾するか、相貌主を夾するもの。

五《ご》星合格《せいごうかく》

「歳星居垣《さいせいきよえん》」木星が寅、亥に入っているもの。
「熒惑居垣《けいわくきよえん》」火星が卯、戌に入っているもの。
「鎮星居垣《ちんせいきよえん》」土星が子、丑に入っているもの。
「太白居垣《たいはくきよえん》」金星が辰、酉に入っているもの。
「辰星居垣《しんせいきよえん》」水星が巳、申に入っているもの。
「木星升殿《もくせいしようでん》」土星が角宿、斗宿、奎宿、井宿に入っているもの。
「火星升殿《かせいしようでん》」火星が尾宿、室宿、觜宿、翼宿に入っているもの。
「土星升殿《どせいしようでん》」木星が女宿、胃宿、柳宿、氐宿に入っているもの。
「金星升殿《きんせいしようでん》」金星が亢宿、牛宿、婁宿、鬼宿に入っているもの。
「水星升殿《すいせいしようでん》」水星が箕宿、壁宿、参宿、軫宿に入っているもの。
「木月清貴《もくげつせいき》」月支が寅、卯で、夜生れで望に当るもの。

「火月同霄《かげつどうしょう》」月支が巳、午で、夜生れで朔に当るもの。

「金助月華《きんじょげっか》」月支が申、酉で、夜生れで望に当るもの。

「水涵蟾魄《すいかんせんはく》」月支が亥、子で、夜生れで朔に当るもの。

「木火《もくか》文明《ぶんめい》」月支が亥、子、寅、卯で、木星と火星が同じ十二支に入っているもの。

「火《か》土高強《どこうきょう》」火星と土星が同じ十二支に入り、月支が巳、午ではないもの。

「土金堅寔《どきんけんしょく》」月支が寅、卯、巳、午で、土星と金星が同じ十二支に入っているもの。

「金水相涵《きんすいそうかん》」金星と水星が同じ十二支に入り、月支が亥、子ではないもの。

「青龍扶硯《せいりゅうふけん》」月支が寅、卯で、水星と太陽が同じ十二支に入っているもの。

「朱雀銜符《すじゃくがんふ》」月支が巳、午で、火星と太陽が同じ十二支に入っているもの。

「勾陳鎮殿《こうちんちんでん》」月支が辰、戌、丑、未で、土星と太陽が同じ十二支に入っているもの。

「白虎従駕《びゃっこじゅうが》」月支が申、酉で、金星と太陽が同じ十二支に入っているもの。

「玄武《げんぶ》持《じ》旌《せい》」月支が亥、子で、水星と太陽が同じ十二支に入っているもの。

「五星循環《ごせいじゅんかん》」木星、火星、土星、金星、水星が相生の順に輪となって十二支に入っているもの。

「五星聚会《ごせいしゅうかい》」木星、火星、土星、金星、水星が命宮に入っているもの。

「五星入廟《ごせいにゅうびょう》」木星、火星、土星、金星、水星が廟になっているもの。

「五《ご》星入垣《せいにゅうえん》」木星、火星、土星、金星、水星が入垣しているもの。

五《ご》星忌《せいき》格《かく》

「木入金郷《もくにゅうきんきょう》」木星が辰、酉に入っているもの。

「火《か》居水地《きょすいち》」火星が巳、申に入っているもの。

「土在木宮《どざいもくきゅう》」土星が寅、亥に入っているもの。

「金乗火位《きんじょうかい》」金星が卯、戌に入っているもの。

「水居土《すいきょど》室《しつ》」水星が子、丑に入っているもの。

「火到金郷《かとうきんきょう》」火星が辰、酉に入っているもの。

「土《ど》居水地《きょすいち》」土星が巳、申に入っているもの。

「金在木宮《きんざいもくにゅう》」金星が寅、亥に入っているもの。

「水乗火位《すいじょうかい》」水星が卯、戌に入っているもの。

「木入土室《もくにゅうどしつ》」木星が子、丑に入っているもの。

「金木共躔《きんもくきょうてん》」金星と木星が同じ十二支に入っているもの。

「水火《すいか》同歩《どうほ》」水星と火星が同じ十二支に入っているもの。

「木土《もくど》相尅《そうこく》」木星と土星が同じ十二支に入っているもの。

「火《か》金交戦《きんこうせん》」火星と金星が同じ十二支に入っているもの。

「土《ど》水相激《すいそうげき》」土星と水星が同じ十二支に入っているもの。

四余《しよ》合格《ごうかく》

「羅計中分《らけいちゅうぶん》」羅星が午に入り、計星が子に入っているもの。

「出乾入巽《しゅっかんにゅうそん》」羅星が亥に入り、計星が巳に入っているもの。

「羅《ら》計欄截《けいらんさい》」昼生れで羅星が辰、巳に入るか、もしくは夜生れで計星が未、申に入るもの。

「四余《しよ》独歩《どくほ》（四餘《しよ》独歩《どくほ》）」炁星、孛星、羅星、計星が別々の十二支に入り、どの七政とも同じ十二支に入っていないもの。

「一星跳垣《いっせいちょうえん》」羅星が寅、卯に入るもの（計星は必然的に申、酉に入る）。

「木羅《もくら》会舎《かいしゃ》」月支が亥、子、寅、卯で、木星と羅星が同じ十二支に入り廟あるいは旺となっているもの。

「火《か》炁職権《きしょくけん》」火星と炁星が同じ十二支に入り廟あるいは旺となっているもの。

「木孛符《もくはいふ》印《いん》」月支が亥、子ではなく、木星と孛星が同じ十二支に入り廟あるいは旺となっているもの。

「祥雲捧月《しょううんほうげつ》」月支が亥、子ではなく、夜生れで望に当り、月が炁星と同じ十二支に入っているもの。

「太乙抱蟾《たいおつほうせん》」月支が亥、子ではなく、夜生れで望に当り、月が孛星と同じ十二支に入っているもの。

「羅月交輝《らげつこうき》」月支が亥、子で、夜生れで朔に当り、月が羅星と同じ十二支に入っているもの。

「首星捧日《しゅせいほうじつ》」月支が亥、子で、夜生れで朔に当り、太陽が羅星と同じ十二支に入っているもの。

「金計同垣《きんけいどうえん》」月支が亥、子ではなく、金星と計星が同じ十二支に入り廟あるいは旺となっているもの。

「土羅相会《どらそうかい》」月支が巳、午で、土星と羅星が同じ十二支に入り廟あるいは旺となっているもの。

「首尾陰陽居四正《しゅびいんようきょしせい》」羅星、計星、太陽、月が四正となるもの。

「火羅計孛守四維《からけいはいしゅしい》」火星、羅星、計星、孛星が別々に亥（乾《いぬい》）、申（坤《ひつじさる》）、寅（艮《うしとら》）、巳（巽《たつみ》）に入るもの。

政余《せいよ》合格《ごうかく》

「金水従陽《きんすいじゅうよう》」金星と水星が廟あるいは旺の太陽と同じ十二支に入っていて、昼生れであるもの。

「火金侍月《かきんじげつ》」火星と金星が廟あるいは旺の月と同じ十二支に入っていて、夜生れであるもの。

「五曜環陽《ごようかんよう》」木星、火星、土星、金星、水星が単独で別々の十二支に入り、太陽が辰、巳に入っているもの。

「四余捧月《しよほうげつ》（四餘捧月《しよほうげつ》）」炁星、孛星、羅星、計星が単独で別々の十二支に入り、月が戌、亥に入っているもの。

「五曜随陽《ごようずいよう》」昼生れで、太陽、木星、火星、金星、水星が同じ十二支に入っているもの。

「五星随月《ごようずいげつ》」夜生れで、月、木星、火星、土星、金星、水星が同じ十二支に入っているもの。

「七政入垣《しちせいにゅうえん》」太陽、月、木星、火星、土星、金星、水星の全てが入垣しているもの。

「三台合格《さんだいごうかく》」午、巳、卯のどれかに太陽、金星、水星が一緒に入っているもの。

「五曜連珠《ごようれんしゅ》」木星、火星、土星、金星、水星が相生の順に連続して十二支に入るもの。

「二星合璧《にせいごうへき》」太陽と月が同じ十二支に入り、入垣、升殿、廟、旺、喜、楽になっているもの。

「衆曜拱南《しゅうようきょうなん》」計星が巳、未、午に入り、それが命宮に当っているもの。

「群星朝北《ぐんせいちょうほく》」羅星が亥、子、丑に入り、それが命宮に当っているもの。

「居三隔三《きょさんかくさん》」兄弟宮に炁星が入り、入垣あるいは升殿しているもの。

「守一空一《しゅいちくういち》」命宮に炁星が入り、廟あるいは旺となっているもの。

「文武両班《ぶんぶりようはん》」七政が寅、卯、辰に入り、四余が申、酉、戌に入っているもの。

「君臣慶会《くんしんけいかい》」太陽が午に入り月が未に入り、どちらかが命宮になっているもの。

「載天履地《さいてんふくち》」命宮が亥で、月が申か巳に入っているもの。

「出乾入坤《しゅつけんにゅうこん》」命宮が月の入る亥で、火星が戌に入り金星が酉に入り太陽が申に入っているもの。

「天地開明《てんちかいめい》」水星が申に入り木星が亥に入り、命宮が申か亥で、羅星、計星が子、午に入っているもの。

「山沢通気《さんたくつうき》」木星が寅に入り金星が酉に入り、命宮が酉あるいは寅であるもの。

「水火既済《すいかきさい》」水星が子に入り火星が午に入り、命宮が子あるいは午であるもの。

「風雷鼓舞《ふうらいこぶ》」水星が巳に入り火星が卯に入り、命宮が辰であるもの。

「十一曜拱端門《じゅういちようきょうたんもん》」七政四余が子を拱するもの。

「十一曜拱帝座《じゅういちようきょうていざ》」七政四余が午を拱するもの。

「十一曜拱天門《じゅういちようきょうてんもん》」七政四余が亥を拱するもの。

「十一曜拱地戸《じゅういちようきょうちこ》」七政四余が申を拱するもの。

「十一曜拱殿駕《じゅういちようきょうでんが》」七政四余が歳殿あるいは歳駕を拱するもの。

「十一曜拱禄馬《じゅういちようきょうろくば》」七政四余が禄勲あるいは駅馬を拱するもの。

「十一曜拱身命《じゅういちようきょうしんめい》」七政四余が身宮あるいは命宮を拱するもの。

「十一曜拱妻嗣《じゅういちようきょうさいし》」七政四余が夫妻宮あるいは男女宮を拱するもの。女性の場合は「十一曜拱夫嗣《じゅういちようきょうふし》」とする。

「十一曜拱官福《じゅういちようきょうかんふく》」七政四余が官禄宮あるいは福徳宮を拱するもの。

「十一曜拱田財《じゅういちようきょうでんざい》」七政四余が田宅宮あるいは財帛宮を拱するもの。

「十一曜漏関《じゅういちようろうかん》」七政四余が福徳宮に入り十二支から相生されるもの。

「十一曜得経《じゅういちようとくきょう》」七政四余が入垣または廟になっているもの。

政余《せいよ》忌《き》格《かく》

「火羅犯日《からはんじつ》」昼生れで太陽、火星、羅星が同じ十二支に入っているもの。陽刃（陰刃）、天雄が入っていれば凶意が増す。

「土計掩月《どけいえんげつ》」夜生れで月、土星、計星が同じ十二支に入っているもの。劫殺、的殺、陽刃（陰刃）が入っていれば凶意が増す。

「四余侵陽《しよしんよう》（四餘侵陽《しよしんよう》）」炁星、孛星、羅星または計星、太陽が全て同じ十二支に入っているもの。

「五星失次《ごせいしつじ》」木星、火星、土星、金星、水星の全てが失垣あるいは受剋しているもの。

「木蔽陽光《もくへいようこう》」昼生れで木星と炁星が同じ十二支に入っているもの。夜生れや、火星、羅星が入れば逆に吉とする。

「月員火焔《げついんかえん》」上弦の後から下弦の前までの夜生れで、月と火星と羅星が同じ十二支に入っているもの。

「孛羅交戦《はいらこうせん》」亥の命宮に孛星と羅星が入っているもの。田宅主、財帛主が入れば逆に吉とする。

「計孛同宮《けいはいどうきゅう》」計星と孛星が同じ十二支に入っているもの。

「水計相刑《すいけいそうけい》」水星と計星が同じ十二支に入っているもの。

「土孛混雑《どはいこんざつ》」土星と孛星が同じ十二支に入っているもの。

「金羅同尅《きんらどうこく》」金星と羅星が同じ十二支に入っているもの。

「火孛共戦《かはいきょうせん》」火星と孛星が同じ十二支に入っているもの。

「乾坤否塞《けんこんひそく》」亥の命宮に金星と羅星が入るか、申の命宮に土星と計星が入っているもの。

「風雷相薄《ふうらいそうはく》」水星が卯に入り火星が巳に入り、命宮が辰であるもの。

「水火相射《すいかそうしゃ》」水星が午に入り火星が子に入るか、水星が卯あるいは戌に入り火星が巳あるいは申に入っているもの。

「山沢沈埋《さんたくちんまい》」命宮が寅で木星が酉に入っているもの（命主の木星が金郷の酉に入る）。

諸星次《しよせいじ》格《かく》（合格の部類に入る）

「日月聯輝《じつげつれんき》」太陽、月、木星、火星、土星、金星、水星の全てが同じ十二支に入っているもの。

「木炁《もくき》聯枝《れんし》」寅あるいは亥の命宮に木星、炁星、孛星の全てが入り、命宮の十二運が官禄であるもの。

「玉猿守崑《ぎょくえんしゅこん》」水星と太陽が参宿に入り、命度が箕宿、壁宿、参宿、軫宿のどれかにあるもの。

「双魚戯《そうぎょぎ》水《すい》」亥の命宮にある水星が壁宿に入っているもの。

「玉候嘯月《ぎょくこうしょうげつ》」夜生れで、觜宿の火星と畢宿の月が申の命宮に入り、命度が觜宿か畢宿にあるもの。

「玉女嫦娥《ぎょくじょこうが》」水星が軫宿に入り月が張宿に入り命度が箕宿にあるもの。

「龍躍天池《りゅうやくてんち》」命度が亢宿にあり、金星、太陽、月の全てが亥に入っているもの。

「蒼龍入井《そうりゅうにゅうせい》」命度が亢宿か角宿にあり、金星と木星が井宿に入っているもの。

「金鶯宿柳《きんおうしゅくりゅう》」命度が金星と太陽の入った柳宿にあるもの。

「虎嘯猿吟《こしょうえんぎん》」木星が尾宿に入り火星が觜宿に入り命宮が亥あるいは巳であるもの。

「炁《き》孛朝斗《はいちょうと》」命度が炁星と孛星の入った斗宿にあるもの。

「火《か》孛撃天《はいけいてん》」火星が室宿に入り孛星が壁宿に入り水星が軫宿に入り羅星が翼宿に入っているもの。

「一福専権《いっぷくせんけん》」炁星が単独で命宮に入るもの。

「一星満用《いっせいまんよう》」火星が命宮に入り、入垣、升殿しているもの。

「禄居斗杓《ろくきょとしゃく》」斗標と禄勲が官禄宮に入っているもの。

「星照本家《せいしょうほんけ》」寿元となる星が命宮に入っているもの。

「八殺朝天《はっさつちょうてん》」戌の命宮に火星が入るか、未の命宮に土星が入るか、辰の命宮に金星が入っているもの。

「独占天門《どくせんてんもん》」生月支に当る十二支に金星と火星が入り、夜生れであるもの。

「身居八殺《しんきょはっさつ》」疾厄宮に身主が入っているもの。

十二宮定格《じゅうにきゅうていかく》

身命合格《しんめいごうかく》

「身星昇殿《しんせいしょうでん》（身星＝身主）」「身星入垣《しんせいにゅうえん》」「身居財帛《しんきょざいはく》」「身居田宅《しんきょでんたく》」「身居男女《しんきょだんじょ》」「身星清吉《しんせいせいきち》（清吉＝乗旺）」「身居妻妾《しんきょさいしょう》（女性の場合は「身居夫位《しんきょふい》」）」「身居官禄《しんきょかんろく》」「身居福徳《しんきょふくとく》」「身坐崇勲《しんざすうくん》（崇勲＝禄勲）」「身星坐貴《しんせいざき》（貴＝貴人）」「身臨卦気《しんりんかき》」「身居斗杓《しんきょとしゃく》（斗杓＝斗標）」「身坐長生《しんざちょうせい》」「身居帝旺《しんきょていおう》」

命主合格《めいしゅごうかく》

「命主得経《めいしゅとくきょう》（得経＝昇殿）」「命主居垣《めいしゅきょえん》（居垣＝入垣）」「命臨財帛《めいりんざいはく》」「命臨田宅《めいりんでんたく》」「命臨子位《めいりんしい》（子位＝男女宮）」「命臨妻位《めいりんさいい》（女性の場合は「命臨夫位《めいりんふい》」）」「命臨官禄《めいりんかんろく》」「命臨福徳《めいりんふくとく》」「命主乗旺《めいしゅじょうおう》」「命坐玉堂《めいざぎょくどう》」「命坐長生《めいざちょうせい》」「命臨帝旺《めいりんていおう》」「命臨卦気《めいりんかき》」「命坐崇勲《めいざすうくん》（崇勲＝禄勲）」「命安馬地《めいあんばち》（馬地＝駅馬）」「命坐斗杓《めいざとしゃく》」

田主合格《でんしゅごうかく》

「田星入垣《でんせいにゅうえん》（田星＝田宅主）」「田主守命《でんしゅしゅめい》（命＝命宮）」「田入財垣《でんにゅうざいえん》（財垣＝財帛宮）」「田居田位《でんきょでんい》」「田星升殿《でんせいしょうでん》（田星＝田宅主）」「田居児位《でんきょじい》（児位＝男女宮）」「田守妻宮《でんしゅさいきゅう》（女性の場合は「田守夫宮《でんしゅふきゅう》」）」「田入官禄《でんにゅうかんろく》」「田入福宮《でんにゅうふくきゅう》」「田星秉令《でんせいへいれい》（秉令＝乗令）」

財星合格《ざいせいごうかく》

「財星升殿《ざいせいしょうでん》（財星＝財帛主）」「財星入垣《ざいせいにゅうえん》」「財居財位《ざいきょざいい》」「財入田垣《ざいにゅうでんえん》（田垣＝田宅宮）」「財星守児《ざいせいしゅじ》（児＝男女宮）」「財守妻《ざいしゅさい》宮《きゅう》（女性の場合は「財守夫宮《ざいしゅふきゅう》」）」「財居官禄《ざいきょかんろく》」「財入福宮《ざいにゅうふくきゅう》」「財星秉令《ざいせいへいれい》（秉令＝乗令）」

禄主合格《ろくしゅごうかく》

「官星升殿《かんせいしょうでん》（官星＝官禄主）」「官星入垣《かんせいにゅうえん》」「官星守命《かんせいしゅめい》」「禄守財宮《ろくしゅざいきゅう》（禄＝官禄主）」「官禄臨田《かんろくりんでん》」「禄守児宮《ろくしゅじきゅう》」「禄守妻宮《ろくしゅさいきゅう》（女性の場合は「禄守夫宮《ろくしゅふきゅう》」）」「禄居福位《ろくきょふくい》」「官曜居官《かんようきょかん》（官曜＝官禄主）」「官星秉令《かんせいへいれい》（秉令＝乗令）」「禄居斗杓《ろくきょとしゃく》」

福星合格《ふくせいごうかく》

「福星升殿《ふくせいしょうでん》（福星＝福徳主）」「福主居垣《ふくしゅきょえん》（居垣＝入垣）」「福元秉令《ふくげんへいれい》（秉令＝乗令）」「福星逢生《ふくせいほうせい》（生＝長生）」「福星守命《ふくせいしゅめい》」「福守財宮《ふくしゅざいきゅう》」「福居田宅《ふくきょでんえん》」「福守児宮《ふくしゅじきゅう》」「福守妻妾《ふくしゅさいしょう》（女性の場合は「福守夫宮《ふくしゅふきゅう》」）」「福星守福《ふくせいしゅふく》」「福入禄宮《ふくにゅうろくきゅう》」

妻星合格《さいせいごうかく》（女性の場合は「妻」を「夫」とする）

「妻星升殿《さいせいしょうでん》」「妻星居垣《さいせいきょえん》（居垣＝入垣）」「妻星守命《さいせいしゅめい》」「妻守財宮《さいしゅざいきゅう》」「妻居田宅《さいきょでんたく》」「妻守児宮《さいしゅじきゅう》」「妻居妻位《さいきょさいい》」「妻居福徳《さいきょふくとく》」「妻居《さいきょ》禄地《ろくち》（禄地＝官禄宮）」「妻守福宮《さいしゅふくきゅう》」「妻宮秉令《さいきゅうへいれい》（秉令＝乗令）」

嗣星合格《しせいごうかく》

「子星得度《しせいとくど》（子星＝男女主、得度＝升殿）」「嗣星帰垣《しせいきえん》（嗣星＝男女主、帰垣＝入垣）」「嗣星守命《しせいしゅめい》」「子居財帛《しきょざいはく》」「子入田《しにゅうでん》宮《きゅう》」「子居子位《しきょしい》（子位＝男女宮）」「嗣守妻宮《ししゅさいきゅう》（女性の場合は「嗣守夫宮《ししゅふきゅう》」）」「子位福地《しいふくち》」「子居官禄《しきょかんろく》」「子星秉令《しせいへいれい》（秉令＝乗令）」

身星忌《しんせいき》格《かく》

「身星失経《しんせいしっきょう》（失経＝失躔）」「身星失垣《しんせいしつえん》」「身坐《しんざ》刃雄《じんゆう》（刃＝陽刃・陰刃・飛刃、雄＝天雄）」「身居劫的《しんきょごうてき》（劫＝劫殺、的＝的殺）」「身臨鋒廉《しんりんほうれん》（鋒＝剣鋒、廉＝月廉・飛廉）」「身臨耗符《しんりんもうふ》（耗＝小耗・大耗・地耗・天耗、符＝月符・死符・年符・病符）」「身居兄弟《しんきょけいてい》」「身入奴宮《しんにゅうぬきゅう》」「身臨疾厄《しんりんしつやく》」「身居遷移《しんきょせんい》」「身居相貌《しんきょそうぼう》」

命主忌《めいしゅき》格《かく》

「命主失経《めいしゅしっきょう》（失経＝失躔）」「命主失垣《めいしゅしつえん》」「命主受尅《めいしゅじゅこく》」「命主失令《めいしゅしつれい》」「命入閑極《めいにゅうかんきょく》」「命居奴《めいきょぬ》僕《ぼく》」「命臨疾厄《めいりんしつやく》」「命居遷移《めいきょせんい》」「命臨《めいりん》相貌《そうぼう》」「命坐《めいざ》刃権《じんけん》（刃権＝陽刃・陰刃・飛刃）」「命臨劫的《めいりんごうてき》（劫＝劫殺、的＝的殺）」「命居鋒廉《めいきょれんほう》（鋒＝剣鋒、廉＝月廉・飛廉）」「命臨耗符《めいりんもうふ》（耗＝小耗・大耗・地耗・天耗、符＝月符・死符・年符・病符）」

田主忌《でんしゅき》格《かく》

「田主失次《でんしゅしつじ》（失次＝失躔）」「田主失宮《でんしゅしっきゅう》（失宮＝失垣）」「田星値《でんせいち》尅《こく》（値尅＝受尅）」「田元泄気《でんげんせっき》」「田元失時《でんげんしつじ》（失時＝失令）」「田元坐《でんげんざ》耗《もう》（耗＝小耗・大耗・地耗・天耗）」「田主逢空《でんしゅほうくう》（空＝空亡・天空）」「田入閑極《でんにゅうかんきょく》」「田入奴宮《でんにゅうぬきゅう》」「田居疾厄《でんきょしつやく》」「田落《でんらく》九宮《きゅうきゅう》（九宮＝遷移宮）」「田居相貌《でんきょそうぼう》」「劫耗臨田《ごうもうりんでん》（劫＝劫殺、耗＝小耗・大耗・地耗・天耗）」「空破《くうは》守田《しゅでん》（空＝空亡・天空）」

財星忌《ざいせいき》格《かく》

「財星失次《ざいせいしつじ》（財星＝財帛主、失次＝失躔）」「財主失垣《ざいしゅしつえん》」「財星値《ざいせいち》尅《こく》（値尅＝受尅）」「財元逢泄《ざいげんほうせつ》（逢泄＝泄気）」「財星失令《ざいせいしつれい》」

「財主逢空《ざいしゅほうくう》（空＝空亡・天空）」「財星坐耗《ざいせいざもう》（耗＝小耗・大耗・地耗・天耗）」「財入兄弟《ざいにゅうけいてい》」「財入奴宮《ざいにゅうぬきゅう》」「財臨疾厄《ざいりんしつやく》」「財入遷《ざいにゅうせん》移《い》」「財居相貌《ざいきょそうぼう》」「劫空守財《ごうくうしゅざい》（劫＝劫殺、空＝空亡・天空）」「耗破守財《もうはしゅざい》（耗＝小耗・大耗・地耗・天耗、破＝的殺〈破《は》砕《さい》〉）」

禄主忌格《ろくしゅきかく》

「禄主失次《ろくしゅしつじ》（失次＝失躔）」「官星失垣《かんせいしつえん》（官星＝官禄主）」「禄主受尅《ろくしゅじゅこく》」「官星失令《かんせいしつれい》」「禄主逢空《ろくしゅほうくう》（空＝空亡・天空）」「官星泄《かんせいせっ》気《き》」「官禄尅命《かんろくこくめい》（官禄＝官禄主、命＝命主・命宮）」「禄居閑極《ろくきょかんきょく》」「禄陥奴宮《ろくかんぬきゅう》」「禄入疾厄《ろくにゅうしつやく》」「禄守遷移《ろくしゅせんい》」「禄居相貌《ろくきょそうぼう》」「十位逢《じゅういほう》羅《ら》（十位＝官禄宮、羅＝羅星）」「雄破禄宮《ゆうはろくきゅう》（雄＝天雄、破＝的殺〈破《は》砕《さい》〉）」

福主忌格《ふくしゅきかく》

「福星失経《ふくせいしつきょう》（福星＝福徳主、失経＝失躔）」「福元失垣《ふくげんしつえん》（福元＝福徳主）」「福主受尅《ふくしゅじゅこく》」「福星失令《ふくせいしつれい》」「福主逢空《ふくしゅほうくう》（空＝空亡・天空）」「福元泄気《ふくげんせっき》」「福入閑宮《ふくにゅうかんきゅう》」「福陥奴宮《ふくかんぬきゅう》」「福居厄地《ふくきょやくち》（厄地＝疾厄宮）」「福入遷移《ふくにゅうせんい》」「福居相貌《ふくきょそうぼう》」「福宮坐刃《ふくきゅうざじん》（刃＝陽刃・陰刃・飛刃）」

妻星忌格《さいせいきかく》（女性の場合は「妻」を「夫」とする）

「妻星失躔《さいせいしつてん》」「妻主失垣《さいしゅしつえん》」「妻星被尅《さいせいひこく》」「妻元失令《さいげんしつれい》（妻元＝夫妻主）」「妻元泄気《さいげんせっき》」「妻主逢空《さいしゅほうくう》（空＝空亡・天空）」「妻入閑《さいにゅうかん》宮《きゅう》」「妻陥奴宮《さいかんぬきゅう》」「妻臨疾厄《さいりんしつやく》」「妻居遷移《さいきょせんい》」「妻居貌位《さいきょぼうい》（貌位＝相貌宮）」「地雌戦室《ちしせんしつ》（室＝夫妻宮）」「陽刃臨妻《ようじんりんさい》」

子星忌格《しせいきかく》

「子星失経《しせいしつきよう》（子星＝男女主、失経＝失躔）」「嗣主失垣《ししゆしつえん》（嗣主＝男女主）」「子星受尅《しせいじゆこく》」「嗣星失令《しせいしつれい》」「嗣星泄気《しせいせつき》」「嗣星逢空《しせいほうくう》（空＝空亡・天空）」「子居閑極《しきよかんきよく》」「子入奴宮《しにゆうぬきゆう》」「嗣守疾厄《ししゆしつやく》」「嗣居遷移《しきよせんい》」「子居相貌《しきよそうぼう》」「天狗臨児《てんぐりんじ》」「嗣位逢空《しいほうくう》（嗣位＝男女宮、空＝空亡・天空）」

諸星互格《しよせいごかく》（合格の部類に入る。女性の場合は「妻」を「夫」とする）

「命財互垣《めいざいごえん》（命主が財帛宮に入り財帛主が命宮に入るもの。他の諸星互格も同様）」「命田互垣《めいでんごえん》」「命嗣互垣《めいしごえん》」「命妻互垣《めいさいごえん》」「命官互垣《めいかんごえん》」「命福互垣《めいふくごえん》」「財嗣互垣《ざいしごえん》」「妻財互垣《さいざいごえん》」「財禄互垣《ざいろくごえん》」「財福互垣《ざいふくごえん》」「田財互垣《でんざいごえん》」「田嗣互垣《でんしごえん》」「田妻互垣《でんさいごえん》」「田禄互垣《でんろくごえん》」「福田互垣《ふくでんごえん》」「嗣禄互垣《しろくごえん》」「妻嗣互垣《さいしごえん》」「妻禄互垣《さいろくごえん》」「妻福互垣《さいふくごえん》」「福嗣互垣《ふくしごえん》」「官福互垣《かんふくごえん》」

貴格《きかく》

水《すい》を一《いち》とし、火《か》を二《に》とし、木《もく》を三《さん》とし、金《きん》を四《し》とし、土《ど》を五《ご》とし、日《ひ》を六《ろく》とし、月《つき》を七《しち》とし、炁《き》を八《はち》とし、孛《はい》を九《く》とし、羅《ら》を十《じゆう》とし、計《けい》を十一《じゆういち》とする。一《いち》の水《すい》や二《に》の火《か》ならば、如《も》し水《すい》が官福命《かんふくめい》の令《おさ》を為《な》して地《ち》を得《え》れば、一品之尊《いっぴんのそん》の当主《とうしゆ》である。余《あま》りは此《こ》れに准《なぞら》えて推《お》せ。

金《きん》、水《すい》、木《もく》の官星《かんせい》が令《れい》を得《え》れば、学堂《がくどう》に入《はい》る有用《ゆうよう》の者《もの》にして挙子《きよし》の官《つかさ》である。

官爵《かんしやく》が朝天《ちようてん》の門《もん》の君《きみ》に随《したが》い、帝座《ていざ》を拱《きよう》し、左右《さゆう》が龍虎《りゆうこ》ならば丞相《じようしよう》なり。

官星《かんせい》が長生《ちようせい》に随《したが》えば、是《こ》れ文官《ぶんかん》である。

官《かん》が刃《じん》に随《したが》うか、刃《じん》が官《かん》に随《したが》えば、是《こ》れ武職《ぶしよく》である。

官魁《かんかい》に日《ひ》、羅《ら》は掌印《しよういん》の官《つかさ》である。

官爵《かんしゃく》に天厨《てんちゅう》が入《はい》れば、御食《おんしょく》を掌《しょう》する官《つかさ》である。

官《かん》が庫《こ》に入《はい》れば、銭穀《せんこく》の官《つかさ》である。

官《かん》が天獄《てんごく》を守《まも》れば、刑囚《けいしゅう》を掌《しょう》する官《つかさ》である。

官爵《かんしゃく》が賊宮《ぞくきゅう》を守《まも》れば、捕盗《ほとう》の官《つかさ》である。

官印《かんいん》が天医《てんい》に入《はい》れば、御医之職《おんいのしょく》である。

官印《かんいん》が殺《さつ》を帯《お》びて浮沈《ふちん》に入《はい》れば、巡海《じゅんかい》の官《つかさ》である。

官魁《かんかい》が乾《けん》、亥《い》、子《ね》の宮《きゅう》に居《い》て、旌旗《せいき》を引従《いんじゅう》すれば、朝官《ちょうかん》に随《したが》う。

官魁《かんかい》が太陽《たいよう》に随《したが》い田宅《でんたく》に臨《のぞ》めば、有官《ゆうかん》の父《ちち》を主《つかさ》どる。

官《かん》が田財《でんざい》に随《したが》えば、官《かん》を以《もっ》て家《いえ》を利《り》するなり。

官《かん》が天嗣《てんし》に随《したが》い男女宮《だんじょきゅう》に居《い》れば、有官《ゆうかん》の子《こ》を主《つかさ》どる。震《しん》に入《はい》れば長男《ちょうなん》が、坤《こん》に入《はい》れば中男《ちゅうなん》が、艮《ごん》に入《はい》れば少男《しょうなん》が、須《すべか》らく貴禄《きろく》を要《よう》し殿駕《でんが》の験《あかし》を為《な》す。

官《かん》が貴人《きじん》に傍《そ》えば、貴人《きじん》の擡挙《たいきょ》を得《え》る。

田財《でんざい》が官《かん》に随《したが》えば、財《ざい》を以《もっ》て官《つかさ》を求《もと》める。

官《かん》が是《こ》れ金木《きんもく》にして憲台《けんだい》を互換《ごかん》すれば、清廉《せいれん》の官《つかさ》を為《な》す。

官魁爵星《かんかいしゃくせい》が兄弟《けいてい》に入《はい》れば、官貴《かんき》が有《あ》る。

官星《かんせい》が劫殺刃《ごうさつじん》の上《うえ》に居《い》れば、官《つかさ》を為《な》して凶犯贓銭《きょうあくぞうせん》の民《たみ》を打害《だがい》するを応《まさ》に好《この》まず。

官星《かんせい》が財《ざい》を破《やぶ》れば、官《つかさ》を求《もと》めても得《え》られず、心苦《しんく》に徒労《とろう》する。

官《かん》が劫殺《ごうさつ》を犯《おか》し、衰敗《すいはい》の限《げん》に行《めぐ》れば、贓《ぞう》を犯《おか》して失職《しっしょく》する。天乙貴人《てんおつきじん》を見《み》れば反《かえ》りて吉《きち》である。

官魁爵《かんかいしゃく》の貴人《きじん》は、令《れい》を得《え》れば有威《ゆうい》の官《つかさ》を為《な》す。

官禄主《かんろくしゅ》が限《げん》を犯《おか》し丁《ひのと》の憂《うれ》いを見《み》れば、日《ひ》は父《ちち》にして月《つき》は母《はは》にして、日月《じつげつ》が不明《ふめい》ならば貴人《きじん》に非《あら》ず、禄馬《ろくば》が不起《ふき》ならば仕路《ろ》に難《なや》む。

賤格《せんかく》

「日月《じつげつ》拱《きょう》夾《きょう》刃雄《じんゆう》」陽刃（陰刃）または天雄の入っている十二支を太陽と月が拱するか夾するもの。

「日月《じつげつ》拱《きょう》夾《きょう》刑囚《けいしゅう》」天刑または天囚に変曜する七政四余を太陽と月が拱するか夾するもの。

「日月《じつげつ》拱《きょう》夾《きょう》難星《なんせい》」難星を太陽と月が拱するか夾するもの。

「直難《ちょくなん》拱《きょう》夾《きょう》日月《じつげつ》」直難に変曜する七政四余を太陽と月が拱するか夾するもの。

「日月《じつげつ》居《きょ》刑囚《けいしゅう》」天刑または天囚に変曜する七政四余の入っている十二支に太陽または月が入るもの。

「刑囚《けいしゅう》居《きょ》殿駕《でんが》」歳殿または歳駕の入っている十二支に天刑または天囚に変曜する七政四余が入るもの。

「身命《しんめい》迎《げい》忌星《きせい》」忌星が身主または命主と同じ十二支に入るもの。

「殿駕《でんが》拱《きょう》刑囚《けいしゅう》」天刑または天囚に変曜する七政四余の入っている十二支を歳殿と歳駕が拱するもの。

貧格《ひんかく》

「暗耗《あんもう》拱《きょう》田財《でんざい》」天暗に変曜する七政四余と天耗に変曜する七政四余が田宅主または財帛主を拱するもの。

「田財《でんざい》遇《ぐう》暗耗《あんもう》」田宅主または財帛主が天暗または天耗に変曜する七政四余と同じ十二支に入るもの。

「田財《でんざい》直《ちょく》空耗《くうもう》」田宅主または財帛主が空亡・天空または小耗・大耗・地耗・天耗と同じ十二支に入るもの。

「田財主《でんざいしゅ》失陥《しっかん》」田宅主または財帛主が失垣・失躔するかまたは弱宮に入っているもの。

「星辰《せいしん》無《む》故《こ》剋戦《こくせん》」田宅主と財帛主が同じ十二支に入って相剋しているもの。

「星辰《せいしん》与《よ》殺《さつ》相生《そうしょう》」田宅主と財帛主が相生しているが月殺、劫殺とともに八殺宮または疾厄宮に入るもの。

「殺与《さつよ》悪星《あくせい》同党《どうとう》」失垣した田宅主または財帛主と月殺、劫殺が八殺宮または疾厄宮に入るもの。

「直難《ちょくなん》拱《きょう》夾《きょう》身命《しんめい》」直難に変曜する七政四余を身主と命主が拱するか夾するもの。

「閑神《かんしん》誤《ご》進《しん》日月《じつげつ》」閑極となる命主または身主が太陽または月と同じ十二支に入るもの。

「身命会刑囚直難《しんめいかいけいしゅうちょくなん》」身主または命主が天刑または天囚または直難に変曜する七政四余と同じ十二支に入るもの。

疾格《しっかく》

「日月居八殺《じつげつきょはつさつ》」「忌星守殺《きせいしゅさつ》」「殺臨命主《さつりんめいしゅ》」「殺火身命《さつかしんめい》」「両殺夾命《りょうさつきょうめい》」「殺上加殺《さつじょうかさつ》」「殺神拱主《さつしんきょうしゅ》」「日月拱殺《じつげつきょうさつ》」「三方拱殺《さんぽうきょうさつ》」「殺神《さつしん》出照《しゅつしょう》」「殺星入殺《さつせいにゅうさつ》」「殺拱身命《さつきょうしんめい》」「殺星囲身《さつせいいしん》」「身命会殺《しんめいかいさつ》」「二殺同宮《にさつどうきゅう》」「刑囚夾身命《けいしゅうきょうしんめい》」「刃星居刃宮《じんせいきょじんきゅう》」「客曜迎朝垣《きゃくようげいちょうえん》」「非禄《ひろく》守録位《しゅろくい》」「凶神会聚殺《きょうしんかいしゅうさつ》」「刃雄居相貌《じんゆうきょそうぼう》」「刃雄守命宮《じんゆうしゅめいきゅう》」

疾格は名称が格に入る条件を表わしている。殺は八殺宮やその主星、疾厄宮、疾厄主を表わし、刃は陽刃・陰刃・飛刃を表わし、雄は天雄を表わす。刑は天刑に変曜する七政四余を、囚は天囚に変曜する七政四余を表わす。

霊台星格《れいだいせいかく》

「合璧連珠《ごうへきれんしゅ》」七政が同じ十二支に入っているもの。

「日月合璧《じつげつごうへき》」太陽と月が同じ十二支に入るか、対冲の十二支に入るか、三方の十二支に入るもの。

「五星連珠《ごせいれんしゅ》」水星が申に入り、金星が酉に入り、火星が戌に入り、木星が亥に入り、土星が丑に入るもの。

「斗牛秀気《とぎゅうしゅうき》」炁星が丑の斗宿か牛宿に入るもの。

「文章秘府《ぶんしょうひふ》」命宮が亥で、命宮に木星が入り、太陽、月、金星、水星、羅星、計星が、命宮または男女宮または遷移宮または夫妻宮に入るもの。

「五星朝斗《ごせいちょうと》」木星、火星、土星、金星、水星が亥に入るか、火星と土星が亥を夾していて亥に太陽、月、木星、金星、水星が入るもの。

「孛干東井《はいかんとうせい》」夜生れで孛星と命度が未の井宿にあるもの。

「首携龍角《しゅけいりゅうかく》」羅星と命度が角宿または亢宿にあるもの。

「計居龍尾《けいきょりゅうび》」計星と命度が寅の尾宿に入っているもの。

「陰陽類聚《いんようるいじゅう》」太陽と月が命宮または身宮にあって廟旺し、太陽と火星が同じ十二支に入るか、月と水星が同じ十二支に入るもの。

「衆星拱北《しゅうせいきょうほく》」太陽、水星、計星、木星、金星、月が亥に入り、火星、土星、炁星が丑に入り、命宮が子であるもの。

「旌頭直争《せいとうちょくそう》」羅星が酉の昴宿に入っているもの。

「長庚入命《ちょうこうにゅうめい》」夜生れで金星と月が酉に入っているもの。

「神羊触邪《しんようしょくじゃ》」命度と孛星が未にあるもの。

「日出扶桑《じっしゅつふそう》」太陽と命度が卯にあるもの。

「箕星好風《きせいこうふう》」命宮が寅で木星が箕宿に入っているもの。

「畢星好雨《ひっせいこうう》」命宮が酉で月が畢宿に入っているもの。

「大月当斗《だいげつとうと》」月が斗宿に入っているもの。

「五神当権《ごしんとうけん》」生月支が寅か卯で木星と命度が寅、卯に入っているか、生月支が巳か午で火星と命度が巳、午に入っているか、生月支が申か酉で金星と命度が申、酉に入っているか、生月支が亥か子で水星と命度が亥、子に入っているか、生月支が辰か戌か丑か未で土星と命度が辰、戌、丑、未に入っているもの。

「左右環拱《さゆうかんきょう》」命度が同じ十二支の内で五星に拱されているもの。

「月扶《げっふ》斗《と》柄《へい》」生月支に当る十二支が身宮になっているもの。

「風生浪撃《ふうせいろうげき》」上弦または下弦の日の午刻生れであるもの。

「禄馬同郷《ろくばどうきょう》」禄元に変曜する七政四余と馬元に変曜する七政四余が命宮に入っているもの。

「虎居龍盤《こきょりゅうばん》」命宮が子か午で金星が酉に入り木星が卯に入っているもの。

「離《り》坎夜《かんや》会《かい》」夜生れで命宮に火星が入り水星が四正の十二宮に入っているもの。

「陰陽交転《いんようこうてん》」太陽と月が命宮を夾しているもの。

「鰲頭独歩《ごうとうどくほ》」春生れで寅か卯の命宮に木星が入っているもの。

「子行父《しぎょうふ》政《せい》」太陽が子に入り火星と命度が午に入っているか、月が丑に入り水星と命度が未に入っているもの。

「三台扶《さんだいふ》斗《と》」丑の斗宿に命度と太陽と月と水星が入っているもの。

「紫《し》微《び》四《し》輔《ほ》」天経、地緯、禄勲、天福が辰、巳、午、未に入り、命宮が巳か午になっているもの。

「精神具《せいしんぐ》足《そく》」昼生れで命宮に水星が入っているか、夜生れで命宮に火星が入っているもの。

「月華《げっか》金闕《きんけつ》」金星と月が亥か辰で同宮しているもの。金星と太陽が亥か辰で同宮しているものは「日華《じっか》金闕《きんけつ》」という格になる。

「日中見斗《じっちゅうけんと》」太陽と羅星と月が未に入っているもの。

「明入地中《めいにゅうちちゅう》」申か酉の命宮に太陽と羅星が入っているもの。

「明出地晋《めいしゅつちしん》」命宮が申で太陽が寅に入っているか、命宮が酉で太陽が卯に入っているか、命宮が戌で太陽が辰に入っているもの。

「木上水井《もくじょうすいせい》」命度と木星が井宿に入り、亥に水星が入っているもの。

「衆星環月《しゅうせいかんげつ》」夜生れで五星と月が未から申までの位置にあり、月が入っている十二支の主星が命宮に入っているもの。

「金居乾位《きんきょけんい》」金星が亥に入っているもの。

「水注東南《すいちゅうとうなん》」水星が巳に入り寅の命宮に木星が入っているもの。

「除旧換新《じょきゅうかんしん》」寅月生れで孛星が亥に入っているか、亥月生れで孛星が丑に入っているもの。

「火《か》水未《すいみ》済《さい》」火星と水星が命宮に入り、火星が先に宮に入り水星が後に宮に入るもの。

「水火《すいか》既《き》済《さい》」水星と火星が命宮に入り、水星が先に宮に入り火星が後に宮に入るもの。

補《ほ》遺《い》格局《かくきょく》

「斉挿寒梅《せいそうかんばい》」子の命宮に財帛主と福徳主と木星が入っているもの。

「角木断躔《かくもくだんてん》」丑の斗宿に命度と土星が入り、木星が角宿に入っているもの。

「金騎《きんき》人馬《じんば》」寅の尾宿に命度があって、金星と歳駕が命宮に入っているもの。

「水火《すいか》相刑《そうけい》」午の柳宿に水星が入っているもの。

「金神持《きんしんじ》刃《じん》」辰の亢宿に命度と金星が入り、辰に陰刃が入っているもの。

「玄武当台《げんぶとうだい》」巳の軫宿に命度と水星が入っているもの。

「子承父位《ねしょうふい》」午の星宿に命度と火星が入り、太陽が卯の房宿に入っているもの。

「月明斗府《げつめいとふ》」命度が未の井宿にあり、月が丑の斗宿に入っているもの。命度が未の井宿にあり、月が寅の斗宿に入っているものは「月扶斗柄《げつふとへい》」という格になる。

「祥雲捧月《しょううんほうげつ》」命度が未の八度から十五度の範囲にあり、夜生れで炁星と月が丑、酉、戌、未のどれかで同宮し、月と炁星が三度以内に接近しているもの。

「太乙抱蟾《たいおつほうせん》」夜生れで未の命宮に孛星が入っているもの。

「水土遭刑《すいどそうけい》」命宮が申で土星が亥の壁宿に入っているもの。

「金星入斗《きんせいにゅうと》」命宮が酉で金星が丑の斗宿に入っているもの。

「箕風斗口《きふうとこう》」命宮が亥で木星が丑の斗宿に入っているもの。

鄭氏星案合格《ていしせいあんごうかく》

「一星得用《いっせいとくよう》」

「陰陽得位《いんようとくい》」

「火旺南離《かおうなんり》」

「火金居垣《かきんきょえん》」

「火月増輝《かげつぞうき》」

「火月同輝《かげつどうき》」

「火月同宵《かげつどうしょう》」

「火星居垣《かせいきょえん》」

「火土相生《かどそうしょう》」

「火土対生《かどたいしょう》」


「火木升殿《かもくしょうでん》」

「官福拱命《かんふくきょうめい》」

「官福夾命《かんふくきょうめい》」

「官福夾陽《かんふくきょうよう》」

「官福居垣《かんふくきょえん》」

「官福受生《かんふくじゅしょう》」

「官福升殿《かんふくしょうでん》」

「官福朝天《かんふくちょうてん》」

「官福朝陽《かんふくちょうよう》」

「官福殿垣《かんふくでんえん》」


「官福得地《かんふくとくち》」

「官来拝主《かんらいはいしゅ》」

「官禄朝君《かんろくちょうくん》」

「金居衛分《きんきょえいぶん》」

「金居亢位《きんきょこうい》」

「金計相生《きんけいそうしょう》」

「金水相生《きんすいそうしょう》」

「金水輔日《きんすいほじつ》」

「金星捧日《きんせいほうじつ》」

「群星西北《ぐんせいせいほく》」


「群星朝北《ぐんせいちょうほく》」

「計羅截断《けいらせつだん》」

「計羅欄截《けいららんせつ》」

「月居天秤《げつきょてんびん》」

「月出良方《げつしゅつりょうほう》」

「月孛同躔《げつはいどうてん》」

「月明守福《げつめいしゅふく》」

「月明良方《げつめいりょうほう》」

「孤月躔奎《こげつてんけい》」

「孤月独明《こげつどくめい》」


「五星廟旺《ごせいびょうおう》」

「五曜環陽《ごようかんよう》」

「妻元居垣《さいげんきょえん》」

「妻嗣垣殿《さいしえんでん》」

「財星尅命《ざいせいこくめい》」

「財星升殿《ざいせいしょうでん》」

「坐貴向禄《ざきこうろく》」

「坐禄向貴《ざろくこうき》」

「嗣星居垣《しせいきょえん》」

「子星居官《しせいきょかん》」


「七政拱命《しちせいきょうめい》」

「七政連環《しちせいれんかん》」

「日月夾金《じつげつきょうきん》」

「日月夾財《じつげつきょうざい》」

「日月夾主《じつげつきょうしゅ》」

「日月夾夫《じつげつきょうふ》」

「日月拱福《じつげつきょうふく》」

「日月夾福《じつげつきょうふく》」

「日月夾輔《じつげつきょうほ》」

「日月拱命《じつげつきょうめい》」


「日月夾命田《じつげつきょうめいでん》」

「日月殿垣《じつげつでんえん》」

「日月得位《じつげつとくい》」

「日月得体《じつげつとくたい》」

「日月並明《じつげつへいめい》」

「日東月西《じつとうげつさい》」

「日南月北《じつなんげつほく》」

「衆曜環拱《しゅうようかんきょう》」

「衆曜拱南《しゅうようきょうなん》」

「主居福徳《しゅきょふくとく》」

「四余在外《しょざいがい》」
「諸星朝命《しょせいちょうめい》」
「四余得地《しょとくち》」
「四余独歩《しょどくほ》」
「四余捧月《しょほうげつ》」
「身居国印《しんきょこくいん》」
「身居福地《しんきょふくち》」
「身坐卦禄《しんざかろく》」
「身坐禄馬《しんざろくば》」
「身星清吉《しんせいせいきち》」

「身命居福《しんめいきょふく》」
「身命坐禄《しんめいざろく》」
「身命升殿《しんめいしょうでん》」
「身命殿垣《しんめいでんえん》」
「水日居官《すいじつきょかん》」
「水星朝日《すいせいちょうじつ》」
「水孛助月《すいはいじょげつ》」
「水孛符印《すいはいふいん》」
「水輔陽光《すいほようこう》」
「単羅守命《たんらしゅめい》」

「単羅独計《たんらどくけい》」
「田財垣殿《でんざいえんでん》」
「田財拱身《でんざいきょうしん》」
「田財夾身《でんざいきょうしん》」
「田財夾命《でんざいきょうめい》」
「田財対照《でんざいたいしょう》」
「田財殿令《でんざいでんれい》」
「田財得経《でんざいとくきょう》」
「田財得所《でんざいとくしょ》」
「田子居官《でんしきょかん》」

「斗旺坐命《とおうざめい》」
「土帰鄭国《どきていこく》」
「土金相生《どきんそうしょう》」
「土金対生《どきんたいしょう》」
「斗杓指禄《としゃくしろく》」
「八殺朝天《はっさつちょうてん》」
「福官会聚《ふくかんかいしゅう》」
「福官起高《ふくかんきこう》」
「福官拱命《ふくかんきょうめい》」
「福官升殿《ふくかんしょうでん》」

「福官得地《ふくかんとくち》」
「福居夫位《ふくきょふい》」
「福財得地《ふくざいとくち》」
「福主居垣《ふくしゅきょえん》」
「福星升殿《ふくせいしょうでん》」
「福禄互垣《ふくろくごえん》」
「福禄臨財《ふくろくりんざい》」
「名甲居垣《めいこうきょえん》」
「命財起垣《めいざいきえん》」
「命坐長生《めいざちょうせい》」

「命主居垣《めいしゅきょえん》」
「命主居福《めいしゅきょふく》」
「命登歳駕《めいとうさいが》」
「命臨官貴《めいりんかんき》」
「命婁得経《めいるとくきょう》」
「木旺月垣《もくおうげつえん》」
「木炁扶身《もくきふしん》」
「木月清貴《もくげつせいき》」
「木孛符印《もくはいふいん》」
「木臨寅垣《もくりんいんえん》」

「夜火朝天《やかちょうてん》」
「夜火朝陽《やかちょうよう》」
「夜生合格《やせいごうかく》」
「羅月光輝《らげっこうき》」
「禄主朝君《ろくしゅちょうくん》」
「禄主臨田《ろくしゅりんでん》」
「漏出福木《ろしゅつふくもく》」
「漏出木月《ろしゅつもくげつ》」

鄭氏《ていし》星案《せいあん》忌格《きかく》

「陰陽背行《いんようはいこう》」
「火金失躔《かきんしつてん》」
「火月昼昧《かげつちゅうまい》」
「火月無光《かげつむこう》」
「火日相犯《かじつそうはん》」
「火入金郷《かにゅうきんきょう》」
「火孛交戦《かはいこうせん》」
「火孛同宮《かはいどうきゅう》」
「火孛臨田《かはいりんでん》」
「火木失位《かもくしつい》」

「寒月単行《かんげつたんこう》」
「炁日同宮《きじつどうきゅう》」
「炁星蔽月《きせいへいげつ》」
「金月無光《きんげつむこう》」
「金水失所《きんすいしっしょ》」
「金水対尅《きんすいたいこく》」
「金木対傷《きんもくたいしょう》」
「金木同宮《きんもくどうきゅう》」
「金羅交戦《きんらこうせん》」
「空雄妻位《くうゆうさいい》」

「狗寡児宮《くかじきゅう》」
「計刃児位《けいじんじい》」
「計孛交戦《けいはいこうせん》」
「計犯太陰《けいはんたいいん》」
「月躔日度《げってんじつど》」
「月躔土度《げってんどど》」
「孤炁照命《こきしょうめい》」
「孤炁臨児《こきりんじ》」
「孤月単行《こげつたんこう》」
「孤月臨奴《こげつりんぬ》」

「孤劫随日《こごうずいじつ》」
「孤劫臨妻《こごうりんさい》」
「孤日単行《こじつたんこう》」
「孤陽無輔《こようむほ》」
「妻嗣失躔《さいししってん》」
「嗣為天狗《しいてんぐ》」
「日陥奴宮《じつかんぬきゅう》」
「日居奴位《じつきょぬい》」
「日月拱刃《じつげつきょうじん》」
「日月拱羅《じつげつきょうら》」

「日月失位《じつげつしつい》」
「日月失垣《じつげつしつえん》」
「日月失躔《じつげつしってん》」
「日月失明《じつげつしつめい》」
「日月背行《じつげつはいこう》」
「日月背躔《じつげつはいてん》」
「日月無光《じつげつむこう》」
「日主失躔《じつしゅしってん》」
「寿元失所《じゅげんしっしょ》」
「諸星況淪《しょせいきょうりん》」

「諸星梢背《しょせいしょうはい》」
「諸星怒地《しょせいどち》」
「諸星背行《しょせいはいこう》」
「諸星背命《しょせいはいめい》」
「身坐両岐《しんざりょうき》」
「刃逢的劫《じんほうてきごう》」
「身命両岐《しんめいりょうき》」
「刃雄守命《じんゆうしゅめい》」
「水火交戦《すいかこうせん》」
「水火互陥《すいかごかん》」

「水火相刑《すいかそうけい》」
「水計相刑《すいけいそうけい》」
「水土失宮《すいどしつきゅう》」
「水泛白羊《すいはんはくよう》」
「水羅交戦《すいらこうせん》」
「的刃居福《てきじんきょふく》」
「的刃妻位《てきじんさいい》」
「的刃守命《てきじんしゅめい》」
「田財失躔《でんざいしってん》」
「田財臨弱《でんざいりんじゃく》」

「田財臨奴《でんざいりんぬ》」　「土水対傷《どすいたいしょう》」　「孛星守命《はいせいしゅめい》」　「孛羅《はいら》犯月《はんげつ》」　「木炁《もくき》掩月《えんげつ》」　「木入斉瓶《もくにゅうせいへい》」
「土《ど》計失躔《けいしってん》」　「土《ど》躔奎度《てんけいど》」　「孛破《はいは》火垣《かえん》」　「福官臨弱《ふくかんりんじゃく》」　「木打《もくだ》宝瓶《ほうへい》」　「雄羅《ゆうら》居官《きょかん》」
「土《ど》月相掩《げつそうえん》」　「土《ど》躔斗《てんと》木《もく》」　「孛破官宮《はいはかんきゅう》」　「命坐刃郷《めいざじんきょう》」　「木土《もくど》対尅《たいこく》」　「羅《ら》犯太陽《はんたいよう》」
「土《ど》月対掩《げつたいえん》」　「土《ど》埋双女《まいそうじょ》」　「孛破禄宮《はいはろくきゅう》」　「命坐《めいざ》両岐《りょうき》」　「木入金宮《もくにゅうきんきゅう》」　「禄主退行《ろくしゅたいこう》」

命《めい》

命《めい》は天の定めをいう。
占星盤では中央の最上段に記される。
鄭氏星案の命の実例は次のような語句である。最後に命の文字がつかないものもある。
これらの語句はその人の運命の特徴や職業などを意味している。
実践においてはこれらから適切なものを選ぶか、これらを参考にした語句を考案する。
職業や運命の特徴などを記すとよい。

「安常命《あんじょうめい》」　「官卑《かんひ》命《めい》」　「五《ご》品命《ひんめい》」　「受封命《じゅほうめい》」　「創業命《そうぎょうめい》」　「武《ぶ》選命《せんめい》」　「名利《めいり》破《は》相命《そうめい》」
「案牘命《あんとくめい》」　「貴而《きじ》帯疾《たいしつ》」　「雑流命《ざつりゅうめい》」　「上達命《じょうたつめい》」　「帯疾延寿命《たいしつえんじゅめい》」　「微名命《びみょうめい》」　「邑長命《ゆうちょうめい》」
「掾胃《えんい》命《めい》」　「起《き》倒命《とうめい》」　「三品命《さんひんめい》」　「常人帯疾命《じょうじんたいしつめい》」　「遅貴命《ちきめい》」　「府《ふ》官命《かんめい》」　「利名図《りみょうと》成命《せいめい》」
「科《か》第命《だいめい》」　「黄堂命《こうどうめい》」　「四《し》品命《ひんめい》」　「身嬰微《しんえいび》疾命《しつめい》」　「中平命《ちゅうへいめい》」　「封誥命《ほうこうめい》」
「監司《かんし》命《めい》」　「功名命《こうみょうめい》」　「州邑命《しゅうゆうめい》」　「尋常命《じんじょうめい》」　「武職命《ぶしょくめい》」　「無子《むし》帯疾命《たいしつめい》」

百六《ひゃくろく》

百六《ひゃくろく》は命宮をいう。

『張果星宗』および『張果星宗大全』の聿斯経《いつしきよう》の「木金」の注釈に「百六謂一百零六月之度　方周一十二宮之数」と記されている。和訳すれば「百六《ひゃくろく》は一百零六月之度《いちひゃくぜろろくづきのど》を謂《い》う。方《まさ》に十二宮一周《じゅうにきゅうひとめぐ》り之《の》数《かず》である」となる。「一百零六月《いちひゃくぜろろくづき》」は百年六ヶ月のことで、十二宮の年分訣を全て加算すれば得られる。

命宮（十五年）＋　相貌宮（十年）＋　福徳宮（十一年）＋　官禄宮（十五年）＋　遷移宮（八年）＋　疾厄宮（七年）＋　夫妻宮（十一年）＋　奴僕宮（四年六ヶ月）＋　男女宮（四年六ヶ月）＋　田宅宮（四年六ヶ月）＋　兄弟宮（五年）＋　財帛宮（五年）＝　百年六ヶ月。

百六は十二宮を一周した数をいい、命宮から一周すれば再び命宮に戻る。すなわち百六は命宮を指す。

漢文の一般的な解釈では百六は寒食の節を意味するが、本占術においては命宮を意味する。百六の用語は第三章の原文和訳に頻出するため、基礎知識として説明した。

第二章　製盤法

準備

製盤、つまり占星盤の作成のために次の三つを用意する。
一、本書附属の実践用占星盤。コピーして記入用とする。
二、干支暦。
三、ホロスコープ占星術用の天文暦。月の遠地点（リリス）と位相（月相）が算出できるもの。月の遠地点（リリス）の位置はきわめて複雑な動きをするため、手間はかかるがLunar Apogeeのデータを自分で得て計算するのも良法といえる。

占星盤の解説

一九六五年七月十三日午後八時に東京都清瀬市で生れた女性の占星盤を完成見本として掲載する。これは、原典と同じ占星盤を現代において完全に再現したものである。

占星盤の各部分に番号を振って解説する。

一、（右から）生年干支、生月干支、生日干支、生時干支。
二、命度。二十八宿の度数が記されている。
三、七政四余とその度数。二十八宿の度数が記されている。
四、十二宮。反時計回りに頭文字で命、財、兄、田、男、奴、夫、疾、遷、官、福、相と記されている。女性の占星盤なので夫妻宮が「夫」となっている。男性の場合の夫妻宮は「妻」となる。
五、大限宮に入る年齢。時計回りに、右から左に向けて、初一、十四、二十四、三十五、五十、五十八、六十五、七十

完成見本　1965年７月13日午後８時　東京都清瀬市生れ　女性

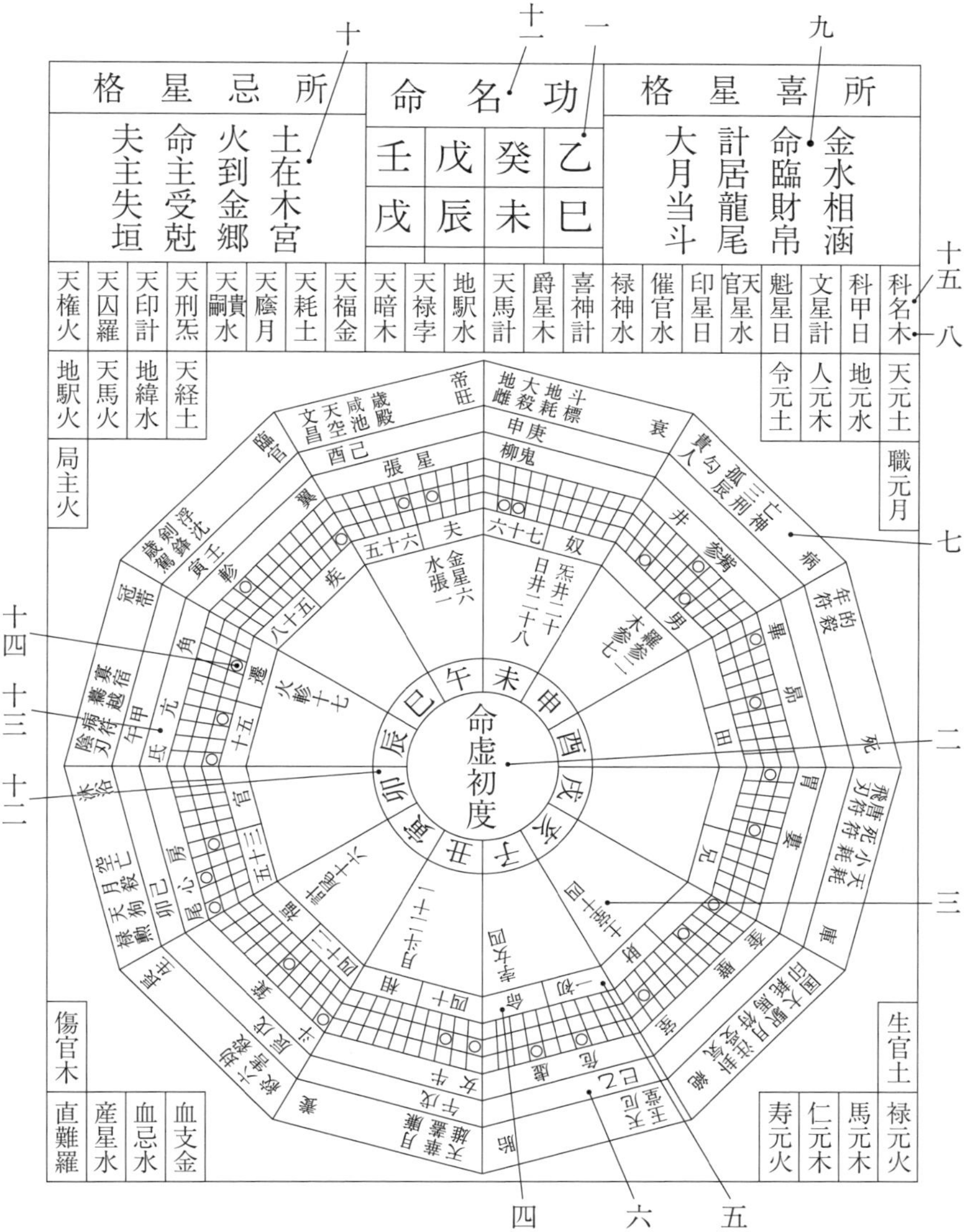

六と右から左に向けて記されている。原典では「十」の文字が省略されたり漢数字が縦に記されているケースもある。命宮に入る年齢はどの占星盤でも「初一」と記入される。
六、大限宮に入る年の干支。時計回りに、右から左に向けて、乙巳、戊午、戊辰、己卯、甲午、壬寅、己酉、庚申と記されている。大限の命宮に入る年の干支は、常に生年の干支に一致する。
七、十二運と神殺。
八、変曜する七政四余。
九、合格。上方の「所喜星格」の語句はこの部分に合格が記されることを示す。
十、忌格。上方の「所忌星格」の語句はこの部分に忌格が記されることを示す。
十一、命の語句。右から左に向けて記されている。
十二、十二支。
十三、二十八宿。
十四、二十八宿が始まる概算位置。
十五、変曜。

これらのうち十二の十二支、十三の二十八宿、十四の二十八宿が始まる概算位置、十五の変曜と、「所喜星格」と「所忌星格」の語句は固定されており、実践用占星盤にはすでに記入されている。空白の部分を記入してゆけば原典と同じ占星盤が完成する。空白の部分に番号を振った実践用占星盤を次ページに示す。

実践用占星盤

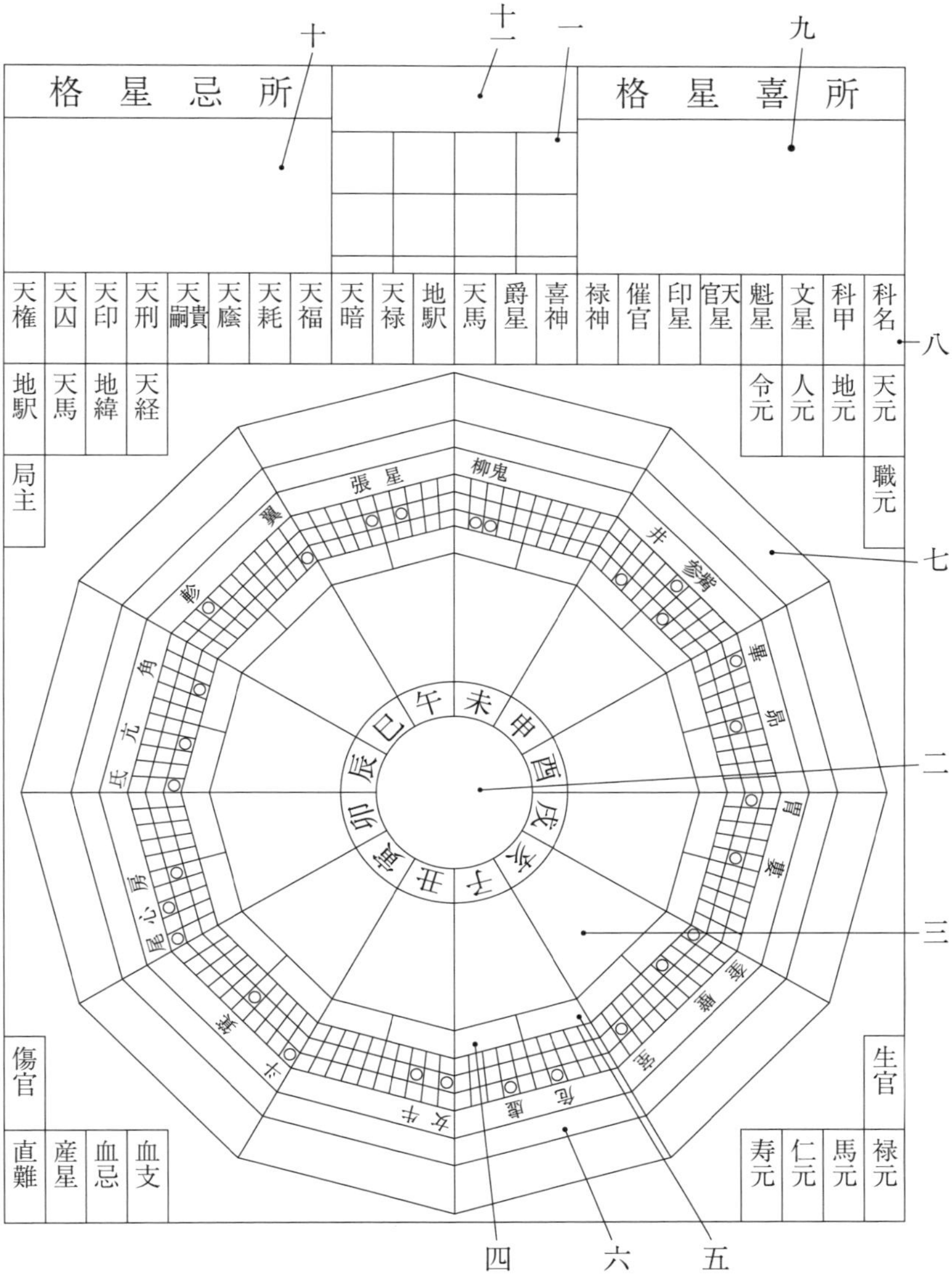
十
十二
一
九
格星忌所
格星喜所
天権
天囚
天印
天刑
天嗣貴
天廕
天耗
天福
天暗
天禄
地駅
天馬
爵星
喜神
禄神
催官
印星
天官星
魁星
文星
科甲
科名
八
地駅
天馬
地緯
天経
令元
人元
地元
天元
局主
職元
七
張
星
柳
鬼
翼
井
参
觜
軫
畢
角
昴
亢
氐
胃
婁
房
心
尾
奎
壁
箕
室
斗
牛
女
虚
危
午
未
申
酉
戌
亥
子
丑
寅
卯
辰
巳
二
三
傷官
生官
直難
産星
血忌
血支
寿元
仁元
馬元
禄元
四
六
五

占星盤作成の順序

一、生年干支、生月干支、生日干支、生時干支を記入する。
二、命度を記入する。
三、七政四余の位置を記入する。
四、十二宮を記入する。
五、大限宮に入る年齢を記入する。
六、大限宮に入る年の干支を記入する。
七、十二運と神殺を記入する。
八、変曜する七政四余を記入する。
九と十、格を記入する。
十一、命の語句を記入する。

占星盤作成の実例

実例をあげて占星盤の作成法を解説する。
（実例）一九六五年七月十三日午後八時　東京都清瀬市生れ　女性

生年月日時の干支の算出

干支暦を用いて生年干支、生月干支、生日干支、生時干支を算出する。
実例の女性の生年月日時の干支は次のとおり。

生年干支……乙巳。
生月干支……癸未。
生日干支……戊辰。
生時干支……壬戌。

これらを実践用占星盤の一の部分に記入すれば、次ページのようになる。

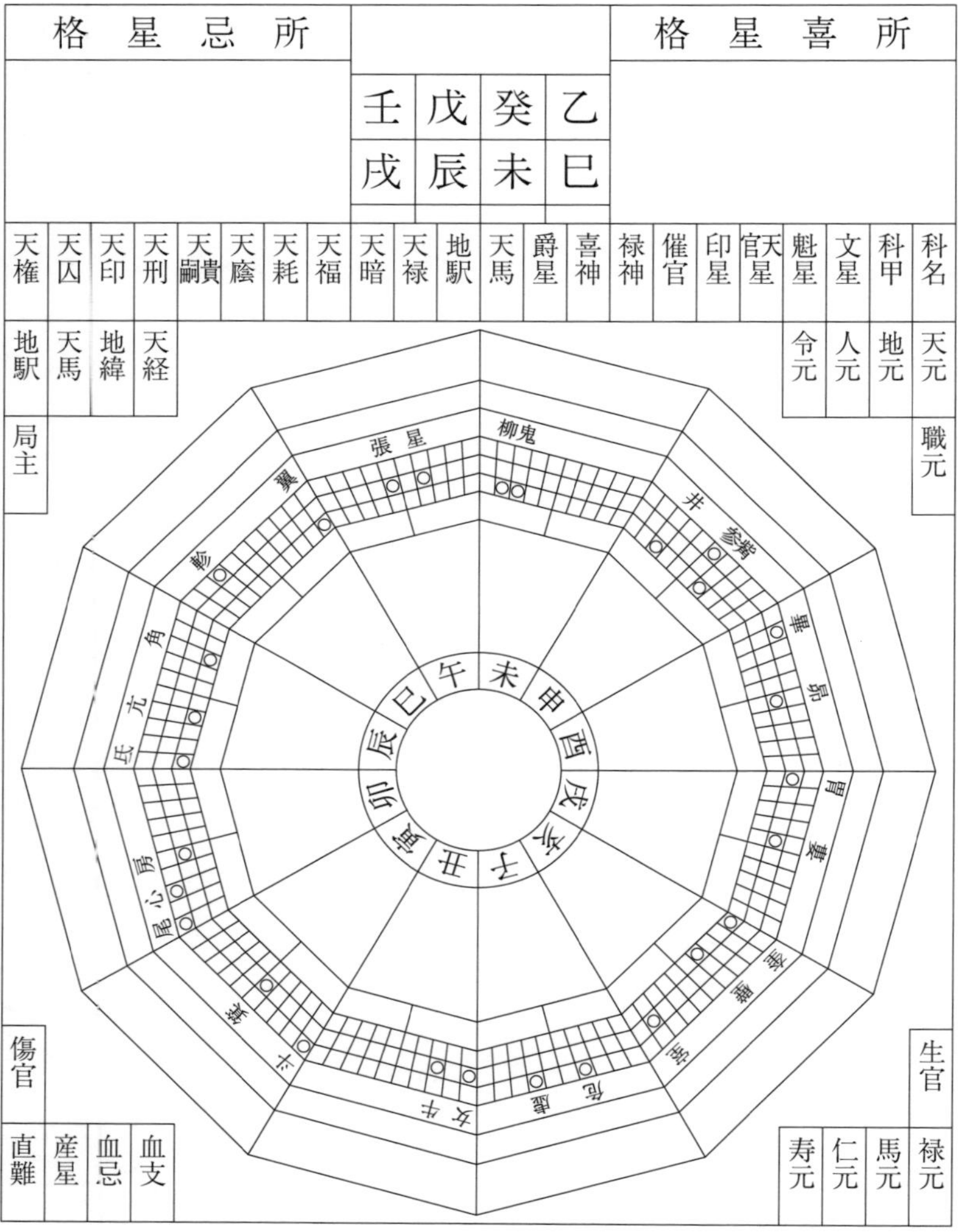
格星忌所
格星喜所
壬 戊 癸 乙
戌 辰 未 巳
天権 天囚 天印 天刑 天嗣貴 天蔭 天耗 天福 天暗 天禄 地駅 天馬 爵星 喜神 禄神 催官 印星 天官星 魁星 文星 科甲 科名
地駅 天馬 地緯 天経
令元 人元 地元 天元
局主
職元
張 星
柳鬼
井 参觜
畢 昴 胃 婁
奎 壁 室
危 虚 女牛
斗 箕
尾 心 房
氐 亢 角
軫 翼
午 未 申 酉 戌 亥 子 丑 寅 卯 辰 巳
傷官
生官
直難 産星 血忌 血支
寿元 仁元 馬元 禄元

命度の算出

命度は、ホロスコープ占星術用の天文暦から算出した上昇点（acsendant）を、資料編の二十八宿変換表を用いて二十八宿の度数に変換する。逆算度数も出しておく。

著者による計算では、実例の女性の上昇点（acsendant）は宝瓶宮♒09度48分51秒と算出された。

宝瓶宮09度48分51秒は、二十八宿変換表によれば、宝瓶宮♒（子）09度00分00秒～宝瓶宮♒（子）10度00分00秒の範囲に入り、虚宿の初度となる。逆算度数は子の二十一度である。

命度……虚宿初度（子逆算二十一度）。

命度を「命」と略し、虚宿を「虚」と略し、「命虚初度」として実践用占星盤の二の部分に記入すれば、次のようになる。

（注）命度が初度でない場合は、漢数字をそのまま縦に用いる。たとえば命度が危宿の十一度なら「命危十一度」と記入する。

二十八宿変換表11

宝瓶宮♒（子）

宝瓶宮♒（子）00度00分00秒	〜	宝瓶宮♒（子）01度00分00秒	↓	女宿二度（子逆算三十度）	
宝瓶宮♒（子）01度00分00秒	〜	宝瓶宮♒（子）02度00分00秒	↓	女宿三度（子逆算二十九度）	
宝瓶宮♒（子）02度00分00秒	〜	宝瓶宮♒（子）03度00分00秒	↓	女宿四度（子逆算二十八度）	
宝瓶宮♒（子）03度00分00秒	〜	宝瓶宮♒（子）04度00分00秒	↓	女宿五度（子逆算二十七度）	
宝瓶宮♒（子）04度00分00秒	〜	宝瓶宮♒（子）05度00分00秒	↓	女宿六度（子逆算二十六度）	
宝瓶宮♒（子）05度00分00秒	〜	宝瓶宮♒（子）06度00分00秒	↓	女宿七度（子逆算二十五度）	
宝瓶宮♒（子）06度00分00秒	〜	宝瓶宮♒（子）07度00分00秒	↓	女宿八度（子逆算二十四度）	
宝瓶宮♒（子）07度00分00秒	〜	宝瓶宮♒（子）08度00分00秒	↓	女宿九度（子逆算二十三度）	
宝瓶宮♒（子）08度00分00秒	〜	宝瓶宮♒（子）09度00分00秒	↓	女宿十度（子逆算二十二度）	
宝瓶宮♒（子）09度00分00秒	〜	宝瓶宮♒（子）10度00分00秒	↓	虚宿初度（子逆算二十一度）	命度
宝瓶宮♒（子）10度00分00秒	〜	宝瓶宮♒（子）11度00分00秒	↓	虚宿一度（子逆算二十度）	
宝瓶宮♒（子）11度00分00秒	〜	宝瓶宮♒（子）12度00分00秒	↓	虚宿二度（子逆算十九度）	
宝瓶宮♒（子）12度00分00秒	〜	宝瓶宮♒（子）13度00分00秒	↓	虚宿三度（子逆算十八度）	
宝瓶宮♒（子）13度00分00秒	〜	宝瓶宮♒（子）14度00分00秒	↓	虚宿四度（子逆算十七度）	
宝瓶宮♒（子）14度00分00秒	〜	宝瓶宮♒（子）15度00分00秒	↓	虚宿五度（子逆算十六度）	
宝瓶宮♒（子）15度00分00秒	〜	宝瓶宮♒（子）16度00分00秒	↓	虚宿六度（子逆算十五度）	
宝瓶宮♒（子）16度00分00秒	〜	宝瓶宮♒（子）17度00分00秒	↓	虚宿七度（子逆算十四度）	
宝瓶宮♒（子）17度00分00秒	〜	宝瓶宮♒（子）18度00分00秒	↓	虚宿八度（子逆算十三度）	
宝瓶宮♒（子）18度00分00秒	〜	宝瓶宮♒（子）19度00分00秒	↓	虚宿九度（子逆算十二度）	
宝瓶宮♒（子）19度00分00秒	〜	宝瓶宮♒（子）20度00分00秒	↓	危宿一度（子逆算十一度）	
宝瓶宮♒（子）20度00分00秒	〜	宝瓶宮♒（子）21度00分00秒	↓	危宿二度（子逆算十度）	
宝瓶宮♒（子）21度00分00秒	〜	宝瓶宮♒（子）22度00分00秒	↓	危宿三度（子逆算九度）	
宝瓶宮♒（子）22度00分00秒	〜	宝瓶宮♒（子）23度00分00秒	↓	危宿四度（子逆算八度）	
宝瓶宮♒（子）23度00分00秒	〜	宝瓶宮♒（子）24度00分00秒	↓	危宿五度（子逆算七度）	
宝瓶宮♒（子）24度00分00秒	〜	宝瓶宮♒（子）25度00分00秒	↓	危宿六度（子逆算六度）	
宝瓶宮♒（子）25度00分00秒	〜	宝瓶宮♒（子）26度00分00秒	↓	危宿七度（子逆算五度）	
宝瓶宮♒（子）26度00分00秒	〜	宝瓶宮♒（子）27度00分00秒	↓	危宿八度（子逆算四度）	
宝瓶宮♒（子）27度00分00秒	〜	宝瓶宮♒（子）28度00分00秒	↓	危宿九度（子逆算三度）	
宝瓶宮♒（子）28度00分00秒	〜	宝瓶宮♒（子）29度00分00秒	↓	危宿十度（子逆算二度）	
宝瓶宮♒（子）29度00分00秒	〜	宝瓶宮♒（子）30度00分00秒	↓	危宿十一度（子逆算一度）	

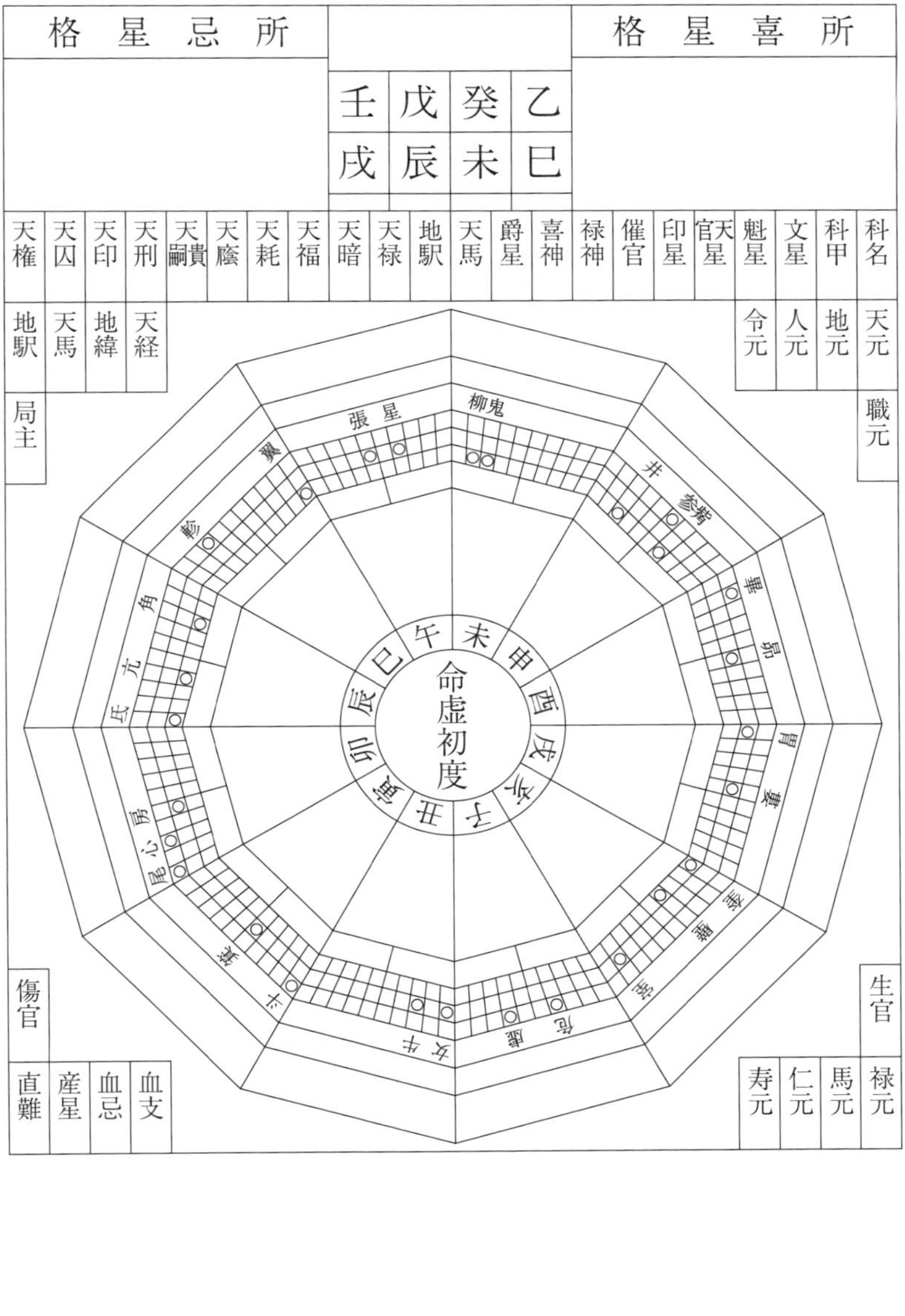
格星忌所
格星喜所
壬　戊　癸　乙
戌　辰　未　巳
天権　天囚　天印　天刑　天嗣貴　天蔭　天耗　天福　天暗　天禄　地駅　天馬　爵星　喜神　禄神　催官　印星　天官星　魁星　文星　科甲　科名
地駅　天馬　地緯　天経
局主
令元　人元　地元　天元
職元
命虚初度
午　未　申　酉　戌　亥　子　丑　寅　卯　辰　巳
張　星　柳鬼　井　参觜　畢　昴　胃　婁　奎　壁　室　危　虚　女　牛　斗　箕　尾　心　房　氐　亢　角　軫　翼
傷官
直難　産星　血忌　血支
生官
寿元　仁元　馬元　禄元

七政四余の位置の算出

⑴炁星を除いた七政四余、つまり太陽、月、木星、火星、土星、金星、水星、孛星（リリス）、羅星（ドラゴンヘッド）、計星（ドラゴンテイル）の位置をホロスコープ占星術用の天文暦によって算出し、二十八宿変換表を用いて二十八宿の度数を求める。

⑵炁星の位置を資料編の炁星天文暦から求める。

孛星（リリス）は、月の遠地点のデータを自分で得て位置計算を行ってもよい。

⑴炁星を除いた七政四余の位置を算出する。

実例の女性の出生時は一九六五年七月十三日午後八時、出生地は東京都清瀬市である。

著者による計算結果は次のとおり。記号とともに示す。

太陽☉……巨蟹宮♋20度49分27秒。
月☽……磨羯宮♑18度04分55秒。
木星♃……双児宮♊18度40分34秒。
火星♂……天秤宮♎07度31分52秒。
土星♄……双魚宮♓17度01分50秒。
金星♀……獅子宮♌15度15分48秒。
水星☿……獅子宮♌16度55分46秒。
孛星⚸……宝瓶宮♒02度59分14秒。
羅星☊……双児宮♊13度14分21秒。
計星☋……人馬宮♐13度14分21秒。

これらを二十八宿変換表によって二十八宿の度数に変換する。逆算度数も出しておく。炁星を除いた七政四余の位置は次のようになる。

太陽……井宿二十八度（未逆算十度）。
月………斗宿二十一度（丑逆算十二度）。
木星……参宿七度（申逆算十二度）。
火星……軫宿十七度（辰逆算二十三度）。
土星……室宿十四度（亥逆算十三度）。
金星……星宿六度（午逆算十五度）。
水星……張宿一度（午逆算十四度）。
孛星……女宿四度（子逆算二十八度）。
羅星……参宿二度（申逆算十七度）。
計星……尾宿十六度（寅逆算十七度）。

二十八宿変換表 3

双児宮♊（申）

範囲		二十八宿	備考
双児宮♊（申）00度00分00秒〜双児宮♊（申）01度00分00秒	↓	畢宿六度（申逆算三十度）	
双児宮♊（申）01度00分00秒〜双児宮♊（申）02度00分00秒	↓	畢宿七度（申逆算二十九度）	
双児宮♊（申）02度00分00秒〜双児宮♊（申）03度00分00秒	↓	畢宿八度（申逆算二十八度）	
双児宮♊（申）03度00分00秒〜双児宮♊（申）04度00分00秒	↓	畢宿九度（申逆算二十七度）	
双児宮♊（申）04度00分00秒〜双児宮♊（申）05度00分00秒	↓	畢宿十度（申逆算二十六度）	
双児宮♊（申）05度00分00秒〜双児宮♊（申）06度00分00秒	↓	畢宿十一度（申逆算二十五度）	
双児宮♊（申）06度00分00秒〜双児宮♊（申）07度00分00秒	↓	畢宿十二度（申逆算二十四度）	
双児宮♊（申）07度00分00秒〜双児宮♊（申）08度00分00秒	↓	畢宿十三度（申逆算二十三度）	
双児宮♊（申）08度00分00秒〜双児宮♊（申）09度00分00秒	↓	畢宿十四度（申逆算二十二度）	
双児宮♊（申）09度00分00秒〜双児宮♊（申）10度00分00秒	↓	畢宿十五度（申逆算二十一度）	
双児宮♊（申）10度00分00秒〜双児宮♊（申）11度00分00秒	↓	畢宿十六度（申逆算二十度）	
双児宮♊（申）11度00分00秒〜双児宮♊（申）12度00分00秒	↓	觜宿初度（申逆算十九度）	
双児宮♊（申）12度00分00秒〜双児宮♊（申）13度00分00秒	↓	参宿一度（申逆算十八度）	
双児宮♊（申）13度00分00秒〜双児宮♊（申）14度00分00秒	↓	参宿二度（申逆算十七度）	羅星
双児宮♊（申）14度00分00秒〜双児宮♊（申）15度00分00秒	↓	参宿三度（申逆算十六度）	
双児宮♊（申）15度00分00秒〜双児宮♊（申）16度00分00秒	↓	参宿四度（申逆算十五度）	
双児宮♊（申）16度00分00秒〜双児宮♊（申）17度00分00秒	↓	参宿五度（申逆算十四度）	
双児宮♊（申）17度00分00秒〜双児宮♊（申）18度00分00秒	↓	参宿六度（申逆算十三度）	
双児宮♊（申）18度00分00秒〜双児宮♊（申）19度00分00秒	↓	参宿七度（申逆算十二度）	木星
双児宮♊（申）19度00分00秒〜双児宮♊（申）20度00分00秒	↓	参宿八度（申逆算十一度）	
双児宮♊（申）20度00分00秒〜双児宮♊（申）21度00分00秒	↓	参宿九度（申逆算十度）	
双児宮♊（申）21度00分00秒〜双児宮♊（申）22度00分00秒	↓	参宿十度（申逆算九度）	
双児宮♊（申）22度00分00秒〜双児宮♊（申）23度00分00秒	↓	井宿初度（申逆算八度）	
双児宮♊（申）23度00分00秒〜双児宮♊（申）24度00分00秒	↓	井宿一度（申逆算七度）	
双児宮♊（申）24度00分00秒〜双児宮♊（申）25度00分00秒	↓	井宿二度（申逆算六度）	
双児宮♊（申）25度00分00秒〜双児宮♊（申）26度00分00秒	↓	井宿三度（申逆算五度）	
双児宮♊（申）26度00分00秒〜双児宮♊（申）27度00分00秒	↓	井宿四度（申逆算四度）	
双児宮♊（申）27度00分00秒〜双児宮♊（申）28度00分00秒	↓	井宿五度（申逆算三度）	
双児宮♊（申）28度00分00秒〜双児宮♊（申）29度00分00秒	↓	井宿六度（申逆算二度）	
双児宮♊（申）29度00分00秒〜双児宮♊（申）30度00分00秒	↓	井宿七度（申逆算一度）	

二十八宿変換表 4

巨蟹宮♋（未）

	巨蟹宮♋（未）00度00分00秒	〜	巨蟹宮♋（未）01度00分00秒	↓	井宿八度（未逆算三十度）
	巨蟹宮♋（未）01度00分00秒	〜	巨蟹宮♋（未）02度00分00秒	↓	井宿九度（未逆算二十九度）
	巨蟹宮♋（未）02度00分00秒	〜	巨蟹宮♋（未）03度00分00秒	↓	井宿十度（未逆算二十八度）
	巨蟹宮♋（未）03度00分00秒	〜	巨蟹宮♋（未）04度00分00秒	↓	井宿十一度（未逆算二十七度）
	巨蟹宮♋（未）04度00分00秒	〜	巨蟹宮♋（未）05度00分00秒	↓	井宿十二度（未逆算二十六度）
	巨蟹宮♋（未）05度00分00秒	〜	巨蟹宮♋（未）06度00分00秒	↓	井宿十三度（未逆算二十五度）
	巨蟹宮♋（未）06度00分00秒	〜	巨蟹宮♋（未）07度00分00秒	↓	井宿十四度（未逆算二十四度）
	巨蟹宮♋（未）07度00分00秒	〜	巨蟹宮♋（未）08度00分00秒	↓	井宿十五度（未逆算二十三度）
	巨蟹宮♋（未）08度00分00秒	〜	巨蟹宮♋（未）09度00分00秒	↓	井宿十六度（未逆算二十二度）
	巨蟹宮♋（未）09度00分00秒	〜	巨蟹宮♋（未）10度00分00秒	↓	井宿十七度（未逆算二十一度）
	巨蟹宮♋（未）10度00分00秒	〜	巨蟹宮♋（未）11度00分00秒	↓	井宿十八度（未逆算二十度）
	巨蟹宮♋（未）11度00分00秒	〜	巨蟹宮♋（未）12度00分00秒	↓	井宿十九度（未逆算十九度）
	巨蟹宮♋（未）12度00分00秒	〜	巨蟹宮♋（未）13度00分00秒	↓	井宿二十度（未逆算十八度）
	巨蟹宮♋（未）13度00分00秒	〜	巨蟹宮♋（未）14度00分00秒	↓	井宿二十一度（未逆算十七度）
	巨蟹宮♋（未）14度00分00秒	〜	巨蟹宮♋（未）15度00分00秒	↓	井宿二十二度（未逆算十六度）
	巨蟹宮♋（未）15度00分00秒	〜	巨蟹宮♋（未）16度00分00秒	↓	井宿二十三度（未逆算十五度）
	巨蟹宮♋（未）16度00分00秒	〜	巨蟹宮♋（未）17度00分00秒	↓	井宿二十四度（未逆算十四度）
	巨蟹宮♋（未）17度00分00秒	〜	巨蟹宮♋（未）18度00分00秒	↓	井宿二十五度（未逆算十三度）
	巨蟹宮♋（未）18度00分00秒	〜	巨蟹宮♋（未）19度00分00秒	↓	井宿二十六度（未逆算十二度）
	巨蟹宮♋（未）19度00分00秒	〜	巨蟹宮♋（未）20度00分00秒	↓	井宿二十七度（未逆算十一度）
太陽	巨蟹宮♋（未）20度00分00秒	〜	巨蟹宮♋（未）21度00分00秒	↓	井宿二十八度（未逆算十度）
	巨蟹宮♋（未）21度00分00秒	〜	巨蟹宮♋（未）22度00分00秒	↓	井宿二十九度（未逆算九度）
	巨蟹宮♋（未）22度00分00秒	〜	巨蟹宮♋（未）23度00分00秒	↓	井宿三十度（未逆算八度）
	巨蟹宮♋（未）23度00分00秒	〜	巨蟹宮♋（未）24度00分00秒	↓	鬼宿初度（未逆算七度）
	巨蟹宮♋（未）24度00分00秒	〜	巨蟹宮♋（未）25度00分00秒	↓	鬼宿一度（未逆算六度）
	巨蟹宮♋（未）25度00分00秒	〜	巨蟹宮♋（未）26度00分00秒	↓	鬼宿二度（未逆算五度）
	巨蟹宮♋（未）26度00分00秒	〜	巨蟹宮♋（未）27度00分00秒	↓	柳宿初度（未逆算四度）
	巨蟹宮♋（未）27度00分00秒	〜	巨蟹宮♋（未）28度00分00秒	↓	柳宿一度（未逆算三度）
	巨蟹宮♋（未）28度00分00秒	〜	巨蟹宮♋（未）29度00分00秒	↓	柳宿二度（未逆算二度）
	巨蟹宮♋（未）29度00分00秒	〜	巨蟹宮♋（未）30度00分00秒	↓	柳宿三度（未逆算一度）

二十八宿変換表 5

獅子宮♌（午）

獅子宮♌（午）00度00分00秒〜獅子宮♌（午）01度00分00秒	↓ 柳宿四度（午逆算三十度）	
獅子宮♌（午）01度00分00秒〜獅子宮♌（午）02度00分00秒	↓ 柳宿五度（午逆算二十九度）	
獅子宮♌（午）02度00分00秒〜獅子宮♌（午）03度00分00秒	↓ 柳宿六度（午逆算二十八度）	
獅子宮♌（午）03度00分00秒〜獅子宮♌（午）04度00分00秒	↓ 柳宿七度（午逆算二十七度）	
獅子宮♌（午）04度00分00秒〜獅子宮♌（午）05度00分00秒	↓ 柳宿八度（午逆算二十六度）	
獅子宮♌（午）05度00分00秒〜獅子宮♌（午）06度00分00秒	↓ 柳宿九度（午逆算二十五度）	
獅子宮♌（午）06度00分00秒〜獅子宮♌（午）07度00分00秒	↓ 柳宿十度（午逆算二十四度）	
獅子宮♌（午）07度00分00秒〜獅子宮♌（午）08度00分00秒	↓ 柳宿十一度（午逆算二十三度）	
獅子宮♌（午）08度00分00秒〜獅子宮♌（午）09度00分00秒	↓ 柳宿十二度（午逆算二十二度）	
獅子宮♌（午）09度00分00秒〜獅子宮♌（午）10度00分00秒	↓ 柳宿十三度（午逆算二十一度）	
獅子宮♌（午）10度00分00秒〜獅子宮♌（午）11度00分00秒	↓ 星宿一度（午逆算二十度）	
獅子宮♌（午）11度00分00秒〜獅子宮♌（午）12度00分00秒	↓ 星宿二度（午逆算十九度）	
獅子宮♌（午）12度00分00秒〜獅子宮♌（午）13度00分00秒	↓ 星宿三度（午逆算十八度）	
獅子宮♌（午）13度00分00秒〜獅子宮♌（午）14度00分00秒	↓ 星宿四度（午逆算十七度）	
獅子宮♌（午）14度00分00秒〜獅子宮♌（午）15度00分00秒	↓ 星宿五度（午逆算十六度）	
獅子宮♌（午）15度00分00秒〜獅子宮♌（午）16度00分00秒	↓ 星宿六度（午逆算十五度）	金星
獅子宮♌（午）16度00分00秒〜獅子宮♌（午）17度00分00秒	↓ 張宿一度（午逆算十四度）	水星
獅子宮♌（午）17度00分00秒〜獅子宮♌（午）18度00分00秒	↓ 張宿二度（午逆算十三度）	
獅子宮♌（午）18度00分00秒〜獅子宮♌（午）19度00分00秒	↓ 張宿三度（午逆算十二度）	
獅子宮♌（午）19度00分00秒〜獅子宮♌（午）20度00分00秒	↓ 張宿四度（午逆算十一度）	
獅子宮♌（午）20度00分00秒〜獅子宮♌（午）21度00分00秒	↓ 張宿五度（午逆算十度）	
獅子宮♌（午）21度00分00秒〜獅子宮♌（午）22度00分00秒	↓ 張宿六度（午逆算九度）	
獅子宮♌（午）22度00分00秒〜獅子宮♌（午）23度00分00秒	↓ 張宿七度（午逆算八度）	
獅子宮♌（午）23度00分00秒〜獅子宮♌（午）24度00分00秒	↓ 張宿八度（午逆算七度）	
獅子宮♌（午）24度00分00秒〜獅子宮♌（午）25度00分00秒	↓ 張宿九度（午逆算六度）	
獅子宮♌（午）25度00分00秒〜獅子宮♌（午）26度00分00秒	↓ 張宿十度（午逆算五度）	
獅子宮♌（午）26度00分00秒〜獅子宮♌（午）27度00分00秒	↓ 張宿十一度（午逆算四度）	
獅子宮♌（午）27度00分00秒〜獅子宮♌（午）28度00分00秒	↓ 張宿十二度（午逆算三度）	
獅子宮♌（午）28度00分00秒〜獅子宮♌（午）29度00分00秒	↓ 張宿十三度（午逆算二度）	
獅子宮♌（午）29度00分00秒〜獅子宮♌（午）30度00分00秒	↓ 張宿十四度（午逆算一度）	

二十八宿変換表7

天秤宮♎（辰）

天秤宮♎（辰）00度00分00秒 ～ 天秤宮♎（辰）01度00分00秒	↓	軫宿十度（辰逆算三十度）	
天秤宮♎（辰）01度00分00秒 ～ 天秤宮♎（辰）02度00分00秒	↓	軫宿十一度（辰逆算二十九度）	
天秤宮♎（辰）02度00分00秒 ～ 天秤宮♎（辰）03度00分00秒	↓	軫宿十二度（辰逆算二十八度）	
天秤宮♎（辰）03度00分00秒 ～ 天秤宮♎（辰）04度00分00秒	↓	軫宿十三度（辰逆算二十七度）	
天秤宮♎（辰）04度00分00秒 ～ 天秤宮♎（辰）05度00分00秒	↓	軫宿十四度（辰逆算二十六度）	
天秤宮♎（辰）05度00分00秒 ～ 天秤宮♎（辰）06度00分00秒	↓	軫宿十五度（辰逆算二十五度）	
天秤宮♎（辰）06度00分00秒 ～ 天秤宮♎（辰）07度00分00秒	↓	軫宿十六度（辰逆算二十四度）	
天秤宮♎（辰）07度00分00秒 ～ 天秤宮♎（辰）08度00分00秒	↓	軫宿十七度（辰逆算二十三度）	火星
天秤宮♎（辰）08度00分00秒 ～ 天秤宮♎（辰）09度00分00秒	↓	角宿一度（辰逆算二十二度）	
天秤宮♎（辰）09度00分00秒 ～ 天秤宮♎（辰）10度00分00秒	↓	角宿二度（辰逆算二十一度）	
天秤宮♎（辰）10度00分00秒 ～ 天秤宮♎（辰）11度00分00秒	↓	角宿三度（辰逆算二十度）	
天秤宮♎（辰）11度00分00秒 ～ 天秤宮♎（辰）12度00分00秒	↓	角宿四度（辰逆算十九度）	
天秤宮♎（辰）12度00分00秒 ～ 天秤宮♎（辰）13度00分00秒	↓	角宿五度（辰逆算十八度）	
天秤宮♎（辰）13度00分00秒 ～ 天秤宮♎（辰）14度00分00秒	↓	角宿六度（辰逆算十七度）	
天秤宮♎（辰）14度00分00秒 ～ 天秤宮♎（辰）15度00分00秒	↓	角宿七度（辰逆算十六度）	
天秤宮♎（辰）15度00分00秒 ～ 天秤宮♎（辰）16度00分00秒	↓	角宿八度（辰逆算十五度）	
天秤宮♎（辰）16度00分00秒 ～ 天秤宮♎（辰）17度00分00秒	↓	角宿九度（辰逆算十四度）	
天秤宮♎（辰）17度00分00秒 ～ 天秤宮♎（辰）18度00分00秒	↓	角宿十度（辰逆算十三度）	
天秤宮♎（辰）18度00分00秒 ～ 天秤宮♎（辰）19度00分00秒	↓	角宿十一度（辰逆算十二度）	
天秤宮♎（辰）19度00分00秒 ～ 天秤宮♎（辰）20度00分00秒	↓	角宿十二度（辰逆算十一度）	
天秤宮♎（辰）20度00分00秒 ～ 天秤宮♎（辰）21度00分00秒	↓	亢宿一度（辰逆算十度）	
天秤宮♎（辰）21度00分00秒 ～ 天秤宮♎（辰）22度00分00秒	↓	亢宿二度（辰逆算九度）	
天秤宮♎（辰）22度00分00秒 ～ 天秤宮♎（辰）23度00分00秒	↓	亢宿三度（辰逆算八度）	
天秤宮♎（辰）23度00分00秒 ～ 天秤宮♎（辰）24度00分00秒	↓	亢宿四度（辰逆算七度）	
天秤宮♎（辰）24度00分00秒 ～ 天秤宮♎（辰）25度00分00秒	↓	亢宿五度（辰逆算六度）	
天秤宮♎（辰）25度00分00秒 ～ 天秤宮♎（辰）26度00分00秒	↓	亢宿六度（辰逆算五度）	
天秤宮♎（辰）26度00分00秒 ～ 天秤宮♎（辰）27度00分00秒	↓	亢宿七度（辰逆算四度）	
天秤宮♎（辰）27度00分00秒 ～ 天秤宮♎（辰）28度00分00秒	↓	亢宿八度（辰逆算三度）	
天秤宮♎（辰）28度00分00秒 ～ 天秤宮♎（辰）29度00分00秒	↓	亢宿九度（辰逆算二度）	
天秤宮♎（辰）29度00分00秒 ～ 天秤宮♎（辰）30度00分00秒	↓	氐宿初度（辰逆算一度）	

二十八宿変換表 9

人馬宮♐（寅）

人馬宮♐（寅）00度00分00秒	〜	人馬宮♐（寅）01度00分00秒	↓	尾宿三度（寅逆算三十度）
人馬宮♐（寅）01度00分00秒	〜	人馬宮♐（寅）02度00分00秒	↓	尾宿四度（寅逆算二十九度）
人馬宮♐（寅）02度00分00秒	〜	人馬宮♐（寅）03度00分00秒	↓	尾宿五度（寅逆算二十八度）
人馬宮♐（寅）03度00分00秒	〜	人馬宮♐（寅）04度00分00秒	↓	尾宿六度（寅逆算二十七度）
人馬宮♐（寅）04度00分00秒	〜	人馬宮♐（寅）05度00分00秒	↓	尾宿七度（寅逆算二十六度）
人馬宮♐（寅）05度00分00秒	〜	人馬宮♐（寅）06度00分00秒	↓	尾宿八度（寅逆算二十五度）
人馬宮♐（寅）06度00分00秒	〜	人馬宮♐（寅）07度00分00秒	↓	尾宿九度（寅逆算二十四度）
人馬宮♐（寅）07度00分00秒	〜	人馬宮♐（寅）08度00分00秒	↓	尾宿十度（寅逆算二十三度）
人馬宮♐（寅）08度00分00秒	〜	人馬宮♐（寅）09度00分00秒	↓	尾宿十一度（寅逆算二十二度）
人馬宮♐（寅）09度00分00秒	〜	人馬宮♐（寅）10度00分00秒	↓	尾宿十二度（寅逆算二十一度）
人馬宮♐（寅）10度00分00秒	〜	人馬宮♐（寅）11度00分00秒	↓	尾宿十三度（寅逆算二十度）
人馬宮♐（寅）11度00分00秒	〜	人馬宮♐（寅）12度00分00秒	↓	尾宿十四度（寅逆算十九度）
人馬宮♐（寅）12度00分00秒	〜	人馬宮♐（寅）13度00分00秒	↓	尾宿十五度（寅逆算十八度）
人馬宮♐（寅）13度00分00秒	〜	人馬宮♐（寅）14度00分00秒	↓	尾宿十六度（寅逆算十七度）　← 計星
人馬宮♐（寅）14度00分00秒	〜	人馬宮♐（寅）15度00分00秒	↓	尾宿十七度（寅逆算十六度）
人馬宮♐（寅）15度00分00秒	〜	人馬宮♐（寅）16度00分00秒	↓	尾宿十八度（寅逆算十五度）
人馬宮♐（寅）16度00分00秒	〜	人馬宮♐（寅）17度00分00秒	↓	箕宿初度（寅逆算十四度）
人馬宮♐（寅）17度00分00秒	〜	人馬宮♐（寅）18度00分00秒	↓	箕宿一度（寅逆算十三度）
人馬宮♐（寅）18度00分00秒	〜	人馬宮♐（寅）19度00分00秒	↓	箕宿二度（寅逆算十二度）
人馬宮♐（寅）19度00分00秒	〜	人馬宮♐（寅）20度00分00秒	↓	箕宿三度（寅逆算十一度）
人馬宮♐（寅）20度00分00秒	〜	人馬宮♐（寅）21度00分00秒	↓	箕宿四度（寅逆算十度）
人馬宮♐（寅）21度00分00秒	〜	人馬宮♐（寅）22度00分00秒	↓	箕宿五度（寅逆算九度）
人馬宮♐（寅）22度00分00秒	〜	人馬宮♐（寅）23度00分00秒	↓	箕宿六度（寅逆算八度）
人馬宮♐（寅）23度00分00秒	〜	人馬宮♐（寅）24度00分00秒	↓	箕宿七度（寅逆算七度）
人馬宮♐（寅）24度00分00秒	〜	人馬宮♐（寅）25度00分00秒	↓	箕宿八度（寅逆算六度）
人馬宮♐（寅）25度00分00秒	〜	人馬宮♐（寅）26度00分00秒	↓	箕宿九度（寅逆算五度）
人馬宮♐（寅）26度00分00秒	〜	人馬宮♐（寅）27度00分00秒	↓	箕宿十度（寅逆算四度）
人馬宮♐（寅）27度00分00秒	〜	人馬宮♐（寅）28度00分00秒	↓	斗宿初度（寅逆算三度）
人馬宮♐（寅）28度00分00秒	〜	人馬宮♐（寅）29度00分00秒	↓	斗宿一度（寅逆算二度）
人馬宮♐（寅）29度00分00秒	〜	人馬宮♐（寅）30度00分00秒	↓	斗宿二度（寅逆算一度）

二十八宿変換表10

磨羯宮♑（丑）

範囲		二十八宿
磨羯宮♑（丑）00度00分00秒〜磨羯宮♑（丑）01度00分00秒	↓	斗宿三度（丑逆算三十度）
磨羯宮♑（丑）01度00分00秒〜磨羯宮♑（丑）02度00分00秒	↓	斗宿四度（丑逆算二十九度）
磨羯宮♑（丑）02度00分00秒〜磨羯宮♑（丑）03度00分00秒	↓	斗宿五度（丑逆算二十八度）
磨羯宮♑（丑）03度00分00秒〜磨羯宮♑（丑）04度00分00秒	↓	斗宿六度（丑逆算二十七度）
磨羯宮♑（丑）04度00分00秒〜磨羯宮♑（丑）05度00分00秒	↓	斗宿七度（丑逆算二十六度）
磨羯宮♑（丑）05度00分00秒〜磨羯宮♑（丑）06度00分00秒	↓	斗宿八度（丑逆算二十五度）
磨羯宮♑（丑）06度00分00秒〜磨羯宮♑（丑）07度00分00秒	↓	斗宿九度（丑逆算二十四度）
磨羯宮♑（丑）07度00分00秒〜磨羯宮♑（丑）08度00分00秒	↓	斗宿十度（丑逆算二十三度）
磨羯宮♑（丑）08度00分00秒〜磨羯宮♑（丑）09度00分00秒	↓	斗宿十一度（丑逆算二十二度）
磨羯宮♑（丑）09度00分00秒〜磨羯宮♑（丑）10度00分00秒	↓	斗宿十二度（丑逆算二十一度）
磨羯宮♑（丑）10度00分00秒〜磨羯宮♑（丑）11度00分00秒	↓	斗宿十三度（丑逆算二十度）
磨羯宮♑（丑）11度00分00秒〜磨羯宮♑（丑）12度00分00秒	↓	斗宿十四度（丑逆算十九度）
磨羯宮♑（丑）12度00分00秒〜磨羯宮♑（丑）13度00分00秒	↓	斗宿十五度（丑逆算十八度）
磨羯宮♑（丑）13度00分00秒〜磨羯宮♑（丑）14度00分00秒	↓	斗宿十六度（丑逆算十七度）
磨羯宮♑（丑）14度00分00秒〜磨羯宮♑（丑）15度00分00秒	↓	斗宿十七度（丑逆算十六度）
磨羯宮♑（丑）15度00分00秒〜磨羯宮♑（丑）16度00分00秒	↓	斗宿十八度（丑逆算十五度）
磨羯宮♑（丑）16度00分00秒〜磨羯宮♑（丑）17度00分00秒	↓	斗宿十九度（丑逆算十四度）
磨羯宮♑（丑）17度00分00秒〜磨羯宮♑（丑）18度00分00秒	↓	斗宿二十度（丑逆算十三度）
月：磨羯宮♑（丑）18度00分00秒〜磨羯宮♑（丑）19度00分00秒	↓	斗宿二十一度（丑逆算十二度）
磨羯宮♑（丑）19度00分00秒〜磨羯宮♑（丑）20度00分00秒	↓	斗宿二十二度（丑逆算十一度）
磨羯宮♑（丑）20度00分00秒〜磨羯宮♑（丑）21度00分00秒	↓	斗宿二十三度（丑逆算十度）
磨羯宮♑（丑）21度00分00秒〜磨羯宮♑（丑）22度00分00秒	↓	牛宿初度（丑逆算九度）
磨羯宮♑（丑）22度00分00秒〜磨羯宮♑（丑）23度00分00秒	↓	牛宿一度（丑逆算八度）
磨羯宮♑（丑）23度00分00秒〜磨羯宮♑（丑）24度00分00秒	↓	牛宿二度（丑逆算七度）
磨羯宮♑（丑）24度00分00秒〜磨羯宮♑（丑）25度00分00秒	↓	牛宿三度（丑逆算六度）
磨羯宮♑（丑）25度00分00秒〜磨羯宮♑（丑）26度00分00秒	↓	牛宿四度（丑逆算五度）
磨羯宮♑（丑）26度00分00秒〜磨羯宮♑（丑）27度00分00秒	↓	牛宿五度（丑逆算四度）
磨羯宮♑（丑）27度00分00秒〜磨羯宮♑（丑）28度00分00秒	↓	牛宿六度（丑逆算三度）
磨羯宮♑（丑）28度00分00秒〜磨羯宮♑（丑）29度00分00秒	↓	女宿初度（丑逆算二度）
磨羯宮♑（丑）29度00分00秒〜磨羯宮♑（丑）30度00分00秒	↓	女宿一度（丑逆算一度）

二十八宿変換表11

宝瓶宮♒（子）

宝瓶宮♒（子）00度00分00秒 〜	宝瓶宮♒（子）01度00分00秒 ↓	女宿二度（子逆算三十度）
宝瓶宮♒（子）01度00分00秒 〜	宝瓶宮♒（子）02度00分00秒 ↓	女宿三度（子逆算二十九度）
宝瓶宮♒（子）02度00分00秒 〜	宝瓶宮♒（子）03度00分00秒 ↓	女宿四度（子逆算二十八度）〔孛星〕
宝瓶宮♒（子）03度00分00秒 〜	宝瓶宮♒（子）04度00分00秒 ↓	女宿五度（子逆算二十七度）
宝瓶宮♒（子）04度00分00秒 〜	宝瓶宮♒（子）05度00分00秒 ↓	女宿六度（子逆算二十六度）
宝瓶宮♒（子）05度00分00秒 〜	宝瓶宮♒（子）06度00分00秒 ↓	女宿七度（子逆算二十五度）
宝瓶宮♒（子）06度00分00秒 〜	宝瓶宮♒（子）07度00分00秒 ↓	女宿八度（子逆算二十四度）
宝瓶宮♒（子）07度00分00秒 〜	宝瓶宮♒（子）08度00分00秒 ↓	女宿九度（子逆算二十三度）
宝瓶宮♒（子）08度00分00秒 〜	宝瓶宮♒（子）09度00分00秒 ↓	女宿十度（子逆算二十二度）
宝瓶宮♒（子）09度00分00秒 〜	宝瓶宮♒（子）10度00分00秒 ↓	虚宿初度（子逆算二十一度）
宝瓶宮♒（子）10度00分00秒 〜	宝瓶宮♒（子）11度00分00秒 ↓	虚宿一度（子逆算二十度）
宝瓶宮♒（子）11度00分00秒 〜	宝瓶宮♒（子）12度00分00秒 ↓	虚宿二度（子逆算十九度）
宝瓶宮♒（子）12度00分00秒 〜	宝瓶宮♒（子）13度00分00秒 ↓	虚宿三度（子逆算十八度）
宝瓶宮♒（子）13度00分00秒 〜	宝瓶宮♒（子）14度00分00秒 ↓	虚宿四度（子逆算十七度）
宝瓶宮♒（子）14度00分00秒 〜	宝瓶宮♒（子）15度00分00秒 ↓	虚宿五度（子逆算十六度）
宝瓶宮♒（子）15度00分00秒 〜	宝瓶宮♒（子）16度00分00秒 ↓	虚宿六度（子逆算十五度）
宝瓶宮♒（子）16度00分00秒 〜	宝瓶宮♒（子）17度00分00秒 ↓	虚宿七度（子逆算十四度）
宝瓶宮♒（子）17度00分00秒 〜	宝瓶宮♒（子）18度00分00秒 ↓	虚宿八度（子逆算十三度）
宝瓶宮♒（子）18度00分00秒 〜	宝瓶宮♒（子）19度00分00秒 ↓	虚宿九度（子逆算十二度）
宝瓶宮♒（子）19度00分00秒 〜	宝瓶宮♒（子）20度00分00秒 ↓	危宿一度（子逆算十一度）
宝瓶宮♒（子）20度00分00秒 〜	宝瓶宮♒（子）21度00分00秒 ↓	危宿二度（子逆算十度）
宝瓶宮♒（子）21度00分00秒 〜	宝瓶宮♒（子）22度00分00秒 ↓	危宿三度（子逆算九度）
宝瓶宮♒（子）22度00分00秒 〜	宝瓶宮♒（子）23度00分00秒 ↓	危宿四度（子逆算八度）
宝瓶宮♒（子）23度00分00秒 〜	宝瓶宮♒（子）24度00分00秒 ↓	危宿五度（子逆算七度）
宝瓶宮♒（子）24度00分00秒 〜	宝瓶宮♒（子）25度00分00秒 ↓	危宿六度（子逆算六度）
宝瓶宮♒（子）25度00分00秒 〜	宝瓶宮♒（子）26度00分00秒 ↓	危宿七度（子逆算五度）
宝瓶宮♒（子）26度00分00秒 〜	宝瓶宮♒（子）27度00分00秒 ↓	危宿八度（子逆算四度）
宝瓶宮♒（子）27度00分00秒 〜	宝瓶宮♒（子）28度00分00秒 ↓	危宿九度（子逆算三度）
宝瓶宮♒（子）28度00分00秒 〜	宝瓶宮♒（子）29度00分00秒 ↓	危宿十度（子逆算二度）
宝瓶宮♒（子）29度00分00秒 〜	宝瓶宮♒（子）30度00分00秒 ↓	危宿十一度（子逆算一度）

二十八宿変換表12

双魚宮♓（亥）

双魚宮♓（亥）00度00分00秒	〜	双魚宮♓（亥）01度00分00秒	↓	危宿十二度（亥逆算三十度）
双魚宮♓（亥）01度00分00秒	〜	双魚宮♓（亥）02度00分00秒	↓	危宿十三度（亥逆算二十九度）
双魚宮♓（亥）02度00分00秒	〜	双魚宮♓（亥）03度00分00秒	↓	危宿十四度（亥逆算二十八度）
双魚宮♓（亥）03度00分00秒	〜	双魚宮♓（亥）04度00分00秒	↓	危宿十五度（亥逆算二十七度）
双魚宮♓（亥）04度00分00秒	〜	双魚宮♓（亥）05度00分00秒	↓	室宿一度（亥逆算二十六度）
双魚宮♓（亥）05度00分00秒	〜	双魚宮♓（亥）06度00分00秒	↓	室宿二度（亥逆算二十五度）
双魚宮♓（亥）06度00分00秒	〜	双魚宮♓（亥）07度00分00秒	↓	室宿三度（亥逆算二十四度）
双魚宮♓（亥）07度00分00秒	〜	双魚宮♓（亥）08度00分00秒	↓	室宿四度（亥逆算二十三度）
双魚宮♓（亥）08度00分00秒	〜	双魚宮♓（亥）09度00分00秒	↓	室宿五度（亥逆算二十二度）
双魚宮♓（亥）09度00分00秒	〜	双魚宮♓（亥）10度00分00秒	↓	室宿六度（亥逆算二十一度）
双魚宮♓（亥）10度00分00秒	〜	双魚宮♓（亥）11度00分00秒	↓	室宿七度（亥逆算二十度）
双魚宮♓（亥）11度00分00秒	〜	双魚宮♓（亥）12度00分00秒	↓	室宿八度（亥逆算十九度）
双魚宮♓（亥）12度00分00秒	〜	双魚宮♓（亥）13度00分00秒	↓	室宿九度（亥逆算十八度）
双魚宮♓（亥）13度00分00秒	〜	双魚宮♓（亥）14度00分00秒	↓	室宿十度（亥逆算十七度）
双魚宮♓（亥）14度00分00秒	〜	双魚宮♓（亥）15度00分00秒	↓	室宿十一度（亥逆算十六度）
双魚宮♓（亥）15度00分00秒	〜	双魚宮♓（亥）16度00分00秒	↓	室宿十二度（亥逆算十五度）
双魚宮♓（亥）16度00分00秒	〜	双魚宮♓（亥）17度00分00秒	↓	室宿十三度（亥逆算十四度）
土星→ 双魚宮♓（亥）17度00分00秒	〜	双魚宮♓（亥）18度00分00秒	↓	室宿十四度（亥逆算十三度）
双魚宮♓（亥）18度00分00秒	〜	双魚宮♓（亥）19度00分00秒	↓	室宿十五度（亥逆算十二度）
双魚宮♓（亥）19度00分00秒	〜	双魚宮♓（亥）20度00分00秒	↓	室宿十六度（亥逆算十一度）
双魚宮♓（亥）20度00分00秒	〜	双魚宮♓（亥）21度00分00秒	↓	室宿十七度（亥逆算十度）
双魚宮♓（亥）21度00分00秒	〜	双魚宮♓（亥）22度00分00秒	↓	壁宿一度（亥逆算九度）
双魚宮♓（亥）22度00分00秒	〜	双魚宮♓（亥）23度00分00秒	↓	壁宿二度（亥逆算八度）
双魚宮♓（亥）23度00分00秒	〜	双魚宮♓（亥）24度00分00秒	↓	壁宿三度（亥逆算七度）
双魚宮♓（亥）24度00分00秒	〜	双魚宮♓（亥）25度00分00秒	↓	壁宿四度（亥逆算六度）
双魚宮♓（亥）25度00分00秒	〜	双魚宮♓（亥）26度00分00秒	↓	壁宿五度（亥逆算五度）
双魚宮♓（亥）26度00分00秒	〜	双魚宮♓（亥）27度00分00秒	↓	壁宿六度（亥逆算四度）
双魚宮♓（亥）27度00分00秒	〜	双魚宮♓（亥）28度00分00秒	↓	壁宿七度（亥逆算三度）
双魚宮♓（亥）28度00分00秒	〜	双魚宮♓（亥）29度00分00秒	↓	壁宿八度（亥逆算二度）
双魚宮♓（亥）29度00分00秒	〜	双魚宮♓（亥）30度00分00秒	↓	奎宿初度（亥逆算一度）

⑵炁星の位置を資料編の炁星天文暦より求める。

西暦一九六五年の炁星天文暦は次のようになっている。

「：」の左側の時刻から、右側に示された二十八宿の度数に入る。

出生時が左側の時刻に一致する場合は、炁星の位置はそのまま右側の二十八宿の度数となる。

1965年

01月29日03時44分：井15度
02月26日13時31分：井16度
03月26日23時18分：井17度
04月24日09時05分：井18度
05月22日18時52分：井19度
06月20日04時39分：井20度
07月18日14時26分：井21度
08月16日00時13分：井22度
09月13日10時01分：井23度
10月11日19時48分：井24度
11月09日05時35分：井25度
12月07日15時22分：井26度

出生時の一九六五年七月十三日午後八時は、六月二十日四時三十九分から七月十八日十四時二十六分までの間にある。

右に掲げた一九六五年の炁星天文暦によれば、炁星の位置は井宿二十度となる（小数点以下は切り捨てる）。

炁星の逆算度数もここで出しておく。資料編の二十八宿変換表によれば井宿二十度は未逆算十八度となる。

炁星……井宿二十度（未逆算十八度）。

二十八宿変換表 4

巨蟹宮♋（未）

巨蟹宮♋（未）00度00分00秒 〜 巨蟹宮♋（未）01度00分00秒	↓	井宿八度（未逆算三十度）	
巨蟹宮♋（未）01度00分00秒 〜 巨蟹宮♋（未）02度00分00秒	↓	井宿九度（未逆算二十九度）	
巨蟹宮♋（未）02度00分00秒 〜 巨蟹宮♋（未）03度00分00秒	↓	井宿十度（未逆算二十八度）	
巨蟹宮♋（未）03度00分00秒 〜 巨蟹宮♋（未）04度00分00秒	↓	井宿十一度（未逆算二十七度）	
巨蟹宮♋（未）04度00分00秒 〜 巨蟹宮♋（未）05度00分00秒	↓	井宿十二度（未逆算二十六度）	
巨蟹宮♋（未）05度00分00秒 〜 巨蟹宮♋（未）06度00分00秒	↓	井宿十三度（未逆算二十五度）	
巨蟹宮♋（未）06度00分00秒 〜 巨蟹宮♋（未）07度00分00秒	↓	井宿十四度（未逆算二十四度）	
巨蟹宮♋（未）07度00分00秒 〜 巨蟹宮♋（未）08度00分00秒	↓	井宿十五度（未逆算二十三度）	
巨蟹宮♋（未）08度00分00秒 〜 巨蟹宮♋（未）09度00分00秒	↓	井宿十六度（未逆算二十二度）	
巨蟹宮♋（未）09度00分00秒 〜 巨蟹宮♋（未）10度00分00秒	↓	井宿十七度（未逆算二十一度）	
巨蟹宮♋（未）10度00分00秒 〜 巨蟹宮♋（未）11度00分00秒	↓	井宿十八度（未逆算二十度）	
巨蟹宮♋（未）11度00分00秒 〜 巨蟹宮♋（未）12度00分00秒	↓	井宿十九度（未逆算十九度）	
巨蟹宮♋（未）12度00分00秒 〜 巨蟹宮♋（未）13度00分00秒	↓	井宿二十度（未逆算十八度）	← 炁星
巨蟹宮♋（未）13度00分00秒 〜 巨蟹宮♋（未）14度00分00秒	↓	井宿二十一度（未逆算十七度）	
巨蟹宮♋（未）14度00分00秒 〜 巨蟹宮♋（未）15度00分00秒	↓	井宿二十二度（未逆算十六度）	
巨蟹宮♋（未）15度00分00秒 〜 巨蟹宮♋（未）16度00分00秒	↓	井宿二十三度（未逆算十五度）	
巨蟹宮♋（未）16度00分00秒 〜 巨蟹宮♋（未）17度00分00秒	↓	井宿二十四度（未逆算十四度）	
巨蟹宮♋（未）17度00分00秒 〜 巨蟹宮♋（未）18度00分00秒	↓	井宿二十五度（未逆算十三度）	
巨蟹宮♋（未）18度00分00秒 〜 巨蟹宮♋（未）19度00分00秒	↓	井宿二十六度（未逆算十二度）	
巨蟹宮♋（未）19度00分00秒 〜 巨蟹宮♋（未）20度00分00秒	↓	井宿二十七度（未逆算十一度）	
巨蟹宮♋（未）20度00分00秒 〜 巨蟹宮♋（未）21度00分00秒	↓	井宿二十八度（未逆算十度）	
巨蟹宮♋（未）21度00分00秒 〜 巨蟹宮♋（未）22度00分00秒	↓	井宿二十九度（未逆算九度）	
巨蟹宮♋（未）22度00分00秒 〜 巨蟹宮♋（未）23度00分00秒	↓	井宿三十度（未逆算八度）	
巨蟹宮♋（未）23度00分00秒 〜 巨蟹宮♋（未）24度00分00秒	↓	鬼宿初度（未逆算七度）	
巨蟹宮♋（未）24度00分00秒 〜 巨蟹宮♋（未）25度00分00秒	↓	鬼宿一度（未逆算六度）	
巨蟹宮♋（未）25度00分00秒 〜 巨蟹宮♋（未）26度00分00秒	↓	鬼宿二度（未逆算五度）	
巨蟹宮♋（未）26度00分00秒 〜 巨蟹宮♋（未）27度00分00秒	↓	柳宿初度（未逆算四度）	
巨蟹宮♋（未）27度00分00秒 〜 巨蟹宮♋（未）28度00分00秒	↓	柳宿一度（未逆算三度）	
巨蟹宮♋（未）28度00分00秒 〜 巨蟹宮♋（未）29度00分00秒	↓	柳宿二度（未逆算二度）	
巨蟹宮♋（未）29度00分00秒 〜 巨蟹宮♋（未）30度00分00秒	↓	柳宿三度（未逆算一度）	

全ての七政四余の位置の算出結果をまとめると次のようになる。

太陽……井宿二十八度（未逆算十度）。
月………斗宿二十一度（丑逆算十二度）。
木星……参宿七度（申逆算十二度）。
火星……軫宿十七度（辰逆算二十三度）。
土星……室宿十四度（亥逆算十三度）。
金星……星宿六度（午逆算十五度）。
水星……張宿一度（午逆算十四度）。
炁星……井宿二十度（未逆算十八度）。
孛星……女宿四度（子逆算二十八度）。
羅星……参宿二度（申逆算十七度）。
計星……尾宿十六度（寅逆算十七度）。

これらの二十八宿度数から「宿」と「度」の字を省略して、実践用占星盤の三の部分に記入する。太陽は「日」と表記する。

逆算度数は逐年行限度を実践する際に用いる。

太陽……「日井二十八」と未の箇所に記入する。
月………「月斗二十一」と丑の箇所に記入する。
木星……「木参七」と申の箇所に記入する。
火星……「火軫十七」と辰の箇所に記入する。
土星……「土室十四」と亥の箇所に記入する。

金星……「金星六」と午の箇所に記入する。
水星……「水張一」と午の箇所に記入する。
炁星……「炁井二十」と未の箇所に記入する。
孛星……「孛女四」と子の箇所に記入する。
羅星……「羅参二」と申の箇所に記入する。
計星……「計尾十六」と寅の箇所に記入する。

七政四余の位置を実践用占星盤に記入すると次のページのようになる。

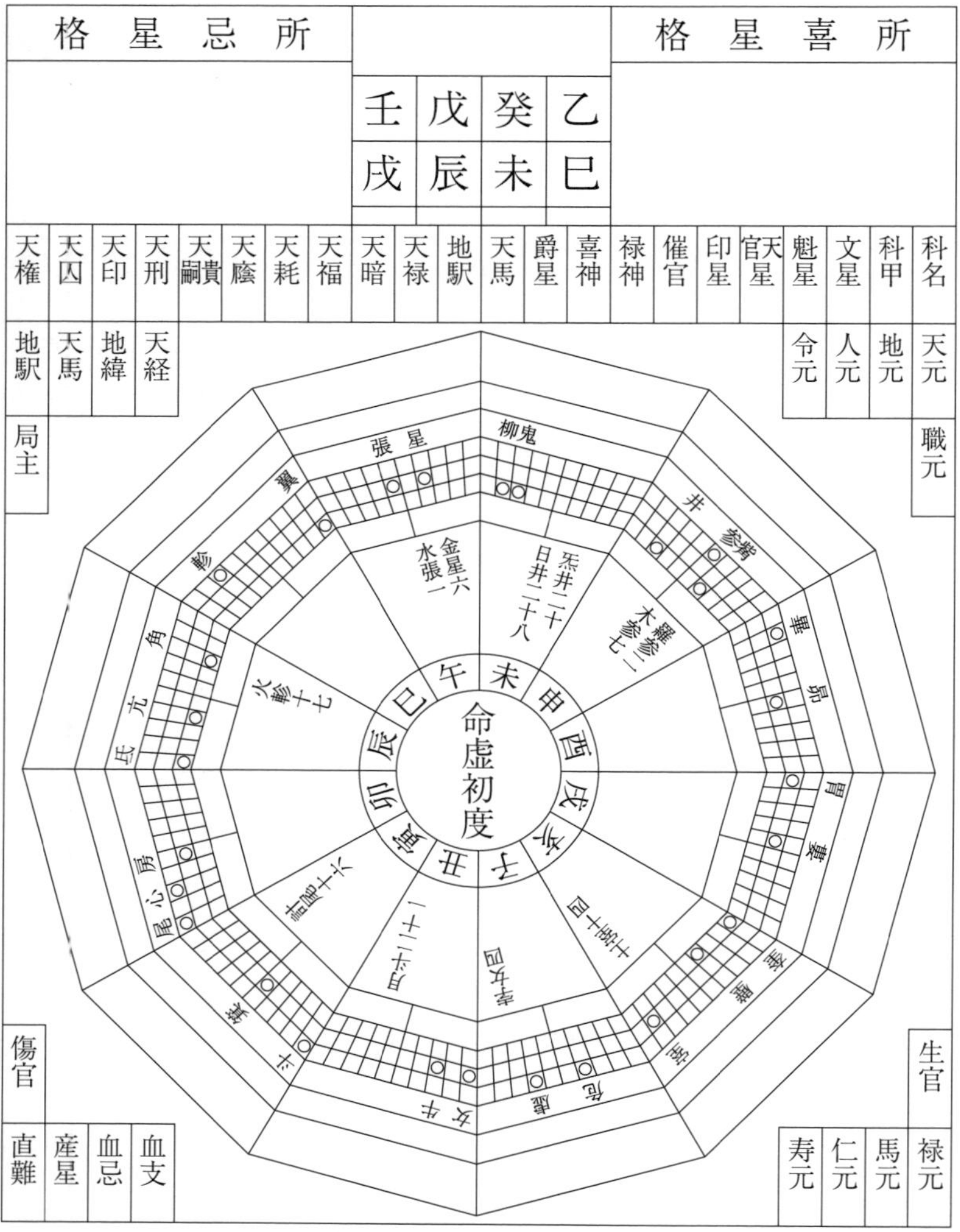
格星忌所
格星喜所
壬　戊　癸　乙
戌　辰　未　巳
天権
天囚
天印
天刑
天嗣貴
天廕
天耗
天福
天暗
天禄
地駅
天馬
爵星
喜神
禄神
催官
印星
天官星
魁星
文星
科甲
科名
地駅
天馬
地緯
天経
局主
令元
人元
地元
天元
職元
傷官
直難
産星
血忌
血支
生官
寿元
仁元
馬元
禄元
命虚初度
午
未
申
酉
戌
亥
子
丑
寅
卯
辰
巳
金星六
水張一
炁井二十
日井二十八
羅参二
木参七
火軫十七
柳鬼
張
星
翼
軫
角
亢
氐
房
心
尾
箕
斗
牛
女
虚
危
室
壁
奎
婁
胃
昴
畢
觜参
井

十二宮の算出

十二宮は、命度のある十二支を命宮とし、財帛宮、兄弟宮、田宅宮、男女宮、奴僕宮、夫妻宮、疾厄宮、遷移宮、官禄宮、福徳宮、相貌宮の順で、反時計回りに十二支に配してゆく。

資料編の十二宮早見図は、命度のある十二支別に十二宮を算出したもので、実践においてはこれを用いる。

実例の女性の命度は子にあるので、十二宮早見図(1)を見れば、次のように算出される。

子……命宮。
亥……財帛宮。
戌……兄弟宮。
酉……田宅宮。
申……男女宮。
未……奴僕宮。
午……夫妻宮。
巳……疾厄宮。
辰……遷移宮。
卯……官禄宮。
寅……福徳宮。
丑……相貌宮。

十二宮早見図（1）
命度が子

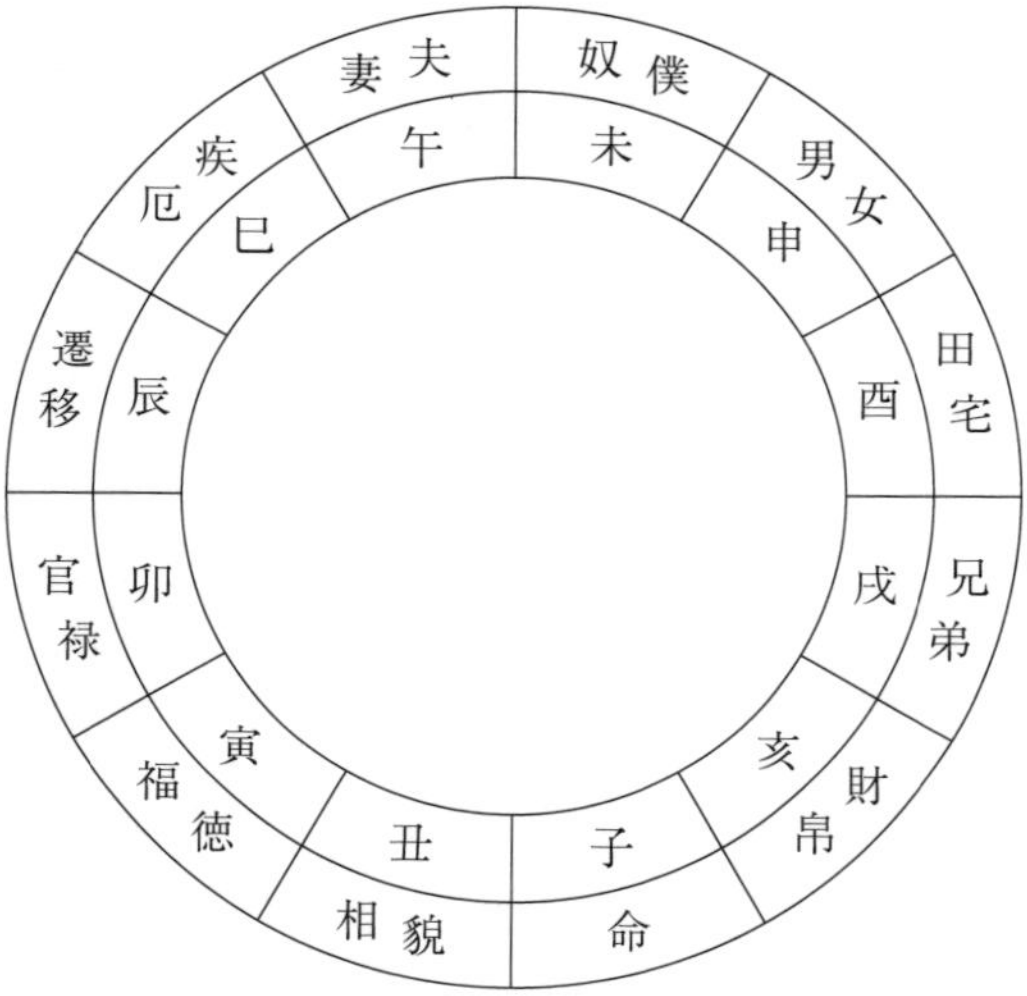

算出した十二宮の名称を左のように略して実践用占星盤の四の部分に記入する。

命宮　↓命。
財帛宮↓財。
兄弟宮↓兄。
田宅宮↓田。
男女宮↓男。
奴僕宮↓奴。
夫妻宮↓妻（女性の場合は「夫」）。
疾厄宮↓疾。
遷移宮↓遷。
官禄宮↓官。
福徳宮↓福。
相貌宮↓相。

すると次ページのようになる。女性なので夫妻宮は「夫」となっている。

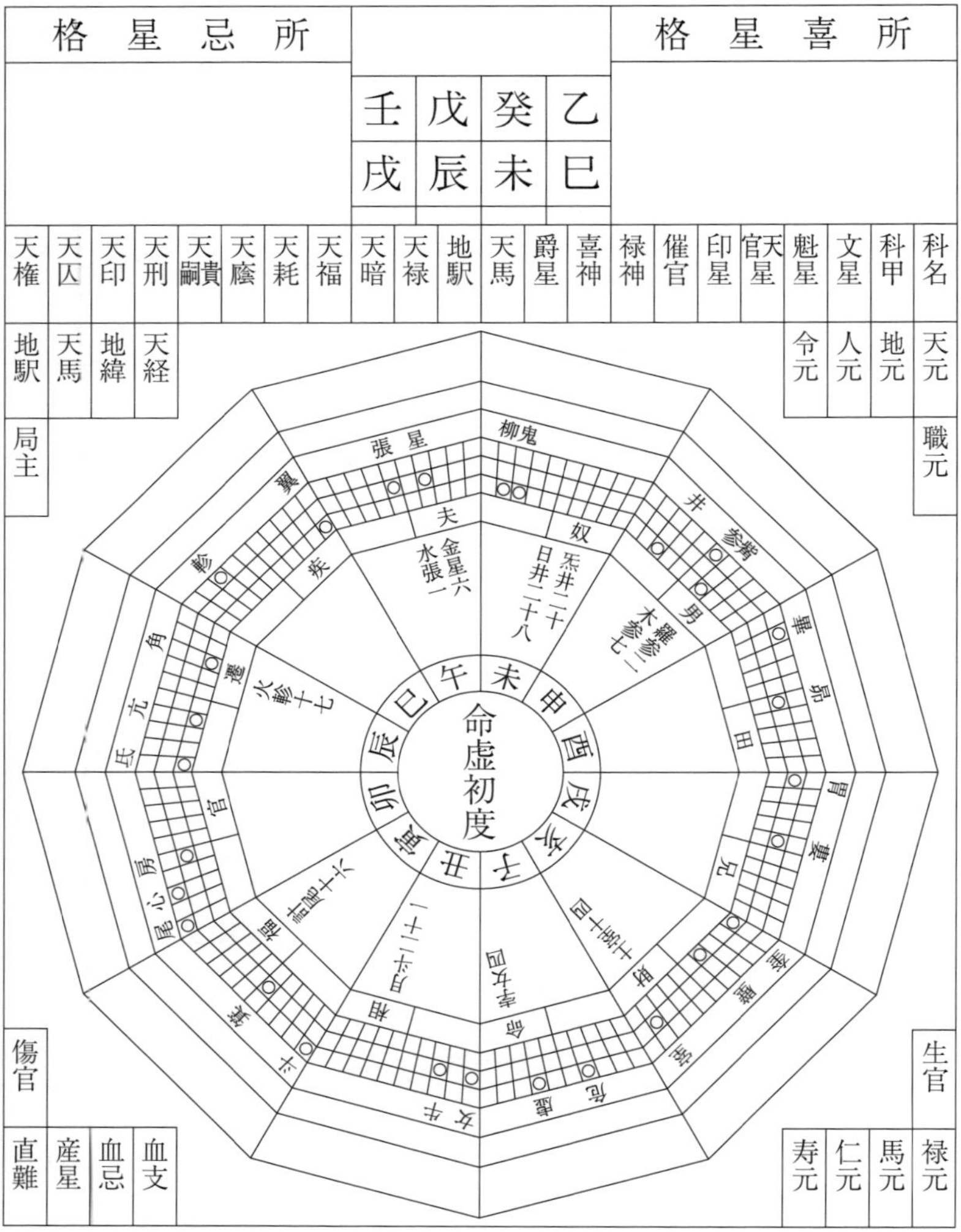

格星忌所
格星喜所
壬 戊 癸 乙
戌 辰 未 巳
天権 天囚 天印 天刑 天嗣貴 天廕 天耗 天福 天暗 天禄 地駅 天馬 爵星 喜神 禄神 催官 印星 官天星 魁星 文星 科甲 科名
地駅 天馬 地緯 天経
令元 人元 地元 天元
局主
職元
命虚初度
午 未 申 酉 戌 亥 子 丑 寅 卯 辰 巳
傷官
生官
直難 産星 血忌 血支
寿元 仁元 馬元 禄元

身宮の算出

身宮は占星盤には記入されないので、ノートなどに記しておく。

身宮早見表を使って、月の入っている十二支と生時支から身宮を算出する。

最上段が月の入っている十二支（表には月宮と書かれている）で、最右段が生時支になっている。

実例の女性は月が丑に入っていて生時支は戌なので、身宮早見表を使えば身宮は寅と算出される。


身宮……寅。

身宮早見表

亥	戌	酉	申	未	午	巳	辰	卯	寅	丑	子	月宮／生時支
寅	丑	子	亥	戌	酉	申	未	午	巳	辰	卯	子
卯	寅	丑	子	亥	戌	酉	申	未	午	巳	辰	丑
辰	卯	寅	丑	子	亥	戌	酉	申	未	午	巳	寅
巳	辰	卯	寅	丑	子	亥	戌	酉	申	未	午	卯
午	巳	辰	卯	寅	丑	子	亥	戌	酉	申	未	辰
未	午	巳	辰	卯	寅	丑	子	亥	戌	酉	申	巳
申	未	午	巳	辰	卯	寅	丑	子	亥	戌	酉	午
酉	申	未	午	巳	辰	卯	寅	丑	子	亥	戌	未
戌	酉	申	未	午	巳	辰	卯	寅	丑	子	亥	申
亥	戌	酉	申	未	午	巳	辰	卯	寅	丑	子	酉
子	亥	戌	酉	申	未	午	巳	辰	卯	寅	丑	戌
丑	子	亥	戌	酉	申	未	午	巳	辰	卯	寅	亥

大限宮に入る年齢の算出

大限早見表は、最上段に命度の逆算度数が三度ごとに区切られている。たとえば命度の逆算度数が三十度、二十九度、二十八度の人は、いずれも十一歳から相貌宮に入り、二十一歳から福徳宮、三十二歳から官禄宮、四十七歳から遷移宮、五十五歳から疾厄宮、六十二歳から夫妻宮、七十三歳から奴僕宮に入る。命度のある十二支は問わない。

占星盤への大限宮の記入は『張果星宗』および『張果星宗大全』にしたがって夫妻宮または奴僕宮までとなる。男女宮まで記載されたものが原典の鄭氏星案に一例だけ見られるが、奴僕宮も男女宮もともに「七四」と記載されているので確実に誤記入である。

奴僕宮まで算出すれば七十三歳六ヶ月から八十六歳六ヶ月までカバーできるので、実践においてもほぼ事足りる。男女宮以降の大限宮は必要に応じて用いる。

大限宮に入る年齢は、命度の逆算度数から、大限早見表によって算出する。

実例の女性の命度逆算は、命度の算出の際に子逆算二十一度と算出されている。

命度逆算の二十一度を大限早見表で見れば、大限宮に入る年齢は次のようになる。

命宮に入る年齢は全て一歳である。

命宮……一歳。
相貌宮……十四歳。
福徳宮……二十四歳。
官禄宮……三十五歳。
遷移宮……五十歳。
疾厄宮……五十八歳。
夫妻宮……六十五歳。

大限早見表

命度逆算	三十度 二十九度 二十八度	二十七度 二十六度 二十五度	二十四度 二十三度 二十二度	二十一度 二十度 十九度	十八度 十七度 十六度	十五度 十四度 十三度	十二度 十一度 十度	九度 八度 七度	六度 五度 四度	三度 二度 一度
相貌宮	十一歳	十二歳	十三歳	十四歳	十五歳	十六歳	十七歳	十八歳	十九歳	二十歳
福徳宮	二十一歳	二十二歳	二十三歳	二十四歳	二十五歳	二十六歳	二十七歳	二十八歳	二十九歳	三十歳
官禄宮	三十二歳	三十三歳	三十四歳	三十五歳	三十六歳	三十七歳	三十八歳	三十九歳	四十歳	四十一歳
遷移宮	四十七歳	四十八歳	四十九歳	五十歳	五十一歳	五十二歳	五十三歳	五十四歳	五十五歳	五十六歳
疾厄宮	五十五歳	五十六歳	五十七歳	五十八歳	五十九歳	六十歳	六十一歳	六十二歳	六十三歳	六十四歳
夫妻宮	六十二歳	六十三歳	六十四歳	六十五歳	六十六歳	六十七歳	六十八歳	六十九歳	七十歳	七十一歳
奴僕宮	七十三歳	七十四歳	七十五歳	七十六歳	七十七歳	七十八歳	七十九歳	八十歳	八十一歳	八十二歳
男女宮	七十七歳六ヶ月	七十八歳六ヶ月	七十九歳六ヶ月	八十歳六ヶ月	八十一歳六ヶ月	八十二歳六ヶ月	八十三歳六ヶ月	八十四歳六ヶ月	八十五歳六ヶ月	八十六歳六ヶ月
田宅宮	八十二歳	八十三歳	八十四歳	八十五歳	八十六歳	八十七歳	八十八歳	八十九歳	九十歳	九十一歳
兄弟宮	八十六歳六ヶ月	八十七歳六ヶ月	八十八歳六ヶ月	八十九歳六ヶ月	九十歳六ヶ月	九十一歳六ヶ月	九十二歳六ヶ月	九十三歳六ヶ月	九十四歳六ヶ月	九十五歳六ヶ月
財帛宮	九十一歳六ヶ月	九十二歳六ヶ月	九十三歳六ヶ月	九十四歳六ヶ月	九十五歳六ヶ月	九十六歳六ヶ月	九十七歳六ヶ月	九十八歳六ヶ月	九十九歳六ヶ月	百歳六ヶ月

奴僕宮……七十六歳。
男女宮……八十歳六ヶ月。
田宅宮……八十五歳。
兄弟宮……八十九歳六ヶ月。
財帛宮……九十四歳六ヶ月。

これらの年齢の数字を横書きで、右から左に向けて、実践用占星盤の五の部分に時計回りに記入する。原典には「十」の文字を省略したり、数字を縦書きにしている占星盤も見受けられるが、間違えやすいので、年齢の数字は横書きで「十」を入れて書いておいたほうがよい。

命宮には「初一」と記入する。

占星盤は次のようになる。

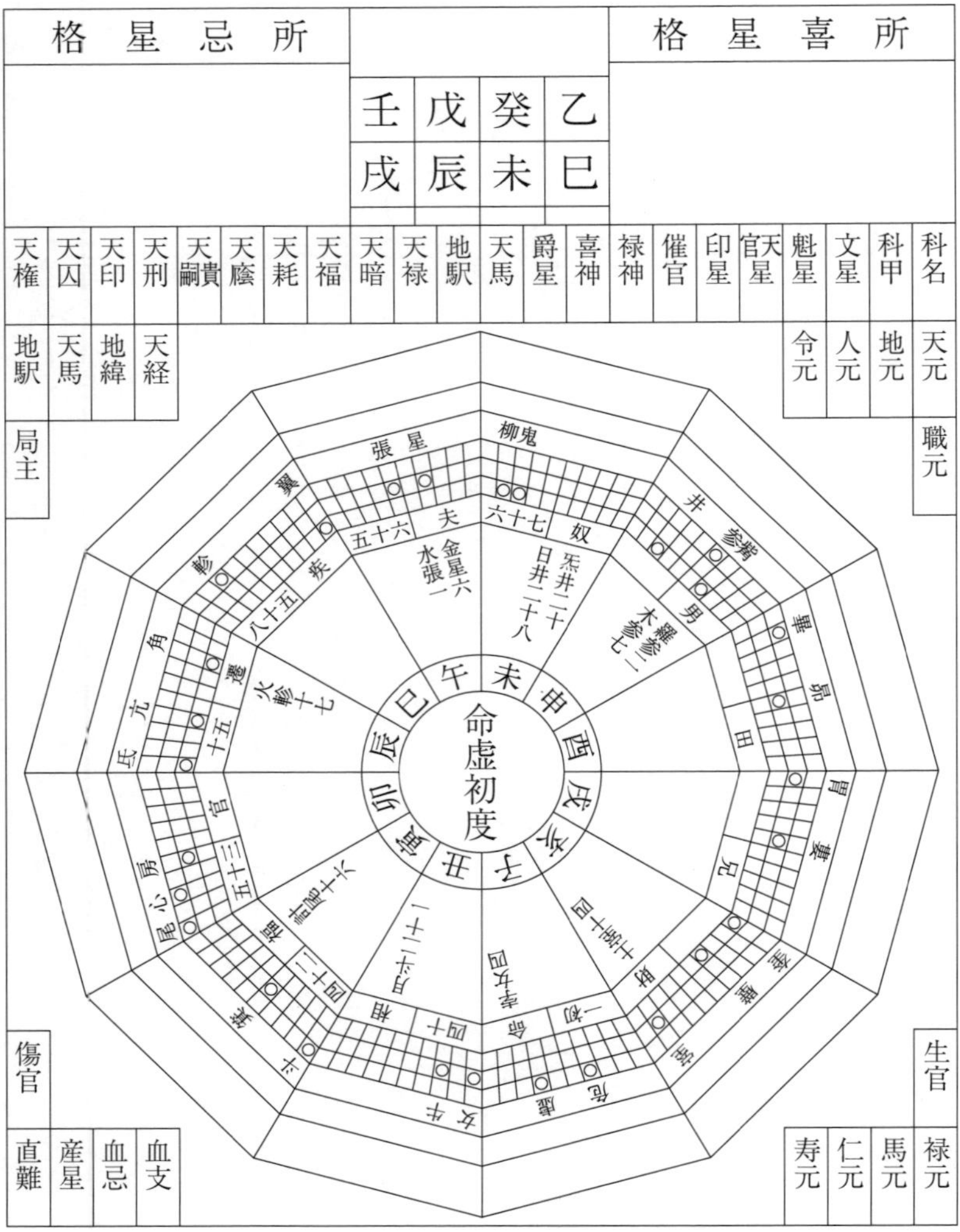
所喜星格
所忌星格
乙 癸 戊 壬
巳 未 辰 戌
科名 科甲 文星 魁星 天官星 印星 催官 禄神 喜神 爵星 天馬 地駅 天禄 天暗 天福 天耗 天廕 天貴嗣 天刑 天印 天囚 天権
天元 地元 人元 令元
職元
天経 地緯 天馬 地駅
局主
命虚初度
午 未 申 酉 戌 亥 子 丑 寅 卯 辰 巳
金星六 水張一
炁井二十 日井二十八
木参七 羅参二
火軫十七
傷官
生官
禄元 馬元 仁元 寿元
血支 血忌 産星 直難

大限宮に入る年の干支の算出

大限宮に入る年齢に当る西暦の年を調べて、干支暦を使ってその年の干支を算出する。

大限宮に入る年　＝　（生年の西暦）　＋　（大限宮に入る年齢）　－　（一）

の式で算出された西暦年の干支を暦で調べればよい。

実例の女性は、相貌宮に入る年齢である十四歳が西暦一九七八年に当っており、その年の干支は戊午である。

その他の大限宮も同様に調べてゆく。命宮の干支は全ての場合において生年の干支に一致させる。

実例の女性の大限宮に入る年の干支は次のようになる。


命宮………一歳　↓　一九六五年　↓　乙巳年。

相貌宮……十四歳　↓　一九七八年　↓　戊午年。

福徳宮……二十四歳　↓　一九八八年　↓　戊辰年。

官禄宮……三十五歳　↓　一九九九年　↓　己卯年。

遷移宮……五十歳　↓　二〇一四年　↓　甲午年。

疾厄宮……五十八歳　↓　二〇二二年　↓　壬寅年。

夫妻宮……六十五歳　↓　二〇二九年　↓　己酉年。

奴僕宮……七十六歳　↓　二〇四〇年　↓　庚申年。


これらの年の干支を時計回りに、実践用占星盤の六の部分に横書きで右から左に向けて記入すれば、占星盤は次ページのようになる。

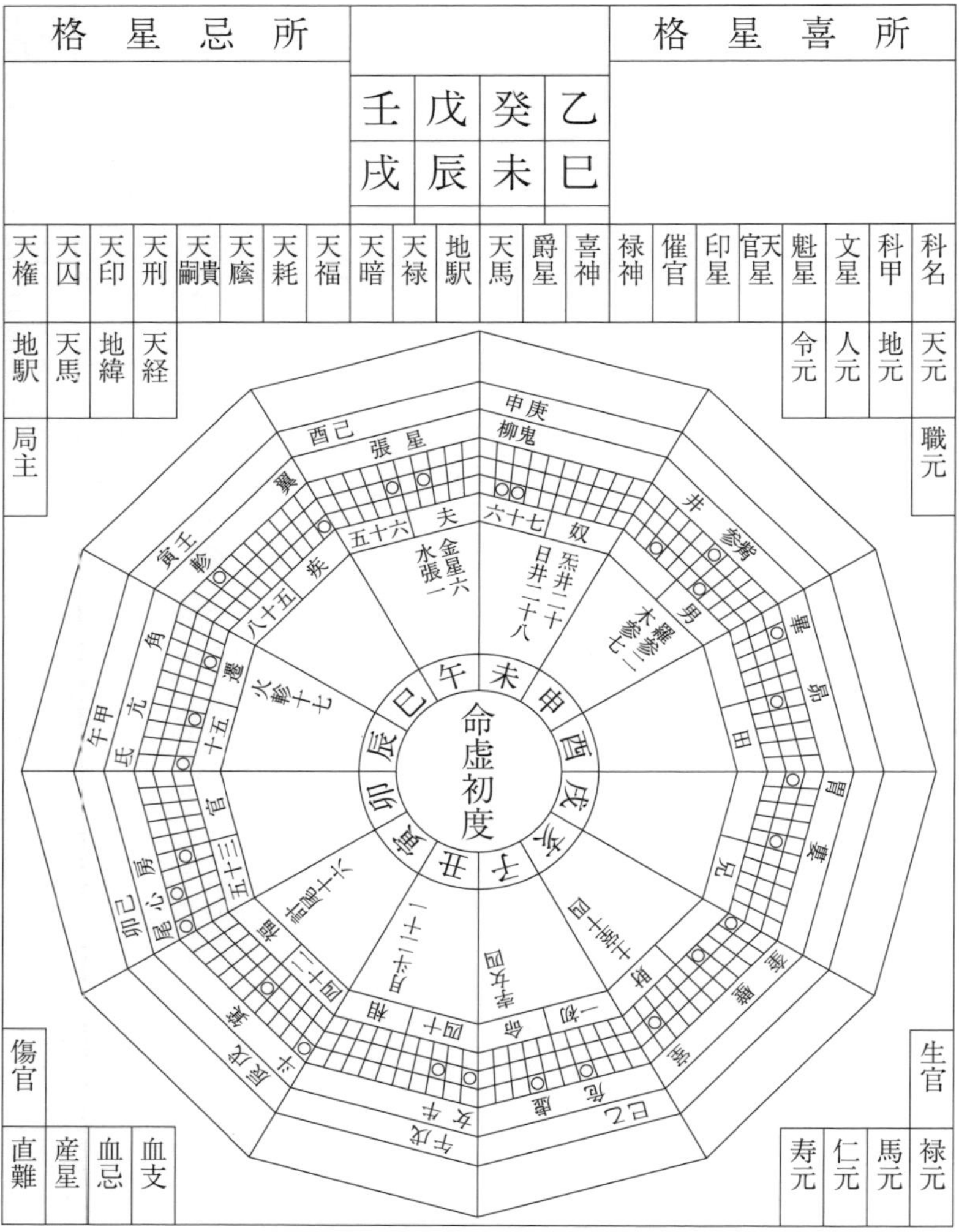
格星忌所
格星喜所
壬 戊 癸 乙
戌 辰 未 巳
天権 天囚 天印 天刑 天嗣貴 天廕 天耗 天福 天暗 天禄 地駅 天馬 爵星 喜神 禄神 催官 印星 天官星 魁星 文星 科甲 科名
地駅 天馬 地緯 天経
令元 人元 地元 天元
局主
職元
命虚初度
午 未 申 酉 戌 亥 子 丑 寅 卯 辰 巳
申庚
柳鬼
酉己
張 星
寅壬
参
翼
井
参觜
畢
昴
胃
婁
奎
午甲
角
亢
氐
卯己
房
心
尾
女 牛
危
虚
巳乙
五十六 夫
六十七 奴
金星六
水張一
日井二十八
男
木参七
田
疾
八十五
遷
火軫十七
官
十五
五十三
兄
傷官
生官
直難 産星 血忌 血支
寿元 仁元 馬元 禄元

十二運と神殺の算出

十二運と神殺は算出しながら実践用占星盤の七の部分に記入してゆく。

十二運と神殺は混雑してもかまわないが、十二運を右寄りに、神殺を左寄りに記入すれば、占星盤が見やすくなる。

原典の鄭氏星案では、十二運が丁寧に右寄りに記入されている例もあるが、神殺と混雑されている例も見られる。

本書では十二運を右寄りに記入する方式を採用した。

十二運は、納音五行《なっちんごぎょう》早見表から生年の納音五行を求め、その納音五行から算出する。

実例の女性は生年干支が乙巳なので、納音五行早見表を使えば生年干支の納音五行は火となる。

生年干支の納音五行が火なので、十二運早見表を使えば、十二運は次のように算出される。


寅……長生。

卯……沐浴。

辰……冠帯。

巳……臨官。

午……帝旺。

未……衰。

申……病。

酉……死。

戌……庫。

亥……絶。

子……胎。

丑……養。

納音五行早見表

亥	戌	酉	申	未	午	巳	辰	卯	寅	丑	子	生年支／生年干
	火		水		金		火		水		金	甲
火		水		金		火		水		金		乙
	土		火		水		土		火		水	丙
土		火		水		土		火		水		丁
	木		土		火		木		土		火	戊
木		土		火		木		土		火		己
	金		木		土		金		木		土	庚
金		木		土		金		木		土		辛
	水		金		木		水		金		木	壬
水		金		木		水		金		木		癸

十二運早見表

十二運＼納音五行	木	火	土	金	水
長生	亥	寅	申	巳	申
沐浴	子	卯	酉	午	酉
冠帯	丑	辰	戌	未	戌
臨官	寅	巳	亥	申	亥
帝旺	卯	午	子	酉	子
衰	辰	未	丑	戌	丑
病	巳	申	寅	亥	寅
死	午	酉	卯	子	卯
庫	未	戌	辰	丑	辰
絶	申	亥	巳	寅	巳
胎	酉	子	午	卯	午
養	戌	丑	未	辰	未

神殺には生年干から算出されるもの、生年支から算出されるもの、生月支から算出されるもの、それに斗標、卦気、歳殿、空亡がある。

神殺早見表1、神殺早見表2、神殺早見表3、神殺早見表4、斗標早見表、卦気早見表、歳殿早見表、空亡早見表を用いて算出する。

神殺早見表1は生年干から算出される神殺の表である。

実例の女性は乙年生れなので、神殺早見表1を使えば、次のように算出される。

禄勲……卯。
陰刃……辰。
飛刃……戌。
唐符……戌。
国印……亥。
貴人……申。
玉堂……子。
文昌……午。

神殺早見表1

文昌	玉堂	貴人	国印	唐符	飛刃	陰刃	陽刃	禄勲	生年干
巳	丑	未	戌	酉	酉		卯	寅	甲
午	子	申	亥	戌	戌	辰		卯	乙
申	亥	酉	丑	子	子		午	巳	丙
酉	酉	亥	寅	丑	丑	未		午	丁
申	未	丑	丑	子	子		午	巳	戊
酉	申	子	寅	丑	丑	未		午	己
亥	未	丑	辰	卯	卯		酉	申	庚
戌	午	寅	巳	辰	辰	戌		酉	辛
寅	巳	卯	未	午	午		子	亥	壬
卯	卯	巳	申	未	未	丑		子	癸

神殺早見表2と神殺早見表3は生年支から算出される神殺の表である。
実例の女性は巳年生れなので、神殺早見表2と神殺早見表3を使えば、次のように算出される。

歳駕……巳。　驀越……辰。
剣鋒……巳。　的殺……酉。
天空……午。　咸池……午。
地雌……未。　大殺……未。
勾……申。　孤辰……申。
年符……酉。　寡宿……辰。
死符……戌。　三刑……申。
小耗……戌。　六害……寅。
大耗……亥。　劫殺……寅。
天厄……子。　亡神……申。
天雄……丑。　浮沈……巳。
絞……寅。　駅馬……亥。
天狗……卯。　華蓋……丑。
病符……辰。

神殺早見表 2

病符	天狗	絞	天雄	天厄	大耗	小耗	死符	年符	勾	地雌	天空	剣鋒	歳駕	生年支
亥	戌	酉	申	未	午	巳	巳	辰	卯	寅	丑	子	子	子
子	亥	戌	酉	申	未	午	午	巳	辰	卯	寅	丑	丑	丑
丑	子	亥	戌	酉	申	未	未	午	巳	辰	卯	寅	寅	寅
寅	丑	子	亥	戌	酉	申	申	未	午	巳	辰	卯	卯	卯
卯	寅	丑	子	亥	戌	酉	酉	申	未	午	巳	辰	辰	辰
辰	卯	寅	丑	子	亥	戌	戌	酉	申	未	午	巳	巳	巳
巳	辰	卯	寅	丑	子	亥	亥	戌	酉	申	未	午	午	午
午	巳	辰	卯	寅	丑	子	子	亥	戌	酉	申	未	未	未
未	午	巳	辰	卯	寅	丑	丑	子	亥	戌	酉	申	申	申
申	未	午	巳	辰	卯	寅	寅	丑	子	亥	戌	酉	酉	酉
酉	申	未	午	巳	辰	卯	卯	寅	丑	子	亥	戌	戌	戌
戌	酉	申	未	午	巳	辰	辰	卯	寅	丑	子	亥	亥	亥

神殺早見表 3

華蓋	駅馬	浮沈	亡神	劫殺	六害	三刑	寡宿	孤辰	大殺	咸池	的殺	驀越	生年支
辰	寅	戌	亥	巳	未	卯	戌	寅	申	酉	巳	亥	子
丑	亥	酉	申	寅	午	戌	戌	寅	酉	午	丑	子	丑
戌	申	申	巳	亥	巳	巳	丑	巳	戌	卯	酉	丑	寅
未	巳	未	寅	申	辰	子	丑	巳	巳	子	巳	寅	卯
辰	寅	午	亥	巳	卯	辰	丑	巳	午	酉	丑	卯	辰
丑	亥	巳	申	寅	寅	申	辰	申	未	午	酉	辰	巳
戌	申	辰	巳	亥	丑	午	辰	申	寅	卯	巳	巳	午
未	巳	卯	寅	申	子	丑	辰	申	卯	子	丑	午	未
辰	寅	寅	亥	巳	亥	寅	未	亥	辰	酉	酉	未	申
丑	亥	丑	申	寅	戌	酉	未	亥	亥	午	巳	申	酉
戌	申	子	巳	亥	酉	未	未	亥	子	卯	丑	酉	戌
未	巳	亥	寅	申	申	亥	戌	寅	丑	子	酉	戌	亥

神殺早見表4は生月支から算出される神殺の表である。

実例の女性は未月生れなので、神殺早見表4を使えば、次のように算出される。

月廉……丑。
月殺……卯。
天耗……戌。
地耗……未。
月符……亥。
注受……亥。

神殺早見表4

生月支	月廉	月殺	天耗	地耗	月符	注受
子	午	申	申	巳	辰	寅
丑	未	酉	戌	未	巳	丑
寅	申	戌	子	酉	午	子
卯	酉	巳	寅	亥	未	亥
辰	戌	午	辰	丑	申	戌
巳	亥	未	午	卯	酉	酉
午	子	寅	申	巳	戌	戌
未	丑	卯	戌	未	亥	亥
申	寅	辰	子	酉	子	子
酉	卯	亥	寅	亥	丑	丑
戌	辰	子	辰	丑	寅	寅
亥	巳	丑	午	卯	卯	卯

斗標早見表は生月支と生時支から斗標（斗杓）を算出する表である。

実例の女性は未月生れの戌刻生れなので、斗標早見表を使えば、次のように算出される。

斗標……未。

斗標早見表

亥	戌	酉	申	未	午	巳	辰	卯	寅	丑	子	生時支／生月支
丑	子	亥	戌	酉	申	未	午	巳	辰	卯	寅	子
寅	丑	子	亥	戌	酉	申	未	午	巳	辰	卯	丑
卯	寅	丑	子	亥	戌	酉	申	未	午	巳	辰	寅
辰	卯	寅	丑	子	亥	戌	酉	申	未	午	巳	卯
巳	辰	卯	寅	丑	子	亥	戌	酉	申	未	午	辰
午	巳	辰	卯	寅	丑	子	亥	戌	酉	申	未	巳
未	午	巳	辰	卯	寅	丑	子	亥	戌	酉	申	午
申	未	午	巳	辰	卯	寅	丑	子	亥	戌	酉	未
酉	申	未	午	巳	辰	卯	寅	丑	子	亥	戌	申
戌	酉	申	未	午	巳	辰	卯	寅	丑	子	亥	酉
亥	戌	酉	申	未	午	巳	辰	卯	寅	丑	子	戌
子	亥	戌	酉	申	未	午	巳	辰	卯	寅	丑	亥

卦気早見表は昼生れであるか夜生れであるかによって使い方が異なる。

昼生れの場合は太陽の入っている十二支と生年干から卦気を算出する。

夜生れの場合は月の入っている十二支と生年干から卦気を算出する。

実例の女性は夜生れ（日没後の午後八時に生れている）のため、月の入っている十二支を見る。月が入っているのが丑宮で、乙年生れなので、卦気早見表を使えば、次のように算出される。


卦気……亥。

卦気早見表

生年干＼太陽・月宮	子	丑	寅	卯	辰	巳	午	未	申	酉	戌	亥
甲	卯	寅	子	亥	酉	申	午	巳	午	巳	卯	寅
乙	子	亥	酉	申	午	巳	午	巳	卯	巳	卯	寅
丙	巳	午	巳	午	巳	卯	寅	子	亥	酉	申	午
丁	巳	卯	寅	子	亥	酉	申	午	巳	午	巳	午
戊	巳	午	巳	午	巳	卯	寅	子	亥	酉	申	午
己	卯	寅	子	亥	酉	申	午	申	午	巳	午	巳
庚	子	亥	酉	申	酉	申	午	巳	午	巳	卯	寅
辛	巳	卯	寅	子	亥	酉	亥	酉	申	午	巳	午
壬	子	亥	酉	申	午	巳	午	巳	卯	寅	子	亥
癸	酉	申	午	巳	午	巳	卯	寅	子	寅	子	亥

歳殿早見表は生年干と生年支から歳殿を算出する表である。

実例の女性は乙巳年生れなので、歳殿早見表を使えば、次のように算出される。

歳殿……午。

歳殿早見表

生年干＼生年支	子	丑	寅	卯	辰	巳	午	未	申	酉	戌	亥
甲	子		寅		辰		午		申		戌	
乙		寅		辰		午		申		戌		子
丙	寅		辰		午		申		戌		子	
丁		辰		午		申		戌		子		寅
戊	辰		午		申		戌		子		寅	
己		午		申		戌		子		寅		辰
庚	午		申		戌		子		寅		辰	
辛		申		戌		子		寅		辰		午
壬	申		戌		子		寅		辰		午	
癸		戌		子		寅		辰		午		申

空亡早見表は生年干と生年支から空亡を算出する表である。
実例の女性は乙巳年生れなので、空亡早見表を使えば、次のように算出される。

空亡……卯。

空亡早見表

亥	戌	酉	申	未	午	巳	辰	卯	寅	丑	子	生年支／生年干
	申		午		辰		寅		子		戌	甲
酉		未		巳		卯		丑		亥		乙
	午		辰		寅		子		戌		申	丙
未		巳		卯		丑		亥		酉		丁
	辰		寅		子		戌		申		午	戊
巳		卯		丑		亥		酉		未		己
	寅		子		戌		申		午		辰	庚
卯		丑		亥		酉		未		巳		辛
	子		戌		申		午		辰		寅	壬
丑		亥		酉		未		巳		卯		癸

以上で占星盤に記入する十二運と神殺の算出は完了した。十二支別に分ければ次のようになる。（　）内は十二運を示す。

子（胎）……玉堂、天厄。
丑（養）……天雄、華蓋、月廉。
寅（長生）……絞、六害、劫殺。
卯（沐浴）……禄勲、天狗、月殺、空亡。
辰（冠帯）……陰刃、病符、鬻越、寡宿。
巳（臨官）……歳駕、剣鋒、浮沈。
午（帝旺）……文昌、天空、咸池、歳殿。
未（衰）……地雌、大殺、地耗、斗標。
申（病）……貴人、勾、孤辰、三刑、亡神。
酉（死）……年符、的殺。
戌（庫）……飛刃、唐符、死符、小耗、天耗。
亥（絶）……国印、大耗、駅馬、月符、注受、卦気。

これらは実践用占星盤の七の部分に記入される。占星盤は次ページのようになる。

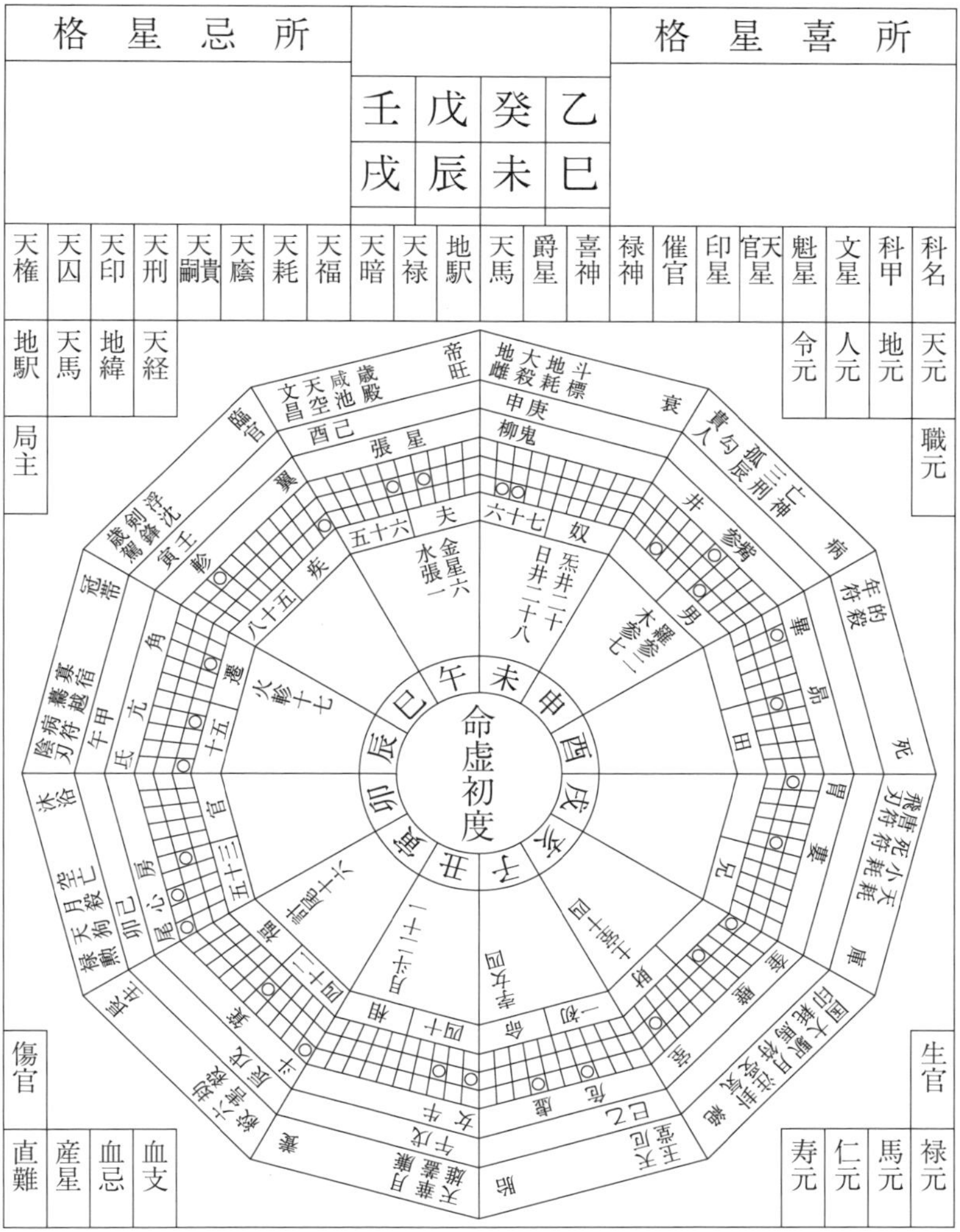

格星忌所
格星喜所
壬 戊 癸 乙
戌 辰 未 巳
天権 天囚 天印 天刑 天嗣貴 天廕 天耗 天福 天暗 天禄 地駅 天馬 爵星 喜神 禄神 催官 印星 天官星 魁星 文星 科甲 科名
地駅 天馬 地緯 天経
局主
令元 人元 地元 天元
職元
傷官
生官
直難 産星 血忌 血支
寿元 仁元 馬元 禄元
命虚初度
午 未 申 酉 戌 亥 子 丑 寅 卯 辰 巳
帝旺
歳殿 咸池 天空 文昌
斗標 地耗 大殺 地雌
申庚
酉己
柳鬼
張星
衰
臨官
病
死
冠帯
沐浴
金星六 水張一
炁井二十 日井二十八
羅参二 木参七
火軫十七
五十六 六十七 八十五 十五 三十五

変曜の算出

変曜を算出しながら、変曜する七政四余を実践用占星盤の八の部分に記入してゆく。
七政四余の名称の末尾につく「星」は省略して記入する。たとえば土星は「土」、羅星は「羅」と記入する。

天馬と地駅は名称は同じで算出方法の異なる二種類のものがある。つまり天馬という名称の変曜が二つあり、地駅という名称の変曜が二つある。
実践用占星盤の八の部分には最上段中央に天馬と地駅があり、二段目の左端にも天馬と地駅がある。
最上段中央の天馬と地駅は変曜早見表3から他の変曜と一緒に算出される。
二段目の左端にある天馬と地駅は天馬早見表（左端）と地駅早見表（左端）から算出される。

天馬早見表（左端）は生年干と命宮から天馬（左端）を算出する表である。
実例の女性は乙年生れで命宮は子なので、天馬早見表（左端）を使えば、次のように算出される。

天馬（左端）……火星。

地駅早見表（左端）は命宮から地駅（左端）を算出する表である。
実例の女性の命宮は子なので、地駅早見表（左端）を使えば、次のように算出される。

地駅（左端）……火星。

実践用占星盤の天馬（左端）のところに「火」、地駅（左端）のところに「火」と記入する。

地駅早見表

（左端）

地駅	命宮
火	子
木	丑
水	寅
金	卯
火	辰
木	巳
水	午
金	未
火	申
木	酉
水	戌
金	亥

天馬早見表

（左端）

亥	戌	酉	申	未	午	巳	辰	卯	寅	丑	子	命宮／生年干
火	火	火	木	木	水	水	金	金	火	火	火	甲
火	火	火	火	火	木	木	水	水	金	金	火	乙
金	金	金	火	火	火	火	木	木	水	水	金	丙
水	水	水	金	金	火	火	火	火	木	木	水	丁
木	木	木	水	水	金	金	火	火	火	火	木	戊
火	火	火	木	木	水	水	金	金	火	火	火	己
火	火	火	火	火	木	木	水	水	金	金	火	庚
金	金	金	火	火	火	火	木	木	水	水	金	辛
水	水	水	金	金	火	火	火	火	木	木	水	壬
木	木	木	水	水	金	金	火	火	火	火	木	癸

変曜早見表1と変曜早見表2は生年干から算出される変曜の表である。
実例の女性は乙年生れなので、変曜早見表1と変曜早見表2を使えば、次のように算出される。

天禄……孛星。　生官……土星。
天暗……木星。　傷官……木星。
天福……金星。　禄元……火星。
天耗……土星。　仁元……木星。
天廕……月。　文星……計星。
天貴……水星。　魁星……日（太陽）。
天刑……炁星。　印星……日（太陽）。
天印……計星。　催官……水星。
天囚……羅星。　禄神……水星。
天権……火星。　喜神……計星。
天官……水星。　科名……木星。

変曜早見表 1

天権	天囚	天印	天刑	天貴	天廕	天耗	天福	天暗	天禄	生年干
羅	計	炁	水	月	土	金	木	孛	火	甲
火	羅	計	炁	水	月	土	金	木	孛	乙
孛	火	羅	計	炁	水	月	土	金	木	丙
木	孛	火	羅	計	炁	水	月	土	金	丁
金	木	孛	火	羅	計	炁	水	月	土	戊
土	金	木	孛	火	羅	計	炁	水	月	己
月	土	金	木	孛	火	羅	計	炁	水	庚
水	月	土	金	木	孛	火	羅	計	炁	辛
炁	水	月	土	金	木	孛	火	羅	計	壬
計	炁	水	月	土	金	木	孛	火	羅	癸

変曜早見表2

科名	喜神	禄神	催官	印星	魁星	文星	仁元	禄元	傷官	生官	天官	生年干
木	羅	木	金	木	月	羅	木	木	金	月	炁	甲
木	計	水	水	日	日	計	木	火	木	土	水	乙
火	炁	計	日	火	羅	金	火	水	月	炁	羅	丙
火	水	羅	羅	月	計	火	火	日	土	水	計	丁
土	月	土	木	土	火	金	土	水	炁	羅	孛	戊
土	土	火	炁	羅	金	炁	土	日	水	計	火	己
金	金	金	孛	金	水	木	金	水	羅	孛	金	庚
金	木	炁	土	計	孛	土	金	金	計	火	木	辛
水	孛	日	月	水	炁	日	水	木	孛	金	月	壬
水	火	月	計	孛	水	月	水	土	火	木	土	癸

変曜早見表3は生年支から算出される変曜の表である。
最上段中央の天馬と地駅はここで算出される。
実例の女性は巳年生れなので変曜早見表3を使えば次のように算出される。

爵星……木星。
天馬……計星。
地駅……水星。
血支……金星。
血忌……水星。
産星……水星。
馬元……木星。

変曜早見表3

生年支	爵星	天馬	地駅	血支	血忌	産星	馬元
子	土	火	木	木	日	金	木
丑	水	計	水	土	土	水	木
寅	木	水	金	土	土	木	水
卯	炁	木	火	木	月	火	水
辰	孛	火	木	火	木	金	木
巳	木	計	水	金	水	水	木
午	水	水	金	水	火	木	水
未	火	木	火	日	金	火	水
申	火	火	木	月	金	金	木
酉	金	計	水	水	火	水	木
戌	金	水	金	金	水	木	水
亥	水	木	火	火	木	火	水

局主早見表は生年干と命宮から局主を算出する表である。

実例の女性は乙年生れで命宮は子なので、局主早見表を使えば、次のように算出される。

局主……火星。

局主早見表

亥	戌	酉	申	未	午	巳	辰	卯	寅	丑	子	命宮／生年干
月	水	月	土	金	木	孛	火	羅	計	炁	水	甲
羅	計	炁	水	炁	水	月	土	金	木	孛	火	乙
水	月	土	金	木	孛	火	羅	計	炁	計	炁	丙
火	羅	計	羅	計	炁	水	月	土	金	木	孛	丁
火	羅	計	炁	水	月	土	金	木	孛	火	羅	戊
月	土	金	木	孛	火	孛	火	羅	計	炁	水	己
羅	計	炁	水	月	土	金	木	孛	木	孛	火	庚
計	炁	水	月	土	金	木	金	木	孛	火	羅	辛
金	土	金	木	孛	火	羅	計	炁	水	月	土	壬
炁	水	月	土	月	土	金	木	孛	火	羅	計	癸

職元早見表は生年干と命宮から職元を算出する表である。

実例の女性は乙年生れで命宮は子なので、職元早見表を使えば、次のように算出される。

職元……月。

職元早見表

亥	戌	酉	申	未	午	巳	辰	卯	寅	丑	子	命宮／生年干
火	孛	火	羅	計	炁	水	月	土	金	木	孛	甲
土	金	木	孛	木	孛	火	羅	計	炁	水	月	乙
孛	火	羅	計	炁	水	月	土	金	木	金	木	丙
月	土	金	土	金	木	孛	火	羅	計	炁	水	丁
月	土	金	木	孛	火	羅	計	炁	水	月	土	戊
火	羅	計	炁	水	月	水	月	土	金	木	孛	己
土	金	木	孛	火	羅	計	炁	水	炁	水	月	庚
金	木	孛	火	羅	計	炁	計	炁	水	月	土	辛
計	羅	計	炁	水	月	土	金	木	孛	火	羅	壬
木	孛	火	羅	火	羅	計	炁	水	月	土	金	癸

天元早見表は生年干と命宮から天元を算出する表である。
実例の女性は乙年生れで命宮は子なので、天元早見表を使えば、次のように算出される。

天元……土星。

天元早見表

亥	戌	酉	申	未	午	巳	辰	卯	寅	丑	子	命宮／生年干
孛	火	羅	計	炁	水	月	土	金	木	金	木	甲
金	木	孛	火	羅	計	炁	水	月	土	月	土	乙
月	土	金	木	孛	火	羅	計	炁	水	炁	水	丙
炁	水	月	土	金	木	孛	火	羅	計	羅	計	丁
羅	計	炁	水	月	土	金	木	孛	火	孛	火	戊
孛	火	羅	計	炁	水	月	土	金	木	金	木	己
金	木	孛	火	羅	計	炁	水	月	土	月	土	庚
月	土	金	木	孛	火	羅	計	炁	水	炁	水	辛
炁	水	月	土	金	木	孛	火	羅	計	羅	計	壬
羅	計	炁	水	月	土	金	木	孛	火	孛	火	癸

地元早見表は生年干と命宮から地元を算出する表である。

実例の女性は乙年生れで命宮は子なので、地元早見表を使えば、次のように算出される。

地元……水星。

地元早見表

亥	戌	酉	申	未	午	巳	辰	卯	寅	丑	子	命宮／生年干
木	木	火	火	土	土	金	金	水	水	木	木	甲
木	木	火	木	火	火	土	土	金	金	水	水	乙
土	金	金	水	水	木	木	火	火	火	火	土	丙
火	土	火	土	土	金	金	水	水	木	木	火	丁
土	金	金	水	水	木	木	火	火	土	土	土	戊
火	火	土	土	金	土	金	金	水	水	木	木	己
木	木	火	火	土	土	金	金	金	金	水	水	庚
火	土	土	金	金	水	金	水	水	木	木	火	辛
水	水	木	木	火	火	土	土	金	金	水	水	壬
水	水	木	水	木	木	火	火	土	土	金	金	癸

人元早見表は生年干と命宮から人元を算出する表である。
実例の女性は乙年生れで命宮は子なので、人元早見表を使えば、次のように算出される。

人元……木星。

人元早見表

亥	戌	酉	申	未	午	巳	辰	卯	寅	丑	子	命宮／生年干
水	水	水	金	金	土	土	火	火	木	木	水	甲
木	木	木	水	水	金	金	土	土	火	火	木	乙
火	火	火	木	木	水	水	金	金	土	土	火	丙
土	土	土	火	火	木	木	水	水	金	金	土	丁
金	金	金	土	土	火	火	木	木	水	水	金	戊
水	水	水	金	金	土	土	火	火	木	木	水	己
木	木	木	水	水	金	金	土	土	火	火	木	庚
火	火	火	木	木	水	水	金	金	土	土	火	辛
土	土	土	火	火	木	木	水	水	金	金	土	壬
金	金	金	土	土	火	火	木	木	水	水	金	癸

天経早見表は生年干と命宮から天経を算出する表である。
実例の女性は乙年生れで命宮は子なので、天経早見表を使えば、次のように算出される。

天経……土星。

天経早見表

亥	戌	酉	申	未	午	巳	辰	卯	寅	丑	子	命宮／生年干
木	木	水	水	金	金	土	土	火	火	火	火	甲
火	火	木	木	水	水	金	金	土	土	土	土	乙
土	土	火	火	木	木	水	水	金	金	金	金	丙
金	金	土	土	火	火	木	木	水	水	水	水	丁
水	水	金	金	土	土	火	火	木	木	木	木	戊
木	木	水	水	金	金	土	土	火	火	火	火	己
火	火	木	木	水	水	金	金	土	土	土	土	庚
土	土	火	火	木	木	水	水	金	金	金	金	辛
金	金	土	土	火	火	木	木	水	水	水	水	壬
水	水	金	金	土	土	火	火	木	木	木	木	癸

地緯早見表は命宮から地緯を算出する表である。
実例の女性の命宮は子なので、地緯早見表を使えば、次のように算出される。

地緯……水星。

地緯早見表

命宮	地緯
子	水
丑	土
寅	木
卯	木
辰	土
巳	火
午	火
未	土
申	金
酉	金
戌	土
亥	水

寿元早見表は生年干と生年支から寿元を算出する表である。
実例の女性は乙巳年生れなので、寿元早見表を使えば、次のように算出される。
寿元……火星。

寿元早見表

亥	戌	酉	申	未	午	巳	辰	卯	寅	丑	子	生年支／生年干
	火		水		金		火		水		金	甲
火		水		金		火		水		金		乙
	土		火		水		土		火		水	丙
土		火		水		土		火		水		丁
	木		土		火		木		土		火	戊
木		土		火		木		土		火		己
	金		木		土		金		木		土	庚
金		木		土		金		木		土		辛
	水		金		木		水		金		木	壬
水		金		木		水		金		木		癸

科甲早見表は夫妻宮から科甲を算出する表である。
実例の女性の夫妻宮は午なので、科甲早見表を使えば、次のように算出される。

科甲……日（太陽）。

科甲早見表

夫妻宮	科甲
子	土
丑	土
寅	木
卯	火
辰	金
巳	水
午	日
未	月
申	水
酉	金
戌	火
亥	木

令元早見表と直難早見表は生月支から令元と直難を算出する表である。
実例の女性は未月生れなので、令元早見表と直難早見表を使えば、次のように算出される。

令元……土星。
直難……羅星。

令元早見表

生月支	令元
子	水
丑	土
寅	木
卯	木
辰	土
巳	火
午	火
未	土
申	金
酉	金
戌	土
亥	水

直難早見表

生月支	直難
子	金
丑	金
寅	日
卯	日
辰	月
巳	月
午	火
未	羅
申	水
酉	孛
戌	木
亥	炁

以上で変曜の算出は完了した。
これらは実践用占星盤の八の部分に記入される。占星盤は次ページのようになる。

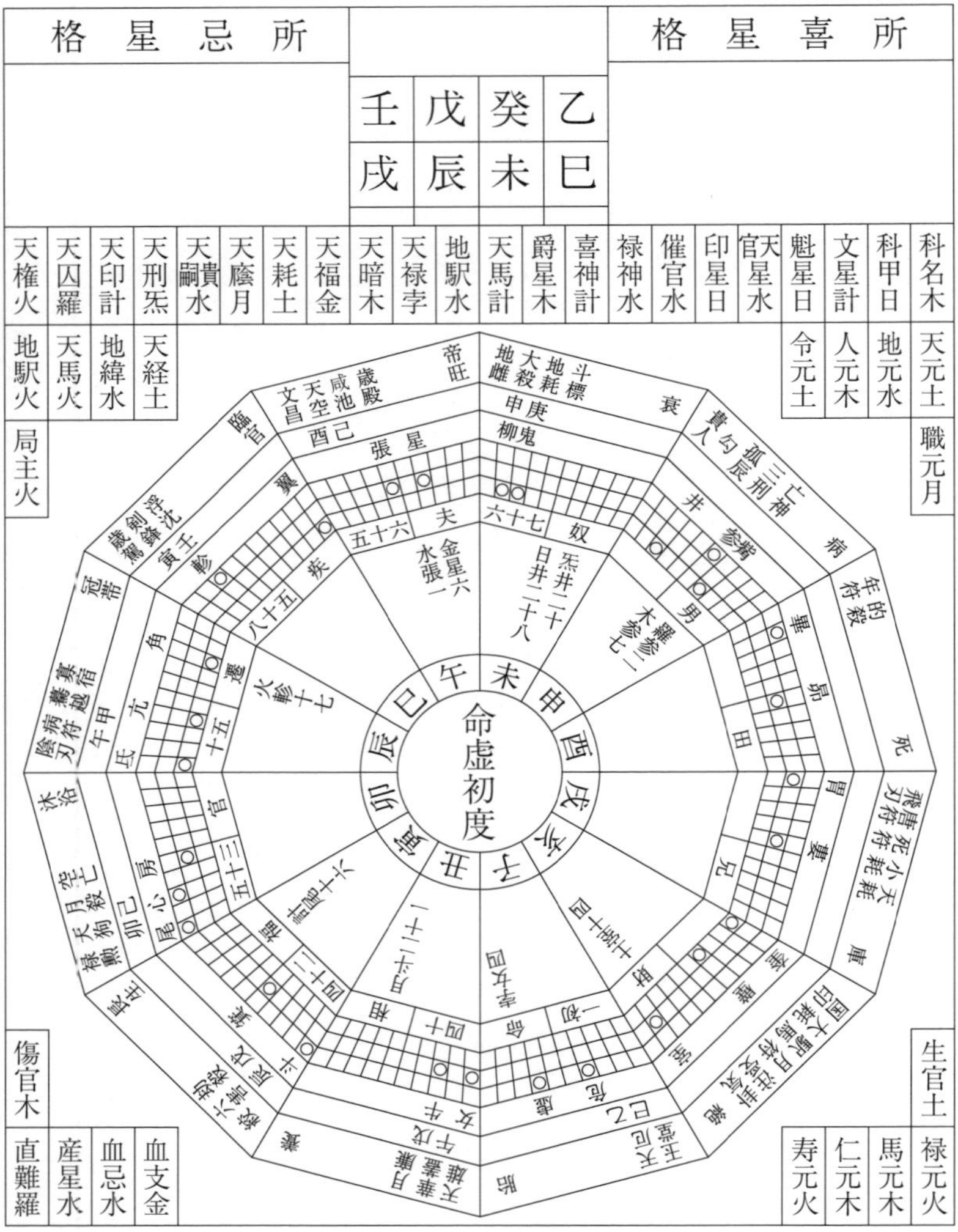
格星忌所
格星喜所
壬　戊　癸　乙
戌　辰　未　巳
天権火　天囚羅　天印計　天刑炁　天嗣貴水　天廕月　天耗土　天福金　天暗木　天禄孛　地駅水　天馬計　爵星木　喜神計　禄神水　催官水　印星日　天官星水　魁星日　文星計　科甲日　科名木
地駅火　天馬火　地緯水　天経土
局主火
令元土　人元木　地元水　天元土
職元月
命虚初度
午　未　申　酉　戌　亥　子　丑　寅　卯　辰　巳
金星六 水張一
炁井二十 日井二十八
木参七 羅参二
火軫十七
傷官木
直難羅　産星水　血忌水　血支金
生官土
寿元火　仁元木　馬元木　禄元火

格の選定のための作業

格を調べるために次の作業を行う。

一、十二宮の主星と身主の算出。
二、入垣、升殿、廟、旺、喜、楽、乗令の算出。
三、失垣、失躔、受尅、失令、泄気、閑極の算出。
四、飛廉の算出。
五、八殺宮の算出。
六、月相（月の位相）の算出。

十二宮の主星と身主の算出

実例の女性の十二宮と身宮は次のとおり。

命宮……子。
財帛宮……亥。
兄弟宮……戌。
田宅宮……酉。
男女宮……申。
奴僕宮……未。
夫妻宮……午。

疾厄宮……巳。
遷移宮……辰。
官禄宮……卯。
福徳宮……寅。
相貌宮……丑。
身宮………寅。

したがって十二宮の主星と身主は次のように算出される。

命宮………子。↓子の主星は土星。↓命主は土星。
財帛宮……亥。↓亥の主星は木星。↓財帛主は木星。
兄弟宮……戌。↓戌の主星は火星。↓兄弟主は火星。
田宅宮……酉。↓酉の主星は金星。↓田宅主は金星。
男女宮……申。↓申の主星は水星。↓男女主は水星。
奴僕宮……未。↓未の主星は月。↓奴僕主は月。
夫妻宮……午。↓午の主星は太陽。↓夫妻主は太陽。
疾厄宮……巳。↓巳の主星は水星。↓疾厄主は水星。
遷移宮……辰。↓辰の主星は金星。↓遷移主は金星。
官禄宮……卯。↓卯の主星は火星。↓官禄主は火星。
福徳宮……寅。↓寅の主星は木星。↓福徳主は木星。
相貌宮……丑。↓丑の主星は土星。↓相貌主は土星。
身宮………寅。↓寅の主星は木星。↓身主は木星。

入垣、升殿、廟、旺、喜、楽、乗令の算出

入垣早見表は七政が入っている十二支から入垣を算出する表である。

子にどの七政が入っているか、丑にどの七政が入っているか、のように、占星盤の十二支を順に見て、入垣している七政の有無を調べてゆく。

実例の女性は、入垣早見表を使って調べてみると、入垣している七政四余はない。

入垣……該当なし。

入垣早見表

十二支	子	丑	寅	卯	辰	巳	午	未	申	酉	戌	亥
入垣	土	土	木	火	金	水	太陽	月	水	金	火	木

升殿早見表は七政が入っている二十八宿から升殿を算出する表である。
それらの二十八宿は七政とともにすでに占星盤に記入されている。
升殿早見表を使って升殿している七政の有無を調べてゆく。
実例の女性は、升殿早見表を使って調べてみると、升殿している七政はない。
升殿……該当なし。

升殿早見表

七政	升殿			
太陽	房	虚	昴	星
月	心	危	畢	張
木	角	斗	奎	井
火	尾	室	觜	翼
土	氐	女	胃	柳
金	亢	牛	婁	鬼
水	箕	壁	参	軫

廟旺早見表は七政四余が入っている十二支から廟と旺を算出する表である。
実例の女性は、廟旺早見表を使えば、寅の計星が旺、午の金星が旺、午の水星が廟と算出される。

計星……旺。
金星……旺。
水星……廟。

廟旺早見表

計	羅	孛	炁	水	金	土	火	木	月	太陽	七政四余／十二支
				旺		廟					子
			旺			廟	旺				丑
旺	廟	旺									寅
旺	旺					旺	廟				卯
					廟	旺					辰
廟		旺		旺						旺	巳
	廟			廟	旺					廟	午
		廟						旺			未
			廟	旺							申
					廟				旺		酉
旺									廟	旺	戌
廟			旺		旺			廟			亥

喜楽早見表は七政四余が入っている十二支から喜と楽を算出する表である。

実例の女性は、喜楽早見表を使えば、子の孛星が楽と算出される。喜の該当はない。

孛星……楽。

喜楽早見表

計	羅	孛	炁	水	金	土	火	木	月	太陽	七政四余／十二支
喜		楽				楽					子
						楽	喜				丑
								楽		喜	寅
楽							楽		喜		卯
				喜	楽					楽	辰
				楽	喜						巳
						喜				楽	午
								喜	楽		未
				楽			喜				申
		楽			楽						酉
	喜		喜								戌
		喜						楽	喜		亥

乗令早見表は生月支から乗令を算出する表である。
どの人でも水星、木星、火星、金星のうちいずれかが乗令に当る。
実例の女性は未月生れなので、乗令早見表を使えば、火星の乗令が算出される。

火星……乗令。

乗令早見表

生月支	乗令
子	水
丑	水
寅	木
卯	木
辰	木
巳	火
午	火
未	火
申	金
酉	金
戌	金
亥	水

失垣、失躔、受尅、失令、泄気、閑極の算出

失垣早見表は七政四余が入っている十二支から失垣を算出する表である。
実例の女性は、失垣早見表を使えば、未の太陽、辰の火星が失垣と算出される。

太陽……失垣。
火星……失垣。

失垣早見表

七政四余	失垣	
太陽	未	
月	午	
木	子	丑
火	辰	酉
土	巳	申
金	寅	亥
水	卯	戌
炁	子	丑
孛	卯	戌
羅	辰	酉
計	巳	申

失躔早見表は七政四余が入っている二十八宿から失躔を算出する表である。
実例の女性は、失躔早見表を使えば、軫宿の火星、女宿の孛星、参宿の羅星が失躔と算出される。

火星……失躔。
孛星……失躔。
羅星……失躔。

失躔早見表

七政四余	失躔							
太陽	心	危	畢	張				
月	房	虚	昴	星				
木	氐	女	胃	柳	亢	牛	婁	鬼
火	亢	牛	婁	鬼	箕	壁	参	軫
土	箕	壁	参	軫	角	斗	奎	井
金	角	斗	奎	井	尾	室	觜	翼
水	尾	室	觜	翼	氐	女	胃	柳
炁	氐	女	胃	柳	亢	牛	婁	鬼
孛	尾	室	觜	翼	氐	女	胃	柳
羅	亢	牛	婁	鬼	箕	壁	参	軫
計	箕	壁	参	軫	角	斗	奎	井

受尅早見表は五星と四余が入っている十二支から受尅を算出する表である。
実例の女性は、受尅早見表を使えば、亥の土星、子の孛星、申の羅星、寅の計星が受尅と算出される。

土星……受尅。
孛星……受尅。
羅星……受尅。
計星……受尅。

受尅早見表

五星四余	受尅	
木	辰	酉
火	巳	申
土	寅	亥
金	卯	戌
水	子	丑
炁	辰	酉
孛	子	丑
羅	巳	申
計	寅	亥

失令早見表は五星と四余（水星と孛星を除く）が入っている十二支から失令を算出する表である。
実例の女性は、失令早見表を使えば、申の木星、午の金星、寅の計星が失令と算出される。

木星……失令。
金星……失令。
計星……失令。

失令早見表

失令			五星四余
戌	酉	申	木
亥	丑	子	火
辰	卯	寅	土
未	午	巳	金
			水
戌	酉	申	炁
			孛
亥	丑	子	羅
辰	卯	寅	計

泄気早見表は五星と四余が入っている十二支から泄気を算出する表である。
実例の女性は、泄気早見表を使って調べてみると、泄気に該当する五星と四余はない。

泄気……該当なし。

泄気早見表

五星四余	泄気	
木	卯	戌
火	子	丑
土	辰	酉
金	巳	申
水	寅	亥
炁	卯	戌
孛	寅	亥
羅	子	丑
計	辰	酉

続いて閑極を算出する。
閑極を算出するには兄弟宮に七政が入っているかどうかを見る。
兄弟宮に七政が入っていればその七政が閑極に該当する。
実例の女性は、兄弟宮に七政が入っていないので、閑極に該当する七政はない。

閑極……該当なし。

飛廉の算出

飛廉早見表は生年支から飛廉を算出する表である。
実例の女性は巳年生れなので、飛廉早見表を使えば、次のように算出される。

飛廉……未。

飛廉早見表

生年支	飛廉
子	申
丑	酉
寅	戌
卯	巳
辰	午
巳	未
午	寅
未	卯
申	辰
酉	亥
戌	子
亥	丑

八殺宮の算出

八殺宮早見表は生年干と生年支から八殺宮を算出する表である。
第一章でも触れたが、この表は『星学大成《せいがくたいせい》』の「八殺宮定局図《はっさっきゅうていきょくず》」に基づいて作成されている。
実例の女性は乙巳年生れなので、八殺宮早見表を使えば、次のように算出される。

八殺宮……戌。

八殺宮早見表

生年干＼生年支	子	丑	寅	卯	辰	巳	午	未	申	酉	戌	亥
甲	申		子		辰		申		子		辰	
乙		寅		午		戌		寅		午		戌
丙	卯		未		亥		卯		未		亥	
丁		酉		丑		巳		酉		丑		巳
戊	戌		寅		午		戌		寅		午	
己		辰		申		子		辰		申		子
庚	巳		酉		丑		巳		酉		丑	
辛		亥		卯		未		亥		卯		未
壬	子		辰		申		子		辰		申	
癸		午		戌		寅		午		戌		寅

月相の算出

実例の女性は一九六五年七月十三日午後八時の東京都清瀬市生れなので、その時刻、地点における月相（月の位相）をホロスコープ占星術用の天文暦から算出する。

著者による計算では、月相は黄経差177度の満月と算出された。

月相……満月（黄経差177度）。

格の選定

選定のための作業を終えたら、どの格に入るかを条件を見ながら一つ一つ調べてゆく。当てはまる格は数が多く、全てを占星盤に記入できないので、合格と忌格に分けてノートなどに記す。

格は、第一章で説明された通りの順序で、十一曜定格の日月合格から調べてゆく。

日月合格を調べるには、太陽の入っている宮と月の入っている宮が、どれかの宮を夾しているか拱しているかを先に見るのがポイントとなる。これで日月合格の大半を調べることができる。太陽と月による夾に関しては、十二支内で他の七政四余を夾しているかどうかも見る。

実例の女性は、太陽は未に入り、月は丑に入っている。未と丑は夾することも拱することもない。したがって夾と拱に関する格には入らない。残りの格を調べることになる。

調べてゆくと、日月合格では、実例の女性は「日南月北」（太陽が未にあり月が丑にある）に入っている。

日月忌格も日月合格と同様に調べてゆく。実例の女性は日居月位の夾と拱に関する格には入らないので、残りの格に入っているかどうかを見る。

日月忌格では、実例の女性が入っている格はない。太陽が未にあるが「日居月位」は実践上忌格として扱えない。

五星合格では、実例の女性は「金水相涵」（金星と水星が同じ宮にあり、月支が亥、子ではない）に入っている。

五星忌格では、実例の女性は「土在木宮」（土星が亥宮にある）と「火到金郷」（火星が辰宮にある）に入っている。

四余合格では、実例の女性が入っている格はない。

政余合格では、実例の女性が入っている格はない。

政余忌格では、実例の女性が入っている格はない。

諸星次格では、実例の女性が入っている格はない。

十二宮定格は格の名称がそのまま格に入る条件を表わしている。十二宮の主星はすでに算出してあるので、それを参照しながら調べてゆく。

身命合格では、実例の女性は「身居男女」（身主が男女宮にある）と「身星座貴」（身主が貴人と同じ宮にある）に入っている。

命主合格では、実例の女性は「命臨財帛」（命主が財帛宮にある）と「命臨卦気」（命主と卦気が同じ宮にある）と「命安馬地」（命主と駅馬が同じ宮にある）に入っている。

田主合格では、実例の女性は「田主夫宮」（田主が夫妻宮にある）に入っている。

財星合格では、実例の女性は「財星守児」（財主が男女宮にある）に入っている。

禄主合格では、実例の女性は「官星秉令」（官禄主が乗令している）に入っている。

福星合格では、実例の女性は「福主児宮」（福徳主が男女宮にある）に入っている。

妻星合格では、実例の女性が入っている格はない。

嗣星合格では、実例の女性は「嗣守夫宮」（男女主が夫妻宮にある）に入っている。

身星忌格では、実例の女性が入っている格はない。

命主忌格では、実例の女性は「命主受尅」（命主が受尅になっている）と「命臨耗符」（命主と月符と大耗が同じ宮にある）に入っている。

田主忌格では、実例の女性は「田元失時」（田宅主が失令している）に入っている。

財星忌格では、実例の女性が入っている格はない。

禄主忌格では、実例の女性は「禄主遷移」（官禄主が遷移宮にある）に入っている。

福主忌格では、実例の女性が入っている格はない。

妻星忌格では、実例の女性は「夫主失垣」（夫妻主が失垣している）と「夫陥奴宮」（夫妻主が奴僕宮にある）に入っている。

子星忌格では、実例の女性が入っている格はない。

諸星互格では、実例の女性が入っている格はない。

続いて貴格、賤格、貧格、疾格、霊台星格、補遺格局を調べてゆく。

貴格では、実例の女性は「官《かん》が刃《じん》に随《したが》うか、刃《じん》が官《かん》に随《したが》えば、是《こ》れ武職《ぶしょく》である」という一文に適合している（官禄主の火星が陰刃と同じ宮にある）。格の名称は原典に記されていないので、このような場合は、たとえば「官主随刃《かんしゅずいじん》」として合格に分類しておく。

賤格では、実例の女性は「日月居刑囚」（天刑に変曜する炁星が太陽と同じ十二支にある）に入っている。これはたとえば「日居天刑《じっきょてんけい》」として忌格に分類する。

貧格では、実例の女性は「田財直空耗」（田宅主の金星が天空と同じ十二支にある）と「身命会刑囚直難」（身主の木星が天囚と直難に変曜する羅星と同じ十二支にある）に入っている。これらは「田居天空《でんきょてんくう》」「身臨囚直難《しんりんしゅうちょくなん》」としておく。

疾格では、実例の女性は「日月居八殺」（太陽が八殺宮にある）に入っている。太陽のみなので「日居八殺《じつきよはつさつ》」としておく。

霊台星格では、実例の女性は「日月合璧」（太陽と月が対冲している）と「計居龍尾」（計星が尾宿にある）と「大月当斗」（月が斗宿にある）に入っている。

補遺格局では、実例の女性が入っている格はない。

鄭氏星案合格では、実例の女性は「金水相生」（金星と水星が同じ十二支にある）と「日南月北」（太陽が未にあって月が丑にある）と「福官拱命」（福徳主の木星と官禄主の火星が命宮を拱している）に入っている。

鄭氏星案忌格では、実例の女性は「日陥奴宮」（太陽が奴僕宮にある）と「寿元失所」（寿元に変曜する火星が失躔している）と「孛星守命」（孛星が命宮にある）に入っている。

格を調べ終えたら合格と忌格に分けてノートなどに記す。
実例の女性の合格と忌格は次のようになる。

合格　「金水相涵」
「身居男女」
「身星座貴」
「命臨財帛」
「命臨卦気」
「命安馬地」

「田主夫宮」
「財星守児」
「官星秉令」
「福主児宮」
「嗣守夫宮」
「官主随刃」
「日月合璧」
「計居龍尾」
「大月当斗」
「金水相生」
「日南月北」
「福官拱命」

忌格

「土在木宮」
「火到金郷」
「命主受尅」
「命臨耗符」
「田元失時」
「禄主遷移」
「夫主失垣」
「夫陥奴宮」
「日居天刑」
「田居天空」

「身臨囚直難」
「日居八殺」
「日陥奴宮」
「寿元失所」
「孛星守命」

これらの合格と忌格から、それぞれ二つから六つの格を選んで実践用占星盤に記入する。格の数は二つから六つまでならいくつでもかまわない。重要度の高いものを選ぶか、または任意に選ぶ（実践においてはノートに記した格を全て見るので任意でも問題は起きない）。

実例の女性の占星盤の作成においては、合格と忌格から四つずつ、このように格を選んだ。

合格　「金水相涵」
「命臨財帛」
「計居龍尾」
「大月当斗」

忌格　「土在木宮」
「火到金郷」
「命主受尅」
「夫主失垣」

これらを実践用占星盤の九と十の部分に記入すれば次ページのようになる。

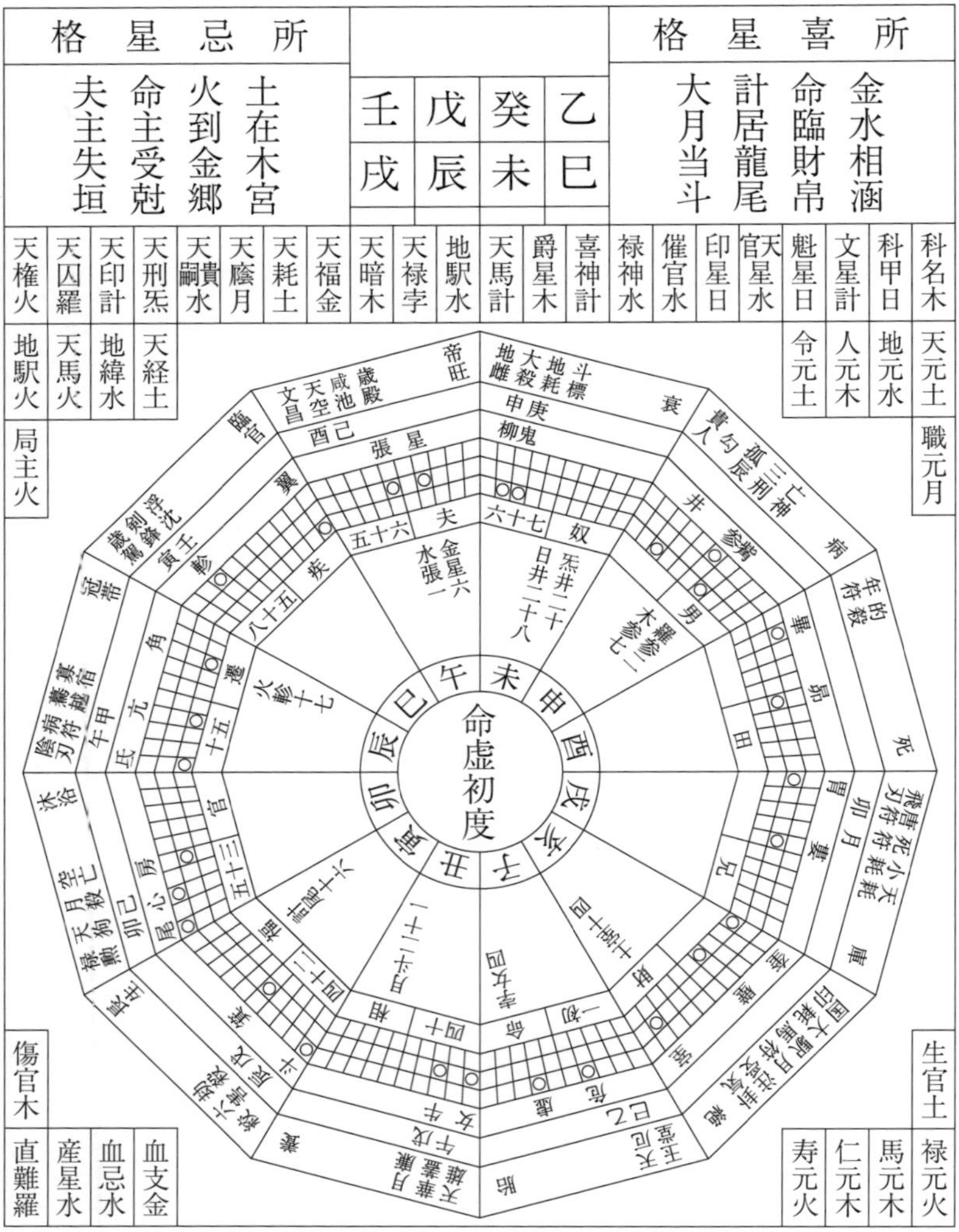

所忌星格
土在木宮
火到金郷
命主受尅
夫主失垣
乙巳
癸未
戊辰
壬戌
所喜星格
金水相涵
命臨財帛
計居龍尾
大月当斗
科名木
科甲日
文星計
魁星日
天官星水
印星日
催官水
禄神水
喜神計
爵星木
天馬計
地駅水
天禄孛
天暗木
天福金
天耗土
天廕月
天刑炁
天印計
天囚羅
天権火
天元土
地元水
人元木
令元土
職元月
天経土
地緯水
天馬火
地駅火
局主火
命虚初度
生官土
禄元火
馬元木
仁元木
寿元火
傷官木
血支金
血忌水
産星水
直難羅

命の語句の決定

最後に命の語句を実践用占星盤の十一の部分に右から左に向けて記入する。
実例の女性は功なり名をあげる運命にあるので「功名命」となっている。
命の語句を記入すれば次ページのようになり、実例の女性の占星盤が完成する。

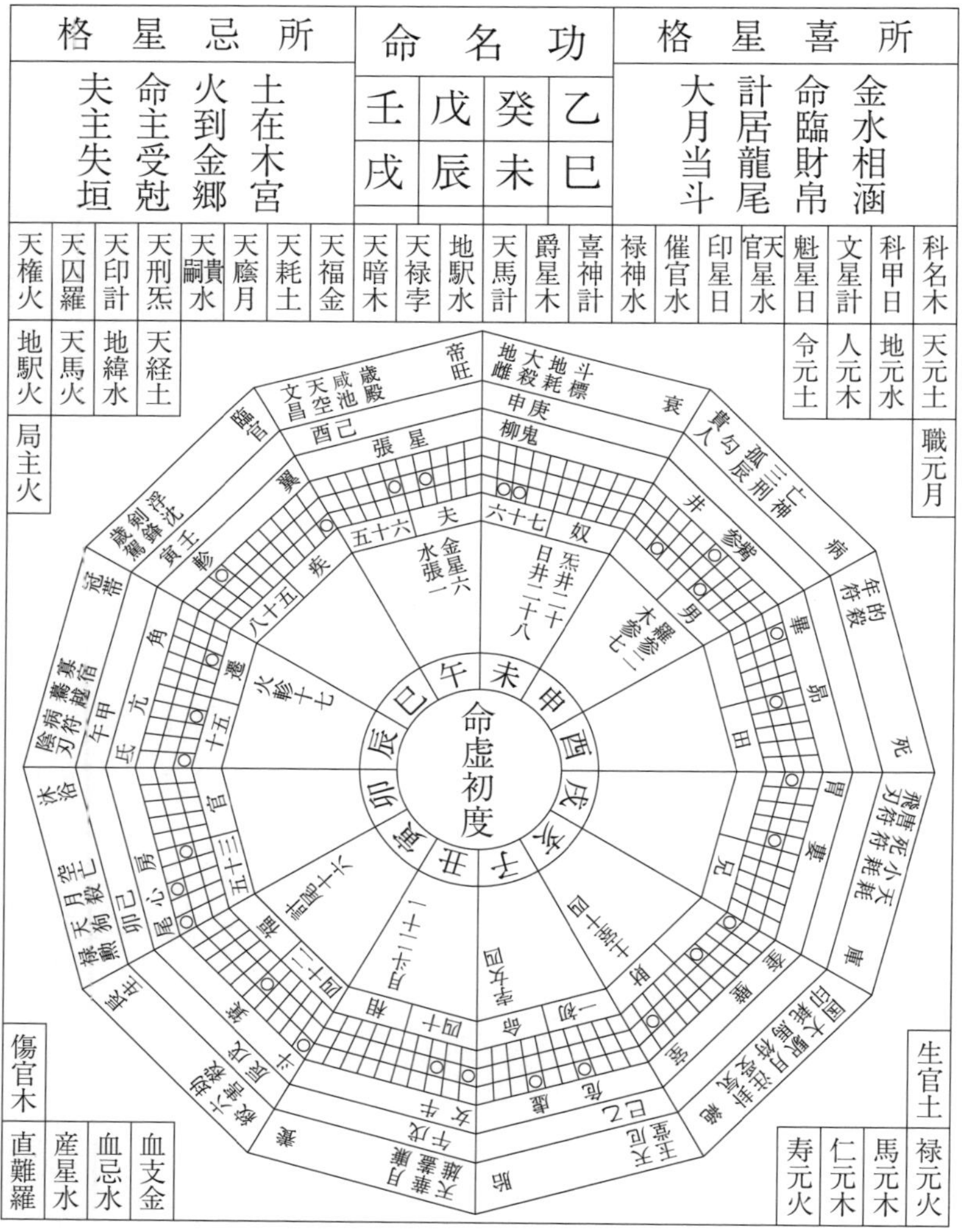
格星忌所
土在木宮
火到金郷
命主受尅
夫主失垣
命名功
乙巳
癸未
戊辰
壬戌
格星喜所
金水相涵
命臨財帛
計居龍尾
大月当斗
天権火
天囚羅
天印計
天刑炁
天貴水
天廕月
天耗土
天福金
天暗木
天禄孛
地駅水
天馬計
爵星木
喜神計
禄神水
催官水
印星日
天官星水
魁星日
文星計
科甲日
科名木
地駅火
天馬火
地緯水
天経土
局主火
天元土
地元水
人元木
令元土
職元月
傷官木
直難羅
産星水
血忌水
血支金
生官土
禄元火
馬元木
仁元木
寿元火
命虚初度
午
未
申
酉
戌
亥
子
丑
寅
卯
辰
巳

第三章　原文和訳

太陽《たいよう》の交会《こうかい》　太陽交会《たいようこうかい》　聿斯経《いっしきょう》

「月《つき》」日《ひ》月《つき》　日《ひ》と月《つき》の同宮《どうきゅう》は旧声《きゅうせい》を主《つかさ》どる。文章《ぶんしょう》に富貴《ふうき》に科名《かめい》が有《あ》る。昼夜《ちゅうや》は司《つかさ》を分《わ》かち兼《か》ねて旺廟《おうびょう》する。明主《めいしゅ》の鈎衡《こうえい》を秉《と》るを始《はじ》めて知《し》る。

「木星《もくせい》」日《ひ》木《もく》　日《ひ》と木《き》の同宮《どうきゅう》は貴《とうと》い顕臣《けんしん》である。平生《へいぜい》は多《た》福《ふく》なれども少《わか》くは災《わざわ》いに迍《たちもとお》る。木星《もくせい》は是《こ》れ多《おお》く乗旺《じょうおう》を主《つかさ》どる。必《かなら》ず当朝上貴《とうちょうじょうき》の人《ひと》を作《な》す。

「火星《かせい》」日《ひ》火《か》　日《ひ》と火《か》の同宮《どうきゅう》は火《か》の炎炎《えんえん》である。百六《ひゃくろく》は禍《わざわ》いに盈《みち》て逃潜《とうせん》は莫《な》し。天災《てんさい》が此《こ》れに遇《あ》えば民《たみ》は厄《やく》に遭《あ》う。生民《せいみん》を夭喪《ようそう》して義廉《ぎれん》を害《そこな》う。

「土星《どせい》」日《ひ》土《ど》　日《ひ》と土《ど》が相《あ》い逢《あ》えば慶瑞《けいずい》が饒《おお》い。天産《てんさん》の人龍《じんりゅう》にして聖朝《せいちょう》を佐《たす》ける。星《ほし》が百六《ひゃくろく》に臨《のぞ》めば邦家《ほうか》は泰《やすら》かである。万福《まんぷく》は攸《はるか》に同《あつま》りて百禍《ひゃくか》は消《き》える。

「金星《きんせい》」日《ひ》金《きん》　日《ひ》と金《きん》が相《あ》い遭《あ》えば民《たみ》に福《ふく》を生《う》む。必《かなら》ず奇材《きざい》を産《う》みて世《よ》の倫《たぐい》と異《こと》なる。百六《ひゃくろく》に会《あ》う時《とき》は天福《てんぷく》が熾《さかん》である。慶瑞《けいずい》が今辰《いましん》に在《あ》るを当《まさ》に知《し》る。

「水星《すいせい》」日《ひ》水《すい》　日《ひ》と水《すい》が相《あ》い逢《あ》えば慶瑞《けいずい》が盈《み》ちる。水《すい》と日《ひ》は逢《あ》うを欣《よろこ》び升平《しょうへい》を賀《よろこ》ぶ。人《ひと》の生《うま》れが此《こ》れに値《あ》えば人中《じんちゅう》の瑞《ずい》である。奇才《きさい》を世《よ》に問《と》いて大名《たいめい》を播《し》く。

「炁星《きせい》」日《ひ》炁《き》　太陽《たいよう》は紫気《しき》と相《あ》い逢《あ》うを喜《よろこ》ぶ。民《たみ》に潤沢《じゅんたく》を生《う》み稼穡《かしょく》は豊《ゆた》かである。百六《ひゃくろく》に会《あ》う時《とき》は応《まさ》に祥瑞《しょうずい》である。人《ひと》の生《うま》れが此《こ》れに会《あ》えば必《かなら》ず三公《さんこう》である。

「孛星《はいせい》」日《ひ》孛《はい》　日《ひ》と孛《はい》の同宮《どうきゅう》は最《もっと》も嘉《よ》からず。只旅《ただたび》を為《な》すに宜《よろ》しく家《いえ》は宜《よろ》しからず。生《うま》れが白昼《はくちゅう》に逢《あ》えば災疾《さいしつ》が多《おお》い。夜《よる》は則《すなわ》ち康寧《こうねい》にして嘆嗟《たんさ》無《な》し。

「羅星《らせい》」日《ひ》羅《ら》　太陽《たいよう》の正照《せいしょう》が羅《ら》の侵《おか》すを被《こうむ》れば、父《ちち》は他郷《たきょう》に死《し》し児《こ》は親《おや》を没《ぼっ》する。先代《せんだい》の家財《かざい》は多《おお》くを破《やぶ》り尽《つく》す。奔波《ほんぱ》の衣食《いしょく》は人《ひと》に如《し》かず。

「計星《けいせい》」日《ひ》計《けい》　日《ひ》と計《けい》が相《あ》い逢《あ》えば景福《けいふく》は昌《さか》んである。官《つかさ》は直諫《ちょっかん》を尊《たっと》んで明王《めいおう》を佐《たす》ける。朔旦《さくたん》に逢《あ》い奸偽《かんぎ》を生《う》むを怕《おそ》れる。百六《ひゃくろく》に如《も》し逢《あ》えば大《おお》いに祥《さいわ》いならず。

太陽《たいよう》と十二支《じゅうにし》　太陽入宮《たいようにゅうきゅう》　枢要歌《すうようか》

「子《ね》」日《ひ》子《ね》　天宜《てんぎ》は本《もと》と是《こ》れ太陽星《たいようせい》である。夜《よる》に遇《あ》いて人《ひと》が生《うま》れれば却《かえ》りて有情《ゆうじょう》である。若《も》し日《ひ》生《うま》れに在《あ》れば光《ひかり》は太《はなは》だ昧《くら》く、高《たか》い禄《ろく》も底《そこ》に到《いた》りて総《すべ》て成《な》ること無《な》し。

「丑《うし》」日《ひ》丑《うし》　丑《うし》に居《い》る太陽《たいよう》は天幽《てんゆう》と号《とな》える。此《こ》の位《くらい》は元来斗牛《がんらいとぎゅう》に属《ぞく》する。若《も》し是《こ》れが官禄《かんろく》の地《ち》に臨《のぞ》み照《て》らせば、管《ふで》は一世《いっせい》をして儘《ことごと》く優游《ゆうゆう》に教《せ》しめる。

「寅《とら》」日《ひ》寅《とら》　人馬《じんば》に居《い》る日《ひ》は天桑《てんそう》と号《とな》える。光照《こうしょう》は東《ひがし》に升《のぼ》り万方《ばんぽう》に遍《あまね》く。禄《ろく》は厚《あつ》く福《ふく》は高《たか》く名《な》は必《かなら》ず顕《あらわ》れる。也応《またまさ》に補袞《ほこん》は朝堂《ちょうどう》に坐《すわ》る。

「卯《う》」日《ひ》卯《う》　卯《う》に出《い》づる太陽《たいよう》は天烏《てんう》と曰《い》う。稟性《ひんせい》は明英《めいえい》にして大丈夫《だいじょうふ》である。多芸多才《たげいたさい》にして俗士《ぞくし》に非《あら》ず。一生《いっしょう》は栄顕《えいけん》し禄《ろく》は盈《み》ち余《あま》る。

「辰《たつ》」日《ひ》辰《たつ》　角亢《かくこう》の方《かた》の龍門《りゅうもん》に出《い》づる日《ひ》は、天爽《てんそう》と名《な》を変《か》え最《もっと》も輝《かがや》く光《ひかり》である。修文《しゅうぶん》し必《かなら》ず定《さだ》めて科甲《かこう》に登《のぼ》る。声名《せいめい》を管《かん》取《しゅ》して廟堂《びょうどう》に達《とど》く。

「巳《み》」日《ひ》巳《み》　双女《そうじょ》に臨《のぞ》む日《ひ》は幽微《ゆうび》と号《とな》える。禄《ろく》は厚《あつ》く権《ちから》は高《たか》く勢位《せいい》は巍《たか》い。年少《ねんしょう》に功名《こうみょう》が顕達《けんたつ》すると雖《いえど》も、藍衣《らんい》を挽《ひ》き取《と》り緑袍《りょくほう》を帰《かえ》す。

「午《うま》」日《ひ》午《うま》　離明《りめい》に到《いた》る日《ひ》は少微《しょうび》と曰《い》う。此《こ》れは衆星《しゅうせい》の依《よ》る君位《くんい》と為《な》す。縦《たと》え悪曜《あくよう》に逢《あ》い同宮《どうきゅう》を分《わ》かつとも、也他《またた》に還《めぐ》るを要《もと》めて錦衣《きんい》を着《き》る。

「未《ひつじ》」日《ひ》未《ひつじ》　未《ひつじ》に臨《のぞ》む太陽《たいよう》は天輝《てんき》と号《とな》える。日月《ひつき》の交《まじ》わる光《ひかり》は世《よ》に希《まれ》なる所《ところ》である。若《も》し太陰《たいいん》を設《もう》ければ落陥無《らくかんな》し。君臣《くんしん》は慶《よろこ》び会《あ》いて枢機《すうき》を管《おさ》める。

「申《さる》」日《ひ》申《さる》　天暗《てんあん》は元来申《がんらいさる》に在《あ》りて属《ぞく》する。此《こ》れに到《いた》る太陽《たいよう》は光明《こうみょう》が晦《くら》い。若《も》し還《かえ》りて昼《ひる》の誕《うま》れが斯《こ》の曜《よう》に逢《あ》えば、事《こと》を作《な》しても須《すべか》らく百《ひゃく》をして成《な》らず教《せ》しめる。

「酉《とり》」日《ひ》酉《とり》　金牛《きんぎゅう》に到《いた》る陽《ひ》は九空《きゅうくう》と号《とな》える。夜《や》生《うま》れは雖大《ただおお》きく却《かえ》りて亨通《こうつう》する。日《ひ》生《うま》れは事《こと》を用《もち》いて倶力無《みなちからな》し。若《も》し刑囚《けいしゅう》に変《かわ》れば終《つい》に善《よ》からず。

「戌《いぬ》」日戌《ひいぬ》　戌位《いぬい》に臨《のぞ》む日《ひ》は天枢《てんすう》と曰《い》う。此《こ》の地《ち》は元来是《がんらいこ》れ旺《おう》に居《い》る。更《さら》に太陰《たいいん》を得《え》て相《あ》い会《あ》いて照《て》らせば、一生《いっしょう》は栄貴《えいき》にして福《ふく》は盈《み》ち余《あま》る。

「亥《い》」日亥《ひい》　太陽《たいよう》の光照《こうしょう》が天門《てんもん》に爍《ひか》れば、玉璽《ぎょくじ》を為《な》して名象《めいしょう》は君《きみ》に属《ぞく》する。倘《かり》に若《も》し化《か》して官禄《かんろく》の曜《よう》を為《な》せば、少年《しょうねん》に平《へい》歩《ほ》して功勲《こうくん》を立《た》てる。

太陽《たいよう》と二十八宿《にじゅうはっしゅく》　太陽躔度《たいようてんど》　玉関歌《ぎょくかんか》

「角宿《かくしゅく》」日角《ひかく》　角宿《かくしゅく》に躔《めぐ》る日《ひ》は天成《てんせい》と号《とな》える。少《わか》くは亦貧《またまず》しくとも晩歳《ばんさい》は豊《ゆた》かに亨《とお》る。胆《たん》は大《おお》きく心《こころ》は高《たか》く衆庶《しゅうしょ》を超《こ》える。

「亢宿《こうしゅく》」日亢《ひこう》　亢宿《こうしゅく》に躔《めぐ》る日《ひ》は天柱《てんちゅう》と号《とな》える。学問《がくもん》と文章《ぶんしょう》は古今《ここん》に有《あ》る。歓楽《かんらく》の人《ひと》と為《な》し最《もっと》も賢豪《けんごう》である。行《めぐ》りても未《いま》だ前程《ぜんてい》に大声名《だいせいめい》を端《ただ》しく擺《ひら》く。遇《あ》わぬ孤高《ここう》の性《さが》と識《し》れ。

「氐宿《ていしゅく》」日氐《ひてい》　氐宿《ていしゅく》に躔《めぐ》る日《ひ》は天符《てんふ》と号《とな》える。美貌《びぼう》は堂堂《どうどう》として衆徒《しゅうと》に出《い》づる。性《さが》は快《こころよ》く心《こころ》は高《たか》く多《おお》く自《おのず》から耐《しの》ぶ。江湖《こうこ》に漂泊《ひょうはく》して少年《しょうねん》は孤《ひと》りである。

「房宿《ぼうしゅく》」日房《ひぼう》　房宿《ぼうしゅく》に躔《めぐ》る日《ひ》は天禄《てんろく》と号《とな》える。潔浄《けつじょう》にして清福《せいふく》を享《う》ける人《ひと》と為《な》す。高才富学《こうさいふがく》にして声名《せいめい》が有《あ》る。介《よろい》を取《と》りて群《ぐん》を超《こ》え俗《ぞく》に還《かえ》らず。

「心宿《しんしゅく》」日心《ひしん》　心宿《しんしゅく》に躔《めぐ》る日《ひ》は天昌《てんしょう》と号《とな》える。白日生《はくじつう》まれの人《ひと》は福寿《ふくじゅ》が康《さか》んである。若《も》し晩年《ばんねん》に至《いた》れば尤《もっと》も福《ふく》を享《う》ける。一《いっ》生《しょう》の路《みち》は是《こ》れ衣糧《いりょう》が足《た》る。

「尾宿《びしゅく》」日尾《ひび》　尾宿《びしゅく》に躔《めぐ》る日《ひ》は天枵《てんきょう》と号《とな》える。白日生《はくじつう》まれの人《ひと》は富《とみ》の益《えき》が饒《おお》い。性急多才《せいきゅうたさい》の人《ひと》にして敵《てき》は莫《な》し。夜生《やう》まれは鄙《ひ》俗《ぞく》の事《こと》に煩騒《はんそう》する。

「箕宿《きしゅく》」日箕《ひき》　箕宿《きしゅく》に躔《めぐ》る日《ひ》は天魁《てんかい》と号《とな》える。俊義《しゅんぎ》と文章《ぶんしょう》に人才《じんさい》が有《あ》る。父母《ふぼ》は必《かなら》ず須《すべか》らく貴子《きし》を生《う》む。官《つかさ》は高位《こうい》に顕《あらわ》れて三台《きんだい》に列《つら》なる。

「斗宿《としゅく》」日斗《ひと》　斗宿《としゅく》に躔《めぐ》る日《ひ》は天明《てんめい》と号《とな》える。剛勇《ごうゆう》にして方《まさ》に胆気《たんき》の英《はな》と為《な》す。産業《さんぎょう》の経営《けいえい》に辛苦《しんく》を置《とど》めるとも、老年《ろうねん》は豊富《ほうふ》にして安平《あんぺい》を享《う》ける。

「牛宿《ぎゅうしゅく》」日牛《ひぎゅう》　牛宿《ぎゅうしゅく》に躔《めぐ》る日《ひ》は天機《てんき》と号《とな》える。機変《きへん》に猶《なお》長《た》けて文藻《ぶんそう》に馳《は》せる。更《さら》に木星《もくせい》を得《え》て賛助《さんじょ》が来《きた》れば、栄貴《えいき》の声《せい》名《めい》は天下《てんか》に知《し》れる。

「女宿《じょしゅく》」日女《ひじょ》　女宿《じょしゅく》に躔《めぐ》る日《ひ》は天徳《てんとく》と号《とな》える。清秀聡明《せいしゅうそうめい》にして智識《ちしき》が多《おお》い。天文《てんもん》の玄象《げんしょう》は孤奇《こき》の性《さが》である。白日生《はくじつうま》れの人《ひと》は最《もっと》も吉《きち》と為《な》す。

「虚宿《きょしゅく》」日虚《ひきょ》　虚宿《きょしゅく》に躔《めぐ》る日《ひ》は天司《てんし》と号《とな》える。耿直《こうちょく》と聡明《そうめい》と胆気《たんき》を兼《か》ねる。白日生《はくじつうま》れの人《ひと》は多《おお》く富《とみ》が盛《さか》んである。夜生《やうま》れが此《こ》れに逢《あ》えば足《た》りても迍邅《ちゅんてん》する。

「危宿《きしゅく》」日危《ひき》　危宿《きしゅく》に躔《めぐ》る日《ひ》は天隆《てんりゅう》と号《とな》える。性《さが》は直《なお》しく文章学問《ぶんしょうがくもん》は豊《ゆた》かである。運《うん》の栄《さか》えは資婁《たからむな》しく積蓄《せきちく》し難《がた》く、老年《ろうねん》に方《まさ》に災凶《さいきょう》を免《まぬが》れるを見《み》る。

「室宿《しっしゅく》」日室《ひしつ》　室宿《しっしゅく》に躔《めぐ》る日《ひ》は天福《てんぷく》と号《とな》える。胆気権謀《たんきけんぼう》にして多慾《たよく》の性《さが》である。平生《へいぜい》は安楽《あんらく》にして災《わざわ》いに迍《たちもとお》ること少《すく》なし。父母《ふぼ》の康健《こうけん》は金谷《きんこく》に延《の》びる。

「壁宿《へきしゅく》」日壁《ひへき》　壁宿《へきしゅく》に躔《めぐ》る日《ひ》は水金《すいきん》の運《うん》である。皓魄《こうはく》が同《おな》じく相《あ》えば福《ふく》は自《おのず》から綿《つら》なる。禄馬《ろくば》が更《さら》に来《きた》りて相《あ》い会《あ》いて聚《あつま》れば、果然《かぜん》と折《お》りて鮮《あざ》やかに桂花《けいか》を得《え》る。

「奎宿《けいしゅく》」日奎《ひけい》　奎宿《けいしゅく》に躔《めぐ》る日《ひ》は端守《たんしゅ》と号《とな》える。富貴栄華《ふうきえいが》にして年寿《ねんじゅ》は久《ひさ》しい。文章《ぶんしょう》と高貴《こうき》は衆《しゅう》に加《くわ》え難《がた》し。白日生《はくじつうま》れの人《ひと》は福《ふく》が自《おのず》から有《あ》る。

「婁宿《るしゅく》」日婁《ひる》　婁宿《るしゅく》に躔《めぐ》る日《ひ》は天官《てんかん》と号《とな》える。大尹《たいいん》の公卿《こうけい》にして将相《しょうそう》に逢《あ》う。年少《ねんしょう》は便《すなわ》ち鼎鼐《ていだい》に膺居《ようきょ》する。生時《せいじ》に値《あ》えば秀《ひい》でて必《かなら》ず興隆《こうりゅう》する。

「胃宿《いしゅく》」日胃《ひい》　胃宿《いしゅく》に躔《めぐ》る日《ひ》は天解《てんかい》と号《とな》える。令徳《れいとく》の性《さが》にして賢位《けんい》は太《はなは》だ安《やす》んずる。脾疾冷涎《ひしつれいせん》の身《み》に寿《ひさ》しく有《あ》れども、日《ひ》生《うま》れは却《かえ》りて高邁《こうまい》の年《とし》を得《え》る。

「昴宿《ぼうしゅく》」日昴《ひぼう》　昴宿《ぼうしゅく》に躔《めぐ》る日《ひ》は天房《てんぼう》と号《とな》える。事《こと》に耐《た》えて経営《けいえい》し食糧《しょくりょう》は足《た》る。才畧機謀《さいりやくきぼう》に智策《ちさく》が多《おお》い。当世《とうせ》一《いち》の賢良《けんりょう》と為《な》すに称《かな》う。

「畢宿《ひっしゅく》」日畢《ひひつ》　畢宿《ひっしゅく》に躔《めぐ》る日《ひ》は天強《てんきょう》と号《とな》える。賢徳才高《けんとくさいこう》にして万事《ばんじ》は昌《さか》んである。音律《おんりつ》に善《よ》く通《つう》じて憂慮《ゆうりょ》は少《すく》ない。心《こころ》に多《おお》く嗜慾《しよく》を行《おこな》えば良《よ》いこと無《な》し。

「觜宿《ししゅく》」日觜《ひし》　觜宿《ししゅく》に躔《めぐ》る日《ひ》は天釣《てんちょう》と号《とな》える。禄《ろく》は足《た》り多能《たのう》を享《う》けて世《よ》に栄《さか》える。学問淵源《がくもんえんげん》の才《さい》を挺出《ていしゅつ》する。此《こ》の人《ひと》は名を必《かなら》ず朝廷《ちょうてい》に播《し》く。

「参宿《さんしゅく》」日参《ひさん》　参宿《さんしゅく》に躔《めぐ》る日《ひ》は天水《てんすい》と号《とな》える。冷淡《れいたん》に身《み》を持《も》ちて欲《よく》は果《は》てず。少才《しょうさい》の多学《たがく》は声名《せいめい》に富《と》む。官宮《かんきゅう》に禄《ろく》が有《あ》れば終《つい》に須《すべか》らく貴《とうと》い。

「井宿《せいしゅく》」日井《ひせい》、井宿《せいしゅく》に躔《めぐ》る日《ひ》は天弼《てんひつ》と号《とな》える。文章《ぶんしょう》は世《よ》に冠《すぐ》れ福力《ふくりょく》は増《ま》す。公侯《こうこう》の卿監《けいかん》にして世間《せけん》に栄《さか》える。福禄《ふくろく》の息波《そくは》は子息《しそく》に伝《つた》わる。

「鬼宿《きしゅく》」日鬼《ひき》　鬼宿《きしゅく》に躔《めぐ》る日《ひ》は天流《てんりゅう》と号《とな》える。先代《せんだい》の資財《しざい》を用《もち》いて休《やす》まず。機関《きかん》を巧《たく》みに計《はか》りて人《ひと》を測《はか》る莫《なか》れ。心間《しんかん》に多《おお》く事《こと》が出《い》でて陰謀《いんぼう》する。

「柳宿《りゅうしゅく》」日柳《ひりゅう》　柳宿《りゅうしゅく》に躔《めぐ》る日《ひ》は天梁《てんりょう》と号《とな》える。仕宦《しかん》は須《すべか》らく木郷《もくきょう》をして仕《つか》え令《せし》める。金帛《きんぱく》は豊盈《ほうえい》して多《おお》く積蓄《せきちく》する。晩《ばん》年《ねん》は須《すべか》らく禄《ろく》を見《み》て栄昌《えいしょう》する。

「星宿《せいしゅく》」日星《ひせい》　星宿《せいしゅく》に躔《めぐ》る日《ひ》は流沢《りゅうたく》と号《とな》える。当朝《とうちょう》の卿相《けいしょう》にして須《すべか》らく力《ちから》を得《え》る。三方《さんぽう》の主曜《しゅよう》が最高強《さいこうきょう》ならば、富貴《ふうき》栄華《えいが》にして声《こえ》は赫赫《かくかく》とする。

「張宿《ちょうしゅく》」日張《ひちょう》　張宿《ちょうしゅく》に躔《めぐ》る日《ひ》は天正《てんせい》と号《とな》える。才智《さいち》聡明《そうめい》に文武《ぶんぶ》が並《なら》ぶ。官星《かんせい》が力《ちから》を得《え》て喜星《きせい》が居《い》れば、禄貴《ろくき》兼全《けんぜん》にして吉慶《きっけい》は増《ま》す。

「翼宿《よくしゅく》」日翼《ひよく》　翼宿《よくしゅく》に躔《めぐ》る日《ひ》は天妻《てんる》と号《とな》える。賢徳《けんとく》の文才《ぶんさい》にして智謀《ちぼう》が出《い》づる。若《も》し木星《もくせい》を得《え》て此《こ》れに同位《どうい》すれば、定《さだ》めて応《まさ》に官職《かんしょく》は清幽《せいゆう》を守《まも》る。

「軫宿《しんしゅく》」日軫《ひしん》　軫宿《しんしゅく》に躔《めぐ》る日《ひ》は天階《てんかい》と号《とな》える。年少《ねんしょう》の功名《こうみょう》は自《おのず》から鼎来《ていらい》する。端潔《たんけつ》の人《ひと》と為《な》し須《すべか》らく大《おお》きく量《はか》れ。定《さだ》めて須《すべか》らく九棘《きゅうきょく》は三槐《さんかい》に与《くみ》する。

太陽《たいよう》と十二宮《じゅうにきゅう》　太陽照宮《たいようしょうきゅう》　琅玕経《ろうかんきょう》

「命宮《めいきゅう》」日命宮《ひめいきゅう》　太陽《たいよう》が命《めい》に臨《のぞ》み照《て》らせば、情《こころ》は重《かさ》ねて能《よ》く和《やわ》らぐ性《さが》である。衣禄《いろく》は堅《かた》く長《なが》く久《ひさ》しく、災疾《さいしつ》は自《おのず》から消磨《しょうま》する。西《にし》に沈《しず》むは大《おお》きく福《ふく》は無《な》し。東《ひがし》に出《い》づるは福《ふく》の光《ひかり》は多《おお》い。寿年《じゅねん》は中末《ちゅうまつ》に臨《のぞ》む。初年《しょねん》は労碌《ろうろく》に過《す》ぎる。

又曰《またいわ》く、太陽《たいよう》は原《も》と是《こ》れ火之精《ひのせい》である。躔度《てんど》は偏《ひと》えに金水星《きんすいせい》に宜《よろ》しい。若《も》し命宮《めいきゅう》や官禄《かんろく》の上《うえ》に在《あ》れば、平生《へいぜい》の天下《てんか》に才《さい》名《めい》が有《あ》る。

「財帛宮《ざいはくきゆう》」日財帛《ひざいはく》　財帛《ざいはく》に居《い》る日《ひ》は陽宮《ようきゆう》を要《もと》める。昼生《ひうま》れは福《ふく》と為《な》し夜《よる》は凶《きよう》と為《な》す。只《ただ》計孛《けいはい》が来《きた》りて相尅《そうこく》するを憂《うれ》う。財《ざい》帛《はく》は尤《もつと》も寿《とし》を閉《ふせ》ぎて中《なかば》ならず。

「兄弟宮《けいていきゆう》」日兄弟《ひけいてい》　弟兄《ていけい》に若《も》し雁行《がんこう》が有《あ》りて同《あ》えば、三宮《さんきゆう》の太陽《たいよう》をして陥使《かんせし》めるを豈《ほつ》する。是《こ》れ同胞《どうほう》は手足《てあし》の如《ごと》しと雖《いえど》も、分《わか》ち張《は》りて各自《かくじ》が田庄《でんしよう》を置《お》く。

「田宅宮《でんたくきゆう》」日田宅《ひでんたく》　田宅宮《でんたくきゆう》の中《うち》に太陽《たいよう》が有《あ》れば、須《すべか》らく安位《あんい》を知《し》りて最《もつと》も高強《こうきよう》である。膏腴《こうゆ》万頃《ばんけい》にして阡陌《せんはく》を建《た》てる。栄《えい》祖《そ》栄宗《えいそう》にして福禄《ふくろく》は昌《さか》んである。

「男女宮《だんじよきゆう》」日男女《ひだんじよ》　太陽《たいよう》が独《ひと》り行《めぐ》れば子難《しなん》に当《あた》る。頭《あたま》を破損《はそん》して男児《だんじ》は殃《わざわ》いを受《う》ける。若《も》し吉星《きつせい》が有《あ》りて輔佐《ほさ》に来《きた》れば、異日《いじつ》の二男《になん》は非常《ひじよう》に貴《とうと》い。

「奴僕宮《ぬぼくきゆう》」日奴僕《ひぬぼく》　奴僕之《ぬぼくの》宮《きゆう》は陥方《かんほう》と号《とな》える。照《て》らし臨《のぞ》む君父《くんふ》を豈《あ》に良《よ》しと為《な》すか。縦《たと》え饒《も》し父体《ふたい》が常《つね》に清健《せいけん》なれども、亦身《またみ》を年寿早《ねんじゆはや》くに傷《そこな》うを恐《おそ》れる。

「夫妻宮《ふさいきゆう》」日妻妾《ひさいしよう》　太陽《たいよう》が臨《のぞ》み照《て》らして妻宮《さいきゆう》に在《あ》れば、尊厳《そんげん》の徳《とく》に貴崇《きすう》の望《のぞ》みが在《あ》る。忌星《きせい》をして悖逆《はいぎやく》に興使《こうせし》める莫《なか》れ。皇族《こうぞく》の婚姻《こんいん》は平中《へいちゆう》なり。

「疾厄宮《しつやくきゆう》」日疾厄《ひしつやく》　太陽《たいよう》が来《きた》り到《いた》りて八宮《はちきゆう》に停《とま》れば、身体《しんたい》は康栄《こうえい》し福《ふく》を自《おのず》から生《う》む。設《たと》えば使《も》し忌星《きせい》が多《おお》く犯《おか》し尅《こく》せば、反《かえ》りて眼目《がんもく》を傷《そこな》いて明《あか》るく光《ひか》らず。

「遷移宮《せんいきゆう》」日遷移《ひせんい》　第九宮《だいきゆうきゆう》の中《うち》に太陽《たいよう》が遇《あ》いて、更《さら》に凶曜《きようよう》が無《な》く其《そ》の傍《そば》に在《あ》れば、将《かしら》を好《この》みて平日《へいじつ》の胸中《きようちゆう》に学《まな》ぶ。天庭《てんてい》に対策《たいさく》して帝王《ていおう》に謁《まみえ》る。

「官禄宮《かんろくきゆう》」日官禄《ひかんろく》　太陽《たいよう》が若《も》し在《あ》りて十宮《じつきゆう》に居《い》れば、抱負《ほうふ》宏才《こうさい》にして太儒《たいじゆ》を仰《あお》ぐ。或《ある》いは木金《もくきん》が有《あ》りて相《あ》い輔佐《ほさ》すれば、官《つかさ》は高《たか》く職《しよく》は重《おも》く機枢《きすう》を掌《にぎ》る。

「福徳宮《ふくとくきゆう》」日福徳《ひふくとく》　太陽《たいよう》は福《ふく》に臨《のぞ》みて吉星《きつせい》に遇《あ》う。更《さら》に命主《めいしゆ》に添《そ》えば必《かなら》ず官《つかさ》は清《きよ》い。若《も》し吉星《きつせい》が有《あ》り来《きた》りて輔衛《ほえい》すれば、必然《ひつぜん》に福寿《ふくじゆ》を享《う》けて遐齢《かれい》する。

「相貌宮《そうぼうきゆう》」日相貌《ひそうぼう》　相貌宮《そうぼうきゆう》の中《うち》は悪弱《あくじやく》と名《な》づく。吉星《きつせい》の拱臨合《きようりんごう》も著《いちじる》しく虚《きよ》である。惟羅《ただら》喉《こう》と月孛星《げつはいせい》を怕《おそ》れる。喜《き》が太陽《たいよう》に与《くみ》すれば倚《き》に相《あ》いて約《むす》ぶ。

月《つき》の交会《こうかい》　太陰交会《たいいんこうかい》　聿斯経《いつしきょう》

「木星《もくせい》」月木《つきもく》　月《つき》と木《き》の同宮《どうきゅう》は瑞世《ずいせ》の児《こ》である。文章《ぶんしょう》を更《さら》に得《え》て貴人《きじん》を知《し》る。如《も》し百六《ひゃくろく》に当《あた》れば真《まこと》に祥瑞《しょうずい》である。男《おとこ》は封《ほう》侯《こう》を主《つかさ》どり女《おんな》は妃《きさき》と作《な》す。

「火星《かせい》」月火《つきか》　月《つき》と火《か》の同宮《どうきゅう》は最《もっと》も宜《よろ》しからず。平生《へいぜい》は是《ぜ》を惹《ひ》いて非《ひ》に和《なご》むを好《この》む。継母《ままはは》に因《よ》れば却《かえ》りて災厄《さいやく》を生《う》む。寿《とし》は中年《ちゅうねん》に至《いた》れども七十《しちじゅう》は稀《まれ》である。

「土星《どせい》」月土《つきど》　月《つき》と土《ど》が会《あ》い遇《あ》えば大《おお》いに災《わざわ》いを為《な》す。偏《ひと》えに頑愚《がんぐ》と怪質《かいしつ》の骸《むくろ》を産《う》む。父母《ふぼ》は両《なら》びに重《おも》んずれども夭寿《ようじゅ》の人《ひと》である。忠臣《ちゅうしん》は職《しょく》を失《うしな》いて天涯《てんがい》に竄《のが》れる。

「金星《きんせい》」月金《つききん》　月金《つききん》の二宿《にしゅく》は喜《よろこ》びて相《あ》い交《まじわ》る。百六《ひゃくろく》が之《こ》れに逢《あ》えば慶瑞《けいずい》を包《つつ》む。天産《てんざん》の奇人《きじん》にして社稷《しゃしょく》を扶《たす》ける。官尊《かんそん》は土《つち》を裂《さ》き茅《め》を分《わ》け与《あた》える。

「水星《すいせい》」月水《つきすい》　月《つき》と水《みず》が相《あ》い逢《あ》えば是《こ》れ福《ふく》の媒《なかだち》である。人生《じんせい》が此《こ》れに遇《あ》えば天才《てんさい》を賦《あた》える。温純《おんじゅん》にして徳《とく》は厚《あつ》く尊爵《そんしゃく》に栄《さか》える。百六《ひゃくろく》が之《こ》れに当《あた》れば瑞慶《ずいけい》が来《きた》る。

「炁星《きせい》」月炁《つきき》　月《つき》と炁《き》が相《あ》い逢《あ》えば大吉祥《だいきつしょう》である。少年《しょうねん》は満腹《まんぷく》に文章《ぶんしょう》を尽《つ》くす。若《も》し百六《ひゃくろく》に逢《あ》えば高貴《こうき》の官《つかさ》である。福《ふく》は生民《せいみん》を庇《おお》い慶《よろこ》びは且《か》つ昌《さか》んである。

「孛星《はいせい》」月孛《つきはい》　月孛《げつはい》は元来太陰《がんらいたいいん》を喜《よろこ》ぶ。之《こ》れに逢《あ》えば必《かなら》ず定《さだ》めて精神《せいしん》を長《ま》す。如《も》し百六《ひゃくろく》に逢《あ》えば祥瑞《しょうずい》を加《かさ》ねる。官《つかさ》を為《な》せば必《かなら》ず是《こ》れ権《ちから》を主《つかさ》どる人《ひと》である。

「羅星《らせい》」月羅《つきら》　太陰《たいいん》と天首《てんしゅ》は喜《よろこ》びて相《あ》い逢《あ》う。智将《ちしょう》の鷹《たか》にして塞外《さいがい》に威《い》を揚《かか》げる。只望宵《ただぼうしょう》は王《おう》に叛逆《はんぎゃく》するを恐《おそ》れる。百《ひゃく》六《ろく》に臨《のぞ》めば禍《わざわ》いと傷悲《しょうひ》を主《つかさ》どる。

「計星《けいせい》」月計《つきけい》　太陰《たいいん》と天尾《てんび》は望宵《ぼうしょう》に同《あ》え。姦凶《かんきょう》を妥産《ださん》して孝忠《こうちゅう》ならず。望時《ぼうじ》に在《あ》らざれば終《つい》に怪《かい》が有《あ》る。河《かわ》に毒薬《どくやく》を投《とう》じ或《ある》いは瘟《えやみ》に逢《あ》う。

月《つき》と十二支《じゆうにし》　太陰入宮《たいいんにゆうきゆう》　枢要歌《すうようか》

「子《ね》」月子《つきね》　子上《ねじよう》に居《い》る月《つき》は天姫《てんき》と号《とな》える。女《おんな》は貴《とうと》く男《おとこ》は栄《さか》え百事《ひやくじ》に宜《よろ》しい。若《も》し是《こ》れが夜生《やうま》れならば深《ふか》く慶《よろこ》びが有《あ》る。日生《ひうま》れは還《かえ》りて福《ふく》の傾危《けいき》を恐《おそ》れる。

「丑《うし》」月丑《つきうし》　丑《うし》に居《い》る太陰《たいいん》は天機《てんき》と曰《い》う。扶疎《ふそ》に影《ひかり》が掛《か》かり耀《よう》は素《もと》より輝《かがや》く。巳癸出《みみずのとで》の人《ひと》が如《も》し此《こ》れを得《え》れば、官《つかさ》は高《たか》く禄《ろく》は厚《あつ》く更《さら》に栄《さか》えは閻《あつま》る。

「寅《とら》」月寅《つきとら》　寅上《とらじよう》の太陰《たいいん》は天昧《てんばい》と名《な》づける。白日生《はくじつうま》れの人《ひと》の光《ひかり》は大《おお》いに晦《くら》い。望《ぼう》に在《あ》りて如《も》し計火《けいか》に逢《あ》い侵《おか》せば、穢濁《わいだく》の人《ひと》と為《な》し還《かえ》りて多《おお》く退《しりぞ》く。

「卯《う》」月卯《つきう》　卯上《うじよう》に臨《のぞ》む月《つき》は天琮《てんそう》と号《とな》える。日《ひ》に与《くみ》して相《あ》い逢《あ》えば最吉《さいきち》に通《とお》る。計都《けいと》が此《こ》の地《ち》に同《あ》うを嫌《きら》い怕《おそ》れる。夜生《やうま》れは反《かえ》りて吉《きち》が変《かわ》りて凶《きよう》と為《な》す。

「辰《たつ》」月辰《つきたつ》　辰位《たつい》の太陰《たいいん》は天璇《てんせん》と曰《い》う。金《きん》が若《も》し同宮《どうきゆう》すれば自然《しぜん》の瑞《ずい》である。更《さら》に孛星《はいせい》を得《え》て相《あ》い会《あ》いて照《て》らせば、官《つかさ》を為《な》し福《ふく》を為《な》し又長年《またちようねん》である。

「巳《み》」月巳《つきみ》　数《かず》は陽極《ようきよく》に当《あた》りて漸《ようや》く陰《いん》を生《う》む。玉鹿《ぎよくろく》の天星《てんせい》は月《つき》の化成《かせい》である。珠玉《しゆぎよく》は特《とく》ならず多《おお》く蓄積《ちくせき》する。更《さら》に兼《か》ねて官《つかさ》は顕《あらわ》れ声名《せいめい》が有《あ》る。

「午《うま》」月午《つきうま》　月《つき》に逢《あ》う離宮《りきゆう》は天衣《てんい》と号《とな》える。此《こ》の位《くらい》は朝《ちよう》に居《い》て倍《ばい》に有《あ》りて輝《かがや》く。設《たと》えば若《も》し太陽《たいよう》が此《こ》の位《くらい》に同《あ》えば、身《み》は衣錦《いきん》に栄《さか》えて故郷《こきよう》に帰《かえ》る。

「未《ひつじ》」月未《つきひつじ》　未《ひつじ》に在《あ》る太陰《たいいん》は天圭《てんけい》と号《とな》える。千載《せんざい》に欣《よろこ》び明聖《めいせい》の時《とき》に逢《あ》う。月孛《げつはい》が更《さら》に来《きた》りて同会《どうかい》し照《てら》せば、蟾宮《せんきゆう》は最高《さいこう》の枝《えだ》を折取《しやくしゆ》する。

「申《さる》」月申《つきさる》　音分《おんぶん》の太陰《たいいん》は天潢《てんこう》と曰《い》う。水《すい》に与《くみ》して同居《どうきよ》すれば福禄《ふくろく》は昌《さか》んである。縦《たと》えば孛星《はいせい》が有《あ》り相《あ》い会《あ》いて照《てら》せば、必《かなら》ず須《すべか》らく栄貴《えいき》にして福《ふく》は而《しか》して康《さか》んである。

「酉《とり》」月酉《つきとり》　天柱之星《てんちゆうのほし》は太陰《たいいん》に属《ぞく》する。酉位《とりい》に居《い》るを喜《よろこ》び福《ふく》は原《も》と深《ふか》い。夜生《やうま》れは多《おお》く祥泰《しようたい》を管取《かんしゆ》する。一世《いつせい》は優游《ゆうゆう》として禍《わざわ》いは侵《おか》さず。

「戌《いぬ》」月戌《つきいぬ》　戌上《いじょう》に臨《のぞ》む月《つき》は天輔《てんほ》と名《な》づける。奎婁《けいる》に到《いた》るを喜《よろこ》びて妙度《みょうど》と為《な》す。玉兎《ぎょくと》は倍《ばい》の輝《かがや》きを揚《あげ》て情《こころ》が有《あ》る。禹門《ともん》の快躍《かいよう》は朝天《ちょうてん》に歩《あゆ》む。

「亥《い》」月亥《つきい》　天曄《てんよう》に太陰星《たいいんせい》は変化《へんか》する。中宵《ちゅうしょう》に彩《いろど》りを散《ち》り外明《がいめい》を分《わか》つ。吉宿《きっしゅく》が同宮《どうきゅう》すれば宜《よろ》しく貴顕《きけん》する。少年《しょうねん》に及第《きゅうだい》して清名《せいめい》を播《し》く。

月《つき》と二十八宿《にじゅうはっしゅく》　太陰躔度《たいいんてんど》　玉関歌《ぎょくかんか》

「角宿《かくしゅく》」月角《つきかく》　角宿《かくしゅく》に躔《めぐ》る月《つき》は天貴《てんき》と号《とな》える。学問淵源《がくもんえんげん》は須《すべか》らく大智《だいち》である。多才慈恵《たさいじけい》にして更《さら》に温良《おんりょう》である。夜《や》の裏生《うらうま》れの人《ひと》は最《もっと》も利《よろ》しいと為《な》す。

「亢宿《こうしゅく》」月亢《つきこう》　亢宿《こうしゅく》に躔《めぐ》る月《つき》は天璣《てんき》と号《とな》える。富貴栄華《ふうきえいが》にして異《い》を好《この》む人《ひと》である。平生《へいぜい》は安楽《あんらく》に足《た》り豊《ゆた》かに栄《さか》える。妻妾《さいしょう》の顔容《がんよう》は更《さら》に奇美《きび》である。

「氐宿《ていしゅく》」月氐《つきてい》　氐宿《ていしゅく》に躔《めぐ》る月《つき》は天劫《てんごう》と号《とな》える。性《さが》は急《いそ》ぎ嗔《いか》りは多《おお》く又劣《またれつ》に乗《の》る。日生《ひうま》れは兵火《ひょうか》にて須《すべか》らく難《なん》に逢《あ》う。若《も》し是《こ》れ夜生《やうま》れならば衣禄《いろく》は絶《た》える。

「房宿《ぼうしゅく》」月房《つきぼう》　房宿《ぼうしゅく》に躔《めぐ》る月《つき》は天祥《てんしょう》と号《とな》える。文章学問《ぶんしょうがくもん》は更《さら》に栄昌《えいしょう》する。衆《しゅう》に出《い》でて機謀《きぼう》は多《おお》く巧《たく》みに計《はか》る。平生《へいぜい》は衣禄《いろく》に寿《よわい》を須《すべか》らく長《ま》す。

「心宿《しんしゅく》」月心《つきしん》　心宿《しんしゅく》に躔《めぐ》る月《つき》は天羈《てんき》と号《とな》える。機謀《きぼう》を運用《うんよう》すれども智《ち》は未《いま》だ全《そなわ》らず。少年《しょうねん》は未《いま》だ脱《だつ》せず生涯《しょうがい》を計《はか》る。如《も》し晩景《ばんけい》に臨《のぞ》めば始《はじ》めて安然《あんぜん》とする。

「尾宿《びしゅく》」月尾《つきび》　尾宿《びしゅく》に躔《めぐ》る月《つき》は天宗《てんそう》と号《とな》える。勇智《ゆうち》は多《おお》く謀《はか》りて胆気《たんき》の雄《ゆう》である。穿窬剽掠《せんゆひょうりゃく》の心《こころ》が常《つね》に有《あ》る。木方《もくほう》を見《み》れば禍凶《かきょう》をして免《まぬが》れ教《せし》める。

「箕宿《きしゅく》」月箕《つきき》　箕宿《きしゅく》に躔《めぐ》る月《つき》は天財《てんざい》と号《とな》える。古《いにしえ》に冠《おお》い今《いま》に窮《きわ》まり学問《がくもん》を該《か》ねる。但《ただ》し吉曜《きちよう》に逢《あ》うを対宮《たいきゅう》に得《え》れば、文《ぶん》章《しょう》は池《ち》を得《え》て応《まさ》に儒魁《じゅかい》である。

「斗宿《としゅく》」月斗《つきと》　斗宿《としゅく》に躔《めぐ》る月《つき》は天封《てんふう》と号《とな》える。偉《すぐ》れて威名《いめい》を望《のぞ》み学問《がくもん》に通《つう》ずる。君子《くんし》が之《こ》れに逢《あ》えば須《すべか》らく禄《ろく》を得《え》る。小《しょう》人《じん》が此《こ》れに遇《あ》えば西東《さいとう》に走《はし》る。

「牛宿《ぎゅうしゅく》」月牛《つきぎゅう》　牛宿《ぎゅうしゅく》に躔《めぐ》る月《つき》は天蔭《てんいん》と号《とな》える。事《こと》を作《な》し施《ほどこ》しを為《な》し審《つまび》らかに況《ありさま》を要《もと》める。性《さが》は直《なお》しく温良《おんりょう》にして苦辛《くしん》は少《すく》ない。纔《さん》は中年《ちゅうねん》を過《す》ぎて便《すなわ》ち安穏《あんのん》とする。

「女宿《じょしゅく》」月女《つきじょ》　女宿《じょしゅく》に躔《めぐ》る月《つき》は天宝《てんほう》と号《とな》える。学問聡明《がくもんそうめい》にして多《おお》く智巧《ちこう》である。文章《ぶんしょう》は世《よ》に冠《すぐ》れて早《はや》くに登《のぼ》り栄《さか》える。官《つかさ》に遷《うつ》り必《かなら》ず定《さだ》めて廊廟《ろうびょう》に居《い》る。

「虚宿《きょしゅく》」月虚《つききょ》　虚宿《きょしゅく》に躔《めぐ》る月《つき》は天常《てんじょう》と号《とな》える。有貌多才《ゆうぼうたさい》にして更《さら》に善良《ぜんりょう》である。衣食《いしょく》は豊盈《ほうえい》して倉庫《そうこ》は実《みの》る。声名《せいめい》は閭里《りょり》に自《おのず》から揄揚《ゆよう》する。

「危宿《きしゅく》」月危《つきき》　危宿《きしゅく》に躔《めぐ》る月《つき》は天文《てんもん》と号《とな》える。磊落《らいらく》の襟懐《きんかい》にして倫《ともがら》に比《くら》べるもの少《すく》なし。玷汚《てんお》の人《ひと》と為《な》して多《おお》く奸巧《かんこう》である。機関《きかん》を図画《ずが》して行《おこな》いは真《まこと》ならず。

「室宿《しつしゅく》」月室《つきしつ》　室宿《しつしゅく》に躔《めぐ》る月《つき》は天鸞《てんらん》と号《とな》える。形貌《けいぼう》は清奇《せいき》にして富《と》み且《か》つ安《やす》んずる。更《さら》に木星《もくせい》を得《え》て同位《どうい》に立《た》てば、直《ただち》に須《すべか》らく秦《しん》は天顔《てんがん》に近《ちか》づき対《たい》する。

「壁宿《へきしゅく》」月壁《つきへき》　壁宿《へきしゅく》に躔《めぐ》る月《つき》は天華《てんか》と号《とな》える。語言《ごげん》に蹇《なや》み滞《とどこお》りて事況《じきょう》を思《おも》う。若《も》し月孛《げつはい》に兼《か》ねて蝕神《しょくしん》に遇《あ》えば、須《すべか》らく生《せい》長《ちょう》に寒微《かんび》の在《あ》るを主《つかさ》どる。

「奎宿《けいしゅく》」月奎《つきけい》　奎宿《けいしゅく》に躔《めぐ》る月《つき》は肝腸《かんちょう》と銘《しる》す。余力《よりょく》を労《ろう》さず員郎《いんろう》に至《いた》る。吉《きち》を得《え》るを要《もと》め十位《じゅうい》に居《い》れば、定《さだ》めて応《まさ》に台輔《たいほ》は君王《くんのう》を佐《たす》ける。

「婁宿《るしゅく》」月婁《つきる》　婁宿《るしゅく》に躔《めぐ》る月《つき》は天垣《てんえん》と号《とな》える。旺廟之中《おうびょうのうち》は福禄《ふくろく》を全《まっと》うする。君子《くんし》は官《つかさ》に遷《うつ》り居《い》て禄《ろく》を顕《あら》わす。小人《しょうじん》の衣食《いしょく》は庄田《しょうでん》に旺《おう》ずる。

「胃宿《いしゅく》」月胃《つきい》　胃宿《いしゅく》に躔《めぐ》る月《つき》は天印《てんいん》と号《とな》える。十度之中《じゅうどのうち》は貴《とうと》くして並《なら》び无《な》し。更《さら》に兼《か》ねて木星《もくせい》が又同《またおな》じく行《めぐ》れば、金榜《きんぼう》の題名《だいめい》は一品《いっぴん》の官《つかさ》である。

「昴宿《ぼうしゅく》」月昴《つきぼう》　昴宿《ぼうしゅく》に躔《めぐ》る月《つき》は天光《てんこう》と号《とな》える。平生《へいぜい》の官禄《かんろく》は尋常《じんじょう》ならず。聡明才貌《そうめいさいぼう》は今古《こんこ》を超《こ》える。異日《いじつ》は須《すべか》らく給練《きゅうれん》の郎《おとこ》と為《な》す。

「畢宿《ひつしゅく》」月畢《つきひつ》　畢宿《ひつしゅく》に躔《めぐ》る月《つき》は天明《てんめい》と号《とな》える。峻宇雕墻《しゅんうちょうしょう》にして太平《たいへい》に楽《たの》しむ。更《さら》に金星《きんせい》を得《え》て来《きた》り照《て》らし助《たす》ければ、少《しょう》年《ねん》に及第《きゅうだい》して魁名《かいめい》を占《し》める。

「觜宿《ししゅく》」月觜《つきし》　觜宿《ししゅく》に躔《めぐ》る月《つき》は天女《てんじょ》と号《とな》える。富《とみ》は足《た》り之《こ》れ人《ひと》は更《さら》に官《つかさ》が有《あ》る。生来《せいらい》の賢淑《けんしゅく》にして形貌《けいぼう》は美《うつく》しい。此《こ》の身《み》は自《おのず》から在《あ》りて歓《よろこ》びに勝《まさ》らず。

「参宿《さんしゅく》」月参《つきさん》　参宿《さんしゅく》に躔《めぐ》る月《つき》は天官《てんかん》と号《とな》える。俊義宏才《しゅんぎこうさい》にして学問《がくもん》は寛《ひろ》い。富《とみ》は足《た》り慈仁《じじん》の心《こころ》は善《ぜん》を好《この》む。貴人《きじん》に色《かおいろ》を和《なご》ませて天顔《てんがん》に対《たい》する。

「井宿《せいしゅく》」月井《つきせい》　井宿《せいしゅく》に躔《めぐ》る月《つき》は天充《てんじゅう》と号《とな》える。夜《や》生《う》まれは旺《おう》じ性《さが》は巧《たく》みにして奸雄《かんゆう》である。愛《あい》は是非《ぜひ》を説《と》いて心《こころ》は定《さだ》まらず。文章《ぶんしょう》は必《かなら》ず定《さだ》めて是《こ》れ虚空《こくう》である。

「鬼宿《きしゅく》」月鬼《つきき》　鬼宿《きしゅく》に躔《めぐ》る月《つき》は天鸞《てんらん》と号《とな》える。好楽之宮《こうらくのきゅう》にして毎《つね》に事《こと》は安《やす》し。力《ちから》を得《え》て官位《かんい》に相生《そうしょう》すれば吉《きち》である。公卿《こうけい》は路上《ろじょう》に金鑾《きんらん》を要《もと》める。

「柳宿《りゅうしゅく》」月柳《つきりゅう》　柳宿《りゅうしゅく》に躔《めぐ》る月《つき》は天瓠《てんこ》と号《とな》える。徳《とく》は清高《せいこう》を行《おこな》い読書《どくしょ》を愛《あい》する。聡俊《そうしゅん》の文詞《ぶんし》にして最重《さいちょう》の人《ひと》である。声名《せいめい》は帝王《ていおう》の都《みやこ》に揚赫《ようかく》する。

「星宿《せいしゅく》」月星《つきせい》　星宿《せいしゅく》に躔《めぐ》る月《つき》は天節《てんせつ》と号《とな》える。歓楽《かんらく》と雖《いえど》も多病《たびょう》に磨《ほろ》び折《やぶれ》る。財物《ざいぶつ》を貪《むさぼ》り慳《おし》みて行《おこな》いは良《よ》く无《な》し。性《さが》は急《いそ》ぎ嗔《いか》り多《おお》くして災厄《さいやく》が有《あ》る。

「張宿《ちょうしゅく》」月張《つきちょう》　張宿《ちょうしゅく》に躔《めぐ》る月《つき》は天曹《てんそう》と号《とな》える。経営《けいえい》の才力《さいりき》に志気《しき》は高《たか》い。形貌《けいぼう》は端方《たんほう》にして栄貴《えいき》は早《はや》い。晩年《ばんねん》は又堅牟《またけんぼう》に福《ふく》を見《み》る。

「翼宿《よくしゅく》」月翼《つきよく》　翼宿《よくしゅく》に躔《めぐ》る月《つき》は天迍《てんちゅん》と号《とな》える。禄位《ろくい》は然《しか》りと雖《いえど》も禄位《ろくい》に也難辛《またなんしん》する。骨肉《こつにく》は分離《ぶんり》して保守《ほしゅ》し難《がた》し。又寿夭《またじゅよう》は是《こ》れ元《もと》に因《よ》りて知《し》れ。

「軫宿《しんしゅく》」月軫《つきしん》　軫宿《しんしゅく》に躔《めぐ》る月《つき》は天理《てんり》と号《とな》える。勇智《ゆうち》多端《たたん》にして文学《ぶんがく》を取《と》る。少年《しょうねん》に辛苦《しんく》して老《お》いに豊隆《ほうりゅう》する。赫奕《かくえき》の声名《せいめい》は万里《ばんり》に伝《つた》わる。

月《つき》と十二宮《じゅうにきゅう》　太陰照宮《たいいんしょうきゅう》　琅玕経《ろうかんきょう》

「命宮《めいきゅう》」月命宮《つきめいきゅう》　月《つき》の照《て》らす人《ひと》に俗《ぞく》は无《な》し。孤《ひと》りに多《おお》く自《おのず》から有《あ》りて成《な》す。財《ざい》を掌《にぎ》りて市賈《しか》に宜《よろ》しい。貴《き》を托《う》けて権《ちから》と名《な》が有《あ》る。性《さが》は急《きゅう》にして言妬《げんと》を招《まね》く。妻《つま》は良《よ》く膺《よう》を賛《ほ》める可《べ》し。若《も》し能《よ》く夜照《やしょう》を員《ま》せば、財禄《ざいろく》は自《おのず》から興栄《こうえい》する。

又曰《またいわ》く、命分《めいぶん》に明《あか》るく照《て》りて太陰《たいいん》が有《あ》れば、生来財禄《せいらいざいろく》は労尋《ろうじん》せず。凶神《きょうじん》が若《も》し也来《またきた》りて相《あ》い犯《おか》せば、老《お》いに到《いた》りても成《な》ること無《な》く心《こころ》を枉《まが》り用《もち》いる。

「財帛宮《ざいはくきゅう》」月財帛《つきざいはく》　財帛《ざいはく》に居《い》る月《つき》は福《ふく》を深《ふか》く為《な》す。更《さら》に加《くわ》えて廟旺《びょうおう》ならば珠金《しゅきん》が足《た》る。食神《しょくしん》が若《も》し也相《またあ》い兼《かね》て照《てら》せば、縦《たと》え家《いえ》に貲《たから》の福《ふく》が有《あ》れども更《さら》に侵《おか》す。

「兄弟宮《けいていきゅう》」月兄弟《つきけいてい》　兄弟《けいてい》の親疎《しんそ》は手足《てあし》の如《ごと》し。若《も》し太陰《たいいん》に値《あ》えば大《おお》いに福《ふく》と為《な》す。只女多《ただにょた》并《なら》びに異胞《いほう》を恐《おそ》れる。南比《なんひ》の分《ぶん》に居《い》れば難《なん》が屋《いえ》に並《つら》なる。

「田宅宮《でんたくきゅう》」月田宅《つきでんたく》　太陰《たいいん》が田宅《でんたく》に若《も》し相《あ》い逢《あ》えば、自立《じりつ》の栄華《えいが》は万事《ばんじ》に通《とお》る。陰貴《いんき》は又増《またま》して満益《まんえき》を招《まね》く。三処《さんしょ》を遷移《せんい》して家風《かふう》を振《にぎわ》す。

「男女宮《だんじょきゅう》」月男女《つきだんじょ》　陰偶《いんぐう》の臨官《りんかん》を識《し》る者《もの》は稀《まれ》である。女先男後《じょせんだんご》は始《はじ》めて奇《き》と為《な》す。惟《ただ》ならず英俊《えいしゅん》にして刑尅《けいこく》は无《な》し。更《さら》に高高《こうこう》を見《み》て桂枝《けいし》を折《お》る。

「奴僕宮《ぬぼくきゅう》」月奴僕《つきぬぼく》　六位《ろくい》の名《な》は奴僕宮《ぬぼくきゅう》と為《な》す。官《つかさ》を為《な》せば須《すべか》らく吉星《きっせい》が有《あ》りて逢《あ》う。月《つき》が是《こ》の宮《きゅう》を守《まも》れば先《さき》に父《ちち》を尅《こく》す。昼生《ひうま》れ夜照《やしょう》は先《さき》に母《はは》が凶《わる》い。

「夫妻宮《ふさいきゅう》」月妻妾《つきさいしょう》　太陰《たいいん》が西没《さいぼつ》すれば最佳《さいか》と為《な》す。明静之宮《めいせいのきゅう》に点瑕《てんか》が無《な》く、更《さら》に若《も》し尊星《そんせい》が相対《そうたい》して望《のぞ》めば、必《かなら》ず貴子《きし》を生《う》み皇家《こうけ》を佐《たす》ける。

「疾厄宮《しつやくきゅう》」月疾厄《つきしつやく》　太陰《たいいん》が臨《のぞ》み照《て》らし八宮《はちきゅう》に存《あ》れば、畢世災危《ひっせいさいき》は杳《きょう》として聞《き》かず。忌曜《きよう》は此《こ》の位《くらい》に交《まじわ》り同《あ》う莫《なか》れ。双眸《そうぼう》の渾《にご》りは月《つき》を云《くも》が遮《さえぎ》るに似《に》る。

「遷移宮《せんいきゅう》」月遷移《つきせんい》　太陰《たいいん》を得《え》て九宮中《きゅうきゅうちゅう》に在《あ》り、三合《さんごう》を加《くわ》えて臨《のぞ》み照《て》らし命《めい》に同《あ》えば、賈客《こかく》の商《あきな》いは偏《ひと》えに利《よろ》しく遷移《せんい》する。必《かなら》ず陰貴《いんき》に因《よ》りて財豊《ざいほう》を得《え》る。

「官禄宮《かんろくきゅう》」月官禄《つきかんろく》　官禄《かんろく》の太陰《たいいん》は身宮《しんきゅう》を作《な》せ。朗朗《ろうろう》と光華《こうか》して福《ふく》は隆《さか》んに倍《ま》す。更《さら》に廟方《びょうほう》に在《あ》れば功《てがら》は愈重《いよいよおも》い。皇戚《こうせき》に因《よ》り貴《たっと》んで侯封《こうふう》を得《え》る。

「福徳宮《ふくとくきゅう》」月福徳《つきふくとく》　陰耦《いんぐう》が福徳宮《ふくとくきゅう》に来《きた》り臨《のぞ》めば、雍容《ようよう》と道徳《どうとく》を尊崇《そんすう》し貴《たっと》ぶ。更《さら》に吉星《きっせい》が有《あ》り本位《ほんい》に来《きた》れば、官《つかさ》を為《な》して須《すべか》らく玉堂《ぎょくどう》の中《うち》に坐《すわ》る。

「相貌宮《そうぼうきゅう》」月相貌《つきそうぼう》　相貌宮《そうぼうきゅう》の中《うち》に太陰《たいいん》が有《あ》れば、命中《めいちゅう》の吉曜《きちよう》の喜《よろこ》びも相《あ》い侵《おか》す。忽然《こつぜん》と忌曜《きよう》が来《きた》りて相《あ》い犯《おか》せば、甘《あま》くて旨《うま》い空《あな》を持《も》つ養母《ようぼ》の心《こころ》である。

木星《もくせい》の交会《こうかい》　歳星交会《さいせいこうかい》　聿斯経《いつしきよう》

「火星《かせい》」木火《もくか》　木星《もくせい》は火《か》に会《あ》いて喜《よろこ》びは偏《ひと》えに饒《ゆた》かである。此《こ》れに値《あ》えば官《つかさ》は尊《とうと》く福寿《ふくじゅ》を超《こ》える。百六《ひゃくろく》に会《あ》う時《とき》は家国《かこく》は泰《やす》らかにして忠臣《ちゅうしん》と孝子《こうし》が皇朝《こうちょう》に満《み》ちる。

「土星《どせい》」木土《もくど》　木星《もくせい》は宜《よろ》しく土《ど》に与《くみ》して同宮《どうきゅう》する。百六《ひゃくろく》が之《こ》れに逢《あ》えば稼穡《かしょく》の丰《かたち》である。此《こ》れに会《あ》えば乗軒《じょうけん》に衣錦《いきん》を并《あわ》せる。名《な》を青史《せいし》に記《しる》し奇功《きこう》を著《あらわ》す。

「金星《きんせい》」木金《もくきん》　木星《もくせい》は最《もっと》も喜《よろこ》びて金星《きんせい》に遇《あ》う。喜曜《きよう》に如《も》し逢《あ》えば百《ひゃく》の福《ふく》が興《おこ》る。百六《ひゃくろく》に会《あ》う時《とき》は吉慶《きっけい》が多《おお》い。日《ひ》を指《さ》して生《うま》れる人《ひと》は公卿《こうけい》に到《いた》る。

「水星《すいせい》」木水《もくすい》　木水《もくすい》の星《ほし》は天命之宮《てんめいのきゅう》である。一生《いっしょう》は聡《さと》く俊《すぐ》れて芳声《ほうせい》を播《し》く。三方《さんぽう》に更《さら》に高《たか》く強《つよ》い位《くらい》が在《あ》れば、金榜《きんぽう》は須《すべか》らく第一《だいいち》の名《な》を排《おしひら》く。

「炁星《きせい》」木炁《もくき》　木星《もくせい》と紫炁《しき》は福《ふく》が偏《ひと》えに隆《たか》い。百六《ひゃくろく》が之《こ》れに逢《あ》えば慶《よろこ》びは窮《きわ》まらず。更《さら》に廟宮《びょうきゅう》に在《あ》れば陰徳《いんとく》が重《かさ》なる。官《つかさ》は将帥《しょうすい》に居《い》て伯侯《はくこう》に同《おな》じである。

「孛星《はいせい》」木孛《もくはい》　木星《もくせい》が若《も》し也欃槍《またさんそう》に会《あ》えば、総《およ》そ驚《おどろ》きと憂《うれ》いが有《あ》りて吉祥《きっしょう》を変《か》える。巨蟹宮中《きょかいきゅうちゅう》に如《も》し会《あ》い遇《あ》えば、少年《しょうねん》に栄《さか》えて香《かお》る桂枝《けいし》を折《お》る。

「羅星《らせい》」木羅《もくら》　木《もく》が羅喉《らこう》に与《くみ》して同一《どういつ》に舎《やど》れば、喜《よろこ》びは陽宮《ようきゅう》の昼夜《ちゅうや》を分《わ》かつに在《あ》る。昼《ひる》は則《すなわ》ち堂堂《どうどう》たる韓魏《かんぎ》の公《こう》で、夜《よる》は則《すなわ》ち魁梧《かいご》にして呂《なが》い僕射《ぼくや》である。

「計星《けいせい》」木計《もくけい》　木星《もくせい》が若《も》し也計《またけい》に相《あ》い逢《あ》えば、禍《わざわ》いは反《かえ》りて祥《さいわ》いと為《な》し千《せん》の福《ふく》が集《あつ》まる。百六《ひゃくろく》が之《こ》れに当《あた》れば福《ふく》は自《おのず》から添《そ》い、巨川《きょせん》を歴《へ》り舟楫《しゅうしゅう》の至《いた》るが如《ごと》しである。

木星《もくせい》と十二支《じゅうにし》　歳星入宮《さいせいにゅうきゅう》　枢要歌《すうようか》

「子《ね》」木子《もくね》　地劫《ちごう》と名《な》を為《な》し最《もっと》も不《いや》しい情《こころ》である。木星《もくせい》は此《こ》れに到《いた》りて斉瓶《せいへい》を打《う》つ。化《か》して吉曜《きちよう》を為《な》せば猶害《なおがい》は無《な》し。若《も》し凶星《きょうせい》に変《かわ》れば生《せい》を得《え》ず。

「丑《うし》」木丑《もくうし》　木徳之《もくとくの》星《ほし》は北斗《ほくと》を拱《こまぬ》く。名《な》を天廕《てんいん》と為《な》し最《もっと》も優游《ゆうゆう》とする。功《てがら》と名《な》は年少《ねんしょう》に須《すべか》らく成就《じょうじゅ》する。利《り》禄《ろく》は何《いず》れも須《すべか》らく力求《りょくきゅう》を用《もち》いる。

「寅《とら》」木寅《もくとら》　寅位《とらい》の木星《もくせい》は天淵《てんえん》と曰《い》う。偏《ひと》えに愛《あい》し逢《あ》いて自然《しぜん》に楽《らく》を生《う》む。甲丙生《きのえひのえうま》れの人《ひと》が如《も》し此《こ》れに値《あ》えば、尽《ことごと》く福禄《ふくろく》慶《けい》をして双全《そうぜん》に教《せし》める。

「卯《う》」木卯《もくう》　幽州《ゆうしゅう》に入《はい》る木《もく》は太微《たいび》と号《とな》える。背中《せちゅう》は反《かえ》りて旺《おう》じ却《かえ》りて奇《き》と為《な》す。変《かわ》りて刑囚曜《けいしゅうよう》を作《な》すを最《もっと》も防《ふせ》げ。若《も》し命《めい》が之《こ》れに逢《あ》えば大《おお》いに宜《よろ》しからず。

「辰《たつ》」木辰《もくたつ》　辰宮《たつきゅう》に到《いた》る木《もく》は玉龍《ぎょくりゅう》と号《とな》える。金《きん》に与《くみ》して同《おな》じ位《くらい》ならば最《もっと》も亨通《こうつう》する。丙午之命《ひのえうまのめい》が如《も》し此《こ》れに逢《あ》えば、名《な》は顕《あらわ》れ官《つかさ》は高《たか》く禄《ろく》は更《さら》に豊《ゆた》かである。

「巳《み》」木巳《もくみ》　巳上《みじょう》に居《い》る木《もく》は天福《てんぷく》と名《な》づける。水《すい》に与《くみ》して相《あ》い逢《あ》えば須《すべか》らく富《とみ》は足《た》る。丙寅之人《ひのえとらのひと》が如《も》し此《こ》れに遇《あ》えば、文《ぶん》章《しょう》は年少《ねんしょう》に場屋《じょうおく》を観《み》る。

「午《うま》」木午《もくうま》　午上《うまじょう》の歳星《さいせい》は天徳《てんとく》と号《とな》える。一世《いっせい》を優游《ゆうゆう》して否《けが》れ塞《ふさ》がること無《な》し。更《さら》に太陽《たいよう》を得《え》て相《あ》い会《あ》いて行《めぐ》れば、家財《かざい》は万《よろず》に倍《ま》して珍珠《ちんしゅ》が積《つ》もる。

「未《ひつじ》」木未《もくひつじ》　秦州《しんしゅう》に入《はい》る木《もく》は玉班《ぎょくはん》と号《とな》える。一生《いっしょう》は福《ふく》を享《う》け更《さら》に平安《へいあん》である。寿《とし》は高《たか》く福《ふく》は厚《あつ》く身《み》は栄貴《えいき》である。朝《ちょう》の中《うち》に快《こころよ》く入《はい》りて顕官《けんかん》を作《な》す。

「申《さる》」木申《もくさる》　申上《さるじょう》に居《い》る木《もく》は天鸞《てんらん》と号《とな》える。尋常俗命《じんじょうぞくめい》と看《み》ること作《な》す莫《なか》れ。男子《だんし》が之《こ》れに逢《あ》えば紫《むらさき》の綬《ひも》を応《う》ける。女人《にょにん》が此《こ》れに遇《あ》えば金《きん》の冠《かんむり》を帯《お》びる。

「酉《とり》」木酉《もくとり》　酉上《とりじょう》に居《い》る木《もく》は天囚《てんしゅう》と号《とな》える。徒《と》配刑《はいけい》に流《なが》されて遠《とお》い州《しま》に出《い》づる。若《も》し火星《かせい》に遇《あ》い同《おな》じく此《こ》れに到《いた》れば、少《しょう》年《ねん》に暴《あば》れ卒《おわ》りて命《いのち》は留《とど》め難《がた》し。

「戌《いぬ》」木戌《もくいぬ》　木《もく》を孤《ひと》りの少年《しょうねん》の鼓舞《こぶ》と為《な》す。男《おとこ》は妻《つま》を尅《こく》し女《おんな》は夫《おっと》を尅《こく》する。詩《し》書《しょ》并《なら》びに芸術《げいじゅつ》を広《ひろ》く覧《み》、四海《しかい》に飄逢《ひょうほう》して生《いきもの》の図《え》を作《な》す。

「亥《い》」木亥《もくい》　亥上《いじょう》に臨《のぞ》む木《もく》は中台《ちゅうだい》と号《とな》える。蒲《がま》の腹《はら》は当《まさ》に翰苑《かんえん》の才《さい》と為《な》す。若《も》し是《こ》れが官并《かんなら》びに福曜《ふくよう》を為《な》せば、少年《しょうねん》に登《とう》第《だい》して元魁《げんかい》を作《な》す。

木星《もくせい》と二十八宿《にじゅうはっしゅく》　歳星躔度《さいせいてんど》　玉関歌《ぎょくかんか》

「角宿《かくしゅく》」木角《もくかく》　角宿《かくしゅく》に躔《めぐ》る木《もく》は天貴《てんき》と号《とな》える。詩礼《しれい》の伝《つた》わる家《いえ》の職位《しょくい》に居《い》る。更《さら》に芸術《げいじゅつ》を能《よ》くして公卿《こうけい》に近《ちか》づく。財禄《ざいろく》は豊盈《ほうえい》して名《な》を早《はや》く遂《と》げる。

「亢宿《こうしゅく》」木亢《もくこう》　亢度《こうど》に躔《めぐ》る木《もく》は天城《てんじょう》と号《とな》える。財禄《ざいろく》は栄華《えいが》にして大吉《だいきち》を顕《あらわ》す。学問《がくもん》を操《あやつ》り修《おさ》めて君《きみ》の委《ゆだ》ねる用《たから》となる。厳《がん》廊《ろう》を輔《ほ》賛《さん》する一豪《いちごう》の英《はな》である。

「氏宿《ていしゅく》」木氏《もくてい》　氏宿《ていしゅく》に躔《めぐ》る木《もく》は天窮《てんきゅう》と号《とな》える。命《めい》が若《も》し之《こ》れに逢《あ》えば災禍《さいか》の凶《きょう》である。子《こ》を尅《こく》し妻《つま》を害《そこな》い孤《ひと》りを惸《うれ》う輩《やから》である。身《み》の衣《い》禄《ろく》は安《やす》んずるとも必《かなら》ず難《なん》に逢《あ》う。

「房宿《ぼうしゅく》」木房《もくぼう》　房宿《ぼうしゅく》に躔《めぐ》る木《もく》は天臧《てんぞう》と号《とな》える。禄《ろく》は進《すす》み身《み》は栄《さか》え聖王《せいおう》に侍《はべ》る。白日生《はくじつうま》れの人《ひと》は尤《もっと》も富《とみ》が大《おお》きい。定《さだ》めて応《まさ》に官職《かんしょく》は厳廊《がんろう》を佐《たす》ける。

「心宿《しんしゅく》」木心《もくしん》　心宿《しんしゅく》に躔《めぐ》る木《もく》は天喜《てんき》と号《とな》える。少年《しょうねん》は栄貴《えいき》にして妻《つま》は双《なら》びに美《うつく》しい。多男多女《たなんたじょ》にして金珠《きんしゅ》に富《と》む。君王《くんのう》が委《ゆだ》ねる国家《こっか》の庫《こ》蔵《ぞう》である。

「尾宿《びしゅく》」木尾《もくび》　尾宿《びしゅく》に躔《めぐ》る木《もく》は天和《てんわ》と号《とな》える。官禄《かんろく》に栄《さか》え遷《うつ》りて福《ふく》は更《さら》に多《おお》い。位《くらい》を三進《さんしん》して又須《またすべか》らく三退《さんたい》する。年《とし》は未《いま》だ三七《さんしち》ならずして干戈《かんか》を定《さだ》める。

「箕宿《きしゅく》」木箕《もくき》　箕宿《きしゅく》に躔《めぐ》る木《もく》は天祥《てんしょう》と号《とな》える。官職《かんしょく》に須《すべか》らく登《のぼ》りて廟廊《びょうろう》を佐《たす》ける。経邦《けいほう》の才学《さいがく》は大用《たいよう》に当《あた》る。一身《いっしん》は栄貴《えいき》にして槐堂《かいどう》に坐《すわ》る。

「斗宿《としゅく》」木斗《もくと》　斗宿《としゅく》に躔《めぐ》る木《もく》は天程《てんてい》と号《とな》える。才智《さいち》を全《まっと》うし兼《か》ねて早《はや》く貴《き》名《めい》する。邦家《ほうか》の杜《と》石《せき》は須《すべか》らく大用《たいよう》である。必《かなら》ず廟廊《びょうろう》を為《な》して福《ふく》は蒼生《そうせい》する。

「牛宿《ぎゅうしゅく》」木牛《もくぎゅう》　牛宿《ぎゅうしゅく》に躔《めぐ》る木《もく》は天黎《てんれい》と号《とな》える。若《も》し初年《しょねん》が貧《まず》しければ晩《くれ》に妻《つま》を見《み》る。只君《ただきみ》の是《ぜ》非《ひ》を恐《おそ》れて怨《うら》む莫《なか》れ。家《か》財《ざい》を破《やぶ》り尽《つく》し化《か》して泥《どろ》と為《な》す。

「女宿《じょしゅく》」木女《もくじょ》　女宿《じょしゅく》に躔《めぐ》る木《もく》は天機《てんき》と号《とな》える。聡明《そうめい》の芸術《げいじゅつ》で事事《ことごと》を為《な》す。内富外貧《ないふがいひん》にして財庫《ざいこ》は足《た》る。只妻子《たださいし》の分離《ぶんり》を見《み》るを憂《うれ》う。

「虚宿《きょしゅく》」木虚《もくきょ》　虚宿《きょしゅく》に躔《めぐ》る木《もく》は曾安《ますますやす》んぜず。天陣之星《てんじんのほし》にして事《こと》に難《なん》が有《あ》る。内外《ないがい》の不和《ふわ》にて家《いえ》は稍《しょう》に進《すす》む。郷《さと》を離《はな》れれば応《まさ》に是《こ》れ身《み》の安《やす》らぎを保《たも》つ。

「危宿《きしゅく》」木危《もくき》　危宿《きしゅく》に躔《めぐ》る木《もく》は天然《てんねん》と号《とな》える。骨肉《こつにく》は従来辺《じゅうらいほとり》の外《そと》に在《あ》る。衣食《いしょく》は平平《へいへい》と庄《たいら》かに産《う》み置《お》かれるとも、到頭終《とうとうつい》に是《こ》れ安全《あんぜん》ならず。

「室宿《しっしゅく》」木室《もくしつ》　室宿《しっしゅく》に躔《めぐ》る木《もく》は天材《てんざい》と号《とな》える。文章《ぶんしょう》は俊逸《しゅんいつ》にして福《ふく》が大来《たいらい》する。柱石《ちゅうせき》に官爵《かんしゃく》を厚《あつ》く標名《ひょうめい》する。公卿《こうけい》は端《ただ》しく許《ゆる》されて三槐《さんかい》に到《いた》る。

「壁宿《へきしゅく》」木壁《もくへき》　壁宿《へきしゅく》に躔《めぐ》る木《もく》は天勲《てんくん》と号《とな》える。金石《きんせき》は豊登《ほうとう》し定《さだ》めて貴栄《きえい》である。若《も》し是《こ》れが夜生《やうま》れならば身《み》は足《た》らず、日《ひ》生《うま》れならば終《つい》に是《こ》れ富《とみ》が群《ぐん》を超《こ》える。

「奎宿《けいしゅく》」木奎《もくけい》　奎宿《けいしゅく》に躔《めぐ》る木《もく》は天耘《てんうん》と号《とな》える。災厄《さいやく》は雖《こ》れ多《おお》く訟獄《しょうごく》は頻《しばしば》である。年少《ねんしょう》は災《わざわ》いが有《あ》り妻子《さいし》を尅《こく》する。老《お》いが来《きた》りて方《まさ》に始《はじ》めて安寧《あんねい》を得《え》る。

「婁宿《るしゅく》」木婁《もくる》　婁宿《るしゅく》に躔《めぐ》る木《もく》は天英《てんえい》と号《とな》える。天馬《てんば》に如《も》し逢《あ》えば太《はなは》だ平《たい》らかならず。富貴《ふうき》に有《あ》れども多《おお》く患害《かんがい》に期《あ》う。生《せい》来《らい》の孤独《こどく》は却《かえ》りて安寧《あんねい》である。

「胃宿《いしゅく》」木胃《もくい》　胃宿《いしゅく》に躔《めぐ》る木《もく》は天耆《てんき》と号《とな》える。施為《しい》の挙措《きょそ》は百事《ひゃくじ》に宜《よろ》しい。性善心慈《せいぜんしんじ》にして衣食《いしょく》は旺《おう》ずる。一生《いっしょう》は応《まさ》に凶《きょう》危《き》を見《み》ず。

「昴宿《ぼうしゅく》」木昴《もくぼう》　昴宿《ぼうしゅく》に躔《めぐ》る木《もく》は天祥《てんしょう》と号《とな》える。大体性格《だいたいせいかく》の良《よ》い人《ひと》と為《な》す。妻子《さいし》は安和《あんわ》し家道《かどう》は盛《さか》える。到頭終《とうとうつい》に是《こ》れ衣糧《いりょう》は定《ととの》う。

「畢宿《ひっしゅく》」木畢《もくひつ》　畢宿《ひっしゅく》に躔《めぐ》る木《もく》は天蒙《てんもう》と号《とな》える。身命《しんめい》は安康《あんこう》にして福禄《ふくろく》は崇《たか》い。凶危《きょうき》を見《み》ずして終《つい》に是《こ》れ吉《きち》である。斯《こ》の人《ひと》の才貌《さいぼう》は更《さら》に豊隆《ほうりゅう》する。

「觜宿《ししゅく》」木觜《もくし》　觜宿《ししゅく》に躔《めぐ》る木《もく》は天霊《てんれい》と号《とな》える。聡明《そうめい》の性《さが》を秉《と》りて大名《たいめい》を擅《ほしいまま》にする。機関《きかん》の事《こと》を作《な》して人《ひと》を測《はか》る莫《なか》れ。要《かなめ》を知《し》りて少年《しょうねん》に財福《ざいふく》を成《な》す。

「参宿《さんしゅく》」木参《もくさん》　参宿《さんしゅく》に躔《めぐ》る木《もく》は天聡《てんそう》と号《とな》える。性《さが》は直《なお》しく文章《ぶんしょう》は六芸《りくげい》に通《つう》ずる。日《ひ》の戸《とびら》を拝《はい》して幾《いく》つもの任《つと》めを立《た》てるに堪《た》える。台省《だいしょう》の位《くらい》に登《のぼ》りて必《かなら》ず高崇《こうそう》である。

「井宿《せいしゅく》」木井《もくせい》　井宿《せいしゅく》に躔《めぐ》る木《もく》は天史《てんし》と号《とな》える。此《こ》れに遇《あ》えば之《こ》の人《ひと》は貴気《きき》の郎《おとこ》である。年少《ねんしょう》に尊崇《そんすう》されて要路《ようろ》に登《のぼ》る。須《すべか》らく官職《かんしょく》を知《し》りて京堂《けいどう》に在《あ》る。

「鬼宿《きしゅく》」木鬼《もくき》　鬼宿《きしゅく》に躔《めぐ》る木《もく》は天精《てんせい》と号《とな》える。衣紫《いし》腰金《ようきん》にして貴名《きめい》を極《きわ》める。将相《しょうしょう》は三十載朝《さんじっさいちょう》に居《い》る。明君《めいくん》を輔賛《ほさん》して四《し》方《ほう》に清《きよ》い。

「柳宿《りゅうしゅく》」木柳《もくりゅう》　柳宿《りゅうしゅく》に躔《めぐ》る木《もく》は天庭《てんてい》と号《とな》える。国《くに》を佐《たす》け邦《くに》を安《やす》らげ太平《たいへい》を保《たも》つ。若《も》し官《つかさ》ならざれば廊廟《ろうびょう》の位《くらい》に居《い》る。定《さだ》め然《しか》して朱紫《しゅし》は公卿《こうけい》に至《いた》る。

「星宿《せいしゅく》」木星《もくせい》　星宿《せいしゅく》に躔《めぐ》る木《もく》は端門《たんもん》と号《とな》える。声名《せいめい》は宏遠《こうえん》して位《くらい》は亦尊《またとうと》い。貴禄豊栄《きろくほうえい》にして官職《かんしょく》を顕《あらわ》す。廟堂《びょうどう》は応《まさ》に是《こ》れ経綸《けいりん》を展《ひら》く。

「張宿《ちょうしゅく》」木張《もくちょう》　張宿《ちょうしゅく》に躔《めぐ》る木《もく》は天裕《てんゆう》と号《とな》える。罕《まれ》に遇《あ》う福寿康寧《ふくじゅこうねい》の人《ひと》である。家蔵《かぞう》の金玉《きんぎょく》は児孫《じそん》に旺《おう》ずる。資材《しざい》を生産《せいさん》して能《よ》く積聚《せきしゅう》する。

「翼宿《よくしゅく》」木翼《もくよく》　翼宿《よくしゅく》に躔《めぐ》る木《もく》は天才《てんさい》と号《とな》える。金玉《きんぎょく》の豊登《ほうとう》は土《ど》堆《たい》に似《に》る。益《えき》に進《すす》み財《ざい》を生《う》み家道《かどう》は盛《さか》んである。満堂《まんどう》の金《きん》玉《ぎょく》は自《おのず》から天来《てんらい》する。

「軫宿《しんしゅく》」木軫《もくしん》　軫宿《しんしゅく》に躔《めぐ》る木《もく》は天柱《てんちゅう》と号《とな》える。財帛《ざいはく》は豪強《ごうきょう》にして定《さだ》めて富《とみ》は栄《さか》える。騰達《とうたつ》の声名《せいめい》を人《ひと》は羨《うらや》み仰《あお》ぐ。只災《ただわざわ》い多《おお》く疾病《しっぺい》の増《ま》すを恐《おそ》れる。

木星《もくせい》と十二宮《じゅうにきゅう》　歳星照宮《さいせいしょうきゅう》　琅玕経《ろうかんきょう》

「命宮《めいきゅう》」木命宮《もくめいきゅう》　木星《もくせい》の人《ひと》は聡敏《そうびん》にして、芸術及《げいじゅつおよ》び文才《ぶんさい》、官《つかさ》に利《よろ》しく倶《とも》に益《えき》が有《あ》る。春《はる》に遇《あ》えば該《そ》の恩《おん》に至《いた》る。事《こと》を行《おこな》いて人《ひと》を損《そこな》い難《がた》し。危《あや》うしに逢《あ》いても自《おのず》から災《わざわ》いを脱《のが》れる。声名《せいめい》の有《あ》るに終《つい》に遇《あ》い、衣禄《いろく》は晩年《ばんねん》に来《きた》る。

又曰《またいわ》く、命《めい》に入《はい》る木星《もくせい》は最《もっと》も奇《き》と為《な》す。間世《かんせ》の文章《ぶんしょう》は衆《おおい》に欽《うやま》う所《ところ》である。三主《さんしゅ》の官星《かんせい》は倶《とも》に背《そむ》かず。他《た》の時《とき》の身《み》は鳳凰《ほうおう》の池《いけ》に到《いた》る。

「財帛宮《ざいはくきゅう》」木財帛《もくざいはく》　木星《もくせい》は廟《びょう》を好《この》みて更《さら》に財《ざい》に臨《のぞ》む。一世《いっせい》は栄華《えいが》なれども少《わか》くに災《わざわ》いが有《あ》る。更《さら》に善星《ぜんせい》を得《え》て上下《じょうげ》に居《い》れば、運《うん》の蹇《みだ》れは然《しか》りと雖《いえど》も還《かえ》りて福《ふく》が来《きた》る。

「兄弟宮《けいていきゅう》」木兄弟《もくけいてい》　兄弟宮中《けいていきゅうちゅう》を木《もく》が照《て》らす時《とき》は、吉星《きっせい》が遇《あ》い着《つ》いて甚《はなは》だ相《あ》い宜《よろ》しい。仮《たと》えば雁序《がんじょ》に饒《おお》く恩情《おんじょう》を断《わ》かつ。

只中間《ただちゅうかん》に悪曜《あくよう》が随《そ》うを恐《おそ》れる。

「田宅宮《でんたくきゅう》」木田宅《もくでんたく》　木星《もくせい》を得《え》て四宮中《しきゅうちゅう》に入《はい》れば、無災《むさい》と喜慶《きけい》の重《かさ》なりを見《み》る可《べ》し。田宅《でんたく》は昌栄《しょうえい》して須《すべか》らく祖《そ》を守《まも》る。破敗《はばい》に逢《あ》わずして福《ふく》は豊隆《ほうりゅう》する。

「男女宮《だんじょきゅう》」木男女《もくだんじょ》　子位《しい》の木星《もくせい》は三人《さんにん》を主《つかさ》どる。吉宿《きっしゅく》の同宮《どうきゅう》は俊英《しゅんえい》を産《う》む。凶曜《きょうよう》が若《も》し来《きた》りて相剋《そうこく》し陥《おちい》れば、初子《はつご》が其《そ》の身《み》を損《そこな》うを憂《うれ》い恐《おそ》れる。

「奴僕宮《ぬぼくきゅう》」木奴僕《もくぬぼく》　第六宮中《だいろくきゅうちゅう》に如《も》し木《もく》を見《み》れば、決《きま》りて才禄無《さいろくな》しの一生《いっしょう》を主《つかさ》どる。只閑宮《ただかんきゅう》に在《あ》る吉曜《きちよう》に因《よ》りて、総《そう》じて衣食《いしょく》に妻《つま》が有《あ》りても福《ふく》は無《な》し。

「夫妻宮《ふさいきゅう》」木妻妾《もくさいしょう》　第七宮中《だいしちきゅうちゅう》に木宿《もくしゅく》が遊《あそ》べば、聡明典雅《そうめいてんが》にして祥休《しょうきゅう》を備《そな》える。更《さら》に饒《おお》く高賢《こうけん》の婦《つま》を得《え》て娶《めと》る。偕老同心《かいろうどうしん》にして白頭《はくとう》に到《いた》る。

「疾厄宮《しつやくきゅう》」木疾厄《もくしつやく》　木星《もくせい》は解《ほど》け散《ち》りて其《そ》の宮《きゅう》を照《て》らす。且《か》つ平生《へいぜい》の患難《かんなん》と凶《きょう》を免《まぬが》れる。財禄《ざいろく》は更《さら》に多《おお》くの潤沢《じゅんたく》を招《まね》く。堂《どう》堂《どう》たる人品《じんぴん》は終《つい》に童《わらべ》に賽《むく》いる。

「遷移宮《せんいきゅう》」木遷移《もくせんい》　木星《もくせい》が地《ち》を得《え》て九宮《きゅうきゅう》に存《あ》り、命宮《めいきゅう》の門《もん》を三方《さんぽう》が傍照《ぼうしょう》すれば、更《さら》に高高明健《こうこうめいけん》の処《ところ》を得《え》る。栄《さか》え遷《うつ》りて尊《とうと》い貴人《きじん》を真《まこと》に得《え》る。

「官禄宮《かんろくきゅう》」木官禄《もくかんろく》　第十宮中《だいじっきゅうちゅう》に木星《もくせい》を見《み》れば、平生《へいぜい》に衣禄《いろく》を享《う》けて生成《せいせい》する。文章華麗《ぶんしょうかれい》の人《ひと》にして皆《みな》の仲《なかだち》をする。甲第《こうだい》して九卿《きゅうけい》の位《くらい》に高《たか》く登《のぼ》る。

「福徳宮《ふくとくきゅう》」木福徳《もくふくとく》　一曜《いちよう》の木星《もくせい》は最《もっと》も尊崇《そんすう》する。下照《かしょう》は当《まさ》に福徳宮《ふくとくきゅう》を生《う》む。経史《けいし》を優游《ゆうゆう》して多《おお》く博学《はくがく》である。趾歩《しほ》を労《ろう》せずして三公《さんこう》に至《いた》る。

「相貌宮《そうぼうきゅう》」木相貌《もくそうぼう》　木宿《もくしゅく》が如《も》し相貌宮《そうぼうきゅう》に臨《のぞ》めば、清奇古怪《せいきこかい》に好《この》みて相《あ》い逢《あ》う。詩《し》を聞《き》き礼《れい》を聞《き》き多《おお》く賢《かしこ》く雅《みやび》である。郎官《ろうかん》を作《な》さずして相公《しょうこう》を作《な》す。

火星《かせい》の交会《こうかい》　熒惑交会《けいわくこうかい》　聿斯経《いっしきょう》

「土星《どせい》」火土《かど》　火土《かど》の同宮《どうきゅう》は性凶《せいきょう》を主《つかさ》どる。夜熒《やけい》に昼土《ちゅうど》は福《ふく》が偏《ひと》えに隆《さか》んである。強宮《きょうきゅう》に地《ち》を得《え》て兼《か》ねて順《じゅん》に行《めぐ》れば、万《ばん》戸《こ》の侯《こう》は封《と》み食《しょく》は万鐘《ばんしょう》である。

「金星《きんせい》」火金《かきん》　従来熒惑《じゅうらいけいわく》は金《きん》を傷《そこな》うを怕《おそ》れる。共《とも》に陰陽《いんよう》を照《て》らせば必《かなら》ず淫《いん》を生《う》む。更《さら》に悪星《あくせい》が有《あ》りて刑戦《けいせん》が著《いちじる》しければ、強仕《きょうし》を過《す》ぎずして悲吟《ひぎん》に即《そく》する。

「水星《すいせい》」火水《かすい》　水《すい》に逢《あ》う火星《かせい》は自《おのず》から相《あ》い刑《けい》する。昼生《ひうま》れ与《なら》びに陽宮《ようきゅう》に在《あ》るを怕《おそ》れる。三旬《さんじゅん》に満《み》たぬ横死《おうし》を防《ふせ》げ。若《も》し命《めい》を能《よ》く知《し》れば学修《がくしゅう》を行《おこな》え。

「炁星《きせい》」火炁《かき》　火星《かせい》と紫気《しき》は最《もっと》も廉平《れんぺい》である。百六《ひゃくろく》が之《こ》れに逢《あ》えば福齢《ふくれい》の処《ところ》である。生《せい》に逢《あ》えば必《かなら》ず是《こ》れ人間《じんかん》の瑞《ずい》である。叢中《そうちゅう》の龍鳳《りゅうほう》の第一人《だいいちにん》である。

「孛星《はいせい》」火孛《かはい》　熒惑《けいわく》は最《もっと》も能《よ》く孛彗《はいすい》を誅《せ》める。挽搶《ばんそう》を除《のぞ》き掃《はら》いて慶瑞《けいずい》を為《な》す。官《つかさ》は上爵《じょうしゃく》に栄《さか》えて威権《いけん》を秉《と》る。百六《ひゃくろく》が之《こ》れに逢《あ》えば富貴《ふうき》を為《な》す。

「羅星《らせい》」火羅《から》　火星《かせい》は羅睺《らこう》を見《み》るを最《もっと》も忌《い》む。義《ぎ》を害《そこな》い廉《つづま》やかを傷《そこな》い大《おお》いに愁《うれ》う可《べ》し。兵火《へいか》に焚焼《ふんしょう》され劫掠《ごうりゃく》に遭《あ》う。豊《ゆた》かに栗《みの》る金珠《きんしゅ》は総《そう》じて留《とど》まること無《な》し。

「計星《けいせい》」火計《かけい》　火星《かせい》は計都《けいと》に会《あ》うを最《もっと》も忌《い》む。人《ひと》をして風病怪形《ふうびょうかいぎょう》の軀《むくろ》たら令《し》める。如《も》し百六《ひゃくろく》に逢《あ》えば多《おお》く才学《さいがく》である。封《ふう》侯《こう》に向《むか》わざれば也《また》誅《せ》めを被《こうむ》る。

火星《かせい》と十二支《じゅうにし》　熒惑入宮《けいわくにゅうきゅう》　枢要歌《すうようか》

「子《ね》」火子《かね》　天坎之星《てんかんのほし》は宝瓶《ほうへい》に到《いた》り、元来是《がんらいこ》れ火《か》が化《か》して名《な》を為《な》す。万般《ばんぱん》の計《はかりごと》を施《ほどこ》しても皆沈滞《みなちんたい》する。多難多災《たなんたさい》の最《もっと》も不《いや》しい情《こころ》である。

「丑《うし》」火丑《かうし》　牛斗《ぎゅうと》の火星《かせい》は黄道《こうどう》と名《な》づける。福《ふく》を為《な》し祥《さいわ》いを為《な》し誠《まこと》に是《こ》れ好《よ》し。那《やす》らかに更《さら》に行《めぐ》りて土星《どせい》に相《あ》い会《あ》えば、夫妻《ふさい》を保守《ほしゅ》して偕老《かいろう》に期《あ》う。

「寅《とら》」火寅《かとら》　人馬《じんば》に居《い》る火《か》は天升《てんしょう》と号《とな》える。生《せい》に逢《あ》う処《ところ》を起《お》こし福《ふく》は倍増《ばいぞう》する。更《さら》に木星《もくせい》を得《え》て此《こ》れに同《おな》じく会《あ》えば、多《た》才多芸《さいたげい》にして又多能《またたのう》である。

「卯《う》」火卯《かう》　卯宮《うきゅう》に到《いた》る火《か》は天乙《てんおつ》と名《な》づける。貨財《かざい》は充《み》ち庫《くら》は足《た》り箱《はこ》は実《みの》る。若《も》し還《かえ》りて入垣宮《にゅうえんきゅう》を満用《まんよう》すれば、少年《しょうねん》に名《な》を成《な》し桂籍《けいせき》に登《のぼ》る。

「辰《たつ》」火辰《かたつ》　天滞《てんたい》は辰《たつ》に居《い》て是《こ》れ火星《かせい》である。一生《いっしょう》に百《ひゃく》の事《こと》を用《もち》いても成《な》ること無《な》し。若《も》し還《かえ》りて金宿《きんしゅく》が来《きた》りて相《あ》い会《あ》えば、夭《わかじに》ならざれば須《すべか》らく当《まさ》に国刑《こくけい》を犯《おか》す。

「巳《み》」火巳《かみ》　双女《そうじょ》に居《い》る火《か》は天刑《てんけい》と曰《い》う。水《すい》に与《くみ》して同《おな》じく行《めぐ》れば最《もっと》も寧《やす》からず。若《も》し刑囚《けいしゅう》に変《かわ》れば千里《せんり》の外《そと》である。然《しか》らざれば一世《いっせい》は伶仃《れいてい》に苦《くる》しむ。

「午《うま》」火午《かうま》　午位《うまい》に居《い》る火《か》は天赫《てんかく》と名《な》づける。此《こ》の位《くらい》は朝君《ちょうくん》に戦尅《せんこく》無《な》し。利禄《りろく》を為《な》さずとも自《おのず》から充盈《じゅうえい》する。必《かなら》ず定《さだ》めて官《つかさ》を為《な》し顕職《けんしょく》に居《い》る。

「未《ひつじ》」火未《かひつじ》　天廃《てんはい》は巨蟹《きょかい》に居《い》る火星《かせい》である。只夭喪《ただようも》の深《ふか》く害《がい》を為《な》すを愁《うれ》う。然《しか》らざれば多難《たなん》に又多《またた》災《さい》である。縦《たと》え資財《しざい》が有《あ》りても多《おお》く破壊《はかい》する。

「申《さる》」火申《かさる》　申宮《さるきゅう》に到《いた》る火《か》は喜神《きしん》と曰《い》う。中年《ちゅうねん》は未《いま》だ事《こと》を免《まぬが》れず成《な》ること無《な》し。須《すべか》らく末《すえ》をして主《つかさ》どり教《せし》め方《まさ》に寧《やす》らぎに貼《つ》く。老《お》いに到《いた》りて応《まさ》に福寿《ふくじゅ》の高《たか》しを知《し》る。

「酉《とり》」火酉《かとり》　酉宮《とりきゅう》に在《あ》る火《か》は黒道《こくどう》と名《な》づける。縦《たと》え夜《や》誕《うま》れと云《い》えども好《よ》しと為《な》すに非《あら》ず。悪星《あくせい》が照《て》らさず吉星《きっせい》が臨《のぞ》めば、方《まさ》に栄華《えいが》並《なら》びに寿老《じゅろう》なる可《べ》し。

「戌《いぬ》」火戌《かいぬ》　天軌《てんき》は白羊《はくよう》を守《まも》る火星《かせい》である。一生《いっしょう》は福《ふく》を享《う》け非常《ひじょう》な吉《きち》である。財《ざい》は豊《ゆた》かにして禄《ろく》は厚《あつ》く虚耗無《きょもうな》し。一生栄《いっしょうえい》華《が》にして晩《くれ》は更《さら》に昌《さか》んである。

「亥《い》」火亥《かい》　亥上《いじょう》に居《い》る火《か》は是《こ》れ吉星《きっせい》である。天纛《てんとう》は変曜名《へんようめい》を為《な》すと知《し》れ。官宮并《かんきゅうなら》びに昼夜《ちゅうや》を論《ろん》ぜず、也須《またすべか》らく福《ふく》を備《そな》え豊亨《ほうきょう》を主《つかさ》どる。

火星《かせい》と二十八宿《にじゅうはっしゅく》　熒惑躔度《けいわくてんど》　玉関歌《ぎょくかんか》

「角宿《かくしゅく》」火角《かかく》　角宿《かくしゅく》に躔《めぐ》る火《か》は天娼《てんしょう》と号《とな》える。衣食《いしょく》は随時《ずいじ》善良《ぜんりょう》ならず。子《こ》を害《そこな》い妻《つま》を尅《こく》し婚《むこ》と《とり》の合《つれあ》いに難《なや》む。免《まぬ》がれるとも衣食《いしょく》をして悽惶《せいこう》に見教《みせし》める。

「亢宿《こうしゅく》」火亢《かこう》　亢宿《こうしゅく》に躔《めぐ》る火《か》は天戈《てんか》と号《とな》える。妻妾宮中《さいしょうきゅうちゅう》は折磨《せつま》が有《あ》る。色《いろ》を好《この》み妻《つま》を損《そこな》い心《こころ》は定《さだ》まらず。此《こ》の人《ひと》の衣食《いしょく》は必《かなら》ず奔波《ほんぱ》する。

「氐宿《ていしゆく》」火氐《かてい》　氐宿《ていしゆく》に躔《めぐ》る火《か》は天軽《てんけい》と号《とな》える。衣食《いしよく》は生来情《せいらいこころ》に称《かな》わず。性《さが》は軽狂《けいきよう》なれども心《こころ》に胆志《たんし》が多《おお》く、晩《くれ》が来《きた》りて方《まさ》に安寧《あんねい》を得《え》る可《べ》し。

「房宿《ぼうしゆく》」火房《かぼう》　房宿《ぼうしゆく》に躔《めぐ》る火《か》は天梁《てんりよう》と号《とな》える。官職《かんしよく》に超《こ》え遷《うつ》りて良《よ》く輔弼《ほひつ》する。将相公侯《しようしようこうこう》の名《な》は必《かなら》ず貴《とうと》い。此《こ》の身《み》は佩《はい》紫《し》して金章《きんしよう》に与《くみ》する。

「心宿《しんしゆく》」火心《かしん》　心宿《しんしゆく》に躔《めぐ》る火《か》は天相《てんそう》と号《とな》える。兵機《へいき》を統領《とうりよう》して上将《じようしよう》を為《な》す。更《さら》に四十年枢府《しじゆうねんすうふ》を兼《か》ねる。富貴《ふうき》の功名《こうみよう》は天《てん》上《じよう》に徹《とお》る。

「尾宿《びしゆく》」火尾《かび》　尾宿《びしゆく》に躔《めぐ》る火《か》は天穆《てんぼく》と号《とな》える。此《こ》の人《ひと》は必《かなら》ず定《さだ》めて衣禄《いろく》に栄《さか》える。安然《あんぜん》に福《ふく》を納《おさ》め奔馳《ほんち》せず。晩景《ばんけい》に超《ちよう》騰《とう》して最《もつと》も禄《ろく》が多《おお》い。

「箕宿《きしゆく》」火箕《かき》　箕宿《きしゆく》に躔《めぐ》る火《か》は天明《てんめい》と号《とな》える。機権《きけん》の事《こと》を為《な》す最《もつと》も霊《くし》びの性《さが》である。必《かなら》ず官《つかさ》を為《な》し君王《くんのう》の寵《めぐ》みを得《え》る。大《たい》任《にん》は終《つい》に万兵《ばんぺい》を当《まさ》に領《おさ》める。

「斗宿《としゆく》」火斗《かと》　斗宿《としゆく》に躔《めぐ》る火《か》は天征《てんせい》と号《とな》える。生殺之権《せいさつのちから》に大声《たいせい》が有《あ》る。中年《ちゆうねん》は禄《ろく》が旺《おう》じて富貴《ふうき》を生《う》む。三公《さんこう》の位《くらい》に至《いた》りて芳名《ほうめい》を播《し》く。

「牛宿《ぎゆうしゆく》」火牛《かぎゆう》　牛宿《ぎゆうしゆく》に躔《めぐ》る火《か》は天朽《てんきゆう》と号《とな》える。先代《せんだい》の家資《かし》を減亡《げんぼう》し尽《つ》くす。形貌《けいぼう》は魁梧《かいご》にして多《おお》く智勇《ちゆう》なれども、此《こ》の生《うま》れは終《つい》に小年《しようねん》の郎《おとこ》を羨《うらや》む。

「女宿《じよしゆく》」火女《かじよ》　女宿《じよしゆく》に躔《めぐ》る火《か》は天暗《てんあん》と号《とな》える。多成多敗《たせいたはい》にして心《こころ》は狂乱《きようらん》する。若《も》し木《もく》が旺《おう》に非《あら》ず宮《きゆう》の扶《たす》けに在《あ》らざれば、六親《りくしん》を害《そこな》い資財《しざい》は散《ち》り尽《つ》くす。

「虚宿《きよしゆく》」火虚《かきよ》　虚宿《きよしゆく》に躔《めぐ》る火《か》は天磨《てんま》と号《とな》える。初年《しよねん》は貧困《ひんこん》にして財《ざい》は多《おお》からず。心《こころ》は是非《ぜひ》を愛《あい》し女色《じよしよく》に耽《ふけ》る。更《こう》に女子《じよし》に添《そ》いても相《あ》い和《なご》まず。

「危宿《きしゆく》」火危《かき》　危宿《きしゆく》に躔《めぐ》る火《か》は天淋《てんりん》と号《とな》える。色《いろ》を好《この》み花《はな》を貪《むさぼ》りても智勇《ちゆう》は深《ふか》い。祖《そ》を破《やぶ》り家《いえ》を離《はな》れるとも自《おのず》から成《な》りて立《た》つ。恩《おん》を施《ほどこ》して終《つい》に是《こ》れ福《ふく》が重《かさ》なり興《おこ》る。

「室宿《しつしゆく》」火室《かしつ》　室宿《しつしゆく》に躔《めぐ》る火《か》は天強《てんきよう》と号《とな》える。勇智《ゆうち》を操持《そうじ》して武職《ぶしよく》に良《よ》い。更《さら》に木星《もくせい》を得《え》れば資《たから》の助《たす》けが来《きた》る。定《さだ》めて須《すべか》らく文章《ぶんしよう》を作《な》す学館《がつかん》である。

「壁宿《へきしゅく》」火壁《かへき》　壁宿《へきしゅく》に躔《めぐ》る火《か》は天滅《てんめつ》と号《とな》える。兄弟児孫《けいていじそん》は道路《どうろ》に絶《た》える。伶行《れいてい》の孤《ひと》りにして万千《まんせん》の般《めぐ》りに苦《くる》しむ。晩景《ばんけい》に稍《よう》やく身《み》は安《やす》んじて悦《よろこ》ぶ可《べ》し。

「奎宿《けいしゅく》」火奎《かけい》　奎宿《けいしゅく》に躔《めぐ》る火《か》は天厨《てんちゅう》と号《とな》える。衣禄《いろく》は生来自《せいらいおのず》から余《あま》り有《あ》る。義《ぎ》に勇《いさま》しく智《ちえ》は高《たか》く才学《さいがく》は美《うつく》しい。威名《いめい》は応《まさ》に皇都《こうと》の許《もと》に達《とど》く。

「婁宿《るしゅく》」火婁《かる》　婁宿《るしゅく》に躔《めぐ》る火《か》は天暘《てんえき》と号《とな》える。命《めい》の裡《うら》に之《こ》れが逢《あ》えば外《そと》に出《い》で襄《のぼ》る。恩徳《おんとく》に又有道《またゆうどう》を兼《か》ねて施《ほどこ》す。淵源《えんげん》の学《がく》は翰林《かんりん》の場《ば》に向《むか》う。

「胃宿《いしゅく》」火胃《かい》　胃宿《いしゅく》に躔《めぐ》る火《か》は天没《てんぼつ》と名《な》づける。定《さだ》めて是《こ》れ終身子息《しゅうしんしそく》は無《な》し。中間《ちゅうかん》は困苦《こんく》に又艱難《またかんなん》する。東西《とうざい》に奔走《ほんそう》して労役《ろうえき》に漫《もだ》える。

「昴宿《ぼうしゅく》」火昴《かぼう》　昴宿《ぼうしゅく》に躔《めぐ》る火《か》は天鏤《てんろう》と号《とな》える。身《み》は蹇《なや》み身《み》は孤《ひと》りにして性《さが》は又愚《またおろ》かである。酒《さけ》を貪《むさぼ》り多《おお》く淫《みだ》らにして心《こころ》は足《た》らず。到頭衣食《とうとういしょく》は亦余《またあま》り無《な》し。

「畢宿《ひつしゅく》」火畢《かひつ》　畢宿《ひつしゅく》に躔《めぐ》る火《か》は天危《てんき》と号《とな》える。身《み》は災《わざわ》いの連《つらな》りを見《み》て必《かなら》ず妻《つま》を損《そこな》う。家資《かし》を破蕩《はとう》する遊冶《ゆうや》の客《きゃく》である。資《し》財《ざい》は耗尽《こうじん》して東西《とうざい》に走《はし》る。

「觜宿《ししゅく》」火觜《かし》　觜宿《ししゅく》に躔《めぐ》る火《か》は天淫《てんいん》と号《とな》える。風花雪月《ふうかせつげつ》の四時《しじ》を行《めぐ》り、自然《しぜん》に浮《う》き泛《なが》れて家業《かぎょう》を破《やぶ》る。奔馳《ほんち》して晩歳《ばんさい》に始《はじ》めて身《み》が栄《さか》える。

「参宿《さんしゅく》」火参《かさん》　参宿《さんしゅく》に躔《めぐ》る火《か》は天倫《てんりん》と号《とな》える。火《か》の性《さが》は顛狂《てんきょう》を好《この》みて身《み》を損《そこな》う。細心《さいしん》の工巧《こうこう》に兼《か》ねて志《こころざし》が有《あ》る。児孫《じそん》に与《あた》える陰隲《いんしつ》を些《すこ》し做《な》す。

「井宿《せいしゅく》」火井《かせい》　井宿《せいしゅく》に躔《めぐ》る火《か》は天中《てんちゅう》と号《とな》える。智慧《ちえ》威厳《いげん》の胆気《たんき》の雄《ゆう》である。衣食《いしょく》は平平《へいへい》なれども蹇《あしなえ》の命《めい》の人《ひと》である。晩年《ばんねん》は方《まさ》に始《はじ》めて亨通《こうつう》を見《み》る。

「鬼宿《きしゅく》」火鬼《かき》　鬼宿《きしゅく》に躔《めぐ》る火《か》は天祥《てんしょう》と号《とな》える。家富《かふう》に因《よ》りても何《なん》ぞ子郎《しろう》は乏《とぼ》しいか。只天年《ただてんねん》の夭折多《ようせつおお》しを怨《うら》む。然《しか》らざれば悪死《あくし》して卿《くげ》の家《いえ》も没《ぼっ》する。

「柳宿《りゅうしゅく》」火柳《かりゅう》　柳宿《りゅうしゅく》に躔《めぐ》る火《か》は天池《てんち》と号《とな》える。慮《うれ》いは多《おお》く疑《うたが》いは多《おお》く是非《ぜひ》は多《おお》い。子《こ》を尅《こく》し妻《つま》を尅《こく》し兄弟《けいてい》は絶《た》える。平《へい》生《ぜい》の衣食《いしょく》は却《かえ》りて時《とき》に随《したが》う。

「星宿《せいしゅく》」火星《かせい》　星宿《せいしゅく》に躔《めぐ》る火《か》は天栄《てんえい》と号《とな》える。必《かなら》ず定《さだ》めて前程《ぜんてい》に大声《たいせい》が有《あ》る。更《さら》に十宮《じっきゅう》を得《え》て星《ほし》の力《ちから》を得《え》れば、官《つかさ》を為《な》し穏穏《おんおん》と公卿《こうけい》に到《いた》る。

「張宿《ちょうしゅく》」火張《かちょう》　張宿《ちょうしゅく》に躔《めぐ》る火《か》は天頡《てんきつ》と号《とな》える。平生《へいぜい》は泊《と》まり没《ぼっ》して其《そ》の説《よろこ》びを難《はば》む。若《も》し寿夭《じゅよう》に非《あら》ざれば二親《にしん》を亡《うしな》う。子《こ》を剋《こく》し妻《つま》を傷《そこな》い兄弟《けいてい》を欠《そこな》う。

「翼宿《よくしゅく》」火翼《かよく》　翼宿《よくしゅく》に躔《めぐ》る火《か》は天憐《てんれん》と号《とな》える。性《さが》は猖狂《しょうきょう》なれども心《こころ》に学《がく》が有《あ》るを成《な》す。智術《ちじゅつ》は多《おお》く端《ただ》しくとも嗜慾《しよく》が加《かさ》なる。衣食《いしょく》は生平《せいへい》なれども多情《たじょう》を主《つかさ》どる。

「軫宿《しんしゅく》」火軫《かしん》　軫宿《しんしゅく》に躔《めぐ》る火《か》は天暴《てんぼう》と号《とな》える。手足《てあし》は風狂《ふうきょう》して多《おお》く顛倒《てんとう》する。晩年《ばんねん》にして稍《ようや》く衣食《いしょく》は平安《へいあん》である。只妻児《たださいじ》の命《いのち》を保《たも》ち難《がた》しを恐《おそ》れる。

火星《かせい》と十二宮《じゅうにきゅう》　熒惑照宮《けいわくしょうきゅう》　琅玕経《ろうかんきょう》

又曰《またいわ》く、身命宮中《しんめいきゅうちゅう》に火星《かせい》が遇《あ》えば、此《こ》の人《ひと》は燥急《そうきゅう》の性《さが》にして聡明《そうめい》である。平生《へいぜい》の喜怒《きど》は真《まこと》に測《はか》り難《がた》し。凡事《ぼんじ》をして須《すべか》らく立《た》ち教《せし》めて便《すばや》く成《な》る。

「命宮《めいきゅう》」火命宮《かめいきゅう》　火《か》が命宮中《めいきゅうちゅう》を照《て》らせば、心《こころ》の明気《めいき》は洪《おおみず》を量《はか》る。公《こう》に倚《たの》みて勢《いきお》いに附《つ》くを成《な》す。身《み》は躬《おのず》から煩劇《はんげき》に立《た》つ。財利《ざいり》は初年《しょねん》に散《ち》り、家《いえ》を成《な》しても未《いま》だ終《おわ》りに及《およ》ばず。若《も》し能《よ》く順《じゅん》に行《めぐ》り旺《おう》ずれば、権《ちから》は重《かさ》なり禄財《ろくざい》は豊《ゆた》かである。

「財帛宮《ざいはくきゅう》」火財帛《かざいはく》　財帛《ざいはく》に火《か》が居《い》れば初年《しょねん》に旺《おう》ずる。中《うち》に主《しゅ》が交《まじ》わる時《とき》は堅《かた》からずを恐《おそ》れる。若《も》し善星《ぜんせい》を得《え》て同《おな》じく此《こ》れに到《いた》れば、末年《まつねん》の退後《たいご》は又団円《まただんえん》する。

「兄弟宮《けいていきゅう》」火兄弟《かけいてい》　火《か》が臨《のぞ》む兄弟《けいてい》の事《こと》は如何《いかん》。争競《そうきょう》に紛紛《ふんぷん》して禍《わざわ》いを多《おお》く惹《ひ》く。親戚《しんせき》に恩《おん》が有《あ》れども還《かえ》りて反目《はんもく》する。手《て》足《あし》は自然《しぜん》に相《あ》い和《なご》まず。

「田宅宮《でんたくきゅう》」火田宅《かでんたく》　火宿《かしゅく》が第四宮《だいしきゅう》に加《くわ》え臨《のぞ》めば、祖《そ》の基《もとい》を破《やぶ》り尽《つく》して貧窮《ひんきゅう》を受《う》ける。若《も》し是《こ》れが廟方《びょうほう》ならば当《まさ》に福《ふく》を発《はっ》する。然《しか》らざれば一生《いっしょう》の中孤《あいだひと》りに苦《くる》しむ。

「男女宮《だんじょきゅう》」火男女《かだんじょ》　火《か》が若《も》し第五宮《だいごきゅう》に来《きた》り臨《のぞ》めば、此《こ》の星《ほし》は刑剋《けいこく》を最《もっと》も凶《きょう》と為《な》す。仮《たと》えば饒《も》し嗣《し》主《しゅ》が廟旺《びょうおう》に居《い》れば、必《かなら》ず計男一二《けいおとこいちに》の龍《りゅう》を産《う》む。

「奴僕宮《ぬぼくきゅう》」火奴僕《かぬぼく》　六位《ろくい》に如《も》し逢《あ》いて火宿《かしゅく》が来《きた》れば、牛馬《ぎゅうば》を害刑《がいけい》し定《さだ》めて多災《たさい》である。殃《わざわ》いが屯《たむろ》し奴僕《ぬぼく》に変異《へんい》が起《お》きる。

地《ち》を得《え》れば専《もっぱ》ら権《ちから》を自《おのず》から劇《はげ》しく裁《さば》く。

「夫妻宮《ふさいきゅう》」火《か》妻妾《さいしょう》　妻宮《さいきゅう》に入《はい》る火《か》は定《さだ》めて妻《つま》を剋《こく》する。高強《こうきょう》は忌《い》むに非《あら》ず珍奇《ちんき》と作《な》す。女人《にょにん》は火《か》を以《もっ》て夫位《ふい》と為《な》す。禍福《かふく》は同源《どうげん》なり一例《いちれい》に推《お》せ。

「疾厄宮《しつやくきゅう》」火《か》疾厄《しつやく》　八位《はちい》の火《か》星《せい》は血難《けつなん》を憂《うれ》う。災《わざわ》いが来《きた》り命福《めいふく》に非《あら》ずして禁《いまし》めに難《くる》しむ。腰駝《ようだ》か背曲《はいきょく》にして唇歯《しんし》を欠《か》く。悪殺《あくさつ》が犯《おか》さざれば厄《やく》は減軽《げんけい》する。

「遷移宮《せんいきゅう》」火《か》遷移《せんい》　火《か》星《せい》の照《て》らす位《くらい》が遷移《せんい》に入《はい》れば、東西《とうざい》に遷《うつ》り変《かわ》りて土《ど》産《さん》は移《うつ》る。家舎《かしゃ》は亦須《またすべか》らく火厄《かやく》を防《ふせ》ぐ。末年《まつねん》は屋《いえ》に有《あ》りて安居《あんきょ》する可《べ》し。

「官禄宮《かんろくきゅう》」火《か》官禄《かんろく》　火《か》星《せい》の凶焔《きょうえん》は官宮《かんきゅう》に入《はい》る。曹《つかさ》の銓《はか》りに仕《つか》え列《つら》なるは始終少《しじゅうすく》なし。若《も》し是《こ》れが変《かわ》りて官禄主《かんろくしゅ》を為《な》せば、鳳《ほうおう》に会《あ》いて附《つ》き与《なら》びに龍《りゅう》が抜《やど》るを看《み》る。

「福徳宮《ふくとくきゅう》」火《か》福徳《ふくとく》　火惑《かわく》が福徳宮《ふくとくきゅう》に来《きた》り臨《のぞ》めば、夜《や》生《う》まれの廟旺《びょうおう》は福《ふく》が豊隆《ほうりゅう》する。若《も》し昼《ひ》生《う》まれに値《あ》い水《すい》の剋《こく》に逢《あ》えば、定《さだ》めて須《すべか》らく破敗《ははい》して貧窮《ひんきゅう》を受《う》ける。

「相貌宮《そうぼうきゅう》」火《か》相貌《そうぼう》　相貌《そうぼう》に居《い》る火《か》は剛強《ごうきょう》の性《さが》である。禍《わざわ》いを惹《ひ》き興《おこ》し火《か》の果《むく》いは常《なみ》と異《こと》なる。若《も》し吉神《きちじん》を得《え》れば救助《きゅうじょ》が来《きた》る。礼貌《れいぼう》の人《ひと》に逢《あ》い名《な》の彰《あらわ》れるを把《にぎ》る。

土星《どせい》の交会《こうかい》　鎮星交会《ちんせいこうかい》　聿斯経《いっしきょう》

「金星《きんせい》」土金《どきん》　土星《どせい》が若《も》し也金星《またきんせい》に会《あ》えば、妻妾《さいしょう》は栄華《えいが》にして福禄《ふくろく》は真《まこと》である。龍門《りゅうもん》に一躍《いちやく》して能《よ》く変化《へんか》する。九州《きゅうしゅう》の人《じん》物《ぶつ》は更《さら》に多能《たのう》である。

「水星《すいせい》」土水《どすい》　土星《どせい》が若《も》し水星《すいせい》に与《くみ》して同《あ》えば、世《よ》に孤高《ここう》を挙《あ》げる胆志《たんし》の雄《ゆう》である。節《せつ》を秉《と》り戈《ほこ》を揮《ふる》い文武《ぶんぶ》は備《そな》わる。福《ふく》は百六度《ひゃくろくど》に臨《のぞ》めば窮《きわ》まり无《な》し。

「炁星《きせい》」土炁《どき》　土星《どせい》と紫炁《しき》は相《あ》い依《よ》るを喜《よろこ》ぶ。冠冕《かんべん》して巍《たか》い職位《しょくい》に身《み》は栄《さか》える。丹《まごころ》 赤《まこと》の忠心《ちゅうしん》にして剛《つよ》く且《か》つ毅《こわ》い。徳《とく》を万里《ばんり》に施《ほどこ》して光輝《こうき》は足《た》る。

「孛星《はいせい》」土孛《どはい》　鎮星《ちんせい》は攙搶《さんそう》に会《あ》うを要《もと》めず。百六《ひゃくろく》が之《こ》れに逢《あ》えば禍害《かがい》は長《なが》い。僻疾怪形《へきしつかいけい》は須《すべか》らく孼《わざわ》いに至《いた》る。慵奴《ようど》群小《ぐんしょう》は疾《はや》くも殃《わざわ》いを生《う》む。

「羅星《らせい》」土羅《どら》　土星《どせい》は専《もっぱ》ら羅睺《らこう》に会《あ》うを悪《にく》む。百六《ひゃくろく》は天災《てんさい》を大《おお》いに愁《うれ》う可《べ》し。人《ひと》に遇《あ》えば一生困苦《いっしょうこんく》が多《おお》い。瘟癀《おんこう》の病《やまい》に染《そ》まり亡囚《ぼうしゅう》に坐《すわ》る。

「計星《けいせい》」土計《どけい》　土宿《どしゅく》と計羅《けいら》は逢《あ》う可《べ》からず。人生《じんせい》は浅薄《せんぱく》にして更《さら》に顓蒙《せんもう》である。徒《ともがら》を誅《ころ》し水《みず》に溺《おぼ》れ兼《か》ねて癧《はれもの》を患《わずら》う。百六《ひゃくろく》は天災《てんさい》にして万種《ばんしゅ》は凶《きょう》である。

土星《どせい》と十二支《じゅうにし》　鎮星入宮《ちんせいにゅうきゅう》　枢要歌《すうようか》

「子《ね》」土子《どね》　斉分《せいふん》に居《い》る土《ど》は天元《てんげん》と号《とな》える。寿《とし》の算《かず》は長《なが》く綿《つら》なり福禄《ふくろく》を全《まっと》うする。第七宮中《だいしちきゅうちゅう》に如《も》し此《こ》れが値《あ》えば、妻《つま》は栄《さか》え子《こ》は益《ま》し福《ふく》は綿綿《めんめん》とする。

「丑《うし》」土丑《どうし》　丑宮《うしきゅう》に到《いた》る土《ど》は印綬《いんじゅ》と名《な》づける。珍珠《ちんしゅ》や財宝《ざいほう》は多般《たはん》に有《あ》る。此《こ》の宮《きゅう》の廟旺《びょうおう》は最《もっと》も佳《か》と為《な》す。縦《たと》えば是《こ》れが夜《や》生《うま》れならば福寿《ふくじゅ》を為《な》す。

「寅《とら》」土寅《どとら》　寅宮《とらきゅう》に入《はい》る土《ど》は貴人《きじん》と曰《い》う。此《こ》の宮《きゅう》は木《もく》と相《あ》い親《した》しむを喜《よろこ》ばず。只変《ただかわ》りて刑囚耗《けいしゅうもう》を作《な》すを愁《うれ》う。晩《くれ》は多災《たさい》を主《つかさ》どり更《さら》に滞《とどこお》りが連《つら》なる。

「卯《う》」土卯《どう》　卯位《うい》に居《い》る土《ど》は天冲《てんちゅう》と号《とな》える。火《か》に与《くみ》して相《あ》い逢《あ》えば亦慶《またよろこ》びは隆《さか》んである。只六壬《ただりくじん》の人《ひと》が此《こ》れに値《あ》うを恐《おそ》れる。刑《けい》に遭《あ》い害《がい》を受《う》け命《いのち》は須《すべか》らく終《おわ》る。

「辰《たつ》」土辰《どたつ》　辰《たつ》に居《い》る土曜《どよう》は太極《たいきょく》と名《な》づける。喜《よろこ》びて亢宮《こうきゅう》に在《あ》り鄭国《ていこく》に依《よ》る。此《こ》れを最栄華《さいえいが》の廟《びょう》の人《ひと》と為《な》す。日誕《ひうま》れも夜《や》生《うま》れも倶《とも》に益《えき》が有《あ》る。

「巳《み》」土巳《どみ》　双女《そうじょ》に居《い》る土《ど》は吉《きち》を為《な》すに非《あら》ず。木主《もくしゅ》が之《こ》れに逢《あ》えば怎《いか》に奈何《いかん》せん。更《さら》に吉宿《きっしゅく》に逢《あ》えども多災《たさい》なり。若《も》し刑《けい》に遭《あ》わざれば須《すべか》らく夭折《ようせつ》する。

「午《うま》」土午《どうま》　天道《てんどう》は元来是《がんらいこ》れ土星《どせい》である。太陰《たいいん》が此《こ》れに会《あ》えば精神《せいしん》を倍《ま》す。縦《たと》え夜誕《やうま》れと云《い》えども仍福《なおふく》を為《な》す。日《ひ》の裡生《うらうま》れの人《ひと》は大貴栄《だいきえい》である。

「未《ひつじ》」土未《どひつじ》　未宮《みきゅう》に入《はい》る土《ど》は四鎮《しちん》と名《な》づける。福《ふく》は多《おお》く禄《ろく》は厚《あつ》く家《いえ》は豊盛《ほうせい》する。太陰《たいいん》が若《も》し也与《またくみ》して同《おな》じく行《めぐ》れば、是《こ》れにあらずとも望宵《ぼうしよう》は終《つい》に慶《よろこ》びが有《あ》る。

「申《さる》」土申《どさる》　申宮《さるきゆう》の土《ど》は福生《ふくせい》の星《ほし》と号《とな》える。本《も》と同郷《どうきよう》を主《つかさ》どり禄《ろく》は自《おのず》から成《な》る。更《さら》に官星《かんせい》が有《あ》り相《あ》い会《あ》いて聚《あつま》れば、多《おお》く声《こえ》が彰《あらわ》れ貴《き》が顕《あらわ》れ還《めぐ》りて栄《さか》える。

「酉《とり》」土酉《どとり》　酉位《とりい》に居《い》る土《ど》は天沐《てんもく》と号《とな》える。是《こ》れは敗宮《はいきゆう》と雖《いえど》も須《すべか》らく福《ふく》を享《う》ける。火曜《かよう》が共《とも》に同《おな》じく行《めぐ》るは宜《よろ》しからず。少年《しようねん》は人間《じんかん》の禄《ろく》を享《う》けず。

「戌《いぬ》」土戌《どいぬ》　戌位《いぬい》に居《い》る土《ど》は天関《てんかん》と号《とな》える。一世《いつせい》は優游《ゆうゆう》として自《おのず》から閑《ひま》を得《え》る。水星《すいせい》に相《あ》い会《あ》いて遇《あ》うを只恐《ただおそ》れる。終《しゆう》身免《しんまぬが》れず艱難《かんなん》を受《う》ける。

「亥《い》」土亥《どい》　亥上《いじよう》の黒符《こくふ》は栄《さか》えを為《な》さず。只名《ただな》が有《あ》りても実《じつ》の号《よびな》は倶《とも》に無《な》し。是《こ》れにあらずとも外居并《がいきよなら》びに外発《がいはつ》すれば、也須《またすべか》らく先《さき》は敗《やぶ》れ後方《こうほう》は成《な》る。

土星《どせい》と二十八宿《にじゆうはつしゆく》　鎮星躔度《ちんせいてんど》　玉関歌《ぎよくかんか》

「角宿《かくしゆく》」土角《どかく》　角宿《かくしゆく》に躔《めぐ》る土《ど》は天寿《てんじゆ》と名《な》づける。蓋世《がいせ》の文章《ぶんしよう》は魁首《かいしゆ》を冠《いただ》く。経綸《けいりん》の事業《じぎよう》に胸襟《きようきん》は富《と》む。是《こ》れにあらずとも公卿《こうけい》にして富《とみ》の有《あ》るを主《つかさ》どる。

「亢宿《こうしゆく》」土亢《どこう》　亢宿《こうしゆく》に躔《めぐ》る土《ど》は天仁《てんじん》と号《とな》える。博《ふか》く厚《あつ》い文章《ぶんしよう》は帝京《ていきよう》に達《とど》く。廊廟之中《ろうびようのうち》の官《つかさ》は極《きわ》めて貴《とうと》い。蛮夷《ばんい》を安《やす》く鎮《しず》め清平《せいへい》を得《え》る。

「氐宿《ていしゆく》」土氐《どてい》　氐宿《ていしゆく》に躔《めぐ》る土《ど》は天牢《てんろう》と号《とな》える。命限《めいげん》が之《こ》れに逢《あ》えば孤《ひと》りにして且《か》つ高《たか》い。年少《ねんしよう》は定《さだ》めて応《まさ》に骨肉《こつにく》を傷《そこな》う。中年《ちゆうねん》は栄貴《えいき》にして煎殺《せんさつ》を免《まぬが》れる。

「房宿《ぼうしゆく》」土房《どぼう》　房宿《ぼうしゆく》に躔《めぐ》る土《ど》は天信《てんしん》と号《とな》える。少年《しようねん》は事《こと》を作《な》すに労神《ろうしん》に苦《くる》しむ。語言《ごげん》は誠実《せいじつ》にして多《おお》く厚《あつ》い人《ひと》である。男《だん》女《じよ》は食《しよく》の貴人《きじん》を招《まね》き難《がた》し。

「心宿《しんしゆく》」土心《どしん》　心宿《しんしゆく》に躔《めぐ》る土《ど》は天忌《てんき》と号《とな》える。情性《じようせい》に最《もつと》も遅疑《ちぎ》なる霊《れい》が有《あ》り、疾病《しつぺい》が身《み》に躔《やど》り雖夭寿《ただようじゆ》である。全《まつた》く義気《ぎき》無《な》く慵《ものう》い平《なみ》の性《さが》である。

「尾宿《びしゆく》」土尾《どび》　尾宿《びしゆく》に躔《めぐ》る土《ど》は天奇《てんき》と号《とな》える。百六《ひやくろく》が之《こ》れに逢《あ》えば必《かなら》ず依《やすら》ぎが有《あ》る。若《も》し是《こ》れが忌星《きせい》ならば須《すべか》らく寿《とし》を促《うなが》せ。又須《またすべか》らく本《もと》と根基《こんき》を参考《さんこう》せよ。

「箕宿《きしゆく》」土箕《どき》　箕宿《きしゆく》に躔《めぐ》る土《ど》は天彬《てんぴん》と号《とな》える。衣食《いしよく》は豊隆《ほうりゆう》し却《かえ》りて情《こころ》に称《かな》う。官位《かんい》が若《も》し貴星《きせい》の照《て》らすに逢《あ》えば、国家《こつか》の掌判《しようはん》に声名《せいめい》が有《あ》る。

「斗宿《としゆく》」土斗《どと》　斗宿《としゆく》に躔《めぐ》る土《ど》は天枢《てんすう》と号《とな》える。事業《じぎよう》と文章《ぶんしよう》に富《と》みて余《あま》り有《あ》る。台鼎《たいてい》の任中《にんちゆう》は朱紫《しゆし》に貴《とうと》い。定《さだ》めて須《すべか》らく象《ぞう》簡《かん》は金魚《きんぎよ》に与《くみ》する。

「牛宿《ぎゆうしゆく》」土牛《どぎゆう》　牛宿《ぎゆうしゆく》に躔《めぐ》る土《ど》は天侗《てんどう》と号《とな》える。心性《しんせい》は温和《おんわ》にして衣禄《いろく》は豊《ゆた》かである。若《も》し是《こ》れが夜生《やうま》れならば多《おお》く蹇滞《けんたい》する。身《み》は多《おお》く下賤《げせん》にして貧窮《ひんきゆう》の処《ところ》である。

「女宿《じよしゆく》」土女《どじよ》　女宿《じよしゆく》に躔《めぐ》る土《ど》は天常《てんじよう》と号《とな》える。機謀《きぼう》は柔順《じゆうじゆん》にして食糧《しよくりよう》は足《た》る。経営《けいえい》の労力《ろうりよく》に心慮《しんりよ》が有《あ》る。生来只父《せいらいただちち》の先亡《せんぼう》を恐《おそ》れる。

「虚宿《きよしゆく》」土虚《どきよ》　虚宿《きよしゆく》に躔《めぐ》る土《ど》は天冠《てんかん》と号《とな》える。好楽之宮《こうらくのきゆう》は貴官《きかん》を出《だ》す。四九度《しくど》の中《うち》は宰輔《さいほ》に登《のぼ》る。重金重紫《じゆうきんじゆうし》にして朝班《ちようはん》に列《つら》なる。

「危宿《きしゆく》」土危《どき》　危宿《きしゆく》に躔《めぐ》る土《ど》は廟堂《びようどう》の窠《あな》である。禄《ろく》は厚《あつ》く財《ざい》は豊《ゆた》かにして事《こと》に訛《あやま》らず。挙措《きよそ》は多《おお》く利便《りべん》を施為《しい》する。言《ことば》柔《やわ》らかく語順《ことばすなお》な温和《おんわ》の性《さが》である。

「室宿《しつしゆく》」土室《どしつ》　室宿《しつしゆく》に躔《めぐ》る土《ど》は天伏《てんふく》と名《な》づける。福《ふく》は厚《あつ》く財《ざい》は豊《ゆた》かにして衣禄《いろく》は足《た》る。多男多女《たなんたじよ》にして資財《しざい》が有《あ》る。家道《かどう》は安然《あんぜん》と金谷《きんこく》に富《と》む。

「壁宿《へきしゆく》」土壁《どへき》　壁宿《へきしゆく》に躔《めぐ》る土《ど》は天異《てんい》と号《とな》える。禄馬《ろくば》は豊盈《ほうえい》して権位《けんい》に有《あ》る。身名《しんめい》は遠播《えんぱ》し定《さだ》めて安栄《あんえい》する。官禄《かんろく》の吉星《きつせい》は宜《よろ》しく大貴《たいき》である。

「奎宿《けいしゆく》」土奎《どけい》　奎宿《けいしゆく》に躔《めぐ》る土《ど》は天津《てんしん》と号《とな》える。貧賤《ひんせん》に奔波《ほんぱ》して父娘《ふじよう》を損《そこな》う。若《も》し是《こ》れ中年《ちゆうねん》が貧苦《ひんく》に至《いた》れば、晩年《ばんねん》は方《まさ》に衣《い》糧《りよう》は足《た》る可《べ》し。

「婁宿《るしゆく》」土婁《どる》　婁宿《るしゆく》に躔《めぐ》る土《ど》は天騁《てんてい》と号《とな》える。婁《る》の土《ど》は須《すべか》らく木《もく》に相《あ》い逢《あ》うを要《もと》める。婁《る》の木《もく》は高《たか》しと雖《いえど》も土《ど》は壮《さか》んに非《あら》ず。刀《かたな》と鎗之《やりの》下《した》を西東《せいとう》に走《はし》る。

「胃宿《いしゆく》」土胃《どい》　胃宿《いしゆく》に躔《めぐ》る土《ど》は天磨《てんま》と号《とな》える。財物《ざいぶつ》は充盈《じゆうえい》して倉庫《そうこ》に満《み》ちる。難婚《なんこん》にして終《つい》に是《こ》れ男児《だんじ》は少《すく》ない。貴《き》ならざれば仍須《なおすべか》らく大富《たいふ》に還《めぐ》る。

「昴宿《ぼうしゅく》」土昴《どぼう》　昴宿《ぼうしゅく》に躔《めぐ》る土《ど》は天伏《てんふく》と名《な》づける。平生《へいぜい》は須《すべか》らく食貴人禄《しょくきじんろく》である。多《おお》く胥吏《しょり》に因《よ》りて栄名《えいめい》を得《え》る。将相《しょうしょう》の声《せい》名《めい》を人《ひと》は畏服《いふく》する。

「畢宿《ひっしゅく》」土畢《どひつ》　畢宿《ひっしゅく》に躔《めぐ》る土《ど》は天回《てんかい》と号《とな》える。能《よ》く経術《けいじゅつ》に通《つう》じ銭財《せんざい》は足《た》る。中年《ちゅうねん》は便《すなわ》ち文章《ぶんしょう》の力《ちから》を得《え》る。必《かなら》ず児孫《じそん》は擅《ほしいまま》の大才《たいさい》を主《つかさ》どる。

「觜宿《ししゅく》」土觜《どし》　觜宿《ししゅく》に躔《めぐ》る土《ど》は天模《てんぼ》と号《とな》える。父母《ふぼ》を先《はや》く亡《な》くし身《み》は早《わか》くして孤《ひと》りとなる。衣食《いしょく》は平平《へいへい》なれども身《み》は汨没《こつぼつ》する。此《こ》の身《み》は応《まさ》に詩《し》書《しょ》を読《よ》むを懶《おこた》る。

「参宿《さんしゅく》」土参《どさん》　参宿《さんしゅく》に躔《めぐ》る土《ど》は天津《てんしん》と号《とな》える。世《よ》に立《た》ちて経営《けいえい》の業《なりわい》は未《いま》だ興《おこ》らず。男女《だんじょ》は尤《はなは》だ行路《こうろ》の客《たびびと》の如《ごと》しである。貴《き》人《じん》は新《あら》ためて一番《いちばん》の禄《ろく》を得《え》る。

「井宿《せいしゅく》」土井《どせい》　井宿《せいしゅく》に躔《めぐ》る土《ど》は天驪《てんり》と号《とな》える。命《めい》が若《も》し之《こ》れに逢《あ》えば心《こころ》は痴《しれもの》に似《に》る。若《も》し文章《ぶんしょう》を習《なら》い応《まさ》に力《ちから》を費《つい》やすとも、此《こ》の生《うま》れの衣食《いしょく》は微微《びび》なり。

「鬼宿《きしゅく》」土鬼《どき》　鬼宿《きしゅく》に躔《めぐ》る土《ど》は天文《てんもん》と号《とな》える。縦《たと》え資財《しざい》が有《あ》りても化《か》して塵《ちり》と作《な》す。男主《だんしゅ》は須《すべか》らく上下《じょうげ》の無《な》しを防《ふせ》ぐとも、一生《いっしょう》は足《た》らずして艱辛《かんしん》を歴《へ》る。

「柳宿《りゅうしゅく》」土柳《どりゅう》　柳宿《りゅうしゅく》に躔《めぐ》る土《ど》は天稽《てんけい》と号《とな》える。禄《ろく》は無《な》く財《ざい》は無《な》く又妻《またつま》を損《そこな》う。若《も》し是《こ》れが日《ひ》生《うま》れならば衣食《いしょく》は足《た》りても、晩年《ばんねん》は終《つい》に是《こ》れ色《いろ》に迷《まよ》う況《ありさま》である。

「星宿《せいしゅく》」土星《どせい》　星宿《せいしゅく》に躔《めぐ》る土《ど》は天途《てんと》と号《とな》える。父《ちち》は貴《とうと》く児《こ》は栄《さか》え事《こと》を虚《いつわ》らず。只夜《ただや》生《うま》れは脾《ひぞう》の疾苦《しっく》を恐《おそ》れる。日《ひ》生《うま》れは応《まさ》に金珠《きんしゅ》が足《た》る可《べ》し。

「張宿《ちょうしゅく》」土張《どちょう》　張宿《ちょうしゅく》に躔《めぐ》る土《ど》は天娥《てんが》と号《とな》える。人《ひと》に信行《しんぎょう》を為《な》して事《こと》を誑《あやま》らず。年少《ねんしょう》は淹滞《えんたい》すれども中《ちゅう》は言《こ》れ貴《き》である。形神肥厚《けいしんひこう》にして禾《いね》の田《た》は足《た》る。

「翼宿《よくしゅく》」土翼《どよく》　翼宿《よくしゅく》に躔《めぐ》る土《ど》は天然《てんねん》と号《とな》える。経術《けいじゅつ》に通《つう》ずると雖《いえど》も性《さが》は堅《かた》からず。文章《ぶんしょう》の有《あ》るに会《あ》いても身《み》は貴《き》ならず。声名《せいめい》は遠播《えんぱ》して威権《いけん》は足《た》る。

「軫宿《しんしゅく》」土軫《どしん》　軫宿《しんしゅく》に躔《めぐ》る土《ど》は天箋《てんせん》と号《とな》える。才芸《さいげい》に皆《ことごと》く通《つう》じて老年《ろうねん》に至《いた》る。文章《ぶんしょう》を未《いま》だ得《え》ずして発跡《はっせき》を求《もと》める。只将《ただまさ》に経術《けいじゅつ》を保《たも》ち身《み》を全《まっと》うする。

土《ど》星《せい》と十二宮《じゅうにきゅう》　鎮星照宮《ちんせいしょうきゅう》　琅玕経《ろうかんきょう》

「命宮《めいきゅう》」土《ど》命宮《めいきゅう》　人命《じんめい》を照《て》らす土《ど》は孤《ひと》りである。憂労《ゆうろう》は又余《またあま》り有《あ》る。初年《しょねん》は多《おお》く碌碌《ろくろく》する。祖業《そぎょう》は有《あ》りても無《む》の如《ごと》し。附《つ》き依《よ》れば終《つい》に有《あ》りと為《な》す。晩《くれ》に成《な》す家《いえ》は虚《きょ》ならず。如《も》し其《そ》れが禄主《ろくしゅ》を為《な》せば、昼《ひる》は貴《とうと》い豪《おさ》の居《いえ》に遇《あ》う。

又曰《またいわ》く、命《めい》に居《い》る土星《どせい》は痴《しれもの》の心《こころ》を主《つかさ》どる。若《も》し文章《ぶんしょう》が有《あ》りても更《さら》に遅《おそ》く発《はつ》する。更《さら》に木星《もくせい》并《なら》びに水宿《すいしゅく》に会《あ》えば、此《こ》の生《うま》れの衣食《いしょく》は精微《せいび》に欠《か》ける。

「財帛宮《ざいはくきゅう》」土《ど》財帛《ざいはく》　財帛《ざいはく》の土星《どせい》は最《もっと》も堪嘉《かんか》である。水曜《すいよう》が同《おな》じく臨《のぞ》めば反《かえ》りて家《いえ》を破《やぶ》る。身命吉星《しんめいきっせい》を須《すべか》らく細《こま》かく算《かぞ》えよ。陽宮《ようきゅう》に日《ひ》と月《つき》が間《まじ》われば栄華《えいが》である。

「兄弟宮《けいていきゅう》」土《ど》兄弟《けいてい》　兄弟《けいてい》に臨《のぞ》む土《ど》は五人《ごにん》に同《あ》う。他《た》之《の》力《ちから》を得《え》て福《ふく》は重重《じゅうじゅう》である。異姓《いせい》を招《まね》いて兄弟《けいてい》を為《な》すを恐《おそ》れる。四海《しかい》に相《あ》い逢《あ》うも也是《またこ》れ空《むな》しい。

「田宅宮《でんたくきゅう》」土《ど》田宅《でんたく》　尊位《そんい》の土星《どせい》は陽徳《ようとく》と為《な》す。高《たか》く強宮《きょうきゅう》を占《し》め福沢《ふくたく》を為《な》す。或《ある》いは四殺中《しさっちゅう》の当生《とうせい》に在《あ》れば、禍《わざわ》いを起《お》こし災《わざわ》いを生《う》みて能《よ》く滅《ほろ》ぶを豈《ほっ》する。

「男女宮《だんじょきゅう》」土《ど》男女《だんじょ》　五位《ごい》の土星《どせい》は陽宮《ようきゅう》に在《あ》れ。五箇《ごこ》の男児《だんじ》も逆《さか》らい尽《つく》して終《おわ》り、孛炁《はいき》が忽《にわか》に来《きた》り相《あ》い犯《おか》し着《つ》けば、男孫《だんそん》は疾患《しっかん》して半《なか》ばに空《むな》しく成《おわ》る。

「奴僕宮《ぬぼくきゅう》」土《ど》奴僕《ぬぼく》　奴僕宮中《ぬぼくきゅうちゅう》に土星《どせい》を見《み》れば、万般《ばんぱん》の謀《はかりごと》を運《はこ》びて一《ひと》つも成《な》ること無《な》し。釈道《しゃくどう》に如《ゆ》かざれば林教《りんきょう》に帰《かえ》れ。雲中《うんちゅう》に高臥《こうが》して大名《たいめい》が有《あ》る。

「夫妻宮《ふさいきゅう》」土《ど》妻妾《さいしょう》　土宿《どしゅく》は夜生《やうま》れに逢《あ》う可《べ》からず。七宮中《しちきゅうちゅう》に加《くわ》え臨《のぞ》むを切《せつ》に忌《い》む。坎宮《かんきゅう》が此《こ》の地《ち》に居《い》れば明健《めいけん》である。寿考《じゅこう》は雍容《ようよう》として福《ふく》は窮《きわ》まらず。

「疾厄宮《しつやくきゅう》」土《ど》疾厄《しつやく》　土《ど》の徳《とく》が疾厄《しつやく》に来《きた》り臨《のぞ》む時《とき》は、凶星焰焰《きょうせいえんえん》にして定《さだ》めて災危《さいき》である。多《おお》く聾唖《ろうあ》に因《よ》り双《なら》びに睛《ひとみ》を翳《おお》う。是《こ》れにあらずとも腰《こし》は駝《せむし》にして必《かなら》ず脾《ひぞう》を病《や》む。

「遷移宮《せんいきゅう》」土《ど》遷移《せんい》　土徳《どとく》は当生《とうせい》して九宮《きゅうきゅう》に在《あ》れ。命星《めいせい》は合《あ》い照《て》らして相《あ》い逢《あ》う莫《なか》れ。男人《だんにん》は他《た》の郷《さと》の裏《うら》に漂蕩《ひょうとう》し、女子《じょし》は外《そと》の姓《かばね》の中《うち》に淫奔《いんぽん》する。

「官禄宮《かんろくきゅう》」土官禄《どかんろく》　官禄《かんろく》の土星《どせい》は高強《こうきょう》を占《し》める。威厳《いげん》の兇悪《きょうあく》に当《あた》る可《べ》からず。若《も》し廟方《びょうほう》に在《あ》りて禄主《ろくしゅ》を為《な》せば、桓圭《かんけい》に端《たん》冕《べん》して君王《くんのう》に侍《はべ》る。

「福徳宮《ふくとくきゅう》」土福徳《どふくとく》　土星《どせい》が福徳《ふくとく》に照《て》らし臨《のぞ》む時《とき》は、若《も》し生方《せいほう》の処《ところ》ならば始《はじ》めて奇《き》を見《み》る。沙漠《さばく》に威名《いめい》を揚《かか》げて国《くに》を輔《たす》け、英声《えいせい》は伝播《でんぱ》して華夷《かい》を鎮《しず》める。

「相貌宮《そうぼうきゅう》」土相貌《どそうぼう》　土星《どせい》の凶《きょう》の熾《さか》んなるは聞《き》くに堪《た》えず。限弱《げんじゃく》の身《み》は衰《おとろ》え禍《わざわ》いの連《つら》なりを主《つかさ》どる。是《こ》れにあらずとも年《とし》が来《きた》りて羅蓋《らがい》に網《あみ》する。狂疾《きょうしつ》に身《み》を完《まっと》うせずを須《すべか》らく愁《うれ》う。

金星《きんせい》の交会《こうかい》　太白交会《たいはくこうかい》　聿斯経《いっしきょう》

「水星《すいせい》」金水《きんすい》　金水《きんすい》の二星《にせい》が若《も》し相《あ》い逢《あ》えば、官栄《かんえい》を俯《ふ》して取《と》り芥《あくた》を拾《ひろ》うが如《ごと》しである。大凡此《おおよそこ》れに遇《あ》えば非常《ひじょう》な喜《よろこ》びである。百六《ひゃくろく》が之《こ》れに逢《あ》えば吉泰《きったい》が多《おお》い。

「炁星《きせい》」金炁《きんき》　太白《たいはく》が紫気星《しきせい》に相《あ》い逢《あ》えば、彤庭《とうてい》の光耀《こうよう》は鯤《こん》と鯨《くじら》に化《か》す。夷狄《いてき》に威《おそ》れを加《くわ》える真《まこと》の将《かしら》と為《な》す。陰陽《いんよう》を燮理《しょうり》して帝庭《ていてい》を佐《たす》ける。

「孛星《はいせい》」金孛《きんはい》　金星《きんせい》が孛《はい》に与《くみ》して若《も》し縦横《じゅうおう》し、百六《ひゃくろく》が之《こ》れに逢《あ》えば大吉《だいきち》に亨《とお》る。人《ひと》が産《うま》れる時《とき》に遇《あ》えば須《すべか》らく飽暖《ほうだん》する。家《いえ》に金帛《きんぱく》が多《おお》く康寧《こうねい》を保《たも》つ。

「羅星《らせい》」金羅《きんら》　金星《きんせい》は天首《てんしゅ》に会《あ》うを喜《よろこ》ばず。狼《ざんにん》　戻《むさぼり》　奸《よこしま》　兇《わるもの》を為《な》す友《とも》と契《まじわ》る。富豪《ふごう》の苗裔《びょうえい》なれども卑微《ひび》なり。百六《ひゃくろく》が之《こ》れに当《あた》れば殃《わざわ》いは少《すく》なからず。

「計星《けいせい》」金計《きんけい》　金星《きんせい》が設《たと》えば若《も》し天尾《てんび》に逢《あ》えば、平生《へいぜい》に奸計《かんけい》して愚《おろ》かにして且《か》つ詭《いつわ》る。百六《ひゃくろく》が之《こ》れに当《あた》れば大《おお》いに祥《さいわ》いならず。財《ざい》を破《やぶ》り人《ひと》を亡《な》くし災病《さいびょう》を起《お》こす。

金星《きんせい》と十二支《じゅうにし》　太白入宮《たいはくにゅうきゅう》　枢要歌《すうようか》

「子《ね》」金子《きんね》　太白之《たいはくの》星《ほし》が宝瓶《ほうへい》に到《いた》れば、名《な》を玉輅《ぎょくろ》と為《な》し福《ふく》は軽《かる》く非《あら》ず。丙丁之命《ひのえひのとのめい》が如《も》し此《こ》れに逢《あ》えば、特《すぐ》れずとも長生《ながいき》して更《さら》に富英《ふうえい》である。

「丑《うし》」金丑《きんうし》　丑上《うしじょう》に来《きた》る金《きん》は天庫《てんこ》と名《な》づける。玉《ぎょく》は多《おお》く金《きん》は多《おお》く数《かず》を計《はか》り難《がた》し。少年《しょうねん》は鋭志《えいし》にして功名《こうみょう》が在《あ》る。声誉《せいよ》は播《は》揚《よう》して慕《した》われる所《ところ》の人《ひと》である。

「寅《とら》」金寅《きんとら》　人馬《じんば》の金星《きんせい》は毛頭《もうとう》と号《な》える。家財《かざい》を破蕩《はとう》して外《そと》の州《しま》に往《ゆ》く。須《すべか》らく是《こ》れが強宮《きょうきゅう》にして吉宿《きつしゅく》が多《おお》ければ、方《まさ》に能《よ》く救助《きゅうじょ》されて憂《うれ》いを為《な》さず。

「卯《う》」金卯《きんう》　卯上《うじょう》の金星《きんせい》は天敗《てんはい》と名《な》づける。去《きょ》を起《お》こし傷《そこな》うに逢《あ》いて人《ひと》は奈《べにりんご》ならず。年少《ねんしょう》は応《まさ》に須《すべか》らく六親《りくしん》を尅《こく》する。奔波《ほんぱ》し漂蕩《ひょうとう》して災害《さいがい》が多《おお》い。

「辰《たつ》」金辰《きんたつ》　辰宮《たつきゅう》に到《いた》る金《きん》は太常《たいじょう》と曰《い》う。庶人《しょじん》は此《こ》れを見《み》て始《はじ》めて良《よ》しと為《な》す。少年《しょうねん》の科甲《かこう》は天下《てんか》に名《な》づく。品秩《ひんちつ》に栄《さか》え遷《うつ》りて聖王《せいおう》を輔《たす》ける。

「巳《み》」金巳《きんみ》　巳《み》の金《きん》の天禄《てんろく》は本《も》と長生《ちょうせい》である。変曜《へんよう》の名《な》は天禄星《てんろくせい》と為《な》す。水《すい》に与《くみ》して同宮《どうきゅう》すれば最《もっと》も奇特《きとく》である。官《つかさ》は高《たか》く禄《ろく》は厚《あつ》く王庭《おうてい》を佐《たす》ける。

「午《うま》」金午《きんうま》　金星《きんせい》の変曜《へんよう》は天暘《てんえき》と曰《い》う。立宮《りっきゅう》に到《いた》る人《ひと》は大吉祥《だいきっしょう》である。子《こ》は孝廉《こうれん》を為《な》し臣《けらい》は節《せつ》を尽《つ》くす。直《ただち》に須《すべか》らく冕《かんむり》を簪《かざ》して君王《くんのう》を佐《たす》ける。

「未《ひつじ》」金未《きんひつじ》　巨蟹《きょかい》に居《い》る金《きん》は天倉《てんそう》と曰《い》う。水《すい》に与《くみ》して同宮《どうきゅう》すれば福禄《ふくろく》は昌《さか》んである。若《も》し是《こ》れ丙丁《ひのえひのと》の人《ひと》が此《こ》れに値《あ》えば、官《つかさ》は高位《こうい》に顕《あらわ》れて寿《とし》は延長《えんちょう》する。

「申《さる》」金申《きんさる》　太白《たいはく》が申《さる》に臨《のぞ》めば玉堂《ぎょくどう》と号《な》える。庚辛《かのえかのと》の人《ひと》は金郷《きんきょう》に旺《おう》ずるを見《み》る。若《も》し此《こ》れに羅火《らか》の同居《どうきょ》が无《な》ければ、須《すべか》らく生平《せいへい》の福《ふく》の熾昌《ししょう》なるを信《しん》ぜよ。

「酉《とり》」金酉《きんとり》　酉位《とりい》に居《い》る金《きん》は天印《てんいん》と名《な》づける。生来常《せいらいつね》に吉慶《きっけい》を管取《かんしゅ》する。火宿《かしゅく》が若《も》し還《かえ》りて相《あ》い会《あ》う時《とき》は、刑囚《けいしゅう》に破砕《はさい》されて災病《さいびょう》は多《おお》い。

「戌《いぬ》」金戌《きんいぬ》　宮分《きゅうぶん》の金《きん》は天吊星《てんちょうせい》と名《な》づける。火宿《かしゅく》に与《くみ》して相《あ》い隣《とな》るは宜《よろ》しからず。然《しか》して縦《たと》え夭《よう》ならずとも終《つい》に美《び》に非《あら》ず。襁褓《きょうほう》は須《すべか》らく当《まさ》に六親《りくしん》を尅《こく》する。

「亥《い》」金亥《きんい》　亥位《いい》に臨《のぞ》む金《きん》は天寿《てんじゅ》と号《な》える。但《およ》そ一生《いっしょう》を長《なが》く管《つかさ》どりて富《とみ》が有《あ》る。天《てん》の算《かず》は綿《つら》なり延《の》びて期《とき》の絶《た》えること无《な》し。熒惑《けいわく》に逢《あ》い反《かえ》りて咎《わざわ》いを為《な》すを怕《おそ》れる。

金星《きんせい》と二十八宿《にじゅうはっしゅく》　太白躔度《たいはくてんど》　玉関歌《ぎょくかんか》

「角宿《かくしゅく》」金角《きんかく》　角《かく》に躔《めぐ》る金星《きんせい》は天清《てんせい》と号《とな》える。年少《ねんしょう》に登科《とうか》して大名《たいめい》を擅《ほしいまま》にする。生平《せいへい》の衣禄《いろく》は豊《ゆた》かにして且《か》つ厚《あつ》い。清《せい》貴《き》の官《つかさ》を為《な》して朝廷《ちょうてい》を佐《たす》ける。

「亢宿《こうしゅく》」金亢《きんこう》　亢宿《こうしゅく》を躔《めぐ》る金《きん》は天昌《てんしょう》と号《とな》える。挺出《ていしゅつ》の英才《えいさい》にして姓字《せいじ》は香《かお》る。文武兼全《ぶんぶけんぜん》の宰輔《さいほ》と為《な》す。定《さだ》めて応《まさ》に旌節《せいせつ》は恩光《おんこう》を受《う》ける。

「氐宿《ていしゅく》」金氐《きんてい》　氐宿《ていしゅく》に躔《めぐ》る金《きん》は天将《てんしょう》と号《とな》える。少《わか》くして尊《とうと》い親《おや》を失《うしな》い自《おのず》から剛《つよ》い性《さが》となる。衣禄文章《いろくぶんしょう》は全《すべ》て自《おのず》から得《え》る。爹娘《ちちむすめ》をして損《そこな》い貪欲《どんよく》に教《せし》める莫《なか》れ。

「房宿《ぼうしゅく》」金房《きんぼう》　房宿《ぼうしゅく》に躔《めぐ》る金《きん》は天角《てんかく》と名《な》づける。衣禄《いろく》は生来殊《せいらいこと》に薄《うす》からず。義《ぎ》多《おお》く更《さら》に方円《ほうえん》の人《ひと》と為《な》す。形貌《けいぼう》は端荘《たんそう》にして又《また》多学《がく》である。

「心宿《しんしゅく》」金心《きんしん》　金《きん》が心宿《しんしゅく》に躔《めぐ》れば天孚《てんふ》の房《へや》である。襁褓之時《きょうほうのとき》の身《み》は亦孤《またひと》りである。温良《おんりょう》の心《こころ》を已《すで》に去《さ》りて好慾《こうよく》である。腹《はら》の内《うち》に文章《ぶんしょう》は一《ひと》つも些《わずか》も无《な》し。

「尾宿《びしゅく》」金尾《きんび》　尾宿《びしゅく》に躔《めぐ》る金《きん》は天殃《てんおう》と号《とな》える。骨肉資《こつにくし》材《ざい》は定《さだ》めて傷《そこな》うを見《み》る。若《も》し仙《せん》を修《しゅう》せず并《なら》びに徳《とく》を積《つ》まざれば、定《さだ》めて須《す》らく夭寿《ようじゅ》にして恓惶《せいこう》を見《み》る。

「箕宿《きしゅく》」金箕《きんき》　箕宿《きしゅく》に躔《めぐ》る金《きん》は天彤《てんとう》と号《とな》える。妻子《さいし》は乖離《かいり》して吉《きち》は凶《きょう》を見《み》る。家計《かけい》は縦《たと》え然《しか》して饒富《じょうふ》に足《た》りても、老年《ろうねん》は又貧窮《またひんきゅう》を免《まぬが》れず。

「斗宿《としゅく》」金斗《きんと》　斗宿《としゅく》に躔《めぐ》る金《きん》は天銓《てんせん》と号《とな》える。色《いろ》を貪《むさぼ》り財《ざい》を貪《むさぼ》りて行《おこな》いは賢《かしこ》からず。男女《だんじょ》が多《おお》いと雖《いえど》も終《つい》に是《こ》れを尅《こく》す。更《さら》に衣食《いしょく》は无《な》く安全《あんぜん》も少《すく》ない。

「牛宿《ぎゅうしゅく》」金牛《きんぎゅう》　牛宿《ぎゅうしゅく》に躔《めぐ》る金《きん》は天縄《てんじょう》と号《とな》える。色慾《しきよく》を多《おお》く貪《むさぼ》る淫《いん》の裡《うら》の命《めい》である。衣食《いしょく》は生来自《せいらいおのず》から豊《ゆた》かに足《た》る。晩年《ばんねん》は優裕《ゆうゆう》として安寧《あんねい》を享《う》ける。

「女宿《じょしゅく》」金女《きんじょ》　女宿《じょしゅく》に躔《めぐ》る金《きん》は天奸《てんかん》と号《とな》える。多《た》女《じょ》多《た》男《なん》は自《おのず》から間少《あいだすく》なし。若《も》し是《こ》れが十宮《じっきゅう》の星《ほし》の力《ちから》を得《え》れば、此《こ》の地《ち》の官《つかさ》為《な》さずを何《なん》ぞ愁《うれ》うか。

「虚宿《きょしゅく》」金虚《きんきょ》　虚宿《きょしゅく》に躔《めぐ》る金《きん》は天編《てんへん》と号《とな》える。美貌豊容《びぼうほうよう》にして福寿《ふくじゅ》は綿《つら》なる。災害《さいがい》に侵《おか》されずして黄耇《こうこう》に老《お》いる。衣禄《いろく》は随時《ずいじ》自然《しぜん》に全《そな》わる。

「危宿《きしゅく》」金危《きんき》　危宿《きしゅく》に躔《めぐ》る金《きん》は天兢《てんきょう》と号《とな》える。温倹忠良《おんけんちゅうりょう》にして性《さが》は自《おのず》から清《きよ》い。文学《ぶんがく》は定《さだ》めて須《すべか》らく女《おんな》に因《よ》りて富《と》む。文星《ぶんせい》が命《めい》に入《はい》れば身《み》は官《つかさ》に出《い》づる。

「室宿《しっしゅく》」金室《きんしつ》　室宿《しっしゅく》に躔《めぐ》る金《きん》は天勲《てんくん》と号《とな》える。必《かなら》ず遷官《せんかん》を主《つかさ》どりて帝君《ていくん》に近《ちか》づく。声《こえ》は四方《しほう》を振《にぎわ》し節鉞《せつえつ》を持《も》つ。枢密《すうみつ》の位《くらい》に登《のぼ》り大《おお》いに尊栄《そんえい》する。

「壁宿《へきしゅく》」金壁《きんへき》　壁宿《へきしゅく》に躔《めぐ》る金《きん》は天光《てんこう》と号《とな》える。彭祖《ほうそ》の年時《ねんじ》にして寿命《じゅみょう》は長《なが》い。若《も》し是《こ》れが女人《にょにん》ならば財《ざい》に旺《おう》じて喜《よろこ》ぶ。豊《ほう》容《よう》の美貌《びぼう》にして才郎《さいろう》に嫁《とつ》ぐ。

「奎宿《けいしゅく》」金奎《きんけい》　奎宿《けいしゅく》に躔《めぐ》る金《きん》は天厭《てんよう》と名《な》づける。功名《こうみょう》を未《いま》だ遂《と》げずとも身《み》は賤《いや》しからず。温厚《おんこう》にして更《さら》に寛容《かんよう》の人《ひと》と為《な》す。性《さが》は孤高《ここう》と識《し》れども多《おお》く有《あ》るを見《み》る。

「婁宿《るしゅく》」金婁《きんる》　婁宿《るしゅく》に躔《めぐ》る金《きん》は天薨《てんこう》と号《とな》える。必《かなら》ず定《さだ》めて少《わか》くに親《おや》を失《うしな》う人《ひと》と為《な》す。酒色《しゅしょく》の是非《ぜひ》は応《まさ》に免《まぬが》れず。晩年《ばんねん》は富《ふう》貴《き》にして平生《へいぜい》を楽《たの》しむ。

「胃宿《いしゅく》」金胃《きんい》　胃宿《いしゅく》に躔《めぐ》る金《きん》は天端《てんたん》と号《とな》える。命《めい》が若《も》し之《こ》れに逢《あ》えば五品《ごひん》の官《つかさ》である。任《つと》めは是《こ》れ兵刑《へいけい》に法令《ほうれい》を兼《か》ねる。定《さだ》めて須《すべか》らく金鑾《きんらん》に出入《しゅつにゅう》して侍《はべ》る。

「昴宿《ぼうしゅく》」金昴《きんぼう》　昴宿《ぼうしゅく》に躔《めぐ》る金《きん》は天璋《てんしょう》と号《とな》える。官《つかさ》を為《な》して速《はや》く進《すす》み関梁《せきりょう》を任《つと》める。卿監《けいかん》の位《くらい》の中《うち》に早《はや》く名《な》を得《え》る。也須《またすべか》らく腰《こし》は紫《むらさき》にして金章《きんしょう》を佩《も》つ。

「畢宿《ひっしゅく》」金畢《きんひつ》　畢宿《ひっしゅく》に躔《めぐ》る金《きん》は天聯《てんれん》と号《とな》える。赫奕《かくえき》たる功名《こうみょう》にて帝《みかど》の前《まえ》に近《ちか》づく。台《うてな》の観察使《かんさつし》に外《はず》れるを作《な》さず。須《すべか》らく廊廟《ろうびょう》に登《のぼ》り職《しょく》を陞遷《しょうせん》する。

「觜宿《ししゅく》」金觜《きんし》　觜宿《ししゅく》に躔《めぐ》る金《きん》は天営《てんえい》と号《とな》える。文章《ぶんしょう》は世《よ》に冠《すぐ》れて衆群《しゅうぐん》に出《い》づる。翰苑《かんえん》の声名《せいめい》は藻麗《もれい》を詞《つげ》る。也須《またすべか》らく上《じょう》国《こく》に功勲《こうくん》を立《た》てる。

「参宿《さんしゅく》」金参《きんさん》　参宿《さんしゅく》に躔《めぐ》る金《きん》は天晶《てんしょう》と号《とな》える。学問《がくもん》の詞《ことば》は世《よ》に冠《すぐ》れたる英《はなぶさ》の鋒《ほこ》である。若《も》し是《こ》の宮《きゅう》が官星《かんせい》の力《ちから》を得《え》れば、定《さだ》めて須《すべか》らく貴《き》籍《せき》に早《はや》く標名《ひょうめい》する。

「井宿《せいしゅく》」金井《きんせい》　井宿《せいしゅく》に躔《めぐ》る金《きん》は是《こ》れ吉宮《きちきゅう》である。高才博学《こうさいはくがく》にして福《ふく》は丰隆《ぼうりゅう》する。官《つかさ》を為《な》し定《さだ》めて是《こ》れ廊廟《ろうびょう》に居《い》る。福《ふく》は蒼《そう》生《せい》に及《およ》び禄《ろく》は万鍾《ばんしょう》である。

「鬼宿《きしゅく》」金鬼《きんき》　鬼宿《きしゅく》に躔《めぐ》る金《きん》は天淫《てんいん》と号《とな》える。婦女《ふじょ》が之《こ》れに逢《あ》えば外心《がいしん》が有《あ》る。戒行《かいぎょう》に循《したが》わずして酒色《しゅしょく》に迷《まよ》う。平生《へいぜい》の衣《い》食《しょく》は自《おのず》から来《きた》り臨《のぞ》む。

「柳宿《りゅうしゅく》」金柳《きんりゅう》　柳宿《りゅうしゅく》に躔《めぐ》る金《きん》は天関《てんかん》と号《とな》える。快楽《かいらく》の平生《へいぜい》にして衣食《いしょく》は閑《みやびやか》である。男女《だんじょ》は更《さら》に多《おお》く人貴《じんき》を垂《のこ》す。財物《ざいぶつ》は丰盈《ぼうえい》して性《さが》は尤《もっと》も寛《ひろ》い。

「星宿《せいしゅく》」金星《きんせい》　星宿《せいしゅく》に躔《めぐ》る金《きん》は天熒《てんけい》と号《とな》える。理義《りぎ》に精通《せいつう》する冠群《かんぐん》の学《がく》である。更《さら》に若《も》し火星《かせい》が此《こ》れに来《きた》りて会《あ》えば、酒《しゅ》色《しょく》の是非《ぜひ》は聞《き》くに耐《た》えず。

「張宿《ちょうしゅく》」金張《きんちょう》　張宿《ちょうしゅく》に躔《めぐ》る金《きん》は天暘《てんえき》と号《とな》える。財物《ざいぶつ》を多《おお》く貪《むさぼ》り行《おこな》いは良《よ》からず。若《も》し是《こ》れならば妻《つま》は遅《おそ》く子《こ》は得難《えがた》し。平平《へいへい》の衣食《いしょく》は寿《とし》を延長《えんちょう》する。

「翼宿《よくしゅく》」金翼《きんよく》　翼宿《よくしゅく》に躔《めぐ》る金《きん》は天英《てんえい》と号《とな》える。学問文章《がくもんぶんしょう》に大名《たいめい》が顕《あらわ》れる。経術《けいじゅつ》は更《さら》に能《よ》く顕著《けんちょ》に修《おさ》める。此《こ》の身《み》は栄貴《えいき》にして平生《へいぜい》を楽《たの》しむ。

「軫宿《しんしゅく》」金軫《きんしん》　軫宿《しんしゅく》に躔《めぐ》る金《きん》は天程《てんてい》と号《とな》える。口舌軽狂《くぜつけいきょう》の兇害《きょうがい》の星《ほし》である。言語《げんご》は心《こころ》に真《まこと》ならず泛濫《はんらん》する。多端《たたん》の非礼《ひれい》に奸名《かんめい》が有《あ》る。

金星《きんせい》と十二宮《じゅうにきゅう》　太白照宮《たいはくしょうきゅう》　琅玕経《ろうかんきょう》

「命宮《めいきゅう》」金命宮《きんめいきゅう》　金《きん》は義《ぎ》の多《おお》い人《ひと》を主《つかさ》どる。心《こころ》は明《あか》るく志《こころざし》は自《おのず》から豪《ひい》でる。公《きみ》に倚《よ》りて成《な》し勢《いきお》いに附《つ》く。権《ちから》を用《もち》いて自《おのず》から能《よ》く高《たか》い。妻《つま》を娶《めと》りても賛《たた》えは无《な》しの如《ごと》し。男児《だんじ》は晩歳《ばんさい》に牢《ろうごく》である。初年《しょねん》は多《おお》く偃蹇《えんけん》し、成敗《せいばい》を屢経《しばしばへ》て遭《あ》う。

又曰《またいわ》く、金星《きんせい》は吉曜《きちよう》にして最《もっと》も佳《か》と為《な》す。華麗《かれい》の文章《ぶんしょう》は世《よ》に誇《ほこ》る所《ところ》である。当年《とうねん》に凶忌《きょうき》をして犯使《はんせし》める莫《なか》れ。貴《き》族《ぞく》と婚《こん》姻《いん》して福《ふく》に涯无《はてな》し。

「財帛宮《ざいはくきゅう》」金財帛《きんざいはく》　財帛《ざいはく》に居《い》る金《きん》は喜《よろこ》びを深《ふか》く為《な》す。女《おんな》の禄《ろく》を多《おお》く招《まね》いて衆《しゅう》の欲《のぞ》む所《ところ》である。火孛《かはい》が尅犯《こくはん》に来《きた》るを只憂《ただうれ》う。中年《ちゅうねん》は早《はや》い灰心《かいしん》を惟恐《ただおそ》れる。

「兄弟宮《けいていきゅう》」金兄弟《きんけいてい》　第三宮《だいさんきゅう》の内《うち》に金星《きんせい》を見《み》れば、又手足《またてあし》の情《こころ》は金《きん》を分《わ》かつと断《だん》ぜよ。是《こ》れは雁行《がんこう》が同気《どうき》の者《もの》と雖《いえど》も、反《かえ》りて背面《はいめん》を成《な》し相《あ》い親《した》しまず。

「田宅宮《でんたくきゅう》」金田宅《きんでんたく》　金星《きんせい》は吉曜《きちよう》にして奇局《ききよく》を成《な》す。田宅《でんたく》が之《こ》れに逢《あ》えば福《ふく》を厚《あつ》く主《つかさ》どる。上下《じょうげ》に加《くわ》え臨《のぞ》めば刑《けい》を見《み》ず。一《いっ》世《せい》は安栄《あんえい》して自《おのず》から豊足《ほうそく》する。

「男女宮《だんじょきゅう》」金男女《きんだんじょ》　第五《だいご》別《べつ》の金星《きんせい》は奇《き》を為《な》す。子息《しそく》は当《まさ》に四児《しじ》が有《あ》ると推《お》せ。火尅《かこく》の逢《ほう》をして同宮使《どうきゅうせし》める莫《なか》れ。栄宗耀祖《えいそうようそ》を須《すべか》らく疑《うたが》わず。

「奴僕宮《ぬぼくきゅう》」金奴僕《きんぬぼく》　金星《きんせい》が奴僕限宮《ぬぼくげんきゅう》の時《とき》は、年少《ねんしょう》は還《かえ》りて須《すべか》らく少妻《しょうさい》を尅《こく》する。又交朋《またこうほう》を主《つかさ》どり親戚《しんせき》に与《くみ》する。直《ただち》に饒《ゆた》かに面《めん》すれども是《こ》れ皆非《みなひ》を成《な》す。

「夫妻宮《ふさいきゅう》」金妻妾《きんさいしょう》　金星《きんせい》は本《も》と是《こ》れ妻星《さいせい》と号《とな》える。高強《こうきょう》に在《あ》り廟旺《びょうおう》に行《めぐ》るを要《もと》める。夫婦《ふうふ》は共《とも》に栄《さか》え福《ふく》の兆《きざし》が多《おお》い。若《も》し火《か》の尅《こく》に逢《あ》えば又刑《またけい》に遭《あ》う。

「疾厄宮《しつやくきゅう》」金疾厄《きんしつやく》　疾厄《しつやく》に金《きん》が臨《のぞ》めば本《も》と是《こ》れは良《よ》い。英雄《えいゆう》の気概《きがい》にして災殃《さいおう》は少《すく》ない。若《も》し来《きた》る火孛《かはい》をして交会教《こうかいせし》めれば、骨折根傷《こっせつこんしょう》に当《あた》る可《べ》からず。

「遷移宮《せんいきゅう》」金遷移《きんせんい》　金星《きんせい》は地《ち》を得《え》て遷移《せんい》を照《て》らす。調仕《ちょうし》に栄《さか》え遷《うつ》りて福《ふく》は自《おのず》から宜《よろ》しい。若《も》し更《さら》に命《めい》を凶曜《きょうよう》が照《て》らさ无《な》ければ、云梯《うんてい》の上《うえ》より平地《へいち》を仰観《ぎょうかん》する。

「官禄宮《かんろくきゅう》」金官禄《きんかんろく》　官禄宮中《かんろくきゅうちゅう》の太白星《たいはくせい》は、方《まさ》に地《ち》を照《て》らし臨《のぞ》みて豪英《ごうえい》を産《う》む。若《も》し禄主《ろくしゅ》を為《な》し強位《きょうい》に居《い》れば、文武《ぶんぶ》双全《そうぜん》にして聖明《せいめい》を佐《たす》ける。

「福徳宮《ふくとくきゅう》」金福徳《きんふくとく》　福徳《ふくとく》に居《い》る金《きん》は最《もっと》も奇《き》に称《かな》う。徳《とく》は高門《こうもん》を照《て》らし貴児《きじ》を長《そだ》てる。世《よ》に冠《すぐ》れたる英雄《えいゆう》にして錦繍《きんしゅう》を攄《のべ》る。禹門《うもん》に一躍《いちやく》して天池《てんち》を過《す》ぎる。

「相貌宮《そうぼうきゅう》」金相貌《きんそうぼう》　相貌《そうぼう》の金星《きんせい》は西隣《せいりん》に並《なら》ぶ。一部《いちぶ》髭鬚髯《ししゅあごひげ》は口《くち》に入《はい》る。若《も》し貴人《きじん》に遇《あ》い接引《せついん》に相《あ》えば、定《さだ》めて胥吏《しょり》を為《な》し公庭《こうてい》を去《さ》る。

水星《すいせい》の交会《こうかい》　辰星交会《しんせいこうかい》　聿斯経《いつしきょう》

「炁星《きせい》」水炁《すいき》　水星《すいせい》は紫炁《しき》に喜《よろこ》びて相《あ》い当《あた》る。天《てん》は斯《こ》の文《ふみ》を産《う》み福《ふく》の勢《いきお》いは昌《さか》んである。官爵《かんしゃく》に顕栄《けんえい》して家《いえ》は又富《またと》む。千《せん》の斯《こ》の倉《くら》は万《まん》の斯《こ》の箱《はこ》に与《くみ》する。

「孛星《はいせい》」水孛《すいはい》　辰星《しんせい》は彗《すい》と相《あ》い交《まじ》わるを欲《ほっ》せず。男《おとこ》は則《すなわ》ち奴《やっこ》と為《な》し女《おんな》は婢《はしため》と為《な》す。邪淫《じゃいん》に濁《にご》り濫《みだ》れて貧寒《ひんかん》を主《つかさ》どる。百《ひゃっ》計千謀《けいせんぼう》は一《ひと》つも遂《と》げること无《な》し。

「羅星《らせい》」水羅《すいら》　水星《すいせい》は羅《ら》に与《くみ》して同《あ》うを最《もっと》も忌《い》む。此《こ》れに値《あ》えば須《すべか》らく一世《いっせい》をして窮《きゅう》に教《せし》める。不孝不忠《ふこうふちゅう》にして多《おお》く暴《ぼう》虐《ぎゃく》である。然《しか》らざれば盲聾《もうろう》与《なら》びに瘖唖《いんあ》である。

「計星《けいせい》」水計《すいけい》　水《すい》が計都《けいと》に与《くみ》して相《あ》い照《て》らし会《あ》えば、欠唇《けっしん》か跛足《ひそく》か并《なら》びに駝背《だはい》である。或《ある》いは癖疾《へきしつ》を生《う》み女《おんな》は多淫《たいん》である。法場《ほうじょう》に入《はい》らざれば徒配《とはい》なり。

水星《すいせい》と十二支《じゅうにし》　辰星入宮《しんせいにゅうきゅう》　枢要歌《すうようか》

「子《ね》」水子《すいね》　斉瓶《せいへい》に到《いた》る水《すい》は玉池《ぎょくち》と号《とな》える。衢《みち》を亨《とお》り快歩《かいほ》して遅疑《ちぎ》は莫《な》し。此《こ》れは学館《がっかん》と為《な》す利名《りめい》の地《ち》である。軒冕栄華《けんべんえいが》にして聖時《せいじ》を佐《たす》ける。

「丑《うし》」水丑《すいうし》　丑位《うしい》に居《い》る水《すい》は晨門《しんもん》と号《とな》える。朝斗《ちょうと》は明《あか》りを分《わ》かち勢尊《せいそん》を主《つかさ》どる。若《も》し変《かわ》らず刑暗耗《けいあんもう》を為《な》さざれば、少年《しょうねん》に及弟《きゅうだい》して殊勲《しゅくん》を立《た》てる。

「寅《とら》」水寅《すいとら》　寅上《とらじょう》に臨《のぞ》む水《すい》は天懿《てんい》と名《な》づける。一生《いっしょう》を管取《つかさど》りて阻滞《そたい》は无《な》し。設《たと》えば若《も》し木星《もくせい》と合《あ》い会《あ》う時《とき》は、惟《ただ》ならず利《り》禄名《ろくめい》を兼《か》ね遂《と》げる。

「卯《う》」水卯《すいう》　卯地《うち》に流《なが》れる水《すい》は困苦《こんく》と名《な》づける。只此《ただこ》の星《ほし》は本《も》と主《しゅ》を傷《そこな》うを怕《おそ》れる。役役《えきえき》に奔波《ほんぱ》して難辛《なんしん》を受《う》ける。纔《わず》かに清閑《せいかん》を得《え》るとも漂蕩《ひょうとう》に去《さ》る。

「辰《たつ》」水辰《すいたつ》　水《すい》を得《え》る辰宮《たつきゅう》は琴堂《きんどう》と号《とな》える。太白《たいはく》が同《おな》じく行《めぐ》れば福《ふく》は倍《ばい》に昌《さか》んである。之《こ》れに逢《あ》う人命《じんめい》は多《おお》く吉泰《きったい》である。少年《しょうねん》に顕達《けんたつ》して名揚《めいよう》を把《にぎ》る。

「巳《み》」水巳《すいみ》　巳上《みじょう》に来《きた》る水《すい》は栄名《えいめい》と号《とな》える。楽廟之宮《らくびょうのきゅう》は万事《ばんじ》が亨《とお》る。若《も》し金星《きんせい》を得《え》て同《おな》じく此《こ》れに会《あ》えば、黒頭《こくとう》早《はや》く翰林《かんりん》に声《こわね》を著《あらわ》す。

「午《うま》」水午《すいうま》　獅子《しし》に臨《のぞ》む水《すい》は天温《てんおん》と曰《い》う。日《ひ》に与《くみ》して同《おな》じく行《めぐ》れば文《ふみ》が倍《ま》して有《あ》る。設《たと》えば若《も》し変《かわ》りて官禄主《かんろくしゅ》を為《な》せば、名《な》は高《たか》い位《くらい》に顕《あらわ》れて衆人《しゅうじん》は尊《とうと》ぶ。

「未《ひつじ》」水未《すいひつじ》　未《ひつじ》に逢《あ》う水曜《すいよう》は天乙《てんおつ》と名《な》づける。月《つき》に与《くみ》して同宮《どうきゅう》すれば方《まさ》に格《かく》に入《はい》る。縦《たと》えば然《しか》して悪曜《あくよう》が相《あ》い会《あ》いて行《めぐ》るとも、也須《またすべか》らく顕達《けんたつ》して家宅《かたく》は栄《さか》える。

「申《さる》」水申《すいさる》　申位《さるい》に居《い》る水《すい》は栄顕《えいけん》と名《な》づける。此《こ》れは是《こ》の本垣《ほんえん》にして否塞《ひそく》无《な》し。庚与《かのえなら》びに壬《みずのえ》の人《ひと》が若《も》し之《こ》れを見《み》れば、修《しゅう》文《ぶん》して方《まさ》に青銭《せいせん》の中《うち》に選《えら》ばれる。

「酉《とり》」水酉《すいとり》　是《こ》れ水星《すいせい》は禄元《ろくげん》が絶《た》えて来《きた》る。酉位《とりい》に居《い》るを嫌《きら》いて安寧《あんねい》ならず。生来《せいらい》の用事《ようじ》は多《おお》く迍《たちもとお》り滞《とどこお》る。縦《たと》え家財《かざい》が有《あ》りても也凌《またひむろ》に替《かわ》る。

「戌《いぬ》」水戌《すいいぬ》　白羊《はくよう》に在《あ》る水《すい》は伏尸《ふくし》と号《とな》える。一生《いっしょう》は迍《たちもとお》り滞《とどこお》り災厄《さいやく》を主《つかさ》どる。吉曜《きちよう》に逢《あ》い扶助《ふじょ》に相《あ》うと雖《いえど》も、便《すなわ》ち成名《せいめい》を得《え》るは且《か》つ亦遅《またおそ》い。

「亥《い》」水亥《すいい》　亥宮《いきゅう》の天綬《てんじゅ》は水之精《すいのせい》である。兵機《へいき》を掌握《しょうあく》して虜《とりこ》の人《もの》を挫《とりひし》ぐ。官禄《かんろく》や遷移《せんい》や身《しん》や命《めい》に値《あ》えば、方外《ほうがい》に名《な》を揚《あ》げずとも何《なん》ぞ愁《うれ》うか。

水星《すいせい》と二十八宿《にじゅうはっしゅく》　辰星躔度《しんせいてんど》　玉関歌《ぎょくかんか》

「角宿《かくしゅく》」水角《すいかく》　角宿《かくしゅく》に躔《めぐ》る水《すい》は天成《てんせい》と号《とな》える。清秀《せいしゅう》の文章《ぶんしょう》にして学術《がくじゅつ》に明《あか》るい。喜怒《きど》は无常《むじょう》にして心定《こころさだ》まらずとも、平生《へいぜい》の衣禄《いろく》は自《おのず》から豊盈《ほうえい》する。

「亢宿《こうしゅく》」水亢《すいこう》　亢宿《こうしゅく》に躔《めぐ》る水《すい》は天津《てんしん》と号《とな》える。容貌《ようぼう》は清奇《せいき》にして道術《どうじゅつ》に通《つう》ずる。心《こころ》は清閑《せいかん》に暇《くつろ》いで文章《ぶんしょう》を作《な》す。多智多能《たちたのう》にして音律《おんりつ》を善《よ》くする。

「氐宿《ていしゅく》」水氐《すいてい》　氐宿《ていしゅく》に躔《めぐ》る水《すい》は天旨《てんし》と号《とな》える。言語《げんご》は聡明《そうめい》にして謹《つつ》しみの道《みち》を知《し》る。人情《にんじょう》を好《この》みて悪性《あくせい》に能《よ》く通《つう》ずる。吉《きち》に遇《あ》えば終《つい》に須《すべか》らく文学《ぶんがく》の貴《き》である。

「房宿《ぼうしゅく》」水房《すいぼう》　房宿《ぼうしゅく》に躔《めぐ》る水《すい》は天淫《てんいん》と号《とな》える。智識聡明《ちしきそうめい》にして太古《たいこ》の心《こころ》である。衣禄《いろく》は自然《しぜん》に情《こころ》は泛濫《はんらん》する。文章学術《ぶんしょうがくじゅつ》が有《あ》り欽《つつし》みの人《ひと》である。

「心宿《しんしゅく》」水心《すいしん》　心宿《しんしゅく》に躔《めぐ》る水《すい》は天凌《てんりょう》と号《とな》える。情潔《じょうけつ》にして快《こころよ》い性情《せいじょう》の人《ひと》と為《な》す。巧《たく》みに計《はか》り多《おお》く文業《ぶんぎょう》の事《こと》を修《おさ》め、聡明才《そうめいさい》芸《げい》を両《なら》びに三分《さんぶん》する。

「尾宿《びしゅく》」水尾《すいび》　尾宿《びしゅく》に躔《めぐ》る水《すい》は天澄《てんちょう》と号《とな》える。理義《りぎ》に該通《がいつう》して学術《がくじゅつ》に明《あか》るくとも、資財《しざい》は耗散《こうさん》して災否《さいひ》は多《おお》い。惟風狂《ただふうきょう》の疾《やまい》が身《み》を染《そ》めるを恐《おそ》れる。

「箕宿《きしゅく》」水箕《すいき》　箕宿《きしゅく》に躔《めぐ》る水《すい》は天淫《てんいん》と号《とな》える。快楽《かいらく》の心《こころ》にして閑《ひま》を楽《たの》しみ自《おのず》から真《まこと》である。平生《へいぜい》の衣食《いしょく》に亦財《またざい》は足《た》る。文《ぶん》詞《し》道芸《どうげい》を細《こま》やかに評論《ひょうろん》する。

「斗宿《としゅく》」水斗《すいと》　斗宿《としゅく》に躔《めぐ》る水《すい》は天徳《てんとく》と号《とな》える。文章《ぶんしょう》は誉俊《ほまれすぐ》れて心《こころ》は耿《あか》るく直《なお》しい。子孫《しそん》は栄貴《えいき》にして和《なご》み且《か》つ楽《たの》しむ。豊《ほう》衣《い》に食《しょく》が足《た》りても語言《ごげん》は渋《しぶ》る。

「牛宿《ぎゅうしゅく》」水牛《すいぎゅう》　牛宿《ぎゅうしゅく》に躔《めぐ》る水《すい》は天甄《てんけん》と号《とな》える。和気《わき》の交友《こうゆう》は子孫《しそん》を益《ま》す。機密《きみつ》の謀《はかりごと》を為《な》して人《ひと》に識《し》れず。多《おお》く財印《ざいいん》を人心《じんしん》の外《そと》に得《え》る。

「女宿《じょしゅく》」水女《すいじょ》　女宿《じょしゅく》に躔《めぐ》る水《すい》は天駅《てんえき》と号《とな》える。眼疾《がんしつ》にして朦朧《もうろう》なれども是《こ》れ貴人《きじん》である。学《がく》を好《この》みても財《ざい》を貪《むさぼ》り議論《ぎろん》が多《おお》い。平生《へいぜい》の衣食《いしょく》は艱辛《かんしん》なり。

「虚宿《きょしゅく》」水虚《すいきょ》　虚宿《きょしゅく》に躔《めぐ》る水《すい》は天馴《てんしゅん》と号《とな》える。清潔《せいけつ》の人《ひと》と為《な》し財《ざい》は亦匀《またととの》う。多能多技《たのうたぎ》にして心《こころ》は亦善《またよ》い。弟兄《ていけい》は考順《こうじゅん》にして天倫《てんりん》を楽《たの》しむ。

「危宿《きしゅく》」水危《すいき》　危宿《きしゅく》に躔《めぐ》る水《すい》は天中《てんちゅう》と号《とな》える。語《ことば》は渋《しぶ》り心《こころ》は難《くるし》み眼《め》は半朧《はんろう》である。中末之年《ちゅうまつのとし》に方《まさ》に力《ちから》を得《え》る。財物《ざいぶつ》が外《そと》から入《はい》り稍寛容《ややかんよう》となる。

「室宿《しっしゅく》」水室《すいしつ》　室宿《しっしゅく》に躔《めぐ》る水《すい》は天攸《てんゆう》と号《とな》える。文学聡明《ぶんがくそうめい》にして智慧《ちえ》に優《すぐ》れる。歴事《れきじ》も心《こころ》を預《あらかじ》め測《はか》るに未《いま》だ能《あた》わず。算籌《さんちゅう》を多《おお》く計《はか》り閑幽《かんゆう》を楽《たの》しむ。

「壁宿《へきしゅく》」水壁《すいへき》　壁宿《へきしゅく》に躔《めぐ》る水《すい》は天池《てんち》と号《とな》える。智慧多能《ちえたのう》なる有志《ゆうし》の桃《もも》である。天文《てんもん》の玄象《げんしょう》に多《おお》く洞達《どうたつ》する。平生《へいぜい》の衣食《いしょく》は虧《か》けるに相《あ》わず。

「奎宿《けいしゅく》」水奎《すいけい》　奎宿《けいしゅく》に躔《めぐ》る水《すい》は天凌《てんりょう》と号《とな》える。忠直《ちゅうちょく》の人《ひと》と為《な》し急《きゅう》の性情《せいじょう》である。財禄《ざいろく》は自然《しぜん》に多《おお》く積聚《せきしゅう》する。平生《へいぜい》は多事《たじ》にして安寧《あんねい》ならず。

「婁宿《るしゅく》」水婁《すいる》　婁宿《るしゅく》に躔《めぐ》る水《すい》は天斯《てんし》と号《とな》える。耿《あか》るく直《なお》しい人《ひと》と為《な》し斯《さ》くを受《う》けず。衣禄《いろく》は豊盈《ほうえい》して意《い》に多《おお》く称《かな》う。一《いっ》生《しょう》は快活《かいかつ》にして凶危《きょうき》は少《すく》ない。

「胃宿《いしゆく》」水胃《すいい》　胃宿《いしゆく》に躔《めぐ》る水《すい》は天泓《てんおう》と号《とな》える。耿介《こうかい》の人《ひと》と為《な》し記事《きじ》に明《あか》るい。忠孝《ちゆうこう》は心《こころ》に存《あ》りて多《おお》く執拘《しつこう》する。官《つかさ》を為《な》しても衣禄《いろく》は未《いま》だ安寧《あんねい》ならず。

「昴宿《ぼうしゆく》」水昴《すいぼう》　昴宿《ぼうしゆく》に躔《めぐ》る水《すい》は天闉《てんいん》と号《とな》える。容貌《ようぼう》は清奇《せいき》にして五音《ごおん》を識《し》る。心《こころ》に謀《はかりごと》を巧《たく》みに計《はか》り事況《じきよう》を静《しず》める。衣禄《いろく》は平平《へいへい》にして禍《わざわ》いに侵《おか》されず。

「畢宿《ひつしゆく》」水畢《すいひつ》　畢宿《ひつしゆく》に躔《めぐ》る水《すい》は天淋《てんりん》と号《とな》える。歴事《れきじ》に三思《さんし》して性《さが》は又欽《またつつし》む。容貌《ようぼう》は清奇《せいき》にして衣食《いしよく》は厚《あつ》い。文才《ぶんさい》と学問《がくもん》に胸襟《きようきん》は満《み》ちる。

「觜宿《ししゆく》」水觜《すいし》　觜宿《ししゆく》に躔《めぐ》る水《すい》は天枢《てんすう》と号《とな》える。清白《せいはく》の人《ひと》と為《な》し読書《どくしよ》を好《この》む。多芸多才《たげいたさい》にして智巧《ちこう》が多《おお》い。平生《へいぜい》の歓楽《かんらく》は遠《えん》行《こう》に居《い》る。

「参宿《さんしゆく》」水参《すいさん》　参宿《さんしゆく》に躔《めぐ》る水《すい》は正廟《せいびよう》に居《い》る。文星《ぶんせい》の入廟《にゆうびよう》は囚扶《しゆうふ》を要《もと》める。水宿《すいしゆく》は聡明《そうめい》にして多《おお》く動《うご》くを好《この》む。囚《しゆう》を能《よ》く自《おのず》から執《と》りて凶《きよう》を虞《おそ》れず。

「井宿《せいしゆく》」水井《すいせい》　井宿《せいしゆく》に躔《めぐ》る水《すい》は天潯《てんしん》と号《とな》える。心《こころ》は清閑《せいかん》を好《この》み志量《しりよう》は深《ふか》い。籌算《ちゆうさん》と文章《ぶんしよう》の人《ひと》にして薦《しき》りに用《もち》いる。声名《せいめい》は遠播《えんぱ》して儒林《じゆりん》に在《あ》る。

「鬼宿《きしゆく》」水鬼《すいき》　鬼宿《きしゆく》に躔《めぐ》る水《すい》は天洪《てんこう》と号《とな》える。静《せい》を好《この》む人《ひと》と為《な》し更《さら》に美容《びよう》である。心《こころ》の内《うち》は洞明《どうめい》に道釈《どうしやく》を兼《か》ねる。衆人《しゆうじん》は欽敬《きんけい》して楽《らく》は窮《きわ》まること无《な》し。

「柳宿《りゆうしゆく》」水柳《すいりゆう》　柳宿《りゆうしゆく》に躔《めぐ》る水《すい》は天注《てんちゆう》と号《とな》える。柔善《じゆうぜん》の人《ひと》を為《な》し去世《きよせい》に当《あた》る。文章《ぶんしよう》を能《よ》く作《な》して心《こころ》を巧《たく》みに計《はか》る。閭里《りより》の声名《せいめい》は称揚《しようよう》が有《あ》る。

「星宿《せいしゆく》」水星《すいせい》　星宿《せいしゆく》に躔《めぐ》る水《すい》は天清《てんせい》と号《とな》える。伏《ふく》を見《み》れば皆能《みなよ》く官職《かんしよく》が増《ま》す。日《ひ》に与《くみ》して同宮《どうきゆう》すれば須《すべか》らく大用《たいよう》である。定《さだ》めて喉舌《こうぜつ》と為《な》し街《まち》を行《めぐ》る玉《たま》である。

「張宿《ちようしゆく》」水張《すいちよう》　張宿《ちようしゆく》に躔《めぐ》る水《すい》は天栄《てんえい》と号《とな》える。富貴《ふうき》双全《そうぜん》にして性《さが》は又霊《またくし》びである。文武《ぶんぶ》を相《あ》い兼《か》ねて皆並《みななら》びに用《もち》いる。賢能《けんのう》の兄弟《けいてい》は朝廷《ちようてい》を佐《たす》ける。

「翼宿《よくしゆく》」水翼《すいよく》　翼宿《よくしゆく》に躔《めぐ》る水《すい》は天異《てんい》と号《とな》える。年少《ねんしよう》に登科《とうか》して文学《ぶんがく》を済《す》む。清華《せいか》の要路《ようろ》に驟《にわ》かに栄《さか》え遷《うつ》る。日《ひ》に与《くみ》して同《おな》じく行《めぐ》れば須《すべか》らく大貴《たいき》である。

「軫宿《しんしゆく》」水軫《すいしん》　軫宿《しんしゆく》に躔《めぐ》る水《すい》は天岑《てんしん》と号《とな》える。文学之官《ぶんがくのつかさ》にして衆《しゆう》の欽《のぞ》む所《ところ》である。謀畧聡明《ぼうりやくそうめい》の人《ひと》にして奇《き》は重《おも》い。才華《さいか》藻忠《もちゆう》にして儒林《じゆりん》の人《ひと》である。

水星《すいせい》と十二宮《じゆうにきゆう》　辰星照宮《しんせいしようきゆう》　琅玕経《ろうかんきよう》

「命宮《めいきゆう》」水命宮《すいめいきゆう》　命《めい》に水星《すいせい》が臨《のぞ》むを見《み》れば、文術《ぶんじゆつ》に智能《ちのう》が多《おお》い。外《そと》の財印《ざいいん》に遇《あ》い有《あ》りて、外《そと》の薦人《せんじん》を相《あ》い承《う》ける。廟旺《びようおう》は官職《かんしよく》に遷《うつ》り、余《あま》りの宮《きゆう》は僧《そう》の道《みち》に合《あ》う。相貌《そうぼう》は同《おな》じく豪貴《ごうき》にして、資財《しざい》は晩歳《ばんさい》に興《おこ》る。

又曰《またいわ》く、水徳星《すいとくせい》が辰《たつ》の命宮《めいきゆう》に在《あ》れば、旺《おう》の去《きよ》に逢《あ》いても便《すなわ》ち攀龍《はんりよう》を得《え》る。聡明《そうめい》の智識《ちしき》は多《おお》く機変《きへん》する。生《せい》は栄華《えいが》と富貴《ふうき》の中《うち》に在《あ》る。

「財帛宮《ざいはくきゆう》」水財帛《すいざいはく》　旺《おう》に乗《の》る水星《すいせい》は財《ざい》に臨《のぞ》む莫《なか》れ。進退《しんたい》を逃《のが》れ難《がた》く反《かえ》りて災《わざわ》いが起《お》こる。手芸《しゆげい》は一生方《いつしようまさ》に用《もち》いる可《べ》し。凡人《ぼんじん》は財《ざい》が散《ち》り亦難《またなん》が来《きた》る。

「兄弟宮《けいていきゆう》」水兄弟《すいけいてい》　水星吉曜《すいせいきちよう》が遇《あ》うは還《かえ》りて稀《まれ》である。三宮《さんきゆう》に来《きた》り照《て》らせば便《すなわ》ち宜《よろ》しからず。上《うえ》に親兄《おやあに》が有《あ》りて下《した》に弟《おとうと》が有《あ》りても、両《ふたり》の頭《かしら》に義《ぎ》は无《な》く便《すなわ》ち侵《おか》し欺《あざむ》く。

「田宅宮《でんたくきゆう》」水田宅《すいでんたく》　善星一曜《ぜんせいいちよう》は是《こ》れ辰星《しんせい》である。強宮《きようきゆう》に入《はい》るを得《え》て福《ふく》は精《くわ》しく転《めぐ》る。三年《さんねん》を見《み》ずして刑忌《けいき》が照《て》らすとも、便《すなわ》ち須《すべか》らく万頃《ばんけい》は千《せん》の籯《かご》に与《くみ》する。

「男女宮《だんじよきゆう》」水男女《すいだんじよ》　水星《すいせい》は子孫《しそん》の位《くらい》を高《たか》く照《て》らす。文章《ぶんしよう》は俊邁《しゆんまい》にして国瑞《こくずい》を為《な》す。水《すい》が敷《し》けば只一男《ただいちなん》が来《きた》ると推《お》せ。家風《かふう》を振起《しんき》して日《ひ》に栄貴《えいき》する。

「奴僕宮《ぬぼくきゆう》」水奴僕《すいぬぼく》　辰星《しんせい》は六宮《ろくきゆう》の中《うち》に入《はい》る莫《なか》れ。世《よ》に冠《すぐ》れたる文章《ぶんしよう》を用《もち》いても空《むな》しく去《さ》る。縦《たと》え南宮《なんきゆう》をして高《たか》く甲過使《こうかせし》めるとも、薄禄《はくろく》の栖遅《せいち》にして西東《せいとう》に走《はし》る。

「夫妻宮《ふさいきゆう》」水妻妾《すいさいしよう》　妻宮《さいきゆう》に到《いた》る水《すい》は命《めい》に対照《たいしよう》する。富貴貞賢《ふうきていけん》の人《ひと》にして並《なら》び難《がた》し。忽然《こつぜん》と悪殺《あくさつ》が又相《またあ》い侵《おか》せば、心《こころ》は濫《みだ》れ情《じよう》は淫《みだ》れ性《さが》は定《さだ》まること无《な》し。

「疾厄宮《しつやくきゆう》」水疾厄《すいしつやく》　第八宮《だいはちきゆう》の中《うち》に水徳《すいとく》が臨《のぞ》めば、温柔《おんじゆう》の情性《じようせい》にして人《ひと》の欽《うやま》いに足《た》る。忌星凶曜《きせいきようよう》が来《きた》りて侵犯《しんぱん》すれば、波濤《はとう》に溺《おぼ》れ井《いど》に深《ふか》く墜《お》ちる況《ありさま》である。

「遷移宮《せんいきゆう》」水遷移《すいせんい》　水星《すいせい》が合《あ》い照《て》らせば最《もつと》も珍《ちん》と為《な》す。更《さら》に命位《めいい》の星《ほし》に当生《とうせい》するを看《み》れば、賓主《ひんしゆ》は和同《わどう》して悪《あく》を犯《おか》すこと无《な》し。遷移《せんい》に出《い》で去《さ》りても総《すべ》て寧《やす》らぎに歓《たの》しむ。

「官禄宮《かんろくきゅう》」水官禄《すいかんろく》　水星《すいせい》は官宮《かんきゅう》を照《て》らすを偏《ひと》えに喜《よろこ》ぶ。類《るい》を出《い》で群《ぐん》を超《こ》え自《おのず》から福《ふく》は隆《さか》んである。宝祚《ほうそ》を扶《たす》ける股肱《ここう》に委《い》任《にん》され、官《つかさ》は高品《こうひん》に居《い》て貴《とうと》く尊崇《そんすう》される。

「福徳宮《ふくとくきゅう》」水福徳《すいふくとく》　十一宮《じゅういちきゅう》の中《うち》に水徳《すいとく》が来《きた》れば、智識《ちしき》は汪洋《おうよう》として賢才《けんさい》と仰《あお》ぐ。公厳徳厚《こうげんとくこう》の人《ひと》にして欽《つつし》みが重《かさ》なり、沢《めぐ》みを被《こうむ》る生民《せいみん》は九垓《きゅうがい》に遍《あまね》く。

「相貌宮《そうぼうきゅう》」水相貌《すいそうぼう》　相貌《そうぼう》の水星《すいせい》は最《もっと》も強《きょう》と為《な》す。凛凛清風《りんりんせいふう》として朝廊《ちょうろう》に在《あ》る。若《も》し吉星《きっせい》に遇《あ》い悪曜《あくよう》が无《な》ければ、容顔端正《ようがんたんせい》にして君王《くんのう》を動《うご》かす。

炁《き》星《せい》の交会《こうかい》　紫気交会《しきこうかい》　聿斯経《いっしきょう》

「孛星《はいせい》」炁孛《きはい》　紫気《しき》と挩搶《たっそう》が両《なら》びに会《あ》い期《あ》えば、慶《よろこ》びが来《きた》り百福《ひゃくふく》を尽《つく》し相《あ》い宜《よろ》しい。官《つかさ》は柱石《ちゅうせき》に居《い》て人間《じんかん》の瑞《ずい》である。沢《めぐ》みは生民《せいみん》に及《およ》びて万彙《ばんい》は依《よ》る。

「羅星《らせい》」炁羅《きら》　紫気《しき》と羅睺《らこう》は喜《よろこ》びて同《おな》じく会《あ》う。人生《じんせい》は千毅《せんき》に足《た》り英雄《えいゆう》である。戈《ほこ》を揮《ふる》い却《かえ》りて自《おのず》から奸虜《かんりょ》を平《たい》らぐ。功勲《こうくん》を笑《わら》い取《と》りて掌《てのひら》の中《うち》に反《かえ》す。

「計星《けいせい》」炁計《きけい》　炁曜《きよう》が還《かえ》りて計都《けいと》を同《おな》じく見《み》れば、家《いえ》に財帛《ざいはく》は多《おお》く庄祖《しょうそ》に富《と》む。此《こ》の宮《きゅう》の人《ひと》は天然《てんねん》の福《ふく》を産《う》む。百六《ひゃくろく》が之《こ》れに逢《あ》えば万禍《ばんか》を祛《はら》う。

炁《き》星《せい》と十二支《じゅうにし》　紫気入宮《しきにゅうにゅう》　枢要歌《すうようか》

「子《ね》」炁子《きね》　斉瓶《さいびん》の紫気《しき》は玉清《ぎょくせい》と号《とな》える。只活淡《ただかったん》に宜《よろ》しく精神《せいしん》を養《やしな》え。命宮《めいきゅう》に遇《あ》う者《もの》は妻子《さいし》を傷《そこな》う。僧道《そうどう》の人《ひと》にて散誕《さんたん》と清閑《せいかん》せよ。

「丑《うし》」炁丑《きうし》　丑《うし》に在《あ》る炁星《きせい》は天玄《てんげん》と曰《い》う。世《よ》を無災《むさい》に生《い》き福慶《ふくけい》を全《まっと》うする。更《さら》に吉星《きっせい》を得《え》て相《あ》い会《あ》いて照《て》らせば、前《まえ》に遮《さえぎ》り後《あと》に擁《こ》り是れ神仙《しんせん》である。

「寅《とら》」炁寅《きとら》　寅上《とらじょう》に居《い》る炁《き》は天飭《てんちょく》と名《な》づける。清閑《せいかん》を独《ひと》り享《う》けて人《ひと》は識《し》らず。容貌《ようぼう》は端厳《たんげん》にして衆倫《しゅうりん》を寇《あだ》す。落紙《らくし》の烟《けむり》と云《くも》に彩筆《さいひつ》を揮《ふる》う。

「卯《う》」炁卯《きう》　卯《う》に在《あ》る炁星《きせい》は天空《てんくう》と号《とな》える。妻児《さいじ》を尅害《こくがい》して年少《ねんしょう》に終《おわ》る。是《こ》れ僧尼《そうに》并《なら》びに芸術《げいじゅつ》もならず。一生孤独《いっしょうこどく》にして更《さら》に飄蓬《ひょうほう》する。

「辰《たつ》」炁辰《きたつ》　華蓋《かがい》は辰《たつ》に在《あ》る炁《き》を知《し》るに従《したが》う。此《こ》の星《ほし》は独《ひと》りと雖《いえど》も却《かえ》りて親《した》しむに堪《たえ》る。優游《ゆうゆう》と物《もの》を享《う》けて災《わざわ》いの咎《とが》め無《な》し。柏《かしわ》を喫《くら》い松《まつ》を湌《くら》い人《ひと》の外《そと》の物《もの》である。

「巳《み》」炁巳《きみ》　双女《そうじょ》に居《い》る炁《き》は天相《てんそう》と号《とな》える。家《いえ》に珠珍《しゅちん》を積《つ》み富蔵《ふぞう》を主《つかさ》どる。福《ふく》は厚《あつ》く清閑并《せいかんなら》びに寿永《じゅえい》である。只妻子《たださいし》の刑《けい》傷《しょう》を見《み》るを愁《うれ》う。

「午《うま》」炁午《きうま》　臨周《りんしゅう》の紫気《しき》は玉肌《ぎょくき》と号《とな》える。人生《じんせい》が此《こ》れに逢《あ》えば誠《まこと》に美《うつく》しいと為《な》す。太陽《たいよう》が設《たと》えば若《も》し同宮《どうきゅう》を分《わ》ければ、富《ふう》貴栄華《きえいが》は世《よ》に比《くら》べるもの無《な》し。

「未《ひつじ》」炁未《きひつじ》　未位《ひつじい》に居《い》る炁《き》は天廩《てんりん》と名《な》づける。文章《ぶんしょう》を潤色《じゅんしょく》し秀《すぐ》れて錦《にしき》を鋪《つら》ねる。更《さら》に主星《しゅせい》を得《え》て高強《こうきょう》に在《あ》れば、家《いえ》に珍玉《ちんぎょく》が多《おお》く甚《はなは》だ豊腴《ほうゆ》する。

「申《さる》」炁申《きさる》　申宮《さるきゅう》に入《はい》る炁《き》は紫微《しび》と曰《い》う。此《こ》の宮《きゅう》の廟旺《びょうおう》は最《もっと》も奇《き》と為《な》す。一生《いっしょう》は独《ひと》り清閑《せいかん》の福《ふく》を享《う》ける。事《こと》を作《な》して危《あやう》しに臨《のぞ》むとも又危《またあや》うからず。

「酉《とり》」炁酉《きとり》　金牛《きんぎゅう》の紫炁《しき》は鳳凰《ほうおう》と号《とな》える。一生福《いっしょうふく》を享《う》けて最《もっと》も安康《あんこう》する。文章《ぶんしょう》と錦繍《きんしゅう》は天下《てんか》に聞《き》こえる。若《も》し高強《こうきょう》を占《し》めれば廟堂《びょうどう》に入《はい》る。

「戌《いぬ》」炁戌《きいぬ》　白羊《はくよう》に在《あ》る炁《き》は玉貫《ぎょくかん》と号《とな》える。空房《くうぼう》を独《ひと》り守《まも》るは誰《だれ》が伴《とも》を為《な》すか。同宮《どうきゅう》は火羅《から》の侵《おか》すを最《もっと》も怕《おそ》れる。家財《かざい》を破《は》敗《はい》し心緒《しんしょ》は乱《みだ》れる。

「亥《い》」炁亥《きい》　亥宮《いきゅう》の紫気《しき》は天貴《てんき》と名《な》づける。稟性《ひんせい》は清閑《せいかん》にして累《わずら》う所无《ところな》し。木土《もくど》は舎《やど》に行《めぐ》り会《あ》うを那《やす》らかに堪《た》える。少年《しょうねん》に顕達《けんたつ》して功名《こうみょう》を遂《と》げる。

炁星《きせい》と二十八宿《にじゆうはつしゆく》　紫気躔度《しきてんど》　玉関歌《ぎよくかんか》

「角宿《かくしゆく》」炁《き》角《かく》　角宿《かくしゆく》に躔《めぐ》る炁《き》は天休《てんきゆう》と号《とな》える。機智《きち》と清閑《せいかん》と芸術《げいじゆつ》に優《すぐ》れる。僧道《そうどう》に人《ひと》が逢《あ》えば吉慶《きつけい》が多《おお》い。庶人《しよじん》は繋《つな》がらず虚舟《きよしゆう》に若《したが》う。

「亢宿《こうしゆく》」炁《き》亢《こう》　亢宿《こうしゆく》に躔《めぐ》る炁《き》は天僮《てんどう》と号《とな》える。性《さが》は善《よ》く文章芸術《ぶんしようげいじゆつ》に通《つう》ずる。独《ひと》りならず官《つかさ》を為《な》し富《とみ》の益《えき》は旺《おう》ずる。神仙《しんせん》の快楽《かいらく》は福《ふく》が窮《きわ》まること無《な》し。

「氐宿《ていしゆく》」炁《き》氐《てい》　氐宿《ていしゆく》に躔《めぐ》る炁《き》は天環《てんかん》と号《とな》える。雲水《うんすい》は心《こころ》を留《とど》めて自《おのず》から閑《ひま》を得《え》る。耿介孤高《こうかいここう》にして人《ひと》は自《おのず》から傲《おご》る。只山間《ただざんかん》に坐《すわ》る仙道《せんどう》に宜《よろ》しい。

「房宿《ぼうしゆく》」炁《き》房《ぼう》　房宿《ぼうしゆく》に躔《めぐ》る炁《き》は天冲《てんちゆう》と号《とな》える。平生《へいぜい》の清福《せいふく》は孰与《いずれ》に同《あ》うか。道釈《どうしやく》と白衣《はくい》は消息《しようそく》が好《よ》い。資《たから》は衣禄《いろく》を用《もち》い却《かえ》りて豊隆《ほうりゆう》する。

「心宿《しんしゆく》」炁《き》心《しん》　心宿《しんしゆく》に躔《めぐ》る炁《き》は天徳《てんとく》と号《とな》える。天文《てんもん》の玆象《じしよう》は須《すべか》らく徳《とく》に会《あ》う。儒門釈典《じゆもんしやくてん》に自《おのず》から能《よ》く通《つう》ずる。子孫《しそん》は有《あ》ると雖《いえど》も終《つい》に須《すべか》らく尅《こく》する。

「尾宿《びしゆく》」炁《き》尾《び》　尾宿《びしゆく》に躔《めぐ》る炁《き》は天淵《てんえん》と号《とな》える。心性《しんせい》は豪強《ごうきよう》にして尅陥《こくかん》を纏《まと》う。謀略威権《ぼうりやくいけん》にして人《ひと》を測《はか》る莫《なか》れ。声名《せいめい》と忠義《ちゆうぎ》は史書《ししよ》に伝《つた》わる。

「箕宿《きしゆく》」炁《き》箕《き》　箕宿《きしゆく》に躔《めぐ》る炁《き》は天循《てんじゆん》と号《とな》える。智識《ちしき》と機謀《きぼう》は毅《つよ》く深《ふか》く果《は》たす。性《さが》は直《なお》しく文章《ぶんしよう》は声《こえ》を遠《とお》く播《し》く。貴人《きじん》に相《あ》い遇《あ》えば知音《ちいん》が有《あ》る。

「斗宿《としゆく》」炁《き》斗《と》　斗宿《としゆく》に躔《めぐ》る炁《き》は天斛《てんこく》と号《とな》える。飄然孤潔《ひようぜんこけつ》にして清福《せいふく》と為《な》す。文章《ぶんしよう》と忠直《ちゆうちよく》は安閑《あんかん》に外《い》づる。朋友《めいゆう》は柔和《にゆうわ》にして衣食《いしよく》は足《た》る。

「牛宿《ぎゆうしゆく》」炁《き》牛《ぎゆう》　牛宿《ぎゆうしゆく》に躔《めぐ》る炁《き》は天輪《てんりん》と号《とな》える。清高《せいこう》を尊重《そんちよう》すれども六親《りくしん》を害《そこな》う。金火《きんか》が之《こ》れに逢《あ》えば官《つかさ》が顕赫《けんかく》する。如《も》し木月《もくげつ》に逢《あ》えば富豪《ふごう》の人《ひと》である。

「女宿《じよしゆく》」炁《き》女《じよ》　女宿《じよしゆく》に躔《めぐ》る炁《き》は天瑞《てんずい》と号《とな》える。耿介孤高《こうかいここう》にして独明《どくめい》の性《さが》である。但《ただ》し吉星《きつせい》を得《え》て十位《じゆうい》に居《い》れば、必《かなら》ず廊廟《ろうびよう》を為《な》して福倉《ふくそう》を生《う》む。

「虚宿《きよしゆく》」炁虚《ききよ》　虚宿《きよしゆく》に躔《めぐ》る炁《き》は天文《てんもん》と号《とな》える。清秀《せいしゆう》の人《ひと》と為《な》し至尊《しそん》に近《ちか》づく。骨肉《こつにく》の難《なん》を為《な》しても自《おのず》から孤潔《こけつ》である。僧《そう》道《どう》の達人《たつじん》は衡門《こうもん》に楽《たの》しむ。

「危宿《きしゆく》」炁危《きき》　危宿《きしゆく》に躔《めぐ》る炁《き》は天侗《てんどう》と号《とな》える。平生《へいぜい》の章服《しようふく》は貴《き》に与《くみ》して同《あ》う。地《ち》を説《と》き天《てん》を談《かた》り心《こころ》は暁悟《ぎようご》する。逍遥《しようよう》に道《みち》を楽《たの》しみて崆峒《こうどう》に在《あ》る。

「室宿《しつしゆく》」炁室《きしつ》　室宿《しつしゆく》に躔《めぐ》る炁《き》は天玄《てんげん》と号《とな》える。道釈《どうしやく》と儒流《じゆりゆう》は自然《しぜん》の性《さが》である。経術《けいじゆつ》は従来胸臆《じゆうらいきようおく》に悟《さと》る。文才《ぶんさい》は神仙《しんせん》の事《こと》を洞徹《どうてつ》する。

「壁宿《へきしゆく》」炁壁《きへき》　壁宿《へきしゆく》に躔《めぐ》る炁《き》は天覚《てんかく》と号《とな》える。機智《きち》と文章《ぶんしよう》に更《さら》に多学《たがく》である。更《さら》に能《よ》く籌算《ちゆうさん》して天機《てんき》を悟《さと》る。挙錯《きよそ》を能《よ》く為《な》しても応《まさ》に錯《かざ》らず。

「奎宿《けいしゆく》」炁奎《きけい》　奎宿《けいしゆく》に躔《めぐ》る炁《き》は天乙《てんおつ》と号《とな》える。性《さが》は直《なお》しく忠良《ちゆうりよう》なれども又煩急《またはんきゆう》である。平生《へいぜい》は多《おお》く是《こ》れ安閑《あんかん》ならず。人《ひと》の欺《あざむ》きを受《う》けざれば財《ざい》は聚積《しゆうせき》する。

「婁宿《るしゆく》」炁婁《きる》　婁宿《るしゆく》に躔《めぐ》る炁《き》は天虚《てんきよ》と号《とな》える。骨肉《こつにく》に縁無《えんな》く尅《こく》し害《そこな》いて疎《うと》む。自《おのず》から是《こ》れ緇黄《しこう》にして体服《たいふく》を遮《さえぎ》る。清閑《せいかん》の衣食《いしよく》は虚無《きよむ》を楽《たの》しむ。

「胃宿《いしゆく》」炁胃《きい》　胃宿《いしゆく》に躔《めぐ》る炁《き》は天音《てんいん》と号《とな》える。衣《い》禄《ろく》は生来必《せいらいかなら》ず心《こころ》に称《はか》る。妻子宮中《さいしきゆうちゆう》は聚会《しゆうかい》に難《かた》し。四方《しほう》の交友《こうゆう》は自《おのず》から襟《むね》を同《おな》じくする。

「昴宿《ぼうしゆく》」炁昴《きぼう》　昴宿《ぼうしゆく》に躔《めぐ》る炁《き》は天端《てんたん》と号《とな》える。重厚《じゆうこう》を為《な》しても人命《じんめい》は亦寒《またさむ》い。耿介《こうかい》の性情《せいじよう》は犯《おか》すを得難《えがた》し。家門《かもん》に忠孝《ちゆうこう》して安《やす》く百行《ひやつこう》する。

「畢宿《ひつしゆく》」炁畢《きひつ》　畢宿《ひつしゆく》に躔《めぐ》る炁《き》は天吉《てんきつ》と号《とな》える。天乙《てんおつ》が中《うち》に居《い》て福力《ふくりよく》を加《くわ》えれば、清秀《せいしゆう》の人《ひと》と為《な》して善《よ》く文《ふみ》を為《な》す。官禄星《かんろくせい》が扶《たす》ければ爵秩《しやくちつ》に進《すす》む。

「觜宿《ししゆく》」炁觜《きし》　觜宿《ししゆく》に躔《めぐ》る炁《き》は天福《てんぷく》と号《とな》える。衣食《いしよく》は安然《あんぜん》と百事《ひやくじ》に足《た》り、金珠財宝《きんしゆざいほう》は自《おのず》から天《てん》より来《きた》れども、妻子《さいし》に難《なん》を為《な》して孤独《こどく》を帯《おび》る。

「参宿《さんしゆく》」炁参《きさん》　参宿《さんしゆく》に躔《めぐ》る炁《き》は天瓊《てんけい》と号《とな》える。終《つい》に是《こ》れ官《つかさ》を為《な》して貴《とうと》く且《か》つ栄《さか》える。幹《もと》は直《なお》しく忠良《ちゆうりよう》にして相位《そうい》に参《さん》ずる。文章《ぶんしよう》と事業《じぎよう》は四方《しほう》に聞《き》こえる。

「井宿《せいしゆく》」炁井《きせい》　井宿《せいしゆく》に躔《めぐ》る炁《き》は天令《てんれい》と号《とな》える。文武《ぶんぶ》双全《そうぜん》にして才《さい》は更《さら》に敏《さと》い。枢《すう》に参《さん》じ給諫《きゆうかん》して功名《こうみよう》を尽《つ》くす。官職《かんしよく》は崇《すう》高《こう》にして年寿《ねんじゅ》は永《なが》い。

「鬼宿《きしゅく》」炁鬼《きき》　鬼宿《きしゅく》に躔《めぐ》る炁《き》は天栄《てんえい》と号《とな》える。積善之家《せきぜんのいえ》に此《こ》の人《ひと》は有《あ》る。富貴崇高《ふうきすうこう》にして声《こえ》は遠振《えんしん》する。官途《かんと》に起越《きえつ》して門庭《もんてい》に旺《おう》ずる。

「柳宿《りゅうしゅく》」炁柳《きりゅう》　柳宿《りゅうしゅく》に躔《めぐ》る炁《き》は天平《てんへい》と号《とな》える。好静温良《こうせいおんりょう》にして禍生《かせい》を免《まぬが》れる。衣食《いしょく》は平平《へいへい》として破敗《はばい》無《な》し。子孫《しそん》の中《うち》は是《こ》れ親《おや》を相《み》ず。

「星宿《せいしゅく》」炁星《きせい》　星宿《せいしゅく》に躔《めぐ》る炁《き》は天強《てんきょう》と号《とな》える。命中《めいちゅう》に若《も》し遇《あ》えば定《さだ》めて孤孀《こしょう》である。財《ざい》は旺《おう》じ家門《かもん》は自《おのず》から興盛《こうせい》する。若《も》し僧道《そうどう》を為《な》せば寿《とし》は延長《えんちょう》する。

「張宿《ちょうしゅく》」炁張《きちょう》　張宿《ちょうしゅく》に躔《めぐ》る炁《き》は天芒《てんぼう》と号《とな》える。命《めい》の裡《うら》に当《あた》れば妻児《さいじ》を尅害《こくがい》する。縦《たと》え高才《こうさい》が有《あ》りても心《こころ》は又急《またいそ》ぐ。晩年《ばんねん》は方《まさ》に栖惶《せいこう》を免《まぬが》れる可《べ》し。

「翼宿《よくしゅく》」炁翼《きよく》　翼宿《よくしゅく》に躔《めぐ》る炁《き》は天牢《てんろう》と号《とな》える。命宮《めいきゅう》に若《も》し値《あ》えば定《さだ》めて孤高《ここう》である。生計《せいけい》に謀《はかりごと》を為《な》し多《おお》く力《ちから》を費《つい》やす。若《も》し僧道《そうどう》を為《な》せば自《おのず》から逍遥《しょうよう》する。

「軫宿《しんしゅく》」炁軫《きしん》　軫宿《しんしゅく》に躔《めぐ》る炁《き》は天嗟《てんさ》と号《とな》える。孫子《そんし》は丰隆《ぼうりゅう》すれども后《きさき》は必《かなら》ず乖《そむ》く。命《めい》が若《も》し之《こ》れに逢《あ》えば身《み》は独《ひと》り喜《よろこ》ぶ。此《こ》の人《ひと》の衣食《いしょく》は稍寛懐《ややかんかい》である。

炁《き》星《せい》と十二宮《じゅうにきゅう》　紫気照宮《しきしょうきゅう》　琅玕経《ろうかんきょう》

「命宮《めいきゅう》」炁命宮《きめいきゅう》　炁星《きせい》が命《めい》を臨《のぞ》み照《て》らせば、游芸《ゆうげい》に最《もっと》も相《あ》い宜《よろ》しい。任《つと》めは重《おも》くして阻《けわ》しい傾《かたむ》きを防《ふせ》ぐ。名《な》は高《たか》くとも財業《ざいぎょう》は微《かすか》である。初年《しょねん》に力《ちから》を多《おお》く費《つい》やし、六親《りくしん》は聚散《しゅうさん》して離《はな》れる。中年《ちゅうねん》の后《きさき》を最《もっと》も好《この》む。興栄《こうえい》は老時《ろうじ》に向《むか》う。

又曰《またいわ》く、紫気《しき》の臨宮《りんきゅう》は学《がく》の冠倫《かんりん》である。如《も》し忌曜《きよう》を為《な》せば孤神《こしん》と号《とな》える。然《しか》りと雖《いえど》も是《こ》れにあらざれば天庭《てんてい》の客《きゃく》である。也禅門《またぜんもん》の第一人《だいいちにん》と作《な》す。

「財帛宮《ざいはくきゅう》」炁財帛《きざいはく》　紫気木星《しきもくせい》は吉曜《きちよう》と雖《いえど》も、第二宮中《だいにきゅうちゅう》は妙《みこう》と為《な》さず。己《おのれ》に克《か》ち人《ひと》を待《ま》つは是《こ》れ此《こ》の星《ほし》である。宮主《きゅうしゅ》が強《つよ》い時《とき》は財《ざい》を散《は》る可《べ》し。

「兄弟宮《けいていきゅう》」炁兄弟《きけいてい》　紫気《しき》が兄弟《けいてい》に来《きた》り臨《のぞ》む時《とき》は、孤星《こせい》は却《かえ》りて両《なら》びに分《わ》かち立《た》つを主《つかさ》どる。然《しか》りと雖《いえど》も斬《き》り且《か》つ同《おな》じく相《あ》い聚《あつま》れば、反目《はんもく》と無情《むじょう》が各所《かくしょ》に之《ゆ》く。

「田宅宮《でんたくきゅう》」炁田宅《きでんたく》　紫気《しき》が四宮《しきゅう》に行《めぐ》れば生《せい》に当《あた》る。福《ふく》は双親《そうしん》を廕《おお》い寿齢《じゅれい》を保《たも》つ。耆年《きねん》を看取《かんしゅ》し精力《せいりょく》は健《すこ》やかである。緑《みどり》都《さか》んな強位《きょうい》の老人《ろうじん》の星《ほし》である。

「男女宮《だんじょきゅう》」炁子孫《きしそん》　炁星《きせい》が子孫宮《しそんきゅう》に来《きた》り照《て》らせば、穎悟聡明《えいごそうめい》にして更《さら》に美容《びよう》である。祖《そ》を邁《す》ぎ宗《そう》を超《こ》えて栄貴《えいき》が顕《あらわ》れる。家門《かもん》は昌盛《しょうせい》し福《ふく》は窮《きわ》まること無《な》し。

「奴僕宮《ぬぼくきゅう》」炁奴僕《きぬぼく》　僕宮《ぼくきゅう》と紫炁《しき》が両《なら》びに同《おな》じく行《めぐ》れば、孤高《ここう》に落陥《らくかん》し総《そう》じて情《こころ》を欠《か》く。奴僕《ぬぼく》を成《な》して行《めぐ》れば住《すみか》を保《たも》ち難《がた》し。自家《じか》に炊爨《すいさん》して自家《じか》に親《した》しむ。

「夫妻宮《ふさいきゅう》」炁妻妾《きさいしょう》　七宮《しちきゅう》の妻妾《さいしょう》に炁《き》が相《あ》い逢《あ》えば、必《かなら》ず当年《とうねん》に尅凶《こくきょう》が有《あ》るを主《つかさ》どる。若《も》し命中及《めいちゅうおよ》び官禄《かんろく》に在《あ》れば、方《まさ》に袍《わたいれ》は員《かず》を頂《いただ》き或《あ》るいは孤《ひと》りに従《したが》う。

「疾厄宮《しつやくきゅう》」炁疾厄《きしつやく》　災《わざわ》いを解《と》いて難《なん》から脱《はな》れる最高《さいこう》の強《きょう》である。紫気《しき》は平《たいら》ぎを生《う》み禍殃《かおう》を免《まぬが》れる。道徳《どうとく》の日彰《じっしょう》に君子《くんし》は泰《やす》し。群《ぐん》を超《こ》えて発秀《はっしゅう》し寿《とし》は延長《えんちょう》する。

「遷移宮《せんいきゅう》」炁遷移《きせんい》　第九宮中《だいきゅうきゅうちゅう》に寿星《じゅせい》が有《あ》れば、眉宇《びう》は堂堂《どうどう》として精神《せいしん》は美《うつく》しい。豈《たの》しみて天上《てんじょう》を知《し》り清高《せいこう》に秀《ひいで》る。塵寰《じんかん》を下《した》に照《て》らす有道《ゆうどう》の人《ひと》である。

「官禄宮《かんろくきゅう》」炁官禄《きかんろく》　紫衣師道九流《しいしどうきゅうりゅう》の人《ひと》は、官禄宮中《かんろくきゅうちゅう》の紫気《しき》の辰《しん》である。若《も》し是《こ》れ孤高《ここう》にして兄弟《けいてい》が散《ち》れども、他《た》の清貴《せいき》に任《つと》めて高真《こうしん》を作《な》す。

「福徳宮《ふくとくきゅう》」炁福徳《きふくとく》　俊雅超群《しゅんがちょうぐん》の紫気星《しきせい》である。福徳《ふくとく》に来《きた》り居《い》れば福《ふく》は頻頻《ひんひん》とする。必然《ひつぜん》に顕達《けんたつ》して応《まさ》に三主《さんしゅ》である。若《も》し是《こ》れが官《つかさ》を為《な》せば大臣《だいじん》に在《あ》る。

「相貌宮《そうぼうきゅう》」炁相貌《きそうぼう》　相貌宮中《そうぼうきゅうちゅう》に紫気《しき》が臨《のぞ》めば、精神《せいしん》は消《き》え洒《そそ》ぐとも福《ふく》は原《も》と深《ふか》い。如何《いか》に晩景《ばんけい》の身《み》は康健《こうけん》か。寿宿《じゅしゅく》の当《とう》年《ねん》は此《こ》の任《つと》めに在《あ》る。

孛星《はいせい》の交会《こうかい》　月孛交会《げつはいこうかい》　聿斯経《いっしきょう》

「羅星《らせい》」孛羅《はいら》　孛星《はいせい》が若《も》し羅睺《らこう》の宮《きゅう》に会《あ》えば、石《いし》を燕然《えんぜん》と勒《ろく》して大功《たいこう》を紀《しる》す。常人《じょうじん》が此《こ》れに遇《あ》えば必《かなら》ず災《わざわ》いが多《おお》い。百《ひやく》六《ろく》が之《こ》れに逢《あ》えば定《さだ》めて凶《きょう》を主《つかさ》どる。

「計星《けいせい》」孛計《はいけい》　月孛《げっはい》と計都《けいと》は逢《あ》う可《べ》からず。人生《じんせい》は淡薄《たんぱく》にして貧窮《ひんきゅう》を主《つかさ》どる。偏《ひと》えに宿疾《しゅくしつ》と風癆《ふうろう》の厄《やく》を招《まね》く。百六《ひゃくろく》が之《こ》れに逢《あ》えば終《おわ》りは善《よ》からず。

孛星《はいせい》と十二支《じゅうにし》　月孛入宮《げっはいにゅうきゅう》　枢要歌《すうようか》

「子《ね》」孛子《はいね》　子《ね》に在《あ》る孛星《はいせい》は天酷《てんこく》と名《な》づける。禀性《ひんせい》は兇頑《きょうがん》なれども還《かえ》りて福《ふく》が有《あ》る。者《こ》れに遇《あ》えば妻児《さいじ》に尅傷《こくしょう》が有《あ》る。権《けん》謀機《ぼうき》変《へん》にして般般《はんぱん》に足《た》る。

「丑《うし》」孛丑《はいうし》　丑位《うしい》に居《い》る孛《はい》は天柔《てんじゅう》と曰《い》う。雍容《ようよう》と任《つと》めを欽《つつし》み斗《と》牛《うし》を拱《こまぬ》く。化《か》して刑囚《けいしゅう》を作《な》せば終《つい》に禍《わざわ》いに害《そこな》う。若《も》し福禄《ふくろく》を為《な》せば休《やす》らぎを加《くわ》え備《そな》える。

「寅《とら》」孛寅《はいとら》　人馬《じんば》に臨《のぞ》む孛《はい》は天后《てんこう》と名《な》づける。癸《みずのと》乙《きのと》生《うま》れの人《ひと》は多《おお》く寿《とし》を主《つかさ》どる。若《も》し官禄《かんろく》を為《な》せば文才《ぶんさい》に富《と》む。金《きん》の印《いん》綬《じゅ》に一挙《いっきょ》に登科《とうか》する。

「卯《う》」孛卯《はいう》　孛星《はいせい》は玉垣《ぎょくえん》の星《ほし》に変曜《へんよう》する。卯《う》位《い》朝君《ちょうくん》の福《ふく》は軽《かる》からず。那《やす》らかに更《さら》に化《か》して官禄《かんろく》の曜《よう》を為《な》せば、少年《しょうねん》に定《さだ》めて金榜《きんぼう》に標名《ひょうめい》する。

「辰《たつ》」孛辰《はいたつ》　辰宮《たつきゅう》の月孛《げっはい》は天惨《てんさん》と名《な》づける。太白《たいはく》が同宮《どうきゅう》すれば応《まさ》に福《ふく》は減《へ》る。若《も》し水星《すいせい》に遇《あ》いて相《あ》い逐《お》い行《めぐ》れば、生来《せいらい》必《かなら》ず多《おお》くの刑陥《けいかん》を主《つかさ》どる。

「巳《み》」孛巳《はいみ》　巳上《みじょう》に居《い》る孛《はい》は孤鸞《こらん》と号《とな》える。男女《だんじょ》が之《こ》れに逢《あ》えば必《かなら》ず寡《か》鰥《かん》である。忌《き》曜《よう》が若《も》し臨《のぞ》めば須《すべか》らく減力《げんりょく》し、吉星《きっせい》が来《きた》り臨《のぞ》めば艱難《かんなん》なり。

「午《うま》」孛午《はいうま》　午《うま》に臨《のぞ》む孛星《はいせい》は玉気《ぎょくき》と名《な》づける。此《こ》の地《ち》の朝君《ちょうくん》は富貴《ふうき》を長《ま》す。変《かわ》りて禄貴《ろくき》を為《な》せば官魁《つかさかしら》に与《くみ》する。名《な》は顕《あらわ》れ身《み》は彰《あらわ》れて応《まさ》に品位《ひんい》である。

「未《ひつじ》」孛未《はいひつじ》　秦州《しんしゅう》の孛《はい》の人《ひと》は太乙《たいおつ》と名《な》づける。穏歩《おんぽ》の蟾宮《せんきゅう》は第一《だいいち》の名《な》である。一生《いっしょう》は栄顕《えいけん》し災《わざわ》いに迍《たちもとお》ること少《すく》なし。俊《しゅん》邁聡明《まいそうめい》にして衆職《しゅうしき》を超《こ》える。

「申《さる》」孛申《はいさる》　申位《さるい》の孛星《はいせい》は天毒《てんどく》と名《な》づける。禀性《ひんせい》は頑愚《がんぐ》にして常《つね》に碌碌《ろくろく》とする。酒《さけ》に恋《こい》し花《はな》に迷《まよ》いて了《おわ》りに期《あ》うこと無《な》し。

黄金《おうごん》の屋《いえ》をして買《あきな》い尽《つく》し教《せし》むると雖《お》せ。

「酉《とり》」孛酉《はいとり》　酉宮《とりきゆう》に到《いた》る孛《はい》は活曜《かつやく》と名《な》づける。喜怒《きど》は常《つね》ならず性情《せいじよう》を拘《とど》める。太陰《たいいん》が此《こ》れに到《いた》りて与《くみ》し同《おな》じく行《めぐ》れば、災《さい》害《がい》は消号《しようごう》して顕要《けんよう》に居《い》る。

「戌《いぬ》」孛戌《はいいぬ》　戌《いぬ》に到《いた》る孛星《はいせい》は死気《しき》と名《な》づける。未《いま》だ休《やす》まず孤貧《こひん》の苦《くる》しみに至《いた》る者《もの》である。身命七強《しんめいしちきよう》が如《も》し落陥《らくかん》すれば、官《かん》事《じ》に牽連《けんれん》して寃《うら》みと仇《あだ》を作《な》す。

「亥《い》」孛亥《はいい》　亥《い》に臨《のぞ》む孛星《はいせい》は天聡《てんそう》と曰《い》う。此《こ》の位《くらい》の朝天《ちようてん》は帝宮《ていきゆう》に入《はい》る。災殃《さいおう》が有《あ》ると雖《いえど》も終《つい》には害《そこな》わず。若《も》し官禄《かんろく》を為《な》せば亦亨通《またこうつう》する。

孛星《はいせい》と二十八宿《にじゆうはつしゆく》　月孛躔度《げつはいてんど》　玉関歌《ぎよくかんか》

「角宿《かくしゆく》」孛角《はいかく》　角宿《かくしゆく》に躔《めぐ》る孛《はい》は天塁《てんるい》と号《とな》える。情性《じようせい》は聡明《そうめい》にして丰貌《ふうぼう》は美《うつく》しくとも、淫《いん》を貪《むさぼ》り酒《さけ》を好《この》み心《こころ》は賢《かしこ》からず。妻《つま》を傷《そこな》い殺害《さつがい》し須《すべか》らく子《こ》を剋《こく》する。

「亢宿《こうしゆく》」孛亢《はいこう》　亢宿《こうしゆく》に躔《めぐ》る孛《はい》は天微《てんび》と号《とな》える。蛇《へび》の如《ごと》き心毒《しんどく》にて人《ひと》を危《あやう》く事《な》す。喜《よろこ》び易《やす》く嗔《いか》り易《やす》く心《こころ》は定《さだ》まらず。此《こ》の生《うま》れは定《さだ》めて是《こ》れ妻児《さいじ》を損《そこな》う。

「氐宿《ていしゆく》」孛氐《はいてい》　氐宿《ていしゆく》に躔《めぐ》る孛《はい》は天僉《てんせん》と号《とな》える。凡《およ》そ事《こと》を施《ほどこ》すに細《こま》やか且《か》つ繊《しな》やかに為《な》す。更《さら》に官星《かんせい》を得《え》て救助《きゆうじよ》が来《きた》れば、朱衣《しゆい》紫縵《しまん》を万人《ばんにん》が瞻《み》る。

「房宿《ぼうしゆく》」孛房《はいぼう》　房宿《ぼうしゆく》に躔《めぐ》る孛《はい》は天瞻《てんせん》と号《とな》える。身命《しんめい》が之《こ》れに逢《あ》えば自然《しぜん》に楽《たの》しむ。武略文福《ぶりやくぶんぷく》は顕宦《けんかん》に居《い》る。功名《こうみよう》は更《さら》に立《た》ちて威権《いけん》を主《つかさ》どる。

「心宿《しんしゆく》」孛心《はいしん》　心宿《しんしゆく》に躔《めぐ》る孛《はい》は天祗《てんし》と号《とな》える。官職《かんしよく》は栄《さか》え遷《うつ》り禄位《ろくい》は宜《よろ》しい。官多《つかさおお》く位　著《くらいいちじる》しい百里《ひやくり》の郎《おとこ》である。某《それがし》に参《まじわ》り午《さから》い刺《そし》りて緋衣《ひい》を着《き》る。

「尾宿《びしゆく》」孛尾《はいび》　尾宿《びしゆく》に躔《めぐ》る孛《はい》は天該《てんがい》と号《とな》える。家道《かどう》は興隆《こうりゆう》し慶《よろこ》びは自《おのず》から来《きた》る。身命《しんめい》が之《こ》れに逢《あ》いて官禄《かんろく》に至《いた》れば、公輔《こうほ》の将軍《しようぐん》にして三才《さんさい》を蕩《ほしいまま》にする。

「箕宿《きしゆく》」孛箕《はいき》　箕宿《きしゆく》に躔《めぐ》る孛《はい》は天華《てんか》と号《とな》える。燕《つばめ》の国《くに》に相《あ》い逢《あ》えば定《さだ》めて性《さが》は奢《おご》る。官禄《かんろく》は連《つらな》り遷《うつ》りて貴顕《きけん》を超《こ》える。金《きん》珠財物《しゆざいぶつ》に富《と》む豪家《ごうか》である。

「斗宿《としゆく》」孛斗《はいと》　斗宿《としゆく》に躔《めぐ》る孛《はい》は天囂《てんごう》と号《とな》える。波濤《はとう》の上《うえ》に面《まみ》え口《くち》を納《つくろ》い調《あざむ》く。是《こ》れにあらずとも房《へや》を過《す》ぎれば須《すべか》らく尅《こく》が有《あ》る。花《はな》を貪《むさぼ》り酒《さけ》を愛《あい》し銭《ぜに》を賭《か》けて消《き》える。

「牛宿《ぎゆうしゆく》」孛牛《はいぎゆう》　牛宿《ぎゆうしゆく》に躔《めぐ》る孛《はい》は天風《てんふう》と号《とな》える。孤寡《こか》にして徒刑《とけい》となり性《さが》は更《さら》に兇《きよう》である。若《も》し疾病《しつぺい》をして身上《しんじよう》に躔《めぐ》り教《せし》めれば、生《せい》を得《え》て離《り》を免《まぬが》れるとも終《おわ》りは善《よ》からず。

「女宿《じよしゆく》」孛女《はいじよ》　女度《じよど》に躔《めぐ》る孛《はい》は暗星《あんせい》と名《な》づける。毒害《どくがい》に顛狂《てんきよう》して六親《りくしん》を損《そこ》なう。柳陌花街《りゆうはくかがい》に遊《あそ》んで客《きやく》を治《おさ》める。老後《ろうご》は更《さら》に伶行《れいてい》するを只愁《ただうれ》う。

「虚宿《きよしゆく》」孛虚《はいきよ》　虚宿《きよしゆく》に躔《めぐ》る孛《はい》は天智《てんち》と号《とな》える。万事《ばんじ》に施《ほどこ》しを為《な》し皆意《みなこころ》を遂《と》げる。富貴《ふうき》の官班《かんぱん》にして門庭《もんてい》に旺《おう》ずる。只六親《ただりくしん》の一二《いちに》も無《な》しを恐《おそ》れる。

「危宿《きしゆく》」孛危《はいき》　危宿《きしゆく》に躔《めぐ》る孛《はい》は天姱《てんか》と号《とな》える。命《めい》が若《も》し之《こ》れに逢《あ》えば一家《いつか》は旺《おう》ずる。是《こ》れにあらずとも官《つかさ》は栄《さか》え須《すべか》らく富《とみ》は盛《さか》んである。妻宮《さいきゆう》と子位《しい》は吁嗟《くさ》ならず。

「室宿《しつしゆく》」孛室《はいしつ》　室宿《しつしゆく》に躔《めぐ》る孛《はい》は天杖《てんじよう》と号《とな》える。双魚《そうぎよ》に及《およ》び到《いた》りて正旺《せいおう》と為《な》す。之《こ》れに逢《あ》えば富貴《ふうき》にして必《かなら》ず超《こ》え栄《さか》える。

定《さだ》めて朝廷《ちようてい》の公《こう》と作《な》して相《そう》に与《くみ》する。

「壁宿《へきしゆく》」孛壁《はいへき》　壁宿《へきしゆく》に躔《めぐ》る孛《はい》は天巴《てんは》と号《とな》える。旺地《おうち》が之《こ》れに逢《あ》えば一家《いつか》に到《いた》る。身命《しんめい》が之《こ》れに逢《あ》えば徒《いたずら》に説《せつ》を好《この》む。到頭《とうとう》麻《あさ》の如《ごと》き事《こと》を免《まぬが》れず。

「奎宿《けいしゆく》」孛奎《はいけい》　奎宿《けいしゆく》に躔《めぐ》る孛《はい》は天便《てんびん》と号《とな》える。田園《でんえん》を売《う》り尽《つ》くし銭《ぜに》は賭《か》け尽《つ》きる。是《こ》れにあらずとも酒《さけ》は須《すべか》らく博《ひろ》く奕《おお》きく芳《にお》う。花《はな》を貪《むさぼ》り浮浪《ふろう》し苦憂《くゆう》に煎《こげ》る。

「婁宿《るしゆく》」孛婁《はいる》　婁宿《るしゆく》に躔《めぐ》る孛《はい》は天邪《てんじや》と号《とな》える。年少《ねんしよう》に浮遊《ふゆう》し花《はな》の裡《うら》に浪《みだ》れる。寛《ひろ》い綬《くみひも》の性情《せいじよう》は心定《こころさだ》まらず。平生《へいぜい》は終《つい》に少《わか》くして病災《びようさい》を加《かさ》ねる。

「胃宿《いしゆく》」孛胃《はいい》　胃宿《いしゆく》に躔《めぐ》る孛《はい》は天翰《てんかん》と号《とな》える。性急《せいきゆう》の情《こころ》は事《こと》に寛《ひろ》く閑《しきり》は少《すく》ない。只官年《ただかんねん》を永《なが》からずと為《な》すを恐《おそ》れる。若《も》し貧困《ひんこん》に居《い》れば寿《とし》は山《やま》の如《ごと》しである。

「昴宿《ぼうしゆく》」孛昴《はいぼう》　昴宿《ぼうしゆく》に躔《めぐ》る孛《はい》は天喜《てんき》と号《とな》える。命《めい》が若《も》し之《こ》れに逢《あ》えば姿貌《しぼう》は美《うつく》しい。妻宮《さいきゆう》は損尅《そんこく》を三重《さんじゆう》に防《ふせ》ぐ。禄位《ろくい》は須《すべか》らく王《おう》の陸《おか》に升《のぼ》るに逢《あ》う。

「畢宿《ひっしゅく》」孛畢《はいひつ》　畢宿《ひっしゅく》に躔《めぐ》る孛《はい》は天詵《てんしん》と号《とな》える。富貴《ふうき》生平《せいへい》にして有声《ゆうせい》を主《つかさど》る。仕途《しと》を超越《ちょうえつ》して雲路《うんろ》に早《はや》い。朱衣《しゅい》紫綬《しじゅ》は儒名《じゅめい》に相《あ》う。

「觜宿《ししゅく》」孛觜《はいし》　觜宿《ししゅく》に躔《めぐ》る孛《はい》は天真《てんしん》と号《とな》える。秀気《しゅうき》の文章《ぶんしょう》にて自《おのず》から立身《りっしん》する。年少《ねんしょう》に登科《とうか》して官進《かんしん》は早《はや》い。性情《せいじょう》は容易《ようい》に便《すばや》く嗔《いか》りを生《う》む。

「参宿《さんしゅく》」孛参《はいさん》　参宿《さんしゅく》に躔《めぐ》る孛《はい》は天銓《てんせん》と号《とな》える。官禄《かんろく》に須《すべか》らく逢《あ》い抵《あた》れば難《なん》ならず。妻子宮中《さいしきゅうちゅう》は須《すべか》らく尅《こく》が有《あ》る。更《さら》に兼《か》ねて蒼《あお》い顔《かお》に夭寿《ようじゅ》が在《あ》る。

「井宿《せいしゅく》」孛井《はいせい》　井宿《せいしゅく》に躔《めぐ》る孛《はい》は天誑《てんきょう》と号《とな》える。衣禄《いろく》は生来《せいらい》須《すべか》らく大《おお》きく旺《おう》ずれども、資財《しざい》は是《こ》れ別人《べつじん》に収《おさ》まるを恐《おそ》れる。子《こ》が有《あ》りても終《つい》に須《すべか》らく還《かえ》りて破蕩《はとう》する。

「鬼宿《きしゅく》」孛鬼《はいき》　鬼宿《きしゅく》に躔《めぐ》る孛《はい》は天詫《てんたく》と名《な》づける。巨富官栄《きょふうかんえい》は両《なら》びに価《あたい》するもの無《な》し。毒害《どくがい》の人《ひと》と為《な》しても更《さら》には英雄《えいゆう》である。先《さき》に声名《せいめい》の有《あ》る大権《たいけん》の伯《おさ》である。

「柳宿《りゅうしゅく》」孛柳《はいりゅう》　柳宿《りゅうしゅく》に躔《めぐ》る孛《はい》は天冲《てんちゅう》と号《とな》える。将相《しょうそう》の功勲《こうくん》は万中《ばんちゅう》の禄《ろく》である。従来《じゅうらい》より威望《いぼう》して台憲《たいけん》に任《つと》める。声《こえ》は蜚《と》び騰達《とうたつ》して英雄《えいゆう》が顕《あらわ》れる。

「星宿《せいしゅく》」孛星《はいせい》　星宿《せいしゅく》に躔《めぐ》る孛《はい》は天戎《てんじゅう》と号《とな》える。定《さだ》めて妻児《さいじ》を三《み》つ両《なら》びに重《かさ》ねて断《た》つ。執拗《しつおう》にして猛勇《もうゆう》の心《こころ》の人《ひと》と為《な》す。生《せい》来衣食《らいいしょく》は老《お》いても終《おわ》ること無《な》し。

「張宿《ちょうしゅく》」孛張《はいちょう》　張宿《ちょうしゅく》に躔《めぐ》る孛《はい》は天権《てんけん》と号《とな》える。妻子宮中《さいしきゅうちゅう》は未《いま》だ全《まっと》うを保《たも》たず。衣食《いしょく》は生来《せいらい》自《おのず》から豊《ゆた》かに足《た》る。性情《せいじょう》は高《こう》尚《しょう》にして忠良《ちゅうりょう》と作《な》す。

「翼宿《よくしゅく》」孛翼《はいよく》　翼宿《よくしゅく》に躔《めぐ》る孛《はい》は天譁《てんか》と号《とな》える。此《こ》れ是《こ》の星辰《せいしん》は本家《ほんけ》に到《いた》る。喜怒《きど》は常《つね》ならず色慾《しきよく》が多《おお》い。心《こころ》は狼虎《ろうこ》の如《ごと》し毒《どく》は蛇《へび》の如《ごと》しである。

「軫宿《しんしゅく》」孛軫《はいしん》　軫宿《しんしゅく》に躔《めぐ》る孛《はい》は天忒《てんとく》と号《とな》える。酒《さけ》に恋《こい》し花《はな》に迷《まよ》い遊奕《ゆうえき》を好《この》む。家財《かざい》を破《やぶ》り尽《つく》し偸《ぬす》みを好《この》みて行《おこな》う。若《も》し軍《ぐん》に投《な》げざれば須《すべか》らく尅《こく》が有《あ》る。

孛星《はいせい》と十二宮《じゅうにきゅう》　月孛照宮《げつはいしょうきゅう》　琅玕経《ろうかんきょう》

「命宮《めいきゅう》」孛命宮《はいめいきゅう》　月孛《げつはい》が命《めい》を照《て》らす人《ひと》は、初年《しょねん》に頻《しき》りに災破《さいは》する。機《からくり》の術《はかりごと》は心《こころ》に自《おのず》から有《あ》り、権謀術数《けんぼうじゅつすう》に精《くわ》しい。早年《そうねん》は反覆《はんぷく》を防《ふせ》ぎ、中歳《ちゅうさい》に立《た》ちて方《まさ》に成《な》る。夜生《やうま》れで陰位《いんい》を照《て》らせば、財禄《ざいろく》に声名《せいめい》が有《あ》る。

又曰《またいわ》く、月孛《げつはい》は須《すべか》らく是《こ》れ悪星《あくせい》と知《し》れ。之《こ》れに逢《あ》えば禍患《かかん》の卒《しもべ》にして難行《なんぎょう》する。若《も》し還《かえ》りて入廟宮中《にゅうびょうきゅうちゅう》の者《もの》は、必《かなら》ず定《さだ》めて前程《ぜんてい》に大成《たいせい》が有《あ》る。

「財帛宮《ざいはくきゅう》」孛財帛《はいざいはく》　財宮《ざいきゅう》を照《て》らす孛《はい》は真《まこと》に畏《おそ》る可《べ》し。須《すべか》らく人《ひと》を防《ふせ》ぎ暗《やみ》に頼《たよ》りて美《び》を為《な》す。悪曜《あくよう》の君《きみ》に逢《あ》う限《げん》は須《すべか》らく忌《い》む。吉宿《きつしゅく》の臨宮《りんきゅう》は横財《おうざい》を主《つかさ》どる。

「兄弟宮《けいていきゅう》」孛兄弟《はいけいてい》　兄弟《けいてい》は孛星《はいせい》を見《み》るに宜《よろ》しからず。手足《てあし》の情《こころ》は大小分《だいしょうわ》かち無《な》く、若《も》し三人《さんにん》が有《あ》れば三路《さんじ》に去《さ》り、四人《よにん》は亦《また》四方《しほう》に行《い》くを作《な》す。

「田宅宮《でんたくきゅう》」孛田宅《はいでんたく》　第四宮中《だいしきゅうちゅう》に月孛《げつはい》が臨《のぞ》めば、定《さだ》めて疲痞《ひひ》に達《とど》いて気《き》を相《あ》い侵《おか》す。失業《しつぎょう》に憂《うれ》い煎《い》り田庄《でんしょう》は尽《つ》きる。老《お》いに到《いた》りても倉箱《くらはこ》は之《こ》れ金《きん》は寸《わず》かである。

「男女宮《だんじょきゅう》」孛男女《はいだんじょ》　子孫宮《しそんきゅう》の裡《うら》に孛星《はいせい》が攻《せ》めれば、苫《とま》に同《おな》じ蒂《もと》の甘《あま》い根《ね》の類《たぐい》の状《かたち》である。仮《たと》えば門庭《もんてい》に似《に》て当《まさ》に旺盛《おうせい》すれども、也須《またすべか》らく先宗《せんそう》を辱《はずか》しめる不肖《ふしょう》である。

「奴僕宮《ぬぼくきゅう》」孛奴僕《はいぬぼく》　奴僕《ぬぼく》は惟最弱宮《ただざいじゃくきゅう》と推《お》せ。孛星《はいせい》が臨《のぞ》み照《て》らせば愈凶《いよいよきょう》と為《な》す。禄主《ろくしゅ》に当《あた》りて生《せい》なれども全陥《ぜんかん》の如《ごと》し。衣食《いしょく》に奔波《ほんぱ》して困窮《こんきゅう》を守《まも》る。

「夫妻宮《ふさいきゅう》」孛妻妾《はいさいしょう》　門《かど》は婦《よめ》を尅《こく》し婦家《よめいえ》の貧《まず》しいを望《のぞ》む。月孛《げつはい》は如何《いかん》とも更《さら》に情《こころ》は絶《た》える。亥戌丑申未酉位《いいぬうしさるひつじとりい》は、夫妻《ふうふ》の和順《わじゅん》に定《さだ》めて因《ゆか》り無《な》し。

「疾厄宮《しつやくきゅう》」孛疾厄《はいしつやく》　疾厄宮中《しつやくきゅうちゅう》に月孛《げつはい》が来《きた》れば、少年《しょうねん》に伏剣《ふくけん》し染《し》み非《そし》り災《わざわ》いする。喜《よろこ》び事《ごと》は年歳久《ねんさいひさ》しく聞《き》かず。近《ちか》く来《きた》れば哀《かな》しい哭《なげ》き声《ごえ》を常《つね》に聴《き》く。

「遷移宮《せんいきゅう》」孛遷移《はいせんい》　遷移《せんい》に到《いた》る孛《はい》は悪宿《あくしゅく》と為《な》す。口舌《くぜつ》の陰謀《いんぼう》に辱《はずか》しめの凌《しの》ぎを被《こうむ》る。厄《やく》に辿《たちもとお》り家《いえ》は敗《やぶ》れ他《ほか》の処《ところ》に死《し》す。路《みち》の横《よこ》の屍《しかばね》の首《くび》は興《おき》るに能《あた》わず。

「官禄宮《かんろくきゅう》」孛官禄《はいかんろく》　月孛《げつはい》の光芒《こうぼう》は慧星《けいせい》と号《とな》える。衆星《しゅうせい》を一《ひと》つ見《み》れば威名《いめい》を歛《ほっ》する。廟方《びょうほう》に若《も》し天元《てんげん》の主《ぬし》を作《な》せば、貴《とうと》い貔《ひ》貅《きゅう》にして百万《ひゃくまん》の兵《へい》を擁《いだ》く。

「福徳宮《ふくとくきゅう》」孛福徳《はいふくとく》　福徳宮中《ふくとくきゅうちゅう》は好星《こうせい》を要《もと》める。如何《いかん》ぞ孛《はい》が照《て》りて和平《わへい》が有《あ》るか。光威《こうい》は自《おのず》から覚《おぼ》えて年来《ねんらいへ》減る。困頓《こんとん》を須《すべか》らく知《し》り下《した》の生《せい》を目《み》る。

「相貌宮《そうぼうきゅう》」孛相貌《はいそうぼう》　十二宮中《じゅうにきゅうちゅう》に孛星《はいせい》が有《あ》れば、形容《けいよう》は粗《あら》く惧《おそ》れて醜《みにく》いと聞《き》き知《し》れ。性情《せいじょう》は定《さだ》まらず狂妄《きょうもう》の如《ごと》し。与《くみ》しても止《とど》まり少《すこ》しも神《かみ》に似《に》て憑《よ》ること無《な》し。

羅《ら》星《せい》と十二支《じゅうにし》　羅睺入宮《らこうにゅうきゅう》　枢要歌《すうようか》

「子《ね》」羅子《らね》　子上《ねじょう》の羅《ら》睺《こう》は天暴《てんぼう》と名《な》づける。稟性《ひんせい》は剛強《ごうきょう》にして心《こころ》は太《はなは》だ躁《さわ》ぐ。同《おな》じく舎《やど》り如《も》し還《かえ》りて木星《もくせい》を見《み》れば、徳《とく》は辺方《へんぽう》に及《およ》び賊盗《ぞくとう》を弭《ほろ》ぼす。

「丑《うし》」羅丑《らうし》　赤道之《せきどうの》星《ほし》は本《も》と是《こ》れ羅《ら》である。此《こ》の星《ほし》が丑竟《うしきょう》に居《い》れば如何《いかん》。若《も》し官禄《かんろく》を為《な》し凶宿《きょうしゅく》が無《な》ければ、官職《かんしょく》は高《たか》く禄《ろく》は亦多《またおお》い。

「寅《とら》」羅寅《らとら》　寅上《とらじょう》に居《い》る羅《ら》は天威《てんい》と号《とな》える。兵戎《へいじゅう》を掌握《しょうあく》し帝畿《ていき》を擁《いだ》く。光耀《こうよう》の朝廷《ちょうてい》に羌虜《ああとりこ》は服《したが》う。功《てがら》を成《な》し凱歌《がいか》を斉《ひと》しく奏《かな》でて帰《かえ》る。

「卯《う》」羅卯《らう》　卯《う》に在《あ》る羅星《らせい》は天権《てんけん》と号《とな》える。雄鎮《ゆうちん》は辺郵《へんゆう》に独《ひと》り勢《いきお》いを専《ほしいまま》にする。入廟《にゅうびょう》の奇《き》星《せい》は威《い》望《ぼう》が重《かさ》なる。令《おさ》に坐《すわ》れば羌虜《ああとりこ》は翕然《きゅうぜん》と安《やす》んずる。

「辰《たつ》」羅辰《らたつ》　辰宮《たつきゅう》に入《はい》る羅《ら》は八敗《はちはい》と名《な》づける。火《か》金《きん》が会《あ》い舎《やど》れば多《おお》く災《わざわ》いを惟《な》す。妻《つま》を傷《そこな》い子《こ》を尅《こく》し双親《そうしん》を陥《おとしい》れる。夭《わかじに》ならざれば也須《またすべか》らく害《がい》を与《あた》える形《かたち》である。

「巳《み》」羅巳《らみ》　巳上《みじょう》の羅《ら》睺《こう》は地《ち》隔《かく》と為《な》す。宮中《きゅうちゅう》に殺《さつ》が入《はい》れば水厄《すいやく》を成《な》す。然《しか》りと雖《いえど》も吉曜《きちよう》も同《おな》じ流《なが》れに与《くみ》する。性格《せいかく》は軽《かる》さに盈《みち》て盗賊《とうぞく》を招《まね》く。

「午《うま》」羅午《らうま》　午上《うまじょう》は龍宮《たつきゅう》にして羅《ら》は羨《うらや》む可《べ》し。名《な》は朝参《ちょうさん》に至《いた》り玉殿《ぎょくでん》に登《のぼ》る。名《な》を方面《ほうめん》に馳《は》せて藩《まがき》を宜《よろ》しく掌《つかさ》どる。四夷《しい》を威《おど》し鎮《しず》め能《よ》く乱《らん》を制《せい》する。

「未《ひつじ》」羅未《らひつじ》　未《ひつじ》に在《あ》る羅睺《らこう》は天厄《てんやく》と名《な》づける。月《つき》に与《くみ》して同宮《どうきゅう》すれば病《や》み賊《そこな》うと為《な》す。未《ひつじ》に星《ほし》が相《あ》い会《あ》いて行《めぐ》るを最《もっと》も喜《よろこ》び、家《いえ》の中《うち》は金玉《きんぎょく》に財帛《ざいはく》が多《おお》い。

「申《さる》」羅申《らさる》　申宮《さるきゅう》に入《はい》る羅《ら》は伏断《ふくだん》と為《な》す。独《ひと》り空房《あきべや》を守《まも》りて倡《わざおき》の伴《ともな》い無《な》し。会《あ》い照《て》らし如《も》し月孛星《げつはいせい》に逢《あ》えば、酒色《しゅしょく》に耽《ふけ》り迷《まよ》いて心情《しんじょう》は乱《みだ》れる。

「酉《とり》」羅酉《らとり》　酉位《とりい》に居《い》る羅《ら》は天文《てんもん》と号《とな》える。兵機《へいき》を掌握《しょうあく》して大勲《たいくん》を立《た》てる。甲癸生《きのえみずのとうま》れの人《ひと》が此《こ》の曜《よう》に逢《あ》えば、文章《ぶんしょう》は顕赫《けんかく》して明君《めいくん》を佐《たす》ける。

「戌《いぬ》」羅戌《らいぬ》　戌宮《いぬきゅう》の天衛《てんえい》は是《こ》れ羅睺《らこう》である。骨肉《こつにく》は多《おお》く傷《そこな》い大《おお》いに愁《うれ》う可《べ》し。設《たと》えば若《も》し同宮《どうきゅう》して水宿《すいしゅく》に逢《あ》えば、少年《しょうねん》は必《かなら》ず定《さだ》めて刑流《けいりゅう》を主《つかさ》どる。

「亥《い》」羅亥《らい》　亥上《いじょう》に居《い》る羅《ら》は文昌《もんしょう》と号《とな》える。年少《ねんしょう》は多才《たさい》にして特異《とくい》を常《つね》とする。天首《てんしゅ》は元来帝闕《がんらいていけつ》に居《い》る。官《くらい》は尊《とうと》く爵《しゃく》は大《おお》きく名《な》をして彰《あらわ》に令《せし》める。

羅星《らせい》と二十八宿《にじゅうはっしゅく》　羅睺躔度《らこうてんど》　玉関歌《ぎょくかんか》

「角宿《かくしゅく》」羅角《らかく》　角宿《かくしゅく》に躔《めぐ》る羅《ら》は天模《てんぼ》と号《とな》える。性《さが》は直《なお》しく機謀《きぼう》は衆徒《しゅうと》に出《い》づる。家道《かどう》に有《あ》るが如《ごと》く心《こころ》を妄《みだ》すこと莫《なか》れ。限《げん》は是《こ》の良図《りょうず》を久《ひさ》しく終《つい》に扶《たす》ける。

「亢宿《こうしゅく》」羅亢《らこう》　亢宿《こうしゅく》に躔《めぐ》る羅《ら》は天般《てんはん》と号《とな》える。物《もの》を心《こころ》に懐《おも》い蔵《かく》し且《か》つ亦寛《またゆた》かである。特《とく》に機謀《きぼう》に達《とお》る仰羨《ぎょうせん》の人《ひと》である。晩《ばん》年《ねん》は衣食《いしょく》に恐《おそ》れて安《やす》んじ難《がた》し。

「氐宿《ていしゅく》」羅氐《らてい》　氐宿《ていしゅく》に躔《めぐ》る羅《ら》は天携《てんけい》と号《とな》える。命《めい》が若《も》し之《こ》れに逢《あ》えば必《かなら》ず妻《つま》を損《そこな》う。頭女長男《とうじょちょうなん》は須《すべか》らく尅《こく》すを要《もと》める。資《し》財《ざい》は却《かえ》りて東西《とうざい》に散《ち》るを免《まぬが》れる。

「房宿《ぼうしゅく》」羅房《らぼう》　房宿《ぼうしゅく》に躔《めぐ》る羅《ら》は天従《てんじゅう》と号《とな》える。資財《しざい》に大《おお》きく富《と》む胆気《たんき》の雄《ゆう》である。文武《ぶんぶ》を兼《か》ねて全《まっと》うする五品《ごひん》の官《つかさ》である。兵刑之《へいけいの》任《つと》めは福《ふく》が偏《ひと》えに濃《こ》い。

「心宿《しんしゅく》」羅心《らしん》　心宿《しんしゅく》に躔《めぐ》る羅《ら》は天辰《てんしん》と号《とな》える。禄《ろく》は巨《おお》きく才《はたら》きは高《たか》く衆人《しゅうじん》に出《い》づる。巧《たく》みに計《はか》り多《おお》く知《し》り果《むく》いを毅《つよ》く干《あず》かる。威名《いめい》は遠《とお》くに服《ふく》して四夷《しい》は賓《したが》う。

「尾宿《びしゅく》」羅尾《らび》　尾宿《びしゅく》に躔《めぐ》る羅《ら》は天畋《てんてん》と号《とな》える。命《めい》の裡《うら》に之《こ》れが逢《あ》えば重権《じゅうけん》が有《あ》る。上将《じょうしょう》にして功《てがら》を論《と》き心《こころ》に殺《さつ》を好《この》む。何《なん》ぞ此《こ》の地《ち》に官《つかさ》を為《な》さざるを愁《うれ》うか。

「箕宿《きしゅく》」羅箕《らき》　箕宿《きしゅく》に躔《めぐ》る羅《ら》は天聡《てんそう》と号《とな》える。廟旺之宮《びょうおうのきゅう》は禄《ろく》に早《はや》く逢《あ》う。百万《ひゃくまん》の兵師《へいし》を帰《おく》りて統御《とうぎょ》し、金吾《きんご》が上《かみ》を衛《まも》りて三公《さんこう》に及《およ》ぶ。

「斗宿《としゅく》」羅斗《らと》　斗宿《としゅく》に躔《めぐ》る羅《ら》は天磨《てんま》と号《とな》える。命《めい》が若《も》し之《こ》れに逢《あ》えば福《ふく》は亦多《またおお》い。智慧《ちえ》を能《よ》く机《つくえ》に謀《はか》りて衆《しゅう》に出《い》づる。也《また》須《すべか》らく財《ざい》を利《もう》けて奔波《ほんぱ》を帯《お》びる。

「牛宿《ぎゅうしゅく》」羅牛《らぎゅう》　牛宿《ぎゅうしゅく》に躔《めぐ》る羅《ら》は天韉《てんせん》と号《とな》える。干《たて》を毅《つよ》く能《よ》く為《な》して重権《じゅうけん》を主《つかさ》どる。相貌《そうぼう》は豊隆《ほうりゅう》し満面《まんめん》の髭《ひげ》である。妻児《さいじ》を先《さき》に損《そこな》いて機《からくり》の園《その》を謏《あざむ》く。

「女宿《じょしゅく》」羅女《らじょ》　女宿《じょしゅく》に躔《めぐ》る羅《ら》は天巡《てんじゅん》と号《とな》える。午亥《うまい》生《うま》れの人《ひと》は大勲《たいくん》を立《た》てる。廊廟之中《ろうびょうのうち》は須《すべか》らく大任《たいにん》である。其《そ》の他《た》衣食《いしょく》は且《か》つ平平《へいへい》である。

「虚宿《きょしゅく》」羅虚《らきょ》　虚宿《きょしゅく》に躔《めぐ》る羅《ら》は天鏐《てんりゅう》と号《とな》える。甲命《きのえめい》生《うま》れの人《ひと》は列侯《れっこう》に位《くらい》する。身命《しんめい》に若《も》し逢《あ》えば衣食《いしょく》は旺《おう》ずる。到頭終《とうとうつい》に是《こ》れ清幽《せいゆう》に喜《よろこ》ぶ。

「危宿《きしゅく》」羅危《らき》　危宿《きしゅく》に躔《めぐ》る羅《ら》は天樗《てんか》と号《とな》える。肥厚《ひこう》の身材《しんざい》にして更《さら》に鬚《くちひげ》が有《あ》る。心機《しんき》に事《こと》を蔵《かく》し財《ざい》は亦旺《またおう》ずる。自《おのず》から成《な》り自《おのず》から立《た》ちて憂虞《ゆうぐ》を免《まぬが》れる。

「室宿《しっしゅく》」羅室《らしつ》　室宿《しっしゅく》に躔《めぐ》る羅《ら》は天躔《てんてん》と号《とな》える。衆《しゅう》を出《い》で群《ぐん》を超《こ》えて大権《たいけん》が有《あ》る。事《こと》に操持《そうじ》を作《な》し心《こころ》は耿《あか》るく直《なお》しい。若《も》し酉《とり》の命《めい》に逢《あ》えば是《こ》れ高賢《こうけん》である。

「壁宿《へきしゅく》」羅壁《らへき》　壁宿《へきしゅく》に躔《めぐ》る羅《ら》は天持《てんじ》と号《とな》える。機智《きち》と文章《ぶんしょう》を計《はか》りて奇《き》に出《い》づる。天文《てんもん》に通達《つうたつ》し栄《さか》えて且《か》つ貴《とうと》い。能《はた》らき多《おお》く寿多《としおお》く誉《ほま》れの名《な》を馳《は》せる。

「奎宿《けいしゅく》」羅奎《らけい》　奎宿《けいしゅく》に躔《めぐ》る羅《ら》は天威《てんい》と号《とな》える。性情《せいじょう》は焦《あせ》り煩《わずら》いて欺《あざむ》きを受《う》けず。猛烈《もうれつ》にして心《こころ》の鯁直《こうちょく》な人《ひと》と為《な》す。狼《おおかみ》は貪《どん》婪《らん》して肥《こ》える食衣《しょくい》を妬《ねた》む。

「婁宿《るしゅく》」羅婁《らる》　婁宿《るしゅく》に躔《めぐ》る羅《ら》は天誌《てんし》と号《とな》える。抗直《こうちょく》にして人《ひと》が有《あ》り兼《か》ねて義《ぎ》が有《あ》る。多《おお》く閑《しきり》の事《こと》を招《まね》いて閑《しきり》に非《たが》うに与《くみ》する。衣食《いしょく》は生来心《せいらいこころ》に未《いま》だ遂《と》げず。

「胃宿《いしゅく》」羅胃《らい》　胃宿《いしゅく》に躔《めぐ》る羅《ら》は天懌《てんえき》と号《とな》える。淵源《えんげん》を記《しる》し問《と》えば性《さが》は剛直《ごうちょく》である。小人《しょうじん》は此《こ》れ亦威権《またいけん》に泣《な》く。君子《くんし》が之《こ》れに逢《あ》えば官職《かんしょく》に進《すす》む。

「昴宿《ぼうしゅく》」羅《ら》昴《ぼう》　昴宿《ぼうしゅく》に躔《めぐ》る羅《ら》は天蜻《てんせい》と号《とな》える。　衆《しゅう》に出《い》づる機権《きけん》にして多《おお》く勝《まさ》るを好《この》む。初年《しょねん》は須《すべか》らく破《やぶ》れて晩《くれ》に力《ちから》を成《な》す。果毅《かき》を操持《そうじ》して権柄《けんぺい》が有《あ》る。

「畢宿《ひっしゅく》」羅《ら》畢《ひつ》　畢宿《ひっしゅく》に躔《めぐ》る羅《ら》は天危《てんき》と号《とな》える。　言語《げんご》は猖狂《しょうきょう》して是非《ぜひ》を惹《ひ》く。妻児《さいじ》を尅害《こくがい》して君《きみ》を怨《うら》む莫《なか》れ。平生《へいせい》の衣食《いしょく》は也時《またとき》に随《したが》う。

「觜宿《ししゅく》」羅《ら》觜《し》　觜宿《ししゅく》に躔《めぐ》る羅《ら》は天申《てんしん》と号《とな》える。　亥命《いめい》が之《こ》れに逢《あ》えば是《こ》れ喜神《きしん》である。家道《かどう》は興隆《こうりゅう》して金玉《きんぎょく》に富《と》む。官《つかさ》を為《な》せば応《まさ》に許《ゆる》されて楓宸《ふうしん》に侍《はべ》る。

「参宿《さんしゅく》」羅《ら》参《さん》　参宿《さんしゅく》に躔《めぐ》る羅《ら》は天津《てんしん》と号《とな》える。　禀性《ひんせい》は清閑《せいかん》にして心《こころ》は洞《ほが》らかで明《あか》るい。籌策《ちゅうさく》して自《おのず》から能《よ》く道釈《どうしゃく》を知《し》る。衆人《しゅうじん》に欽仰《きんぎょう》されて威名《いめい》を振《ふる》う。

「井宿《せいしゅく》」羅《ら》井《せい》　井宿《せいしゅく》に躔《めぐ》る羅《ら》は天空《てんくう》と号《とな》える。　怒地《どち》に平生《へいぜい》の運《うん》は通《とお》らず。若《も》し木星《もくせい》を得《え》て同《おな》じ度《ど》に在《あ》れば、木羅《もくら》は相《あ》い愛《あい》し却《かえ》りて兇《きょう》は無《な》し。

「鬼宿《きしゅく》」羅《ら》鬼《き》　鬼宿《きしゅく》に躔《めぐ》る羅《ら》は天昌《てんしょう》と号《とな》える。　機変《きへん》の文章《ぶんしょう》に志気《しき》は揚《あ》がる。形貌《けいぼう》は魁《おお》きく崇《たか》く腰《こし》は且《か》つ厚《あつ》い。子孫《しそん》の印《しるし》は是《こ》れ安康《あんこう》を保《たも》つ。

「柳宿《りゅうしゅく》」羅《ら》柳《りゅう》　柳宿《りゅうしゅく》に躔《めぐ》る羅《ら》は天鰥《てんかん》と号《とな》える。　林泉《りんせん》に愛楽《あいらく》して智《ちえ》は山《やま》に在《あ》る。胸次《きょうじ》の文章《ぶんしょう》は財《ざい》に広博《こうはく》である。由《なお》如《も》し僧《そう》道《どう》ならば清閑《せいかん》を喜《よろこ》ぶ。

「星宿《せいしゅく》」羅《ら》星《せい》　星宿《せいしゅく》に躔《めぐ》る羅《ら》は天円《てんえん》と号《とな》える。　命《めい》が若《も》し之《こ》れに逢《あ》えば権《ちから》を自《おのず》から専《ほしいまま》にする。兵刑《へいけい》を法令《ほうれい》し重《かさ》ねて任《つと》めに堪《た》える。文韜武略《ぶんとうぶりゃく》を両《なら》びに皆全《みなまっと》うする。

「張宿《ちょうしゅく》」羅《ら》張《ちょう》　張宿《ちょうしゅく》に躔《めぐ》る羅《ら》は天目《てんもく》と号《とな》える。　命《めい》が若《も》し相《あ》い逢《あ》えば福《ふく》を多《おお》く発《はな》つ。威名《いめい》は辺《ほとり》に達《とど》き播《し》き鋪《つら》ねて昌《さか》んである。朝《ちょう》に相《あ》い居《い》る帥《おさ》にして貴禄《きろく》は栄《さか》える。

「翼宿《よくしゅく》」羅《ら》翼《よく》　翼宿《よくしゅく》に躔《めぐ》る羅《ら》は天愚《てんぐ》と号《とな》える。　心《こころ》の毒《どく》に機《からくり》を蔵《かく》し語《ことば》は虚《むな》しからず。巧妙《こうみょう》の性情《せいじょう》にして容貌《ようぼう》は美《うつく》しい。貴人《きじん》に親《した》しみ近《ちか》づいて安居《あんきょ》を得《え》る。

「軫宿《しんしゅく》」羅《ら》軫《しん》　軫宿《しんしゅく》に躔《めぐ》る羅《ら》は天神《てんしん》と号《とな》える。　武職之《ぶしょくの》官《かん》は此《こ》の位《くらい》の官《つかさ》である。生殺之権《せいさつのちから》を心《こころ》に自《おのず》から縦《ほしいまま》にする。金吾《きんご》の節度《せつど》は両《なら》びに同《ひと》しく班《わか》つ。

羅《ら》星《せい》と十二宮《じゅうにきゅう》　羅喉照宮《らこうしょうきゅう》　琅玕経《ろうかんきよう》

「命宮《めいきゅう》」羅《ら》命宮《めいきゅう》　羅喉《らこう》が命位《めいい》に臨《のぞ》めば、権勢《けんせい》は自《おのず》から能《よ》く高《たか》くする。少《しょう》から中《ちゅう》に達《いた》りて滞《とどこお》りが有《あ》る。財《ざい》と名《な》は晩歳《ばんさい》に牢《かた》い。然《しか》るに若《も》し怒地《どち》に入《はい》れば、成敗《せいばい》を屢経《しばしばへ》て遭《あ》う。昼《ひる》に遇《あ》いて限宮《げんきゅう》を見《み》れば、恩《めぐ》みを迎《むか》え貴豪《きごう》を見《み》る。

又曰《またいわ》く、若《も》し羅喉《らこう》が命《めい》に在《あ》れば何《なに》を看《み》るか。文武《ぶんぶ》を兼《か》ね資《たから》を信《しん》じて難《かた》からず。但《ただ》し一星《いっせい》を得《え》て金《きん》が木《もく》に与《くみ》すれば、若《も》し筆《ふで》を稟《う》け非《ざ》れば即《すなわ》ち壇《だん》に登《のぼ》る。

「財帛宮《ざいはくきゅう》」羅《ら》財帛《ざいはく》　財帛之《ざいはくの》上《うえ》の是《こ》の羅喉《らこう》は、已《すで》に財《ざい》を須《すべか》らく得《え》て即《すなわ》ち方《まさ》に休《やす》んずる。更《さら》に若《も》し図《え》に狂《くる》い富《とみ》を多《おお》く積《つ》めば、如何《いかん》ぞ破《やぶ》れずに姦《わたくし》し偸《ぬす》むを被《こうむ》るか。

「兄弟宮《けいていきゅう》」羅《ら》兄弟《けいてい》　第二宮内《だいにきゅうない》に羅喉《らこう》が有《あ》れば、悖《もと》り逆《さか》らい乖《そむ》き違《ちが》えて自《おのず》から憂《うれ》う可《べ》し。宗派《そうは》の源《みなもと》は同《おな》じく恩義《おんぎ》は等《ひと》しい。只凶曜《ただきょうよう》に因《よ》りても一時《いちじ》は休《やす》んずる。

「田宅宮《でんたくきゅう》」羅《ら》田宅《でんたく》　天首《てんしゅ》の羅喉《らこう》は最《もっと》も凶《きょう》を残《のこ》す。祖業《そぎょう》は多《おお》いと雖《いえど》も則《すなわ》ち守《まも》り難《がた》し。千万《せんまん》の田園《でんえん》が傾《かたむ》くを惜《お》しむ可《べ》し。都《みやこ》は凶曜《きようよう》に因《よ》りて闌珊《らんさん》を見《み》る。

「男女宮《だんじよきゅう》」羅《ら》男女《だんじょ》　羅喉《らこう》が子宮《しきゅう》の中《うち》に臨《のぞ》み照《て》らせば、綵《あやぎぬ》の戯《たわむ》れに盈《み》ちる門《もん》に豈《たの》しむ宜《よろ》しい所《ところ》である。恰《あたか》も花《はな》の繁《しげ》りに似《に》て紅艶《こうえん》は盛《さか》んである。留《とど》まる枝《えだ》は寂然《せきぜん》と一《ひと》つ有《あ》るより少《すく》なし。

「奴僕宮《ぬぼくきゅう》」羅《ら》奴僕《ぬぼく》　羅喉《らこう》は善星《ぜんせい》に与《くみ》して交《まじ》わり難《がた》し。奴僕之宮《ぬぼくのきゅう》は愈怒《いよいよいか》り号《さけ》ぶ。仮《かり》に尊厳《そんげん》を使《つか》い道徳《どうとく》を崇《たっと》んでも、反《かえ》りて陋《ろう》巷《こう》に居《い》て自《おのず》から瓢《ひさご》を筆《か》く。

「夫妻宮《ふさいきゅう》」羅妻妾《らさいしょう》　凶宿《きょうしゅく》の羅喉《らこう》は天首《てんしゅ》と名《な》づける。高強《こうきょう》を占《し》めずして対宮《たいきゅう》を守《まも》る。是《こ》れ惟一世《ただいっせい》に災《わざわ》い有《あ》りて迍《たちもとお》る。孤寡《こか》難婚《なんこん》にして更《さら》に矗醜《そしゅう》である。

「疾厄宮《しつやくきゅう》」羅《ら》疾厄《しつやく》　第八宮《だいはちきゅう》の天首《てんしゅ》の羅喉《らこう》は、世間《せけん》の何事《なにごと》を其《そ》の凶《きょう》に比《くら》べるか。直食禄《ただしょくろく》は饒《ゆた》かにして重《かさ》ね重《がさ》ね貴《とうと》い。首《くび》の面《かお》は須《すべか》らく病《やまい》の攻《せ》めが有《あ》るを防《ふせ》ぐ。

「遷移宮《せんいきゅう》」羅《ら》遷移《せんい》　凶曜《きょうよう》の羅喉《らこう》は権星《けんせい》と号《とな》える。遷移《せんい》に臨《のぞ》み照《て》らせば禄《ろく》に回《めぐ》りて驚《おどろ》く。旺宮《おうきゅう》に在《あ》るを得《え》て禄主《ろくしゅ》を為《な》せば、必《かなら》ず堤《つつみ》の舎《いえ》に因《よ》りて貴《とうと》く栄《さか》える身《み》である。

「官禄宮《かんろくきゅう》」羅官禄《らかんろく》　羅喉《らこう》は原《もと》と是《こ》れ貴権星《きけんせい》である。四正《しせい》に居《い》て強《つよ》く最《もっと》も吉寧《きつねい》である。運限《うんげん》が之《こ》れに逢《あ》えば吉慶《きっけい》が多《おお》い。更《さら》に寿《とし》の算《かず》は延《の》びて遐齢《かれい》を亨《う》ける。

「福徳宮《ふくとくきゅう》」羅福徳《らふくとく》　天首《てんしゅ》の羅喉《らこう》は福徳《ふくとく》と為《な》す。群《ぐん》を超《こ》え衆《しゅう》を出《い》で事《こと》に乖《そむ》き張《は》る。瘟瘟《うんうん》を主《つかさ》どるに合《あ》いて盗賊《とうぞく》を兼《か》ねる。財《ざい》は空《むな》しく貧《まず》しく賎《いや》しく少年《しょうねん》に亡《ほろ》ぶ。

「相貌宮《そうぼうきゅう》」羅相貌《らそうぼう》　相貌《そうぼう》の方《かた》の天首羅《てんしゅら》星《せい》は、陰徳《いんとく》を別《わか》ち為《な》して其《そ》の殃《わざわ》いを解《と》く。更《さら》に兼《か》ねて忌曜《きよう》を縦横《たてよこ》に見《み》て、若《も》し残《そこな》いに相《あ》わざれば即《すなわ》ち梁《はし》を繋《か》ける。

計星《けいせい》と十二支《じゅうにし》　計都入宮《けいとにゅうきゅう》　枢要歌《すうようか》

「子《ね》」計子《けいね》　子《ね》に入《はい》る計都《けいと》は天凶《てんきょう》と号《とな》える。性《さが》は毒《どく》にして情《こころ》は貪《むさぼ》り又且《またか》つ窮《きわ》まる。惟《ただ》己《つちのと》　壬《みずのえ》の人《ひと》が有《あ》りて此《こ》れに遇《あ》えば、又還《またかえ》りて福《ふく》と為《な》し亨通《こうつう》を主《つかさ》どる。

「丑《うし》」計丑《けいうし》　丑上《うしじょう》の計都《けいと》は四喜《しき》と名《な》づける。身《しん》が牛斗《ぎゅうと》に居《い》れば威権《いけん》が起《お》こる。只妻子《たださいし》に刑傷《けいしょう》を見《み》るを恐《おそ》れる。若《も》し是《こ》れが官《つかさ》を為《な》せば朝《ちょう》の裡《うら》に在《あ》る。

「寅《とら》」計寅《けいとら》　寅上《とらじょう》の計都《けいと》は天淵《てんえん》と号《とな》える。反《かえ》りて禍《わざわ》いは祥《さいわ》いを為《な》し吉慶《きっけい》を全《まっと》うする。壬《みずのえ》　己《つちのと》生《うま》れの人《ひと》が若《も》し此《こ》れに逢《あ》えば、生来福《せいらいふく》を亨《う》けて更《さら》に年《とし》は延《の》びる。

「卯《う》」計卯《けいう》　氐房《ていぼう》に在《あ》る計《けい》は玉柄《ぎょくへい》と名《な》づける。此《こ》の宿《しゅく》に逢《あ》う人《ひと》は祥慶《しょうけい》が多《おお》い。然《しか》りと雖《いえど》も殺《さつ》に値《あ》えば刑囚《けいしゅう》に及《およ》ぶ。但《ただ》し一《いっ》生《しょう》を管《つかさ》どるは常《つね》に富盛《ふせい》である。

「辰《たつ》」計辰《けいたつ》　辰宮《たつきゅう》に入《はい》る計《けい》は暴敗《ぼうはい》と名《な》づける。兇《わる》い狼《おおかみ》の人《ひと》と為《な》し多《おお》く憎《にく》み害《そこな》う。若《も》し還《かえ》りて福徳《ふくとく》を亨《う》ければ清閑《せいかん》である。只《ただ》夭《わかじに》して年《とし》の終《つい》に奈《べにりんご》ならずを恐《おそ》れる。

「巳《み》」計巳《けいみ》　巳《み》に在《あ》る計都《けいと》は天水《てんすい》と名《な》づける。日《ひ》は凶《きょう》を為《な》すと雖《いえど》も亦瑞《またずい》と為《な》す。便《すなわ》ち悪宿《あくしゅく》を為《な》し相《あ》い会《あ》いて行《めぐ》りても、也《また》須《すべか》らく顕達《けんたつ》して身《み》は栄貴《えいき》である。

「午《うま》」計午《けいうま》　午《うま》に臨《のぞ》む計都《けいと》は天巋《てんき》と曰《い》う。此《こ》れは是《こ》の朝《ちょう》の元《かしら》に遇《あ》う者《もの》は希《まれ》である。若《も》し太陽《たいよう》を得《え》て同《おな》じく会《あ》い照《て》らせば、白衣《びゃくい》を緑衣《りょくい》に取《と》り換《か》えて帰《かえ》る。

「未《ひつじ》」計未《けいひつじ》　五鬼《ごき》の由来《ゆらい》は計都《けいと》に属《ぞく》する。只未位《ただひつじい》を嫌《きら》いて符《わりふ》を相《あ》わさず。太陰《たいいん》が此《こ》れに在《あ》りて同《おな》じく此《こ》れに居《い》れば、夭《わかじに》ならざれば終《つい》に須《すべか》らく配徒《はいと》を主《つかさ》どる。

「申《さる》」計申《けいさる》　申位《さるい》に居《い》る計《けい》は天賊《てんぞく》と名《な》づける。水《すい》に与《くみ》して同《おな》じく居《い》れば多《おお》く否塞《ひそく》する。夭《わかじに》ならざれば終《つい》に須《すべか》らく一世《いっせい》は貧《まず》しい。伶俐《れいり》の飄蕩《ひょうとう》は孤《ひと》りを成《な》して尅《こく》す。

「酉《とり》」計酉《けいとり》　酉宮《とりきゅう》の計《けい》は化《か》して天悴《てんすい》と為《な》す。惟丁《ただひのと》壬《みずのえ》に有《あ》れば災《わざわ》いは自《おのず》から退《しりぞ》く。金《きん》の命《めい》が之《こ》れに当《あた》れば須《すべか》らく少《わか》くして亡《な》くなる。然《しか》らざれば尅《こく》し陥《おちい》り身《み》は避《に》げ難《がた》し。

「戌《いぬ》」計戌《けいいぬ》　戌上《いぬじょう》の計都《けいと》は天窖《てんきん》と名《な》づける。資財《しざい》は破《は》蕩《とう》して自《おのず》から量《ま》さず。壬《みずのえ》己《つちのと》生《うま》れの人《ひと》は禄《ろく》を厚《あつ》く為《な》す。只妻子《たださいし》を早《そう》年《ねん》に傷《そこな》うを愁《うれ》う。

「亥《い》」計亥《けいい》　乾宮《けんきゅう》に居《い》る計《けい》は天武《てんぶ》と名《な》づける。此《こ》の位《くらい》は朝天《ちょうてん》にして疾苦《しっく》無《な》し。縦《たと》え死《し》を為《な》し刑《けい》に及《およ》び耗《もう》に因《よ》りても、也須《またすべか》らく官職《かんしょく》は封土《ほうど》を膺《う》ける。

計星《けいせい》と二十八宿《にじゅうはっしゅく》　計都《けいと》躔度《てんど》　玉関歌《ぎょくかんか》

「角宿《かくしゅく》」計角《けいかく》　角宿《かくしゅく》に躔《めぐ》る計《けい》は天冲《てんちゅう》と号《とな》える。五星《ごせい》が之《こ》れに逢《あ》えば立《ただち》に凶《きょう》を見《み》る。悪《にく》み暴《みだ》す性情《せいじょう》にして尤《もっと》も毒《どく》は烈《はげ》しい。猖狂《しょうきょう》を促《うなが》して寿《とし》は法刑《ほうけい》の中《うち》である。

「亢宿《こうしゅく》」計亢《けいこう》　亢宿《こうしゅく》に躔《めぐ》る計《けい》は天戈《てんか》と号《とな》える。軍《ぐん》に陳《つら》なり功《てがら》を成《な》しても福《ふく》は未《いま》だ多《おお》からず。是《こ》れにあらざれば兵機《へいき》の軍《ぐん》の健輩《けんはい》なれども、定《さだ》めて須《すべか》らく自《じ》縊《えい》与《なら》びに投河《とうか》する。

「氐宿《ていしゅく》」計氐《けいてい》　氐宿《ていしゅく》に躔《めぐ》る計《けい》は天通《てんつう》と号《とな》える。東《ひがし》に出《い》でて十度《じゅうど》の中《うち》が尤《もっと》も宜《よろ》しい。若《も》し命宮《めいきゅう》に対《たい》すれば声《こえ》を遠《とお》くに著《あらわ》す。更《さら》に吉曜《きちよう》に逢《あ》えば福《ふく》は豊隆《ほうりゅう》する。

「房宿《ぼうしゅく》」計房《けいぼう》　房宿《ぼうしゅく》に躔《めぐ》る計《けい》は天迍《てんちゅん》と号《とな》える。兄弟《けいてい》並《なら》びに子《し》孫《そん》に難《なん》を為《な》す。昼《ひる》の日《ひ》の陽宮《ようきゅう》は応《まさ》に且《か》つ破《やぶ》る。雖臨門《ただりんもん》をして禍《か》害《がい》教《せ》めて已《おわ》る。

「心宿《しんしゅく》」計心《けいしん》　心宿《しんしゅく》に躔《めぐ》る計《けい》は天嗤《てんし》と号《とな》える。狡猾《こうかつ》無凶《むきょう》なれども賤卑《せんぴ》の出《で》である。性《さが》は急《きゅう》にして謀《はかりごと》は高《たか》く事《こと》に耐《た》え難《がた》し。須《すべか》らく少年《しょうねん》の時《とき》に夭《わかじに》の寿《とし》を知《し》る。

「尾宿《びしゅく》」計尾《けいび》　尾宿《びしゅく》に躔《めぐ》る計《けい》は明星《めいせい》と号《とな》える。百計《ひゃっけい》は千方《せんぽう》に巧《たく》みな性《さが》の霊《たま》である。若《も》し是《こ》れに火《か》が同《あ》えば身《み》は且《か》つ貴《とうと》い。自然《しぜん》に文学《ぶんがく》は声名《せいめい》が有《あ》る。

「箕宿《きしゅく》」計箕《けいき》　箕宿《きしゅく》に躔《めぐ》る計《けい》は天世《てんせい》と号《とな》える。祖業《そぎょう》を招《まね》かず自《おのず》から身《み》は孤《ひと》りである。心《こころ》に巧《たく》みに計《はかりごと》を懐《おも》い多《おお》く奸猾《かんかつ》である。衣食《いしょく》の生平《せいへい》は亦少《またわか》くには無《な》し。

「斗宿《としゅく》」計斗《けいと》　斗宿《としゅく》に躔《めぐ》る計《けい》は天梁《てんりょう》と号《とな》える。智慧《ちえ》は聡明《そうめい》にして子息《しそく》は強《つよ》い。文章《ぶんしょう》を会得《えとく》して須《すべか》らく貴《き》に近《ちか》づく。佳名《かめい》の端《きざ》しは四方《しほう》に揚《あが》る可《べ》し。

「牛宿《ぎゅうしゅく》」計牛《けいぎゅう》　牛宿《ぎゅうしゅく》に躔《めぐ》る計《けい》は天常《てんじょう》と号《とな》える。丰采《ふうさい》は堂堂《どうどう》として性格《せいかく》は良《よ》い。更《さら》に善《よ》い星《ほし》を得《え》て同《おな》じ度《あ》に在《あ》れば、紳《おおおび》を垂《ほどこ》し笏《しゃく》を縉《さしはさ》みて君王《くんのう》に侍《はべ》る。

「女宿《じょしゅく》」計女《けいじょ》　女宿《じょしゅく》に躔《めぐ》る計《けい》は天遷《てんせん》と号《とな》える。福《ふく》と為《な》し須《すべか》らく土地《とち》の官《つかさ》と為《な》す。度《ど》の初《はじ》めに躔《めぐ》り在《あ》れば大貴《たいき》と為《な》す。官《つかさ》に遷《うつ》りて任《つと》めは美《うつく》しく定《さだ》めて難《なん》に非《あら》ず。

「虚宿《きょしゅく》」計虚《けいきょ》　虚宿《きょしゅく》に躔《めぐ》る計《けい》は天流《てんりゅう》と号《とな》える。父母《ふぼ》は須《すべか》らく骨肉《こつにく》に逢《あ》いても售《う》り、若《も》し孛星《はいせい》を見《み》て此《こ》れに同《おな》じく会《あ》えば、定《さだ》めて処処《しょしょ》を知《し》り夜《よる》に偸《ぬす》みを行《おこな》う。

「危宿《きしゅく》」計危《けいき》　危宿《きしゅく》に躔《めぐ》る計《けい》は天游《てんゆう》と号《とな》える。衣食《いしょく》に艱辛《かんしん》して事事《じじ》に憂《うれ》う。子《こ》を剋《こく》し妻《つま》を損《そこな》い家《いえ》は破散《はさん》する。平生《へいぜい》は孤苦《こく》にして愁《うれ》いは舒《ゆる》まず。

「室宿《しっしゅく》」計室《けいしつ》　室宿《しっしゅく》に躔《めぐ》る計《けい》は天真《てんしん》と号《とな》える。性《さが》は烈《はげ》しく官《つかさ》は高《たか》く位《くらい》は軽《かる》からず。若《も》し木星《もくせい》を得《え》て救助《きゅうじょ》が来《きた》れば、七品《しちひん》の官《つかさ》を為《な》して公卿《こうけい》に至《いた》る。

「壁宿《へきしゅく》」計壁《けいへき》　壁宿《へきしゅく》に躔《めぐ》る計《けい》は天魚《てんぎょ》と号《とな》える。十度《じゅうど》から四度之間《しどのあいだ》に居《い》れば、正廟之中《せいびょうのうち》の官《つかさ》は極《きわ》めて貴《とうと》い。十年之内《じゅうねんのうち》に金吾《きんご》に位《くらい》する。

「奎宿《けいしゅく》」計奎《けいけい》　奎宿《けいしゅく》に躔《めぐ》る計《けい》は天雄《てんゆう》と号《とな》える。本《も》と月《つき》が之《こ》れに逢《あ》えば帝君《ていくん》に近《ちか》づく。火《か》が攻《せ》めて凶《きょう》に若《も》し逢《あ》い且《か》つ咎《とが》めれば、終《つい》に乱世《らんせ》を為《な》し賊《ぬすびと》の臣《けらい》の中《うち》にある。

「婁宿《るしゅく》」計婁《けいる》　婁宿《るしゅく》に躔《めぐ》る計《けい》は天垣《てんえん》と号《とな》える。旺廟之中《おうびょうのうち》は定《さだ》めて権《ちから》を主《つかさ》どる。体貌《たいぼう》は堂堂《どうどう》として威望《いぼう》は重《おも》い。功勲《こうくん》の将《しょう》相《しょう》にして三公《さんこう》の王《おう》である。

「胃宿《いしゅく》」計胃《けいい》　胃宿《いしゅく》に躔《めぐ》る計《けい》は天刑《てんけい》と号《とな》える。日《ひ》の裏《うら》が之《こ》れに逢《あ》えば并《なら》びに火《か》を怕《おそ》れる。若《も》し青《あお》を離《え》ず又面《またおも》を被《こう》むらざれば、定《さだ》めて須《すべか》らく法《ほう》を犯《おか》し必《かなら》ず兵《へい》を為《な》す。

「昴宿《ぼうしゅく》」計昴《けいぼう》　昴宿《ぼうしゅく》に躔《めぐ》る計《けい》は星扶《せいふ》を要《もと》める。　初限《しょげん》は元来読書《がんらいどくしょ》を懶《おこた》る。只刀剣《ただとうけん》の上《うえ》に就《つ》き来《きた》る可《べ》し。将軍《しょうぐん》の位《くらい》は烈《はげ》しく玉《ぎょく》金《きん》に吾《した》しむ。

「畢宿《ひつしゅく》」計畢《けいひつ》　畢宿《ひつしゅく》に躔《めぐ》る計《けい》は天征《てんせい》と号《とな》える。　天《てん》の上《うえ》は呼《よ》びて一《ひと》つの典刑《てんけい》と為《な》す。地《ち》を得《え》て之《こ》れに逢《あ》えば終《つい》に是《こ》れ吉《きち》である。前程《ぜんてい》は遠《とお》く大《おお》きく声名《せいめい》が有《あ》る。

「觜宿《ししゅく》」計觜《けいし》　觜宿《ししゅく》に躔《めぐ》る計《けい》は天扶《てんふ》と号《とな》える。　僧道之人《そうどうのひと》は是《こ》れ孤《ひと》りを豈《たの》しむ。若《も》し財《ざい》の星《ほし》を見《み》て三合《さんごう》を照《て》らせば、偽《いつわ》らず牙儈商販《がかいしょうはん》の夫《おとこ》である。

「参宿《さんしゅく》」計参《けいさん》　参宿《さんしゅく》に躔《めぐ》る計《けい》は天歓《てんかん》と号《とな》える。　水宿《すいしゅく》に相《あ》い逢《あ》えば美官《びかん》と作《な》せ。庶俗《しょぞく》は也当《またまさ》に此《こ》れを廻避《かいひ》せよ。定《さだ》めて毒悪《どくあく》を知《し》りて相《あ》い安《やす》んぜず。

「井宿《せいしゅく》」計井《けいせい》　井宿《せいしゅく》に躔《めぐ》る計《けい》は天冲《てんちゅう》と号《とな》える。　命度《めいど》が之《こ》れに逢《あ》えば立《ただち》に凶《きょう》を見《み》る。若《も》し禄宮《ろくきゅう》に在《あ》れば尤《もっと》も喜《き》を見《み》る。百《ひゃく》万《まん》の兵《へい》を提《たずさ》える逞《たくま》しい英雄《えいゆう》である。

「鬼宿《きしゅく》」計鬼《けいき》　鬼宿《きしゅく》に躔《めぐ》る計《けい》は旌旗《せいき》と号《とな》える。　兵権威武《へいけんいぶ》は立《ただち》に機《き》を見《み》る。君子《くんし》が之《こ》れに逢《あ》えば品《ひん》の貴《とうと》い官《つかさ》である。小人《しょうじん》は剝面《はくめん》し凶《きょう》が有《あ》りて危《あやう》し。

「柳宿《りゅうしゅく》」計柳《けいりゅう》　柳宿《りゅうしゅく》に躔《めぐ》る計《けい》は天災《てんさい》と号《とな》える。　命《めい》の裏《うら》が之《こ》れに逢《あ》えば大《おお》いに乖《そむ》きを見《み》る。骨肉《こつにく》は分《わか》れ離《はな》れて財《ざい》は破散《はさん》する。父《ちち》は南《みなみ》に子《こ》は北《きた》にして和諧《わかい》せず。

「星宿《せいしゅく》」計星《けいせい》　星宿《せいしゅく》に躔《めぐ》る計《けい》は天鞍《てんあん》と号《とな》える。　命《めい》が若《も》し之《こ》れに逢《あ》えば官《つかさ》に禄《ろく》が有《あ》る。庶俗《しょぞく》は化《か》して文《ふみ》の秀士《しゅうし》と為《な》す。凶《きょう》星《せい》を一《ひと》つ見《み》れば刃傷《じんしょう》が残《のこ》る。

「張宿《ちょうしゅく》」計張《けいちょう》　張宿《ちょうしゅく》に躔《めぐ》る計《けい》は天孤《てんこ》と号《とな》える。　病苦貧窮《びょうくひんきゅう》を嘆吁《たんう》する莫《なか》れ。妻子《さいし》は身《み》の辺《あた》りに一個《ひとつ》も無《な》し。耳聾眼疾《じろうがんしつ》を作《な》して夫《おとこ》を残《のこ》す。

「翼宿《よくしゅく》」計翼《けいよく》　翼宿《よくしゅく》に躔《めぐ》る計《けい》は天蛇《てんじゃ》と号《とな》える。　性《さが》は毒《どく》にして心《こころ》は凶《きょう》にして身《み》に花《はな》を刺《さ》す。悪事《あくじ》は更《さら》に兼《か》ねて重復《ちょうふく》を見《み》る。然《しか》らざれば心《こころ》は乱《みだ》れ淫邪《いんじゃ》を好《この》む。

「軫宿《しんしゅく》」計軫《けいしん》　軫宿《しんしゅく》に躔《めぐ》る計《けい》は天強《てんきょう》と号《とな》える。　官職《かんしょく》をして須《すべか》らく訓練《くんれん》の場《ば》に教《せし》める。節度《せつど》の兵刑《へいけい》は須《すべか》らく天《てん》に在《あ》る。猷《はかりごと》の才《はたらき》に奮迅《ふんじん》して朝堂《ちょうどう》に在《あ》る。

計星《けいせい》と十二宮《じゅうにきゅう》　計都照宮《けいとしょうきゅう》　琅玕経《ろうかんきょう》

「命宮《めいきゅう》」計命宮《けいめいきゅう》　計都《けいと》が命《めい》を臨《めぐ》り照《て》らせば、性《さが》は暴《あら》く才《はたらき》を能《よ》く逞《たくま》しくする。祖《そ》は皆身《みなみ》を孤《ひと》り立《た》ちて、高《たか》きに依《よ》りて行《おこな》いに勢《いきお》い附《づ》く。初年《しょねん》に災禍《さいか》が起《お》きるとも、晩歳《ばんさい》は福《ふく》を宜《よろ》しく全《まっと》うする。夜《よる》に逢《あ》い独《ひと》り立《た》ちて照《て》らせば、家門財業《かもんざいぎょう》は成《な》る。

又曰《またいわ》く、計都《けいと》は暗曜《あんよう》にして最凶《さいきょう》の星《ほし》である。日《ひ》月《つき》の光無《ひかりな》しを人《ひと》は畏《おそ》れる可《べ》し。之《こ》の宮《きゅう》に遇《あ》うを得《え》て加《くわ》えて廟旺《びょうおう》ならば、台輔《たいほ》に雍容《ようよう》とする股肱《ここう》の臣《けらい》である。

「財帛宮《ざいはくきゅう》」計財帛《けいざいはく》　財帛之宮《ざいはくのきゅう》が計都《けいと》を見《み》れば、忽然《こつぜん》と富貴《ふうき》は変《かわ》りて虚《きょ》と為《な》す。来《きた》る悪曜《あくよう》をして侵犯教《しんぱんせし》める莫《なか》れ。家《いえ》の嚢《ふくろ》を使《つか》い地《とち》を掃《はら》いて無《む》に致《いた》る。

「兄弟宮《けいていきゅう》」計兄弟《けいけいてい》　昆仲宮中《こんちゅうきゅうちゅう》に計都《けいと》が有《あ》れば、嗟吁《ああ》商《あきうど》に参《まじ》わり義《ぎ》が有《あ》りても薄《うす》いかな。直饒《ただたと》え四海《しかい》は皆気《みなき》が同《あ》えども、各自《かくじ》が謀《はかりごと》を営《いとな》みて各自《かくじ》が居《い》る。

「田宅宮《でんたくきゅう》」計田宅《けいでんたく》　強宮之上《きょうきゅうのうえ》を計都《けいと》が侵《おか》せば、福禄《ふくろく》は消《き》えて亡《な》くなり禍《わざわ》いは自《おのず》から深《ふか》い。祖業《そぎょう》は到頭都《とうとうすべ》て管《おさ》められず。空《むな》しく労《はたら》き計《はか》り較《くら》べて身心《しんしん》は没《しず》む。

「男女宮《だんじょきゅう》」計男女《けいだんじょ》　男女宮中《だんじょきゅうちゅう》に計星《けいせい》を見《み》れば、多《おお》く刑害《けいがい》に因《よ》りて大《おお》いに情無《こころな》し。然《しか》りと雖《いえど》も亦個《またひと》つ二《ふた》つ三《み》つ有《あ》り、也《また》梟《ふくろう》に似《に》る鷹《たか》を養《やしな》えども成《な》らず。

「奴僕宮《ぬぼくきゅう》」計奴僕《けいぬぼく》　奴僕《ぬぼく》に臨《のぞ》む計《けい》は言《い》うに堪《た》えず。走《はし》らず還《かえ》りて須《すべか》らく寿《とし》の元《はじめ》を損《そこな》う。月孛《げっはい》に会《あ》う時《とき》は偸盗《とうとう》に散《ち》る。家中《かちゅう》を消耗《しょうもう》して田園《でんえん》を破《やぶ》る。

「夫妻宮《ふさいきゅう》」計妻妾《けいさいしょう》　計都《けいと》は暗曜《あんよう》なり相《あ》い逢《あ》う莫《なか》れ。命宮《めいきゅう》に対《たい》し加《くわ》え臨《のぞ》むは何《なん》ぞ況《いわ》んや。挙止《きょし》は乖《そむ》き張《は》り饒《も》し宮《きゅう》を尅《こく》せば、定《さだ》めて物《もの》を造《つく》りても相《あ》い容《い》れずと知《し》れ。

「疾厄宮《しつやくきゅう》」計疾厄《けいしつやく》　次弱之宮《じじゃくのきゅう》は疾厄《しつやく》と名《な》づける。計都《けいと》が此《こ》れを守《まも》れば多《おお》く刑《けい》を尅《こく》す。若《も》し吉曜《きちよう》に逢《あ》いて更《さら》に加《くわ》え臨《のぞ》むとも、無病《むびょう》は却《かえ》りて衣食《いしょく》を追《お》うと為《な》す。

「遷移宮《せんいきゅう》」計遷移《けいせんい》　天尾《てんび》の計都《けいと》が遷移《せんい》を照《て》らせば、利害之端《りがいのきざ》しを仔細《しさい》に推《お》せ。外《そと》に出《で》れば廟《びょう》の任《つと》めに因《よ》りて祥《さいわ》いを迎《むか》える。然《しか》らざれば下《した》を照《て》らし定《さだ》めて危《あやう》しに傾《かたむ》く。

「官禄宮《かんろくきゅう》」計官禄《けいかんろく》　計都之宿《けいとのしゅく》は最凶《さいきょう》を残《のこ》す。官禄《かんろく》が之《こ》れに逢《あ》えば利害《りがい》を閊《ふさ》ぐ。若《も》し廟方《びょうほう》に在《あ》れば須《すべか》らく貴重《きちょう》なれども、丹墀《たんち》に諍《あらそ》いを建《おこ》し天顔《てんがん》に逆《さか》らう。

「福徳宮《ふくとくきゅう》」計福徳《けいふくとく》　天之首尾《てんのしゅび》が福徳《ふくとく》に臨《のぞ》めば、平生《へいぜい》の凶事《きょうじ》は反《かえ》りて吉《きち》と為《な》す。坦然《たんぜん》と忍《しの》ばずして火《ひ》の如《ごと》く妄《みだ》れる。患難《かんなん》は尤《もっと》も能《よ》く危急《ききゅう》を拯《すく》う。

「相貌宮《そうぼうきゅう》」計相貌《けいそうぼう》　計都《けいと》が加《くわ》え臨《のぞ》むは最《もっと》も宜《よろ》しからず。平生《へいぜい》は酒《さけ》を恋《こい》し花《はな》を被《こうむ》りて迷《まよ》う。忽然《こつぜん》と更《さら》に忌星《きせい》が有《あ》りて照《て》らせば、疾《やまい》を残《のこ》し応《まさ》に須《すべか》らく四肢《しし》を損《そこな》う。

第四章　占断例

占断

作成した占星盤と合格、忌格などから持って生れた運命の素因を占断した後に、大限、童限、小限、月限、逐年行限度によって時期の運勢を占断する。

七政四余、交会、十二支、二十八宿、十二宮、変曜、神殺その他を見てゆくが、運命の素因、大限、童限、小限、月限、逐年行限度のそれぞれによって、十二支や十二宮などが同じでも占断結果が微妙に異なる場合がある。年齢その他の条件を考慮して占断するためである。また大限などを占断しているうちに運命の素因が見えてくることもある。占断は、原理原則によって、常識を踏まえ直感を働かせながら臨機応変に行う。

これより実例に入るが、占術で人の運命を知り得たとしても、口にしてはならないことがある。したがって、死期であるとか、あるいは本人以外が知るべきでない事柄に関しては、言及を差し控えている。了承されたい。

命と身

第一に命主と身主、命宮と身宮を見る。

実例の女性の命宮を見ると忌格の「孛星守命」が目につく。孛星が命宮に入っている。第三章の「孛星と十二宮　月孛照宮　琅玕経」に、

「命宮《めいきゅう》」孛命宮《はいめいきゅう》　月孛《げつはい》が命《めい》を照《て》らす人《ひと》は、初年《しょねん》に頻《しき》りに災破《さいは》する。機《からくり》の術《はかりごと》は心《こころ》に自《おのず》から有《あ》り、権謀術数《けんぼうじゅつすう》に精《くわ》しい。早年《そうねん》は反覆《はんぷく》を防《ふせ》ぎ、中歳《ちゅうさい》に立《た》ちて方《まさ》に成《な》る。（以下略）

と記されている。初年は苦労が多いが、巧みな計り事に長けており、同じ過ちを繰り返すことなく、中年以降に盛運期を迎えるという運命が示されている。

命主は土星で財帛宮（亥）の室宿に入っている。十二支との関係に少し障害が見られるが、二十八宿との関係は吉である。合格の「命臨財帛」に当っており、強い財運が示されている。合格ではさらに「命臨卦気」「命安馬地」にも当っている。したがって運命が好転するときは勢いよく人生が開けてゆく。

応用範囲を広げた占断になるが、命主が入っている亥は、八幹四《はちかんし》維《い》の位《くらい》では乾《いぬい》である。乾《いぬい》は天や高所を表わし、命主（土星）が亥の主星（木星）から木剋土で剋されているため、実例の女性は高い場所が苦手な人になる。

身宮は寅で計星が入っている。この計星は尾宿にあって合格の「計居龍尾」に当る。強運の持ち主といえる。

身主は木星で男女宮（申）の参宿に入っている。羅星との交会は吉で、十二支、二十八宿との関係も吉である。さらに合格の「身居男女」「身星座貴」にも当っており、こういった吉意は様々な障害を乗り越えて力強く生きてゆくことを示している。

ここで補足しておくが、孛星は全ての人にとって一様に凶星なのではない。交会、十二支、二十八宿、十二宮などの条件によって孛星の吉凶は変化する。

実例の女性の孛星は子の女宿にある。交会はなく、子に入るのは凶、女宿に入るのは凶、命宮に入るのも凶である。その理由から占断において孛星を凶星として扱っている。

もし廟の孛星が官禄宮にあって天元に変曜し、卯の尾宿に入っていたら、吉星として扱わなくてはならない。

他の七政四余を見るときも、第三章の原文和訳を参照して、交会、十二支、二十八宿、十二宮などにおける吉凶を調べた上で占断に向う必要がある。通り一辺倒に孛星は凶星であるといったような短絡的な見方をしていたのではこの運命学を使いこなすことはできない。誤解を避けるために説明を補足しておいた。

太陽と月

第二に太陽と月を見る。

太陽は父親（父方の家系）を表わし、月は母親（母方の家系）を表わす。人の運命の素因の多くは両親（父方の家系と母方の家系）から引いているので、そういった面からも太陽と月を重視する。

太陽は忌格の「日居天刑」「日居八殺」「日陥奴宮」に当っている。太陽の変曜は科甲、印星、魁星だが、失垣している。十二支（未）、二十八宿（井宿）との関係は吉で、炁星との交会も吉である。

月は丑の相貌宮に入っている。二十八宿は斗宿で、これは合格の「大月当斗」に当る。十二支（丑）との関係も吉である。よい運命の素因を母親から受け継いでいる。月と同じ十二支に華蓋があるので、実例の女性の才能は母親ゆずりのようだ。ただ、月が相貌宮にあるのはよくなく、母親と同じ類の病気に気をつける必要がある。

満月の日時に生れているため、月の影響を強く受ける人となる。

恋愛運・結婚運

夫妻主と夫妻宮を見て占断する。また必要におうじて占星盤全体を見る。

男性は金星を、女性は火星を異性として見る場合もある。

実例の女性は忌格の「夫主失垣」「夫陥奴宮」に入っている。特に「夫陥奴宮」は夫妻主が弱宮の奴僕宮に入っているもので、若いうちの結婚にはどうしても障害が出てしまう。

夫妻宮を見ると、咸池がある。これは色情のもつれに苦しむ素因だが、夫妻宮にはまた水星と金星が入っている。水星と金星は十二支（午）、二十八宿（張宿、星宿）、十二宮との関係がよく、交会には金生水の吉意がある。さらに金星と水星は合格の「金水相涵」に当り、仕事関係者など、想っている男性がいれば、中年以降の結婚は可能である。

子供運

男女主と男女宮を見て占断する。また必要におうじて占星盤全体を見る。

男女主の水星が夫妻宮に入っており、これは合格の「嗣守夫宮」に当る。また男女宮にある木星は第三章の「木星と十二宮　歳星照宮　琅玕経」に、

「男女宮《だんじょきゅう》」木男女《もくだんじょ》　子位《しい》の木星《もくせい》は三人《さんにん》を主《つかさ》どる。吉宿《きっしゅく》の同宮《どうきゅう》は俊英《しゅんえい》を産《う》む。（以下略）

と記されている。素晴らしい子供が三人できる、ということなのだが、子供を作るより以前に初年の結婚運に障害があるため、若いうちに結婚していればこうなっていた、という話になる。実例の女性は本来、子供運が良く子供好きな人である。

男女宮には羅星があり、第三章の「羅星と十二宮　羅喉照宮　琅玕経」の、

「男女宮《だんじょきゅう》」羅男女《らだんじょ》（中略）恰《あたか》も花《はな》の繁《しげ》りに似《に》て紅艶《こうえん》は盛《さか》んである。留《とど》まる枝《えだ》は寂然《せきぜん》と一《ひと》つ有《あ》るより少《すく》なし。

という記述は、恋愛や結婚が出産につながりにくい運命を示している。

財運

財帛主と財帛宮、田宅主と田宅宮を見て占断する。また必要におうじて占星盤全体を見る。

財帛主は木星で、強宮の男女宮に入っている。これは合格の「財星守児」に当る。また財帛宮には命主の土星が入っており、合格の「命臨財帛」に当る。さらに田宅主の金星が強宮の夫妻主に入り、合格の「田主夫宮」に当っている。財帛主の金星は申に入っており、第三章の「木星と十二支　歳星入宮　枢要歌」に、

「申《さる》」木申《もくさる》　申上《さるじょう》に居《い》る木《もく》は天鸞《てんらん》と号《とな》える。尋常俗命《じんじょうぞくめい》と看《み》ること作《な》す莫《なか》れ。男子《だんし》が之《こ》れに逢《あ》えば紫《むらさき》の綬《ひも》を応《う》ける。女人《にょにん》が此《こ》れに遇《あ》えば金《きん》の冠《かんむり》を帯《お》びる。

と記されている。そうとうに強い財運である。ただし財帛宮は亥で土星が入っており、第三章の「土星と十二支　鎮星入宮　枢要歌」に、

「亥《い》」土亥《どい》　亥上《いじょう》の黒符《こくふ》は栄《さか》えを為《な》さず。只名《ただな》が有《あ》りても実《じつ》の号《よびな》は倶《とも》に無《な》し。是《こ》れにあらずとも外居並《がいきょなら》びに外発《がいはつ》すれば、也須《またすべか》らく先《さき》は敗《やぶ》れ後方《こうほう》は成《な》る。

と記されている。また田宅主に関して忌格の「田元失時」「田居天空」に入っている。散財の素因が見られる。ただし、この素因は中年以降、解消の方向に進む。

初年は人に騙されたり、散財もあるが、中年以降に上昇する強い財運の持ち主といえる。

職業運

官禄主と官禄宮、福徳主と福徳宮を見て占断する。また必要におうじて占星盤全体を見る。

官禄主の火星が弱宮の遷移宮に入っている。これは忌格の「禄主遷移」に当る。官禄宮の卯には空亡がある。正業（堅い職業）につきにくい傾向の運命である。

しかし一方で合格の「官星秉令」「官主随刃」に当っている。福徳主の木星はさらに強宮の男女宮に入っており、これは合格の「福主児宮」に当る。また福徳宮にある計星は合格でも特殊な「計居龍尾」に入っている。芸能人などの偏業に適した人といえる。

官禄主と官禄宮の状態を見れば、事業の代表者にそれほど向いている人ではないが、有能な者の補佐を得れば代表者に就いても何ら問題はない。

福徳主と福徳宮は、この職業運だけでなく、財運、恋愛運、結婚運、子供運を占断する際にも臨機応変に用いる。

部下運

奴僕主と奴僕宮を見て占断する。また必要におうじて占星盤全体を見る。

奴僕主は月で、弱宮の相貌宮に入っている。

奴僕宮には太陽と炁星が入っている。第三章の「炁星と十二宮　紫気照宮　琅玕経」に、

「奴僕宮《ぬぼくきゅう》」炁奴僕《きぬぼく》　僕宮《ぼくきゅう》と紫炁《しき》が両《なら》びに同《おな》じく行《めぐ》れば、孤高《ここう》に落陥《らくかん》し総《そう》じて情《こころ》を欠《か》く。（以下略）

と記されている。太陽と奴僕宮の関係も悪く、奴僕宮にはまた地耗、大殺、地雌が入っている。初年には部下に裏切られたり、金銭を持ち逃げされたりすることもある。

しかし一方で太陽、炁星と十二支（未）、二十八宿（井宿）との関係は良好である。実例の女性本人が成長して人を見る目を養ったり、代表取締役などに人選に長けた者を採用すれば、役に立つ部下に恵まれて事業は成功する。

上司運を見る場合は官禄主と官禄宮を見る。

兄弟運

兄弟主と兄弟宮を見て占断する。また必要におうじて占星盤全体を見る。

兄弟主は火星で、遷移宮（辰）に入っている。二十八宿は軫宿に当る。

兄弟宮は十二運では庫に当っており、飛刃、唐符、死符、小耗、天耗が並んで入っている。

その一方、兄弟宮は金星と計星から拱されている。これは土生金の吉祥で、実例の女性の兄弟思いの強さを示している。姉妹とは相談相手になったり、あるいは相談に乗ってもらったり、兄弟姉妹の子供と（将来的には孫とも）一緒に遊んだりしているようである。

兄弟姉妹に信頼できて能力のある者がいれば、事業を手伝ってもらうことも可能である。

一般的にいって、起業する場合や、その他においても、兄弟姉妹は最も信頼できる協力者になり得る人である。兄弟運は職業運や部下運にも関連するので軽く見ることはできない。

健康運

疾厄主と疾厄宮を見て占断する。また必要におうじて占星盤全体を見る。

この項目では悪い素因が多く算出されているが、実例の女性はこういった悪い素因を（特に中年以降）乗り越えてゆけるだけの強運を持ち合わせていることをあらかじめ述べておく。ただし本人による自己努力が必須条件である。

疾厄主は水星で、夫妻宮（午）に入っている。二十八宿は張宿に当る。

疾厄宮には浮沈と剣鋒が入っている。浮沈は没溺をつかさどり、アルコールなどの依存症を引き起こす。剣鋒は畳刃をつかさどる。自分の身体を刃傷する素因である。

占星盤全体を見てみると、忌格の「寿元失所」に当っている。これは長寿を保ちがたい素因である。大腸ガンや肝硬変に注意を要する。ただし食生活などの環境を整えれば健康を得て寿命は延びる。病気を未然に防ぐ生活を作り出してゆけば長寿を実現できる。こういった素因があっても、それがそのまま運命上に現われるわけではない。医学の進歩による延命も考慮に入れなくてはならない。

火星は軫宿に入っている。第三章の「火星と二十八宿　熒惑躔度　玉関歌」に、

「軫宿《しんしゅく》」火軫《かしん》　軫宿《しんしゅく》に躔《めぐ》る火《か》は天暴《てんぼう》と号《とな》える。手足《てあし》は風狂《ふうきょう》して多《おお》く顛倒《てんとう》する。（以下略）

と記されている。手足の自由がきかなくなる素因なので、脳梗塞や脳溢血に注意が必要である。

また太陽は奴僕宮に入っており、第三章の「太陽と十二宮　太陽照宮　琅玕経」に、

「奴僕宮《ぬぼくきゅう》」日奴僕《ひぬぼく》　奴僕之宮《ぬぼくのきゅう》は陥方《かんぼう》と号《とな》える。（中略）亦身《またみ》を年寿早《ねんじゅはや》くに傷《そこな》うを恐《おそ》れる。

と記されている。初年に自分の身体を刃傷してしまう運命を示している。

孛星は女宿に入っている。第三章の「孛星と二十八宿　月孛躔度　玉関歌」には、

「女宿《じょしゅく》」孛女《はいじょ》　女度《じょど》に躔《めぐ》る孛《はい》は暗星《あんせい》と名《な》づける。毒害《どくがい》に顛狂《てんきょう》して六親《りくしん》を損《そこ》なう。柳陌花街《りゅうはくかがい》に遊《あそ》んで客《きゃく》を治《おさ》める。老後《ろうご》は更《さら》に伶仃《れいてい》するを只愁《ただうれ》う。

と記されているが、ここまで運命が悪化することはない。実例の女性は毒薬物に無関心である上に、遊女になる素因もないためである。

羅星は申に入っており、第三章の「羅星と十二支　羅睺入宮　枢要歌」に、

「申《さる》」羅申《らさる》　申宮《さるきゅう》に入《はい》る羅《ら》は伏断《ふくだん》と為《な》す。（中略）酒色《しゅしょく》に耽《ふけ》り迷《まよ》いて心情《しんじょう》は乱《みだ》れる。

と記されている。「酒色《しゅしょく》に耽《ふけ》り迷《まよ》いて心情《しんじょう》は乱《みだ》れる」というのはメンタル面からきている。これは心障害の素因ともいうべきものだが、心の疾患と診断されるわけではなく（そういう場合もあるが）、この素因の影響が現われると色情のもつれに苦しんだり、アルコールに依存したり、浪費によって散財したりする。普段から心を落ち着かせ、物事に対して慌てず冷静に対処するよう心掛ける必要がある。

疾厄宮の十二運が臨官で強い。この素因の影響はすでに解決済みか、または解決に近い状況にあるはずである。

運命の素因を一通り調べたら、大限、童限、小限、月限、逐年行限度によって運勢を見てゆく。

大限の占断例

大限の占断は、年齢や職業などにもよるが、標準としては奴僕宮まで行い、男女宮より先は必要におうじて占断する。

実例の女性の大限宮に入る年齢は第二章で次のように算出されている。年齢は数え歳による。

命宮………一歳。
相貌宮……十四歳。
福徳宮……二十四歳。
官禄宮……三十五歳。
遷移宮……五十歳。
疾厄宮……五十八歳。
夫妻宮……六十五歳。
奴僕宮……七十六歳。
男女宮……八十歳六ヶ月。
田宅宮……八十五歳。
兄弟宮……八十九歳六ヶ月。
財帛宮……九十四歳六ヶ月。

したがって大限は次のようになる。
財帛宮は年分訣が五年なので九十九歳五ヶ月までとなる。

命宮………一歳から十三歳まで。
相貌宮……十四歳から二十三歳まで。
福徳宮……二十四歳から三十四歳まで。
官禄宮……三十五歳から四十九歳まで。
遷移宮……五十歳から五十七歳まで。
疾厄宮……五十八歳から六十四歳まで。
夫妻宮……六十五歳から七十五歳まで。

奴僕宮……七十六歳から八十歳五ヶ月まで。
男女宮……八十歳六ヶ月から八十四歳まで。
田宅宮……八十五歳から八十九歳五ヶ月まで。
兄弟宮……八十九歳六ヶ月から九十四歳五ヶ月まで。
財帛宮……九十四歳六ヶ月から九十九歳五ヶ月まで。

大限の命宮

一歳から十三歳までは命宮（子）に当る。命宮を見て、兼ねて命主を見る。

実例の女性の命宮には孛星が入っている。暴力や事故、その他の災いに見舞われやすい時期にある。命宮にはまた天厄が入っている。うっかりすると大怪我などで夭折しかねないが、しかし一方で玉堂がある。これは月の吉意で、母親の愛情によって守られることを表わしている。

命主は土星で亥の室宿にある。二十八宿との関係による吉意があるものの、十二支（亥）の主星とは木尅土の相尅関係にある。したがって、本人が気づいていなかったとしても、大限のこの期間の運勢は全体的に凶となる。

十二歳の運勢は、逐年行限度で孛星に当るので、それも兼ねて見る。

大限の相貌宮

十四歳から二十三歳までは相貌宮（丑）に当る。相貌宮を見て、兼ねて相貌主を見る。

相貌宮には月が入っている。十二支との関係は良く、第三章の「月と十二支　太陰入宮　枢要歌」に、

「丑《うし》」月丑《つきうし》　丑《うし》に居《い》る太陰《たいいん》は天機《てんき》と曰《い》う。扶疎《ふそ》に影《ひかり》が掛《か》かり耀《よう》は素《もと》より輝《かがや》く。（以下略）

と記されている。相貌宮には芸術を表わす華蓋も入っており、才能が開花する時期といえる。

相貌主は土星で亥に入っている。命宮のところで見たように木剋土の凶意を示している。これは事務所スタッフとのトラブルなどを表わす。

十七歳の運勢は、逐年行限度で月に当るので、それも兼ねて見る。

大限の福徳宮

二十四歳から三十四歳までは福徳宮（寅）に当る。福徳宮を見て、兼ねて福徳主を見る。

福徳宮には寅の尾宿に計星が入っている。計星と十二支、二十八宿の関係は良好である。

福徳主は木星で申に入っており、木星が対沖の計星を木剋土で剋している。木剋土は陰陽五行説でメンタル系障害を起こす象意である。先に見たように実例の女性は色情のもつれに苦しむ素因があるので、これに様々な苦悩が重なれば自害すら起こしかねない。そういった素因が出やすい大限の時期といえる。

福徳宮にはまた横死・変死の素因である劫殺と絞が入っている。小限や月限で凶が重なる時期は要注意となる。

二十九歳の運勢は、逐年行限度で計星に当るので、それも兼ねて見る。

大限の官禄宮

三十五歳から四十九歳までは官禄宮（卯）に当る。官禄宮を見て、兼ねて官禄主を見る。

官禄宮に空亡が入っているためこの時期も障害は決して少なくない。しかし禄勲が入っており、仕事運がこの時期に上昇してゆくことが示されている。

官禄主は火星で辰に入っている。第三章の「火星と十二支　熒惑入宮　枢要歌」に、

「辰《たつ》」火辰《かたつ》　天滞《てんたい》は辰《たつ》に居《い》て是《こ》れ火星《かせい》である。一生《いつしよう》に百《ひやく》の事《こと》を用《もち》いても成《な》ること無《な》し。若《も》し還《かえ》りて金宿《きんしゆく》が来《きた》りて相《あ》い会《あ》え

ば、夭《わかじに》ならざれば須《すべか》らく当《まさ》に国刑《こくけい》を犯《おか》す。

と記されている。それにもかかわらず仕事運が上昇するというのは、先の命と身でも触れたが、実例の女性は強運の持ち主であって、同じ過ちを繰り返さないように、さらには、法律に触れることのないようにも注意しているからである。

官禄主が合格の「官主随刃」に入っているので、充実した恋愛や結婚をすることができる（官禄主は例題の女性本人を表わし、陰刃は相手の男性を表わす）。官禄宮の沐浴は暗暗裏《あんあんり》の恋愛を示している。

大限の遷移宮

五十歳から五十七歳までは遷移宮（辰）に当る。遷移宮を見て、兼ねて遷移主を見る。

遷移宮には火星が入っている。この火星は軫宿にある。健康運で見たように、脳梗塞や脳溢血に気をつける必要がある。五十代でこういった疾患にかかる人は少なくないので、この時期は食事を改善したり、適度な運動を行ったり、病気を防ぐような生活を心がけなくてはならない。また病符と驀越が遷移宮に入っているため、大腸ガンや肝硬変などの内臓疾患にも注意を要する。医療機関で検査を積極的に受けるのが望ましい。

遷移主は金星で午に入っている。第三章の「金星と十二支　太白入宮　枢要歌」に、

「午《うま》」金午《きんうま》　金星《きんせい》の変曜《へんよう》は天暘《てんえき》と曰《い》う。立宮《りつきゅう》に到《いた》る人《ひと》は大吉祥《だいきっしょう》である。子《こ》は孝廉《こうれん》を為《な》し臣《けらい》は節《せつ》を尽《つ》くす。直《ただち》に須《すべか》らく冕《かんむり》を簪《かざ》して君王《くんのう》を佐《たす》ける。

と記されているように、この時期の仕事運は吉である。できればこの時期までに、本業とは別に自分が出資者となって飲食店などを起業して軌道に乗せておくとよい。

ただ、いかに吉運期であっても、仕事の状況に油断してはいけない。また健康を害するようなことがあれば本業の仕事まで滞《とどこお》ってしまうので、健康への気づかいを忘れないことである。

恋愛と結婚に関しては、遷移宮に寡宿が入っているので、孤独になりやすい時期といえる。

五十五歳の運勢は、逐年行限度で火星に当るので、それも兼ねて見る。

大限の疾厄宮

五十八歳から六十四歳までは疾厄宮（巳）に当る。疾厄宮を見て、兼ねて疾厄主を見る。

疾厄宮の十二運が臨官なので、身体を大切にし、体調を整えていれば本業の仕事に支障はない。

またこの時期には、そろそろ本業とは別の事業も収入源として考えたい。

自分が出資者となって飲食店やその他の事業を経営していれば、老後の収入源になり得る。事業の運営はしっかりした信頼のおける者に任せるとよい。

また財運でも見たが、田宅主（金星）が強宮（男女宮）に入っている。したがって、アパート経営なども向いている。

実例の女性には散財の素因があるため、証券などの金融商品には手を出さないほうがよい。

必要なのは大きな儲けではなく、堅実な収入源である。

疾厄主は水星で午の張宿に入っている。十二支、二十八宿との関係は良好である。健康面は遷移宮に続いて要注意だが、仕事面に関しては、大限としては吉運期といえる。

もし大限のこの時期に仕事が滞《とどこお》るようなことがあれば、小限と月限の吉凶を調べてみる必要がある。

大限の夫妻宮

六十五歳から七十五歳までは夫妻宮（午）に当る。夫妻宮を見て、兼ねて夫妻主を見る。

夫妻宮は午で、水星（張宿）と金星（星宿）が入っている。金生水の吉意がある。

水星と午の関係は吉、張宿との関係には散財の凶意が見られる。

金星と午の関係は吉、星宿との関係は吉で、仕事運がよい。

夫妻主は太陽で、奴僕宮（未）の井宿に入っており、炁星と交会している。これは吉である。

太陽と未の関係は吉で、仕事運に吉意がある。井宿との関係も吉である。

夫妻主が奴僕宮に入っているのはよくなく、健康を害する凶意がある。

したがって、この時期は健康を第一に考えなくてはならない。すでに述べたように、医療検査を受けたり、食生活を改善したり、心身を健康にする生活を心掛ける必要がある。

この時期の仕事運は吉である。本業関係のスタッフや副業関係のスタッフを中核とし、それに加えて支持者たちが集まった、実例の女性のためのグループが形成されるのが望ましい。こういったグループは有益なものになるだろう。

大限のこの時期は、健康運以外はおおむね吉だが、夫妻宮に天空が入っているため、その凶意には注意を要する。

六十九歳と七十歳の運勢は、逐年行限度で水星と金星に当るので、それも兼ねて見る。

大限の奴僕宮

七十六歳から八十歳五ヶ月までは奴僕宮（未）に当る。奴僕宮を見て、兼ねて奴僕主を見る。

奴僕宮は未で、炁星（井宿）と太陽（井宿）が入っている。

炁星と太陽の交会は大吉で、財運がよい。

炁星と未の関係は吉、井宿との関係も吉で、財運、健康運ともによい。

太陽と未の関係は吉、井宿との関係も吉となっている。

奴僕主は月で、相貌宮（丑）の斗宿に入っている。これも吉である。

したがって、大限のこの時期は、健康運、財運ともに大吉と占断される。

もしもこの時期に運命の悪化が見られる場合は、小限と月限を調べてみる必要がある。奴僕宮には十二運の衰や、神殺の地雌、大殺、地耗が入っているため、小限や月限の凶運期にそれらの凶意が現われる可能性もある。

七十七歳と七十八歳の運勢は、逐年行限度で太陽と炁星に当るので、それも兼ねて見る。

童限の占断例

一歳から十五歳までの毎年の運勢を童限によって占断する。
童限の各歳の十二宮は決まっているので、十二支を占星盤から調べる。
実例の女性の童限宮は次のようになる。

一歳……命宮（子）。
二歳……財帛宮（亥）。
三歳……疾厄宮（巳）。
四歳……夫妻宮（午）。
五歳……福徳宮（寅）。
六歳……官禄宮（卯）。
七歳……遷移宮（辰）。
八歳……疾厄宮（巳）。
九歳……夫妻宮（午）。
十歳……奴僕宮（未）。
十一歳……男女宮（申）。
十二歳……田宅宮（酉）。
十三歳……兄弟宮（戌）。
十四歳……財帛宮（亥）。
十五歳……命宮（子）。

たとえば十歳（西暦一九七四年二月四日から一九七五年二月三日まで）の運勢は、奴僕宮を見て、兼ねて奴僕主を見る。

奴僕宮には太陽と炁星があり、この二星は交会している。第三章の「太陽の交会　太陽交会　聿斯経」に、

「炁星《きせい》」日炁《ひき》　太陽《たいよう》は紫気《しき》と相《あ》い逢《あ》うを喜《よろこ》ぶ。民《たみ》に潤沢《じゅんたく》を生《う》み稼穡《かしょく》は豊《ゆた》かである。百六《ひゃくろく》に会《あ》う時《とき》は応《まさ》に祥瑞《しょうずい》である。人《ひと》の生《うま》れが此《こ》れに会《あ》えば必《かなら》ず三公《さんこう》である。


と記されている。太陽、炁星と十二支（未）、二十八宿（井宿）の関係は第三章の原文和訳で調べてみると全て吉である。炁星の変曜は天刑だが失垣、失躔しておらず、まだ年齢的に影響が出る時期ではない。

奴僕主は月で丑の斗宿にある。月と十二支、二十八宿の関係は吉である。

奴僕宮に地雌、大殺、地耗が入っているが、七政四余の状態が非常によいので、吉運期といえる。先に見た大限では凶運期であるが、童限では吉運期のため、この年は怪我や事故などの可能性は低いと占断される。大限の凶意の影がありつつも、学校が終わってから楽しく遊んだり、習い事に通ったり、順調な年となる。

小限の占断例

十六歳以上の毎年の運勢を小限によって占断する。第一章で示した小限早見表（十六歳以上）を再度掲載する。

一例として二十五歳（西暦一九八九年二月四日から西暦一九九〇年二月三日まで）を見てみる。

実例の女性のこの年の小限は子の命宮に当る。

命宮を見て、兼ねて命主を見る。

命宮は大限で見たように、凶運期である。凶意を表わす孛星が入っており、天厄も入っている。

命主は土星で亥に入っている。こちらも木尅土の凶意がある。

したがってこの年は凶運期となる。

続いて月限によってこの年（二十五歳）の七月の運勢を見てみる。

小限早見表
（16歳以上）

命宮………二十五歳、三十七歳、四十九歳、六十一歳、七十三歳、八十五歳、九十七歳。

財帛宮……二十六歳、三十八歳、五十歳、六十二歳、七十四歳、八十六歳、九十八歳。

兄弟宮……二十七歳、三十九歳、五十一歳、六十三歳、七十五歳、八十七歳、九十九歳。

田宅宮……十六歳、二十八歳、四十歳、五十二歳、六十四歳、七十六歳、八十八歳、百歳。

男女宮……十七歳、二十九歳、四十一歳、五十三歳、六十五歳、七十七歳、八十九歳、百一歳。

奴僕宮……十八歳、三十歳、四十二歳、五十四歳、六十六歳、七十八歳、九十歳、百二歳。

夫妻宮……十九歳、三十一歳、四十三歳、五十五歳、六十七歳、七十九歳、九十一歳、百三歳。

疾厄宮……二十歳、三十二歳、四十四歳、五十六歳、六十八歳、八十歳、九十二歳、百四歳。

遷移宮……二十一歳、三十三歳、四十五歳、五十七歳、六十九歳、八十一歳、九十三歳、百五歳。

官禄宮……二十二歳、三十四歳、四十六歳、五十八歳、七十歳、八十二歳、九十四歳、百六歳。

福徳宮……二十三歳、三十五歳、四十七歳、五十九歳、七十一歳、八十三歳、九十五歳、百七歳。

相貌宮……二十四歳、三十六歳、四十八歳、六十歳、七十二歳、八十四歳、九十六歳、百八歳。

月限の占断例

十二宮早見表を使って月限宮を算出する。実例の女性の命度は子にあるので十二宮早見図(1)を用いる。二十五歳の小限宮は命宮である。

月限宮を算出するには、小限宮に生月支を置いて、そこから支を反時計回りに配する。

実例の女性の生月支は未なので、十二宮早見図(1)を用いて、二十五歳の小限宮である命宮に未月を置いて反時計回りに支を配する。

年の境い目は立春なので丑月（一月）は一九九〇年に入る。


命宮（子）　↓　未月を置く　↓　この年の未月（七月）の月限宮は命宮（子）となる。

財帛宮（亥）　↓　申月を置く　↓　この年の申月（八月）の月限宮は財帛宮（亥）となる。

兄弟宮（戌）↓酉月を置く↓この年の酉月（九月）の月限宮は兄弟宮（戌）となる。

田宅宮（酉）↓戌月を置く↓この年の戌月（十月）の月限宮は田宅宮（酉）となる。

男女宮（申）↓亥月を置く↓この年の亥月（十一月）の月限宮は男女宮（申）となる。

奴僕宮（未）↓子月を置く↓この年の子月（十二月）の月限宮は奴僕宮（未）となる。

夫妻宮（午）↓丑月を置く↓この年の丑月（一月）の月限宮は夫妻宮（午）となる。

疾厄宮（巳）↓寅月を置く↓この年の寅月（二月）の月限宮は疾厄宮（巳）となる。

遷移宮（辰）↓卯月を置く↓この年の卯月（三月）の月限宮は遷移宮（辰）となる。

官禄宮（卯）↓辰月を置く↓この年の辰月（四月）の月限宮は官禄宮（卯）となる。

福徳宮（寅）↓巳月を置く↓この年の巳月（五月）の月限宮は福徳宮（寅）となる。

相貌宮（丑）↓午月を置く↓この年の午月（六月）の月限宮は相貌宮（丑）となる。


一九八九年七月（未月）の月限宮はまたも凶運期の命宮（子）となる。

命宮を見て、兼ねて命主を見るが、論ずるまでもなくこの月の運勢は大凶・最凶となる。

健康運で見たように、実例の女性は色情のもつれに苦しんだり、自分の身体を刃傷する素因を持っており、大限でもそれが出やすい時期に当っている。

命宮の孛星は天禄に変曜しているが、失躔しているため、仕事関係のトラブルや対人関係の悩みが起きやすい。

さらに命宮に天厄があるので凶意が増してしまう。

つまり一九八九年七月（未月）の出来事は、当時としては避けようのない運命だった。

原因は色情のもつれだけでなく、仕事関係のトラブルや対人関係、メンタル面の衰弱など、複数の事情が重なったためである。

十二宮早見図（１）
命度が子
（月限宮の算出）

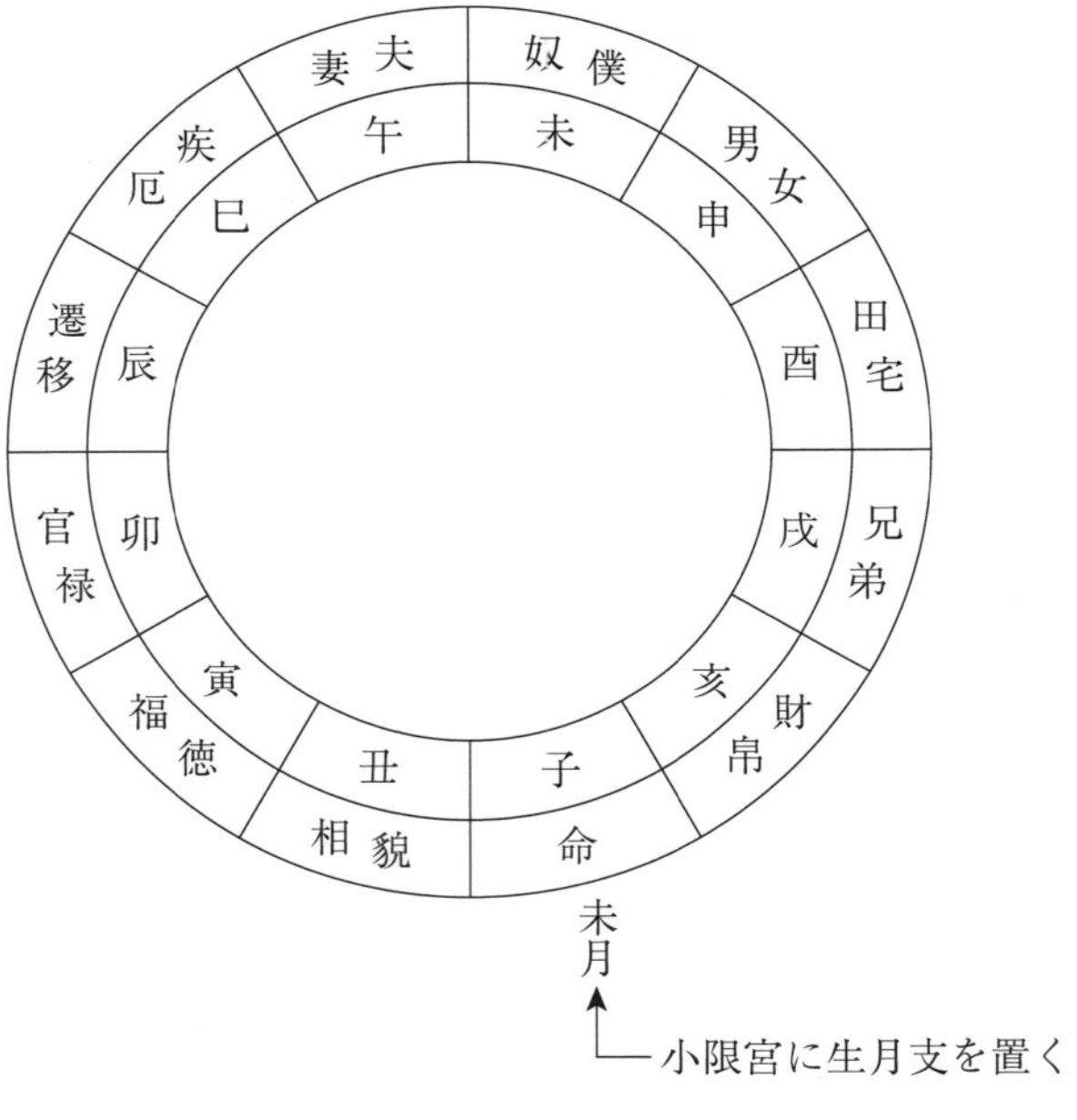

十二宮早見図（１）
命度が子
（月限宮の算出）

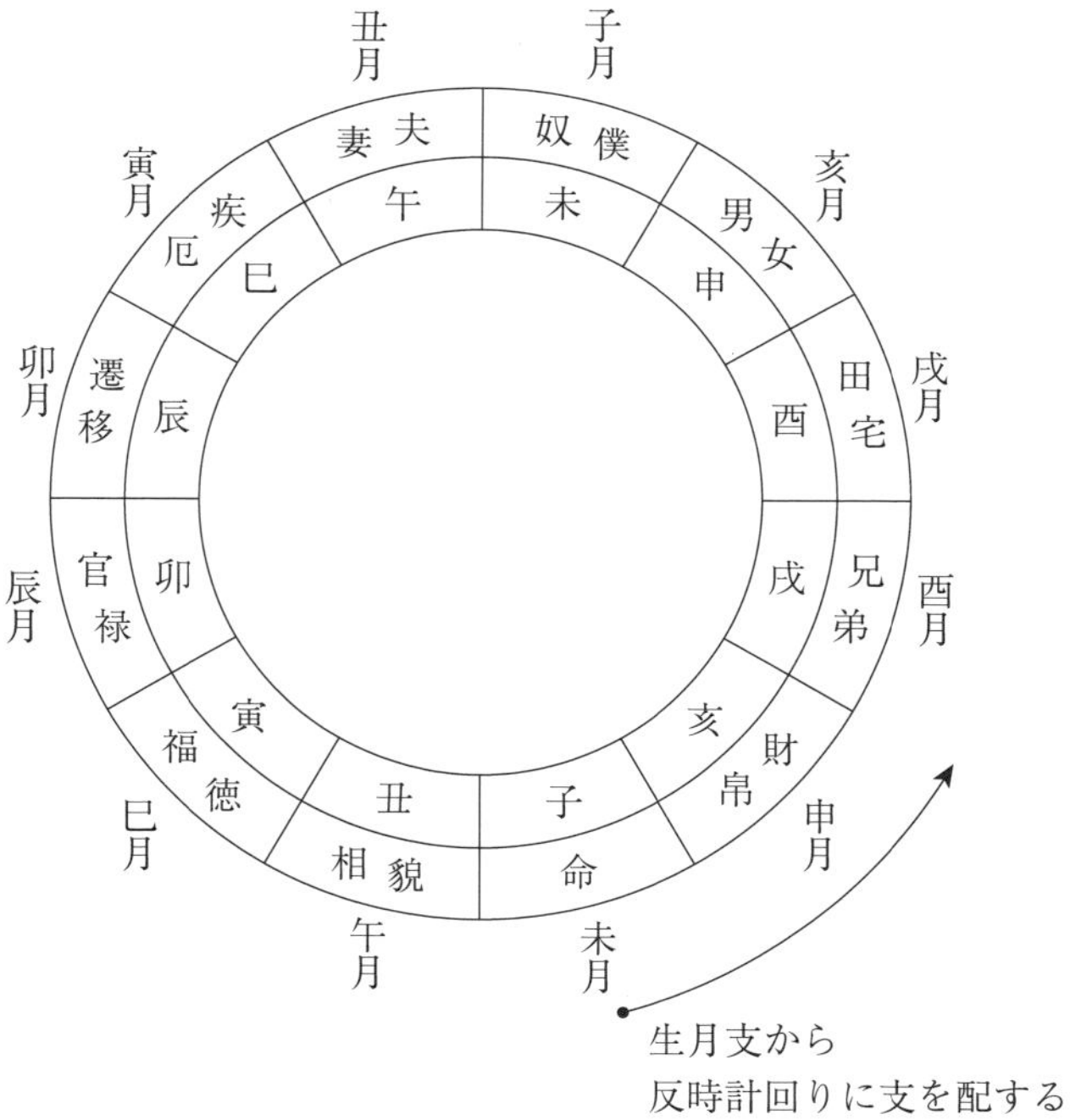

逐年行限度の占断例

逐年行限度を用いるためには七政四余の逆算度数が必要となる。
実例の女性の逆算度数は第二章ですでに算出されている。再度ここに示す。

太陽……未逆算十度。
月………丑逆算十二度。
木星……申逆算十二度。
火星……辰逆算二十三度。
土星……亥逆算十三度。
金星……午逆算十五度。
水星……午逆算十四度。
炁星……未逆算十八度。
孛星……子逆算二十八度。
羅星……申逆算十七度。
計星……寅逆算十七度。

これらの十二支を十二宮に置き換える。
実例の女性は未は奴僕宮、丑は相貌宮、申は男女宮、辰は遷移宮、亥は財帛宮、午は夫妻宮、子は命宮、寅は福徳宮なので、そのように置き換える。

太陽……未逆算十度　→　奴僕宮逆算十度。

月……丑逆算十二度　↓　相貌宮逆算十二度。
木星……申逆算十二度　↓　男女宮逆算十二度。
火星……辰逆算二十三度　↓　遷移宮逆算二十三度。
土星……亥逆算十三度　↓　財帛宮逆算十三度。
金星……午逆算十五度　↓　夫妻宮逆算十五度。
水星……午逆算十四度　↓　夫妻宮逆算十四度。
炁星……未逆算十八度　↓　奴僕宮逆算十八度。
孛星……子逆算二十八度　↓　命宮逆算二十八度。
羅星……申逆算十七度　↓　男女宮逆算十七度。
計星……寅逆算十七度　↓　福徳宮逆算十七度。

これらから命宮の七政四余（実例の女性の場合は孛星）を除いて、資料編の逐年行限度早見表を用いて相貌宮に入ってからの年数を算出する。逐年行限度早見表は十二宮の逆算度数から相貌宮に入ってからの年数を算出する表である。命宮にある七政四余の逐年行限度は別途に計算する。

太陽……奴僕宮逆算十度　↓　六十三年四・二ヶ月。
月……相貌宮逆算十二度　↓　三年八ヶ月。
木星……男女宮逆算十二度　↓　六十八年一・八ヶ月。
火星……遷移宮逆算二十三度　↓　四十一年十・四ヶ月。
土星……財帛宮逆算十三度　↓　八十二年六ヶ月。
金星……夫妻宮逆算十五度　↓　五十六年一・六ヶ月。
水星……夫妻宮逆算十四度　↓　五十五年九・二ヶ月。
炁星……奴僕宮逆算十八度　↓　六十四年六・六ヶ月。

逐年行限度早見表 1

相貌宮

月

相貌宮逆算一度	↓	
相貌宮逆算二度	↓	四ヶ月
相貌宮逆算三度	↓	八ヶ月
相貌宮逆算四度	↓	一年
相貌宮逆算五度	↓	一年四ヶ月
相貌宮逆算六度	↓	一年八ヶ月
相貌宮逆算七度	↓	二年
相貌宮逆算八度	↓	二年四ヶ月
相貌宮逆算九度	↓	二年八ヶ月
相貌宮逆算十度	↓	三年
相貌宮逆算十一度	↓	三年四ヶ月
相貌宮逆算十二度	↓	三年八ヶ月
相貌宮逆算十三度	↓	四年
相貌宮逆算十四度	↓	四年四ヶ月
相貌宮逆算十五度	↓	四年八ヶ月
相貌宮逆算十六度	↓	五年
相貌宮逆算十七度	↓	五年四ヶ月
相貌宮逆算十八度	↓	五年八ヶ月
相貌宮逆算十九度	↓	六年
相貌宮逆算二十度	↓	六年四ヶ月
相貌宮逆算二十一度	↓	六年八ヶ月
相貌宮逆算二十二度	↓	七年
相貌宮逆算二十三度	↓	七年四ヶ月
相貌宮逆算二十四度	↓	七年八ヶ月
相貌宮逆算二十五度	↓	八年
相貌宮逆算二十六度	↓	八年四ヶ月
相貌宮逆算二十七度	↓	八年八ヶ月
相貌宮逆算二十八度	↓	九年
相貌宮逆算二十九度	↓	九年四ヶ月
相貌宮逆算三十度	↓	九年八ヶ月

逐年行限度早見表 2

福徳宮

福徳宮逆算一度 ↓ 十年
福徳宮逆算二度 ↓ 十年四・四ヶ月
福徳宮逆算三度 ↓ 十年八・八ヶ月
福徳宮逆算四度 ↓ 十一年一・二ヶ月
福徳宮逆算五度 ↓ 十一年五・六ヶ月
福徳宮逆算六度 ↓ 十一年十ヶ月
福徳宮逆算七度 ↓ 十二年二・四ヶ月
福徳宮逆算八度 ↓ 十二年六・八ヶ月
福徳宮逆算九度 ↓ 十二年十一・二ヶ月
福徳宮逆算十度 ↓ 十三年三・六ヶ月
福徳宮逆算十一度 ↓ 十三年八ヶ月
福徳宮逆算十二度 ↓ 十四年〇・四ヶ月
福徳宮逆算十三度 ↓ 十四年四・八ヶ月
福徳宮逆算十四度 ↓ 十四年九・二ヶ月
福徳宮逆算十五度 ↓ 十五年一・六ヶ月
福徳宮逆算十六度 ↓ 十五年六ヶ月
計星
福徳宮逆算十七度 ↓ 十五年十・四ヶ月
福徳宮逆算十八度 ↓ 十六年二・八ヶ月
福徳宮逆算十九度 ↓ 十六年七・二ヶ月
福徳宮逆算二十度 ↓ 十六年十一・六ヶ月
福徳宮逆算二十一度 ↓ 十七年四ヶ月
福徳宮逆算二十二度 ↓ 十七年八・四ヶ月
福徳宮逆算二十三度 ↓ 十八年〇・八ヶ月
福徳宮逆算二十四度 ↓ 十八年五・二ヶ月
福徳宮逆算二十五度 ↓ 十八年九・六ヶ月
福徳宮逆算二十六度 ↓ 十九年二ヶ月
福徳宮逆算二十七度 ↓ 十九年六・四ヶ月
福徳宮逆算二十八度 ↓ 十九年十・八ヶ月
福徳宮逆算二十九度 ↓ 二十年三・二ヶ月
福徳宮逆算三十度 ↓ 二十年七・六ヶ月

逐年行限度早見表 4

遷移宮

火星

遷移宮逆算一度　↓　三十六年
遷移宮逆算二度　↓　三十六年三・二ヶ月
遷移宮逆算三度　↓　三十六年六・四ヶ月
遷移宮逆算四度　↓　三十六年九・六ヶ月
遷移宮逆算五度　↓　三十七年〇・八ヶ月
遷移宮逆算六度　↓　三十七年四ヶ月
遷移宮逆算七度　↓　三十七年七・二ヶ月
遷移宮逆算八度　↓　三十七年十・四ヶ月
遷移宮逆算九度　↓　三十八年一・六ヶ月
遷移宮逆算十度　↓　三十八年四・八ヶ月
遷移宮逆算十一度　↓　三十八年八ヶ月
遷移宮逆算十二度　↓　三十八年十一・二ヶ月
遷移宮逆算十三度　↓　三十九年二・四ヶ月
遷移宮逆算十四度　↓　三十九年五・六ヶ月
遷移宮逆算十五度　↓　三十九年八・八ヶ月
遷移宮逆算十六度　↓　四十年
遷移宮逆算十七度　↓　四十年三・二ヶ月
遷移宮逆算十八度　↓　四十年六・四ヶ月
遷移宮逆算十九度　↓　四十年九・六ヶ月
遷移宮逆算二十度　↓　四十一年〇・八ヶ月
遷移宮逆算二十一度　↓　四十一年四ヶ月
遷移宮逆算二十二度　↓　四十一年七・二ヶ月
遷移宮逆算二十三度　↓　四十一年十・四ヶ月
遷移宮逆算二十四度　↓　四十二年一・六ヶ月
遷移宮逆算二十五度　↓　四十二年四・八ヶ月
遷移宮逆算二十六度　↓　四十二年八ヶ月
遷移宮逆算二十七度　↓　四十二年十・二ヶ月
遷移宮逆算二十八度　↓　四十三年二・四ヶ月
遷移宮逆算二十九度　↓　四十三年五・六ヶ月
遷移宮逆算三十度　↓　四十三年八・八ヶ月

逐年行限度早見表 6

夫妻宮

夫妻宮逆算一度	↓	五十一年	
夫妻宮逆算二度	↓	五十一年四・四ヶ月	
夫妻宮逆算三度	↓	五十一年八・八ヶ月	
夫妻宮逆算四度	↓	五十二年一・二ヶ月	
夫妻宮逆算五度	↓	五十二年五・六ヶ月	
夫妻宮逆算六度	↓	五十二年十ヶ月	
夫妻宮逆算七度	↓	五十三年二・四ヶ月	
夫妻宮逆算八度	↓	五十三年六・八ヶ月	
夫妻宮逆算九度	↓	五十三年十・二ヶ月	
夫妻宮逆算十度	↓	五十四年三・六ヶ月	
夫妻宮逆算十一度	↓	五十四年八ヶ月	
夫妻宮逆算十二度	↓	五十五年〇・四ヶ月	
夫妻宮逆算十三度	↓	五十五年四・八ヶ月	
夫妻宮逆算十四度	↓	五十五年九・二ヶ月	水星
夫妻宮逆算十五度	↓	五十六年一・六ヶ月	金星
夫妻宮逆算十六度	↓	五十六年六ヶ月	
夫妻宮逆算十七度	↓	五十六年十・四ヶ月	
夫妻宮逆算十八度	↓	五十七年二・八ヶ月	
夫妻宮逆算十九度	↓	五十七年七・二ヶ月	
夫妻宮逆算二十度	↓	五十七年十一・六ヶ月	
夫妻宮逆算二十一度	↓	五十八年四ヶ月	
夫妻宮逆算二十二度	↓	五十八年八・四ヶ月	
夫妻宮逆算二十三度	↓	五十九年〇・八ヶ月	
夫妻宮逆算二十四度	↓	五十九年五・二ヶ月	
夫妻宮逆算二十五度	↓	五十九年九・六ヶ月	
夫妻宮逆算二十六度	↓	六十年二ヶ月	
夫妻宮逆算二十七度	↓	六十年六・四ヶ月	
夫妻宮逆算二十八度	↓	六十年十・八ヶ月	
夫妻宮逆算二十九度	↓	六十一年三・二ヶ月	
夫妻宮逆算三十度	↓	六十一年七・六ヶ月	

逐年行限度早見表 7

奴僕宮

奴僕宮逆算一度	↓	六十二年
奴僕宮逆算二度	↓	六十二年一・八ヶ月
奴僕宮逆算三度	↓	六十二年三・六ヶ月
奴僕宮逆算四度	↓	六十二年五・四ヶ月
奴僕宮逆算五度	↓	六十二年七・二ヶ月
奴僕宮逆算六度	↓	六十二年九ヶ月
奴僕宮逆算七度	↓	六十二年十・八ヶ月
奴僕宮逆算八度	↓	六十三年〇・六ヶ月
奴僕宮逆算九度	↓	六十三年二・四ヶ月
奴僕宮逆算十度（太陽）	↓	六十三年四・二ヶ月
奴僕宮逆算十一度	↓	六十三年六ヶ月
奴僕宮逆算十二度	↓	六十三年七・八ヶ月
奴僕宮逆算十三度	↓	六十三年九・六ヶ月
奴僕宮逆算十四度	↓	六十三年十一・四ヶ月
奴僕宮逆算十五度	↓	六十四年一・二ヶ月
奴僕宮逆算十六度	↓	六十四年三ヶ月
奴僕宮逆算十七度	↓	六十四年四・八ヶ月
奴僕宮逆算十八度（炁星）	↓	六十四年六・六ヶ月
奴僕宮逆算十九度	↓	六十四年八・四ヶ月
奴僕宮逆算二十度	↓	六十四年十・二ヶ月
奴僕宮逆算二十一度	↓	六十五年
奴僕宮逆算二十二度	↓	六十五年一・八ヶ月
奴僕宮逆算二十三度	↓	六十五年三・六ヶ月
奴僕宮逆算二十四度	↓	六十五年五・四ヶ月
奴僕宮逆算二十五度	↓	六十五年七・二ヶ月
奴僕宮逆算二十六度	↓	六十五年九ヶ月
奴僕宮逆算二十七度	↓	六十五年十・八ヶ月
奴僕宮逆算二十八度	↓	六十六年〇・六ヶ月
奴僕宮逆算二十九度	↓	六十六年二・四ヶ月
奴僕宮逆算三十度	↓	六十六年四・二ヶ月

逐年行限度早見表８

男女宮

度	年齢	
男女宮逆算一度	六十六年六ヶ月	
男女宮逆算二度	六十六年七・八ヶ月	
男女宮逆算三度	六十六年九・六ヶ月	
男女宮逆算四度	六十六年十一・四ヶ月	
男女宮逆算五度	六十七年一・二ヶ月	
男女宮逆算六度	六十七年三ヶ月	
男女宮逆算七度	六十七年四・八ヶ月	
男女宮逆算八度	六十七年六・六ヶ月	
男女宮逆算九度	六十七年八・四ヶ月	
男女宮逆算十度	六十七年十・二ヶ月	
男女宮逆算十一度	六十八年	
男女宮逆算十二度	六十八年一・八ヶ月	木星
男女宮逆算十三度	六十八年三・六ヶ月	
男女宮逆算十四度	六十八年五・四ヶ月	
男女宮逆算十五度	六十八年七・二ヶ月	
男女宮逆算十六度	六十八年九ヶ月	
男女宮逆算十七度	六十八年十・八ヶ月	羅星
男女宮逆算十八度	六十九年〇・六ヶ月	
男女宮逆算十九度	六十九年二・四ヶ月	
男女宮逆算二十度	六十九年四・二ヶ月	
男女宮逆算二十一度	六十九年六ヶ月	
男女宮逆算二十二度	六十九年七・八ヶ月	
男女宮逆算二十三度	六十九年九・六ヶ月	
男女宮逆算二十四度	六十九年十一・四ヶ月	
男女宮逆算二十五度	七十年一・二ヶ月	
男女宮逆算二十六度	七十年三ヶ月	
男女宮逆算二十七度	七十年四・八ヶ月	
男女宮逆算二十八度	七十年六・六ヶ月	
男女宮逆算二十九度	七十年八・四ヶ月	
男女宮逆算三十度	七十年十・二ヶ月	

逐年行限度早見表11

財帛宮

財帛宮逆算一度 ↓ 八十年六ヶ月
財帛宮逆算二度 ↓ 八十年八ヶ月
財帛宮逆算三度 ↓ 八十年十ヶ月
財帛宮逆算四度 ↓ 八十一年
財帛宮逆算五度 ↓ 八十一年二ヶ月
財帛宮逆算六度 ↓ 八十一年四ヶ月
財帛宮逆算七度 ↓ 八十一年六ヶ月
財帛宮逆算八度 ↓ 八十一年八ヶ月
財帛宮逆算九度 ↓ 八十一年十ヶ月
財帛宮逆算十度 ↓ 八十二年
財帛宮逆算十一度 ↓ 八十二年二ヶ月
財帛宮逆算十二度 ↓ 八十二年四ヶ月
土星 → 財帛宮逆算十三度 ↓ 八十二年六ヶ月
財帛宮逆算十四度 ↓ 八十二年八ヶ月
財帛宮逆算十五度 ↓ 八十二年十ヶ月
財帛宮逆算十六度 ↓ 八十三年
財帛宮逆算十七度 ↓ 八十三年二ヶ月
財帛宮逆算十八度 ↓ 八十三年四ヶ月
財帛宮逆算十九度 ↓ 八十三年六ヶ月
財帛宮逆算二十度 ↓ 八十三年八ヶ月
財帛宮逆算二十一度 ↓ 八十三年十ヶ月
財帛宮逆算二十二度 ↓ 八十四年
財帛宮逆算二十三度 ↓ 八十四年二ヶ月
財帛宮逆算二十四度 ↓ 八十四年四ヶ月
財帛宮逆算二十五度 ↓ 八十四年六ヶ月
財帛宮逆算二十六度 ↓ 八十四年八ヶ月
財帛宮逆算二十七度 ↓ 八十四年十ヶ月
財帛宮逆算二十八度 ↓ 八十五年
財帛宮逆算二十九度 ↓ 八十五年二ヶ月
財帛宮逆算三十度 ↓ 八十五年四ヶ月

羅星……男女宮逆算十七度　↓　六十八年十・八ヶ月。
計星……福徳宮逆算十七度　↓　十五年十・四ヶ月。

これに相貌宮に入る年齢を加算すれば七政四余に当る年齢が算出される。実例の女性は十四歳で相貌宮に入るので、十四歳を加算する。

太陽……六十三年四・二ヶ月　＋　十四歳　＝　七十七歳四・二ヶ月。
月………三年八ヶ月　＋　十四歳　＝　十七歳八ヶ月。
木星……六十八年一・八ヶ月　＋　十四歳　＝　八十二歳一・八ヶ月。
火星……四十一年十・四ヶ月　＋　十四歳　＝　五十五歳十・四ヶ月。
土星……八十二年六ヶ月　＋　十四歳　＝　九十六歳六ヶ月。
金星……五十六年一・六ヶ月　＋　十四歳　＝　七十歳一・六ヶ月。
水星……五十五年九・二ヶ月　＋　十四歳　＝　六十九歳九・二ヶ月。
炁星……六十四年六・六ヶ月　＋　十四歳　＝　七十八歳六・六ヶ月。
羅星……六十八年十・八ヶ月　＋　十四歳　＝　八十二歳十・八ヶ月。
計星……十五年十・四ヶ月　＋　十四歳　＝　二十九歳十・四ヶ月。

これらを年齢順に並べかえて、西暦に当る年月を暦で調べれば、次のようになる。

月………十七歳八ヶ月（一九八一年十月〈戌月〉）。
計星……二十九歳十・四ヶ月（一九九三年十二月〈子月〉）。
火星……五十五歳十・四ヶ月（二〇一九年十二月〈子月〉）。
水星……六十九歳九・二ヶ月（二〇三三年十一月〈亥月〉）。

金星……七十歳一・六ヶ月（二〇三四年三月〈卯月〉）。
太陽……七十七歳四・二ヶ月（二〇四一年六月〈午月〉）。
炁星……七十八歳六・六ヶ月（二〇四二年八月〈申月〉）。
木星……八十二歳一・八ヶ月（二〇四六年三月〈卯月〉）。
羅星……八十二歳十・八ヶ月（二〇四六年十二月〈子月〉）。
土星……九十六歳六ヶ月（二〇六〇年八月〈申月〉）。

「〇〇歳〇ヶ月」の「〇ヶ月」は寅月から経過した月日を示す。「一ヶ月」なら卯月、「二ヶ月」なら辰月、「三ヶ月」なら巳月、「四ヶ月」なら午月、「五ヶ月」なら未月、「六ヶ月」なら申月、「七ヶ月」なら酉月、「八ヶ月」なら戌月、「九ヶ月」なら亥月、「十ヶ月」なら子月、「十一ヶ月」なら次の年の丑月となる。小数点以下はその月内に入る（大限の端数の「六ヶ月」とは数え方が一ヶ月分異なる）。

続いて孛星の逐年行限度に入る。
命宮にある七政四余の逐年行限度は次のように計算する。

一、生年月日から大限の相貌宮に入るまでの日数を計算する。これがその人の命宮の年分訣（日数）となる。
二、その日数を三十度で割る。これで一度を進む日数が算出される。
三、命宮にある七政四余の逆算度数から一度を引いた数をその日数に掛け算する。これにより生年月日からその七政四余に当るまでの日数が算出される。
四、生年月日からその日数が経過した年月日を計算すれば、命宮にある七政四余の逐年行限度が算出される。

実例の女性の生年月日は一九六五年七月十三日なので、数え年で十四歳になる一九七八年二月四日（立春）までの日数を計算する。

一九六五年七月十三日から一九六五年十二月三十一日までの日数は、七月十三日から七月三十一日までが18日、八月が31日、九月が30日、十月が31日、十一月が30日、十二月が31日なので、これらを加算すれば、

18日 ＋ 31日 ＋ 30日 ＋ 31日 ＋ 30日 ＋ 31日 ＝ 171日。

が得られる。これを(1)171日とする。

一九六六年一月一日から一九七七年十二月三十一日までの12年間は、一九六八年、一九七二年、一九七六年が閏年なので、

365日 × 12年 ＋ 3日 ＝ 4383日。

となる。これを(2)4383日とする。

一九七八年一月一日から一九七八年二月四日までの日数は、一月が31日、一月三十一日から二月四日までが4日なので、

31日 ＋ 4日 ＝ 35日。

となる。これを(3)35日とする。

(1)171日と(2)4383日と(3)35日を加えれば、

171日 ＋ 4383日 ＋ 35日 ＝ 4589日。

となる。これが生年月日の一九六五年七月十三日から、数え年で十四歳になる一九七八年二月四日までの日数である。

4589日を三十度で割れば、

4589日　÷　30度　＝　152.96666……日。

となり、命宮を一度進む日数が得られる。

これに孛星の逆算度数二十八度から一度を引いた数を掛ければ、

152.96666……日　×　（28－1）度　＝　4130.1日。

と算出され、生年月日から4130日（小数点以下は切り捨て）で孛星に当ることが分かる。


生年月日の一九六五年七月十三日から一九七五年十二月三十一日までが3823日で、4130日まで307日。

一九七六年一月一日から十月三十一日まで4128日。4130日まで残りは2日。

4130日まで残りが2日なので、一九七六年十一月二日に孛星に当ることになる。

一九七六年十一月二日は数え年で十二歳、十一月二日は月の節（立冬）より前なので、亥月ではなく戌月となる。

したがって孛星の逐年行限度は十二歳（一九七六年十一月二日〈戌月〉）と算出される。


これを先に出した年齢順の逐年行限度に加えれば、次のようになる。


孛星……十二歳（一九七六年十一月二日〈戌月〉）。

月………十七歳八ヶ月（一九八一年十月〈戌月〉）。

計星……二十九歳十・四ヶ月（一九九三年十二月〈子月〉）。

火星……五十五歳十・四ヶ月（二〇一九年十二月〈子月〉）。

水星……六十九歳九・二ヶ月（二〇三三年十一月〈亥月〉）。

金星……七十歳一・六ヶ月（二〇三四年三月〈卯月〉）。

太陽……七十七歳四・二ヶ月（二〇四一年六月〈午月〉）。

炁星……七十八歳六・六ヶ月（二〇四二年八月〈申月〉）。

木星……八十二歳一・八ヶ月（二〇四六年三月〈卯月〉）。

羅星……八十二歳十・八ヶ月（二〇四六年十二月〈子月〉）。

土星……九十六歳六ヶ月（二〇六〇年八月〈申月〉）。


逐年行限度の占断は、標準として奴僕宮にある七政四余まで行い、男女宮より先の七政四余は必要におうじて占断する。実例の女性は八十二歳で男女宮の木星と羅星に当るため、医学の進歩を考慮に入れて八十二歳の占断結果も出してある。九十六歳の運勢は、必要になったときに占断すればよい。確実な占断のためには、小限宮ないし童限宮と月限宮を合わせて見る。

逐年行限度の孛星

孛星は十二歳の一九七六年十一月二日（戌月）に当る。

逐年行限度の孛星の影響は、この月（一九七六年十一月）附近と、この年（一九七六年）の全体にまで及ぶ。他の七政四余も同様である。

七政四余の影響は逐年行限度に当る時期に強く現われやすい。

孛星の凶意のため、暴力や事故による夭折さえ起きかねない時期となるが、一方では命宮に入った玉堂（母親の愛情）が実例の女性を守っている。

年齢（小学生）に似合わず喪礼を思わせる黒い服を好んで着ていたのは、孛星の影響が実例の女性の潜在意識に及んでいたからである。凶意は本人の気付かないところで背後まで迫っていた。この時期を無事に過ごせていたとしたら、本人の強運もあるが、吉意（玉堂＝母親の愛情）があったがゆえである。

この年の童限宮は田宅宮（酉）で、十二運は死であり、悪い神殺の的殺と年符が入っている。童限宮には凶意がある。この月の月限宮は兄弟宮（戌）で、こちらも十二運は庫、神殺は飛刃、唐符、死符、小耗、天耗と、凶意を示すものが並んで入っている。

したがって、この年、この月の運勢は凶と占断される。実例の女性にも家族、親類縁者にも全く凶事がなければ不思議なくらいの時期だが、本人の知らないところで何かが起きていた可能性がある。

念のために童限宮だけでなく小限宮も調べてみると、この年の小限宮は相貌宮（丑）で月が入っている。月は母親を表わすので、母親の愛情が実例の女性を守っていたことに疑いの余地はない。

童限宮と月限宮が孛星のある命宮から外れているあたりは、実例の女性の強運を示している。もしも童限宮と月限宮のいずれかが命宮に当っていたなら、そうとうな惨事が本人を襲っていただろう。

逐年行限度の月

月は十七歳八ヶ月、つまり一九八一年十月（戌月）に当る。

月と十二支（丑）、二十八宿（斗宿）の関係は、第三章の原文和訳で調べてみると全て吉になっている。月が斗宿にあると「大月当斗」という格に入る上に、実例の女性が生れた時は満月である。月の吉意の光が強い。

逐年行限度の月は大吉運を発現する力となる。

この年の小限宮は男女宮（申）で、中吉といったところである。

月限宮は疾厄宮（巳）に当っている。月限宮は吉凶半々だが、逐年行限度、小限を総合的に見れば、この年、この月の運勢は大吉と占断される。健康にも恵まれ、仕事への夢が実現されてゆく時期となる。

事実として、実例の女性はこの年に、TV番組の歌謡オーディションの本選で史上最高得点を得て合格し、年末の決戦大会では最優秀者に選ばれて、処女作品のリリースへと歩み出している。

一九八一年になってようやく歌謡オーディションに合格したのは、運命学的には、月の影響力が追い風となって現われたためである。以前に不合格を繰り返していたのは月の影響力が弱かったことなどが原因である。

月が天廕に変曜しているので、何かと母親が相談相手になって実例の女性を助けていたようだ（月は母親を表わし、天廕は助けを表わす）。

逐年行限度の計星

計星は二十九歳十・四ヶ月、つまり一九九三年十二月（子月）に当る。

計星と十二支（寅）、二十八宿（尾宿）の関係は吉である。変曜も文星、喜神、天印で良好である。

この年の小限宮は男女宮（申）で、中吉になっている。

月限宮は空亡のある官禄宮（卯）に当る。

総合的に見れば、この年、この月の運勢は吉と占断される。仕事に若干の支障があったとしても乗り越えることができる。

逐年行限度の火星

火星は五十五歳十・四ヶ月、つまり二〇一九年十二月（子月）に当る。

火星と十二支（辰）、二十八宿（軫宿）の関係は凶である。先にも触れたが、第三章の「火星と十二支　熒惑入宮　枢要歌」に、

「辰《たつ》」火辰《かたつ》　天滞《てんたい》は辰《たつ》に居《い》て是《こ》れ火星《かせい》である。一生《いっしょう》に百《ひゃく》の事《こと》を用《もち》いても成《な》ること無《な》し。（以下略）

と記されている。

この年の小限宮は夫妻宮（午）で、これも凶である。

月限宮は相貌宮（丑）に当っている。この宮には月が入っている。

月限宮の吉意があるとはいえ、火星の状態を見れば、この月、この年の運勢はやはり凶と占断される。大限での仕事運は吉だが、この年は気を引き締めなくてはならない。健康については、健康運や大限で指摘したことに留意していれば、無事に過ごすことができる。

逐年行限度の水星

水星は六十九歳九・二ヶ月、つまり二〇三三年十一月（亥月）に当る。

水星と十二支（午）、二十八宿（張宿）の関係は吉である。第三章の「水星と二十八宿　辰星躔度　玉関歌」に、

「張宿《ちょうしゅく》」水張《すいちょう》　張宿《ちょうしゅく》に躔《めぐ》る水《すい》は天栄《てんえい》と号《とな》える。（中略）賢能《けんのう》の兄弟《けいてい》は朝廷《ちょうてい》を佐《たす》ける。

と記されており、兄弟姉妹で助け合う吉意が見られる（朝廷は実例の女性を表わすと見る）。

この年の小限宮は遷移宮（辰）で、中吉となっている。

月限宮は命宮（子）に当っている。これは凶である。

この水星は金星と交会しており、合格の「金水相涵」に入っている。

したがって、月限の命宮が若干気になるが、総合的に見れば、この年、この月の運勢は吉と占断される。

困ったことがあっても仲のよい兄弟姉妹と協力すれば解決も可能である。

逐年行限度の金星

金星は七十歳一・六ヶ月、つまり二〇三四年三月（卯月）に当る。

金星と十二支（午）、二十八宿（星宿）の関係は吉である。また相生関係にある水星と交会している。

この年の小限宮は官禄宮（卯）で、空亡が入っている。

月限宮は奴僕宮（未）に当る。八殺宮である。

空亡や八殺宮による凶意（病難）には要注意だが、水星との交会による吉意を考慮すれば、この年、この月の運勢は吉と占断される。

逐年行限度の太陽

太陽は七十七歳四・二ヶ月、つまり二〇四一年六月（午月）に当る。

太陽と十二支（未）、二十八宿（井宿）の関係は吉である。ただし太陽が弱宮の奴僕宮に入っているため、病難を若干示している。

この年の小限宮は男女宮（申）で、吉運に当る。

月限宮は田宅宮（酉）で、神殺に凶意がある。

この年、この月の運勢は、体調が心配されるものの、中吉と占断される。

逐年行限度の炁星

炁星は七十八歳六・六ヶ月、つまり二〇四二年八月（申月）に当る。

炁星と十二支（未）、二十八宿（井宿）の関係は吉である。

この年の小限宮は奴僕宮（未）で、若干ではあるが、経済難の凶意がある。

月限宮は夫妻宮（午）で、こちらは吉運となっている。

この年、この月の運勢は総じて中吉と占断される。経済難には要注意である。

逐年行限度の木星

木星は八十二歳一・八ヶ月、つまり二〇四六年三月（卯月）に当る。

木星と十二支（申）、二十八宿（参宿）の関係は吉である。

この年の小限宮は官禄宮（卯）で、空亡の凶意がある。

月限宮は奴僕宮（未）で、八殺宮に当っている。

小限宮と月限宮に病難の凶意が見られるが、羅星との交会による吉意があるため、この年、この月の運勢は中吉と占断される。

逐年行限度の羅星

羅星は八十二歳十・八ヶ月、つまり二〇四六年十二月（子月）に当る。

羅星と十二支（申）、二十八宿（参宿）の関係は、十二支（申）との関係に凶意がある。

この年の小限は官禄宮（卯）で、空亡が入っている。

月限宮は兄弟宮（戌）で飛刃や唐符、死符などの凶意がある。

したがって、この年、この月の運勢は凶と占断される。


以上をもって占断例を終わるが、どのような結果が出ようとも、運命を作り出してゆく主体は本人の意志にある。自己努力なくして開運はあり得ないことを最後に申し上げておく。

それから、七政四余が最高度の占星術、運命学の最高峰である一方、「秘伝」すなわち秘密にして容易に得られない占術の奥義が存在していることも付け加えておく。

またこの場を借りて、本書の出版を英断してくださった国書刊行会の佐藤今朝夫社長、温かい目で執筆を見守ってくださった礒崎純一編集長、多くのアドバイスをしてくださり、惜しみなく骨をおって作業に当ってくださった編集担当の清水範之氏に、心から感謝の意を表したい。

PRO DEO ET PATRIA

資料編

主要参考文献

中国原本

『張果星宗』
『張果星宗大全』
『果老星宗』
『星学大成』
『演禽通算』
『星命総括』
『星命溯源』
『耶律真経』
『璧奥経』
『望斗経』
『琴堂歩天警句』
『琴堂五星会論』
『琴堂指金歌』
『磨鑴賦』
『星海詞林』
『星平会海全書』

日本図書

『四餘算法』写本／一六九七年
『四餘見伏細草』写本／一八六九年
『紫炁月孛羅睺計都』写本／一八七一年
『造化之枢機』山岸乾順／矢島誠進堂書店／一九二一年
『三才発秘』陳畊山（著）・石橋菊子（訳）／学而堂（復刻）／一九三六年
『密教占星法』森田龍僊／臨川書店（復刻）／一九四一年
『中国の天文暦法』藪内清／平凡社／一九六九年
『七政占星術』張耀文・佐藤六龍／香草社／一九七七年
『密教占星術』矢野道雄／東京美術／一九八六年
『中国占星術の世界』橋本敬造／東方書店／一九九三年

中国図書

『天體暦』呉師青／宏業書局有限公司／一九六一年（呉師青序一九七二年）
『中国七政四餘星圖析義』呉師青／宏業書局有限公司／一九六五年
『天運占星学』呉師青／宏業書局有限公司／一九七二年
『七政四餘演算例解』汪容駿／集文書局／一九八〇年
『神秘的星象』刘韶军／广西人民出版社／一九九一年
『星占学与传统文化』江晓原／上海古籍出版社／一九九二年
『古代占星术注评』刘韶军／北京师范大学出版社・广西师范大学出版社／一九九二年
『七政四餘黄道暦算寶典』呉聰敏／逸群圖書有限公司／一九九四年
『中華占星術』劉韶軍／文津出版社有限公司／一九九五年

二十八宿変換表 1

白羊宮♈（戌）

白羊宮♈（戌）00度00分00秒	〜	白羊宮♈（戌）01度00分00秒	→ 奎宿一度（戌逆算三十度）
白羊宮♈（戌）01度00分00秒	〜	白羊宮♈（戌）02度00分00秒	→ 奎宿二度（戌逆算二十九度）
白羊宮♈（戌）02度00分00秒	〜	白羊宮♈（戌）03度00分00秒	→ 奎宿三度（戌逆算二十八度）
白羊宮♈（戌）03度00分00秒	〜	白羊宮♈（戌）04度00分00秒	→ 奎宿四度（戌逆算二十七度）
白羊宮♈（戌）04度00分00秒	〜	白羊宮♈（戌）05度00分00秒	→ 奎宿五度（戌逆算二十六度）
白羊宮♈（戌）05度00分00秒	〜	白羊宮♈（戌）06度00分00秒	→ 奎宿六度（戌逆算二十五度）
白羊宮♈（戌）06度00分00秒	〜	白羊宮♈（戌）07度00分00秒	→ 奎宿七度（戌逆算二十四度）
白羊宮♈（戌）07度00分00秒	〜	白羊宮♈（戌）08度00分00秒	→ 奎宿八度（戌逆算二十三度）
白羊宮♈（戌）08度00分00秒	〜	白羊宮♈（戌）09度00分00秒	→ 奎宿九度（戌逆算二十二度）
白羊宮♈（戌）09度00分00秒	〜	白羊宮♈（戌）10度00分00秒	→ 奎宿十度（戌逆算二十一度）
白羊宮♈（戌）10度00分00秒	〜	白羊宮♈（戌）11度00分00秒	→ 奎宿十一度（戌逆算二十度）
白羊宮♈（戌）11度00分00秒	〜	白羊宮♈（戌）12度00分00秒	→ 奎宿十二度（戌逆算十九度）
白羊宮♈（戌）12度00分00秒	〜	白羊宮♈（戌）13度00分00秒	→ 奎宿十三度（戌逆算十八度）
白羊宮♈（戌）13度00分00秒	〜	白羊宮♈（戌）14度00分00秒	→ 奎宿十四度（戌逆算十七度）
白羊宮♈（戌）14度00分00秒	〜	白羊宮♈（戌）15度00分00秒	→ 奎宿十五度（戌逆算十六度）
白羊宮♈（戌）15度00分00秒	〜	白羊宮♈（戌）16度00分00秒	→ 奎宿十六度（戌逆算十五度）
白羊宮♈（戌）16度00分00秒	〜	白羊宮♈（戌）17度00分00秒	→ 婁宿一度（戌逆算十四度）
白羊宮♈（戌）17度00分00秒	〜	白羊宮♈（戌）18度00分00秒	→ 婁宿二度（戌逆算十三度）
白羊宮♈（戌）18度00分00秒	〜	白羊宮♈（戌）19度00分00秒	→ 婁宿三度（戌逆算十二度）
白羊宮♈（戌）19度00分00秒	〜	白羊宮♈（戌）20度00分00秒	→ 婁宿四度（戌逆算十一度）
白羊宮♈（戌）20度00分00秒	〜	白羊宮♈（戌）21度00分00秒	→ 婁宿五度（戌逆算十度）
白羊宮♈（戌）21度00分00秒	〜	白羊宮♈（戌）22度00分00秒	→ 婁宿六度（戌逆算九度）
白羊宮♈（戌）22度00分00秒	〜	白羊宮♈（戌）23度00分00秒	→ 婁宿七度（戌逆算八度）
白羊宮♈（戌）23度00分00秒	〜	白羊宮♈（戌）24度00分00秒	→ 婁宿八度（戌逆算七度）
白羊宮♈（戌）24度00分00秒	〜	白羊宮♈（戌）25度00分00秒	→ 婁宿九度（戌逆算六度）
白羊宮♈（戌）25度00分00秒	〜	白羊宮♈（戌）26度00分00秒	→ 婁宿十度（戌逆算五度）
白羊宮♈（戌）26度00分00秒	〜	白羊宮♈（戌）27度00分00秒	→ 婁宿十一度（戌逆算四度）
白羊宮♈（戌）27度00分00秒	〜	白羊宮♈（戌）28度00分00秒	→ 婁宿十二度（戌逆算三度）
白羊宮♈（戌）28度00分00秒	〜	白羊宮♈（戌）29度00分00秒	→ 胃宿一度（戌逆算二度）
白羊宮♈（戌）29度00分00秒	〜	白羊宮♈（戌）30度00分00秒	→ 胃宿二度（戌逆算一度）

二十八宿変換表 2

金牛宮♉（酉）

金牛宮♉（酉）00度00分00秒〜金牛宮♉（酉）01度00分00秒→胃宿三度（酉逆算三十度）
金牛宮♉（酉）01度00分00秒〜金牛宮♉（酉）02度00分00秒→胃宿四度（酉逆算二十九度）
金牛宮♉（酉）02度00分00秒〜金牛宮♉（酉）03度00分00秒→胃宿五度（酉逆算二十八度）
金牛宮♉（酉）03度00分00秒〜金牛宮♉（酉）04度00分00秒→胃宿六度（酉逆算二十七度）
金牛宮♉（酉）04度00分00秒〜金牛宮♉（酉）05度00分00秒→胃宿七度（酉逆算二十六度）
金牛宮♉（酉）05度00分00秒〜金牛宮♉（酉）06度00分00秒→胃宿八度（酉逆算二十五度）
金牛宮♉（酉）06度00分00秒〜金牛宮♉（酉）07度00分00秒→胃宿九度（酉逆算二十四度）
金牛宮♉（酉）07度00分00秒〜金牛宮♉（酉）08度00分00秒→胃宿十度（酉逆算二十三度）
金牛宮♉（酉）08度00分00秒〜金牛宮♉（酉）09度00分00秒→胃宿十一度（酉逆算二十二度）
金牛宮♉（酉）09度00分00秒〜金牛宮♉（酉）10度00分00秒→胃宿十二度（酉逆算二十一度）
金牛宮♉（酉）10度00分00秒〜金牛宮♉（酉）11度00分00秒→胃宿十三度（酉逆算二十度）
金牛宮♉（酉）11度00分00秒〜金牛宮♉（酉）12度00分00秒→胃宿十四度（酉逆算十九度）
金牛宮♉（酉）12度00分00秒〜金牛宮♉（酉）13度00分00秒→胃宿十五度（酉逆算十八度）
金牛宮♉（酉）13度00分00秒〜金牛宮♉（酉）14度00分00秒→昴宿初度（酉逆算十七度）
金牛宮♉（酉）14度00分00秒〜金牛宮♉（酉）15度00分00秒→昴宿一度（酉逆算十六度）
金牛宮♉（酉）15度00分00秒〜金牛宮♉（酉）16度00分00秒→昴宿二度（酉逆算十五度）
金牛宮♉（酉）16度00分00秒〜金牛宮♉（酉）17度00分00秒→昴宿三度（酉逆算十四度）
金牛宮♉（酉）17度00分00秒〜金牛宮♉（酉）18度00分00秒→昴宿四度（酉逆算十三度）
金牛宮♉（酉）18度00分00秒〜金牛宮♉（酉）19度00分00秒→昴宿五度（酉逆算十二度）
金牛宮♉（酉）19度00分00秒〜金牛宮♉（酉）20度00分00秒→昴宿六度（酉逆算十一度）
金牛宮♉（酉）20度00分00秒〜金牛宮♉（酉）21度00分00秒→昴宿七度（酉逆算十度）
金牛宮♉（酉）21度00分00秒〜金牛宮♉（酉）22度00分00秒→昴宿八度（酉逆算九度）
金牛宮♉（酉）22度00分00秒〜金牛宮♉（酉）23度00分00秒→昴宿九度（酉逆算八度）
金牛宮♉（酉）23度00分00秒〜金牛宮♉（酉）24度00分00秒→昴宿十度（酉逆算七度）
金牛宮♉（酉）24度00分00秒〜金牛宮♉（酉）25度00分00秒→畢宿初度（酉逆算六度）
金牛宮♉（酉）25度00分00秒〜金牛宮♉（酉）26度00分00秒→畢宿一度（酉逆算五度）
金牛宮♉（酉）26度00分00秒〜金牛宮♉（酉）27度00分00秒→畢宿二度（酉逆算四度）
金牛宮♉（酉）27度00分00秒〜金牛宮♉（酉）28度00分00秒→畢宿三度（酉逆算三度）
金牛宮♉（酉）28度00分00秒〜金牛宮♉（酉）29度00分00秒→畢宿四度（酉逆算二度）
金牛宮♉（酉）29度00分00秒〜金牛宮♉（酉）30度00分00秒→畢宿五度（酉逆算一度）

二十八宿変換表 3

双児宮♊（申）

範囲		宿
双児宮♊（申）00度00分00秒〜双児宮♊（申）01度00分00秒	↓	畢宿六度（申逆算三十度）
双児宮♊（申）01度00分00秒〜双児宮♊（申）02度00分00秒	↓	畢宿七度（申逆算二十九度）
双児宮♊（申）02度00分00秒〜双児宮♊（申）03度00分00秒	↓	畢宿八度（申逆算二十八度）
双児宮♊（申）03度00分00秒〜双児宮♊（申）04度00分00秒	↓	畢宿九度（申逆算二十七度）
双児宮♊（申）04度00分00秒〜双児宮♊（申）05度00分00秒	↓	畢宿十度（申逆算二十六度）
双児宮♊（申）05度00分00秒〜双児宮♊（申）06度00分00秒	↓	畢宿十一度（申逆算二十五度）
双児宮♊（申）06度00分00秒〜双児宮♊（申）07度00分00秒	↓	畢宿十二度（申逆算二十四度）
双児宮♊（申）07度00分00秒〜双児宮♊（申）08度00分00秒	↓	畢宿十三度（申逆算二十三度）
双児宮♊（申）08度00分00秒〜双児宮♊（申）09度00分00秒	↓	畢宿十四度（申逆算二十二度）
双児宮♊（申）09度00分00秒〜双児宮♊（申）10度00分00秒	↓	畢宿十五度（申逆算二十一度）
双児宮♊（申）10度00分00秒〜双児宮♊（申）11度00分00秒	↓	畢宿十六度（申逆算二十度）
双児宮♊（申）11度00分00秒〜双児宮♊（申）12度00分00秒	↓	觜宿初度（申逆算十九度）
双児宮♊（申）12度00分00秒〜双児宮♊（申）13度00分00秒	↓	参宿一度（申逆算十八度）
双児宮♊（申）13度00分00秒〜双児宮♊（申）14度00分00秒	↓	参宿二度（申逆算十七度）
双児宮♊（申）14度00分00秒〜双児宮♊（申）15度00分00秒	↓	参宿三度（申逆算十六度）
双児宮♊（申）15度00分00秒〜双児宮♊（申）16度00分00秒	↓	参宿四度（申逆算十五度）
双児宮♊（申）16度00分00秒〜双児宮♊（申）17度00分00秒	↓	参宿五度（申逆算十四度）
双児宮♊（申）17度00分00秒〜双児宮♊（申）18度00分00秒	↓	参宿六度（申逆算十三度）
双児宮♊（申）18度00分00秒〜双児宮♊（申）19度00分00秒	↓	参宿七度（申逆算十二度）
双児宮♊（申）19度00分00秒〜双児宮♊（申）20度00分00秒	↓	参宿八度（申逆算十一度）
双児宮♊（申）20度00分00秒〜双児宮♊（申）21度00分00秒	↓	参宿九度（申逆算十度）
双児宮♊（申）21度00分00秒〜双児宮♊（申）22度00分00秒	↓	参宿十度（申逆算九度）
双児宮♊（申）22度00分00秒〜双児宮♊（申）23度00分00秒	↓	井宿初度（申逆算八度）
双児宮♊（申）23度00分00秒〜双児宮♊（申）24度00分00秒	↓	井宿一度（申逆算七度）
双児宮♊（申）24度00分00秒〜双児宮♊（申）25度00分00秒	↓	井宿二度（申逆算六度）
双児宮♊（申）25度00分00秒〜双児宮♊（申）26度00分00秒	↓	井宿三度（申逆算五度）
双児宮♊（申）26度00分00秒〜双児宮♊（申）27度00分00秒	↓	井宿四度（申逆算四度）
双児宮♊（申）27度00分00秒〜双児宮♊（申）28度00分00秒	↓	井宿五度（申逆算三度）
双児宮♊（申）28度00分00秒〜双児宮♊（申）29度00分00秒	↓	井宿六度（申逆算二度）
双児宮♊（申）29度00分00秒〜双児宮♊（申）30度00分00秒	↓	井宿七度（申逆算一度）

二十八宿変換表 4

巨蟹宮♋（未）

巨蟹宮♋（未）00度00分00秒〜巨蟹宮♋（未）01度00分00秒→井宿八度（未逆算三十度）
巨蟹宮♋（未）01度00分00秒〜巨蟹宮♋（未）02度00分00秒→井宿九度（未逆算二十九度）
巨蟹宮♋（未）02度00分00秒〜巨蟹宮♋（未）03度00分00秒→井宿十度（未逆算二十八度）
巨蟹宮♋（未）03度00分00秒〜巨蟹宮♋（未）04度00分00秒→井宿十一度（未逆算二十七度）
巨蟹宮♋（未）04度00分00秒〜巨蟹宮♋（未）05度00分00秒→井宿十二度（未逆算二十六度）
巨蟹宮♋（未）05度00分00秒〜巨蟹宮♋（未）06度00分00秒→井宿十三度（未逆算二十五度）
巨蟹宮♋（未）06度00分00秒〜巨蟹宮♋（未）07度00分00秒→井宿十四度（未逆算二十四度）
巨蟹宮♋（未）07度00分00秒〜巨蟹宮♋（未）08度00分00秒→井宿十五度（未逆算二十三度）
巨蟹宮♋（未）08度00分00秒〜巨蟹宮♋（未）09度00分00秒→井宿十六度（未逆算二十二度）
巨蟹宮♋（未）09度00分00秒〜巨蟹宮♋（未）10度00分00秒→井宿十七度（未逆算二十一度）
巨蟹宮♋（未）10度00分00秒〜巨蟹宮♋（未）11度00分00秒→井宿十八度（未逆算二十度）
巨蟹宮♋（未）11度00分00秒〜巨蟹宮♋（未）12度00分00秒→井宿十九度（未逆算十九度）
巨蟹宮♋（未）12度00分00秒〜巨蟹宮♋（未）13度00分00秒→井宿二十度（未逆算十八度）
巨蟹宮♋（未）13度00分00秒〜巨蟹宮♋（未）14度00分00秒→井宿二十一度（未逆算十七度）
巨蟹宮♋（未）14度00分00秒〜巨蟹宮♋（未）15度00分00秒→井宿二十二度（未逆算十六度）
巨蟹宮♋（未）15度00分00秒〜巨蟹宮♋（未）16度00分00秒→井宿二十三度（未逆算十五度）
巨蟹宮♋（未）16度00分00秒〜巨蟹宮♋（未）17度00分00秒→井宿二十四度（未逆算十四度）
巨蟹宮♋（未）17度00分00秒〜巨蟹宮♋（未）18度00分00秒→井宿二十五度（未逆算十三度）
巨蟹宮♋（未）18度00分00秒〜巨蟹宮♋（未）19度00分00秒→井宿二十六度（未逆算十二度）
巨蟹宮♋（未）19度00分00秒〜巨蟹宮♋（未）20度00分00秒→井宿二十七度（未逆算十一度）
巨蟹宮♋（未）20度00分00秒〜巨蟹宮♋（未）21度00分00秒→井宿二十八度（未逆算十度）
巨蟹宮♋（未）21度00分00秒〜巨蟹宮♋（未）22度00分00秒→井宿二十九度（未逆算九度）
巨蟹宮♋（未）22度00分00秒〜巨蟹宮♋（未）23度00分00秒→井宿三十度（未逆算八度）
巨蟹宮♋（未）23度00分00秒〜巨蟹宮♋（未）24度00分00秒→鬼宿初度（未逆算七度）
巨蟹宮♋（未）24度00分00秒〜巨蟹宮♋（未）25度00分00秒→鬼宿一度（未逆算六度）
巨蟹宮♋（未）25度00分00秒〜巨蟹宮♋（未）26度00分00秒→鬼宿二度（未逆算五度）
巨蟹宮♋（未）26度00分00秒〜巨蟹宮♋（未）27度00分00秒→柳宿初度（未逆算四度）
巨蟹宮♋（未）27度00分00秒〜巨蟹宮♋（未）28度00分00秒→柳宿一度（未逆算三度）
巨蟹宮♋（未）28度00分00秒〜巨蟹宮♋（未）29度00分00秒→柳宿二度（未逆算二度）
巨蟹宮♋（未）29度00分00秒〜巨蟹宮♋（未）30度00分00秒→柳宿三度（未逆算一度）

二十八宿変換表 5

獅子宮♌（午）

獅子宮♌（午）00度00分00秒〜獅子宮♌（午）01度00分00秒→柳宿四度（午逆算三十度）
獅子宮♌（午）01度00分00秒〜獅子宮♌（午）02度00分00秒→柳宿五度（午逆算二十九度）
獅子宮♌（午）02度00分00秒〜獅子宮♌（午）03度00分00秒→柳宿六度（午逆算二十八度）
獅子宮♌（午）03度00分00秒〜獅子宮♌（午）04度00分00秒→柳宿七度（午逆算二十七度）
獅子宮♌（午）04度00分00秒〜獅子宮♌（午）05度00分00秒→柳宿八度（午逆算二十六度）
獅子宮♌（午）05度00分00秒〜獅子宮♌（午）06度00分00秒→柳宿九度（午逆算二十五度）
獅子宮♌（午）06度00分00秒〜獅子宮♌（午）07度00分00秒→柳宿十度（午逆算二十四度）
獅子宮♌（午）07度00分00秒〜獅子宮♌（午）08度00分00秒→柳宿十一度（午逆算二十三度）
獅子宮♌（午）08度00分00秒〜獅子宮♌（午）09度00分00秒→柳宿十二度（午逆算二十二度）
獅子宮♌（午）09度00分00秒〜獅子宮♌（午）10度00分00秒→柳宿十三度（午逆算二十一度）
獅子宮♌（午）10度00分00秒〜獅子宮♌（午）11度00分00秒→星宿一度（午逆算二十度）
獅子宮♌（午）11度00分00秒〜獅子宮♌（午）12度00分00秒→星宿二度（午逆算十九度）
獅子宮♌（午）12度00分00秒〜獅子宮♌（午）13度00分00秒→星宿三度（午逆算十八度）
獅子宮♌（午）13度00分00秒〜獅子宮♌（午）14度00分00秒→星宿四度（午逆算十七度）
獅子宮♌（午）14度00分00秒〜獅子宮♌（午）15度00分00秒→星宿五度（午逆算十六度）
獅子宮♌（午）15度00分00秒〜獅子宮♌（午）16度00分00秒→星宿六度（午逆算十五度）
獅子宮♌（午）16度00分00秒〜獅子宮♌（午）17度00分00秒→張宿一度（午逆算十四度）
獅子宮♌（午）17度00分00秒〜獅子宮♌（午）18度00分00秒→張宿二度（午逆算十三度）
獅子宮♌（午）18度00分00秒〜獅子宮♌（午）19度00分00秒→張宿三度（午逆算十二度）
獅子宮♌（午）19度00分00秒〜獅子宮♌（午）20度00分00秒→張宿四度（午逆算十一度）
獅子宮♌（午）20度00分00秒〜獅子宮♌（午）21度00分00秒→張宿五度（午逆算十度）
獅子宮♌（午）21度00分00秒〜獅子宮♌（午）22度00分00秒→張宿六度（午逆算九度）
獅子宮♌（午）22度00分00秒〜獅子宮♌（午）23度00分00秒→張宿七度（午逆算八度）
獅子宮♌（午）23度00分00秒〜獅子宮♌（午）24度00分00秒→張宿八度（午逆算七度）
獅子宮♌（午）24度00分00秒〜獅子宮♌（午）25度00分00秒→張宿九度（午逆算六度）
獅子宮♌（午）25度00分00秒〜獅子宮♌（午）26度00分00秒→張宿十度（午逆算五度）
獅子宮♌（午）26度00分00秒〜獅子宮♌（午）27度00分00秒→張宿十一度（午逆算四度）
獅子宮♌（午）27度00分00秒〜獅子宮♌（午）28度00分00秒→張宿十二度（午逆算三度）
獅子宮♌（午）28度00分00秒〜獅子宮♌（午）29度00分00秒→張宿十三度（午逆算二度）
獅子宮♌（午）29度00分00秒〜獅子宮♌（午）30度00分00秒→張宿十四度（午逆算一度）

二十八宿変換表 6

処女宮♍（巳）

処女宮♍（巳）00度00分00秒～処女宮♍（巳）01度00分00秒→張宿十五度（巳逆算三十度）
処女宮♍（巳）01度00分00秒～処女宮♍（巳）02度00分00秒→張宿十六度（巳逆算二十九度）
処女宮♍（巳）02度00分00秒～処女宮♍（巳）03度00分00秒→翼宿一度（巳逆算二十八度）
処女宮♍（巳）03度00分00秒～処女宮♍（巳）04度00分00秒→翼宿二度（巳逆算二十七度）
処女宮♍（巳）04度00分00秒～処女宮♍（巳）05度00分00秒→翼宿三度（巳逆算二十六度）
処女宮♍（巳）05度00分00秒～処女宮♍（巳）06度00分00秒→翼宿四度（巳逆算二十五度）
処女宮♍（巳）06度00分00秒～処女宮♍（巳）07度00分00秒→翼宿五度（巳逆算二十四度）
処女宮♍（巳）07度00分00秒～処女宮♍（巳）08度00分00秒→翼宿六度（巳逆算二十三度）
処女宮♍（巳）08度00分00秒～処女宮♍（巳）09度00分00秒→翼宿七度（巳逆算二十二度）
処女宮♍（巳）09度00分00秒～処女宮♍（巳）10度00分00秒→翼宿八度（巳逆算二十一度）
処女宮♍（巳）10度00分00秒～処女宮♍（巳）11度00分00秒→翼宿九度（巳逆算二十度）
処女宮♍（巳）11度00分00秒～処女宮♍（巳）12度00分00秒→翼宿十度（巳逆算十九度）
処女宮♍（巳）12度00分00秒～処女宮♍（巳）13度00分00秒→翼宿十一度（巳逆算十八度）
処女宮♍（巳）13度00分00秒～処女宮♍（巳）14度00分00秒→翼宿十二度（巳逆算十七度）
処女宮♍（巳）14度00分00秒～処女宮♍（巳）15度00分00秒→翼宿十三度（巳逆算十六度）
処女宮♍（巳）15度00分00秒～処女宮♍（巳）16度00分00秒→翼宿十四度（巳逆算十五度）
処女宮♍（巳）16度00分00秒～処女宮♍（巳）17度00分00秒→翼宿十五度（巳逆算十四度）
処女宮♍（巳）17度00分00秒～処女宮♍（巳）18度00分00秒→翼宿十六度（巳逆算十三度）
処女宮♍（巳）18度00分00秒～処女宮♍（巳）19度00分00秒→翼宿十七度（巳逆算十二度）
処女宮♍（巳）19度00分00秒～処女宮♍（巳）20度00分00秒→翼宿十八度（巳逆算十一度）
処女宮♍（巳）20度00分00秒～処女宮♍（巳）21度00分00秒→翼宿十九度（巳逆算十度）
処女宮♍（巳）21度00分00秒～処女宮♍（巳）22度00分00秒→軫宿一度（巳逆算九度）
処女宮♍（巳）22度00分00秒～処女宮♍（巳）23度00分00秒→軫宿二度（巳逆算八度）
処女宮♍（巳）23度00分00秒～処女宮♍（巳）24度00分00秒→軫宿三度（巳逆算七度）
処女宮♍（巳）24度00分00秒～処女宮♍（巳）25度00分00秒→軫宿四度（巳逆算六度）
処女宮♍（巳）25度00分00秒～処女宮♍（巳）26度00分00秒→軫宿五度（巳逆算五度）
処女宮♍（巳）26度00分00秒～処女宮♍（巳）27度00分00秒→軫宿六度（巳逆算四度）
処女宮♍（巳）27度00分00秒～処女宮♍（巳）28度00分00秒→軫宿七度（巳逆算三度）
処女宮♍（巳）28度00分00秒～処女宮♍（巳）29度00分00秒→軫宿八度（巳逆算二度）
処女宮♍（巳）29度00分00秒～処女宮♍（巳）30度00分00秒→軫宿九度（巳逆算一度）

二十八宿変換表7

天秤宮♎（辰）

天秤宮♎（辰）00度00分00秒〜天秤宮♎（辰）01度00分00秒→軫宿十度（辰逆算三十度）
天秤宮♎（辰）01度00分00秒〜天秤宮♎（辰）02度00分00秒→軫宿十一度（辰逆算二十九度）
天秤宮♎（辰）02度00分00秒〜天秤宮♎（辰）03度00分00秒→軫宿十二度（辰逆算二十八度）
天秤宮♎（辰）03度00分00秒〜天秤宮♎（辰）04度00分00秒→軫宿十三度（辰逆算二十七度）
天秤宮♎（辰）04度00分00秒〜天秤宮♎（辰）05度00分00秒→軫宿十四度（辰逆算二十六度）
天秤宮♎（辰）05度00分00秒〜天秤宮♎（辰）06度00分00秒→軫宿十五度（辰逆算二十五度）
天秤宮♎（辰）06度00分00秒〜天秤宮♎（辰）07度00分00秒→軫宿十六度（辰逆算二十四度）
天秤宮♎（辰）07度00分00秒〜天秤宮♎（辰）08度00分00秒→軫宿十七度（辰逆算二十三度）
天秤宮♎（辰）08度00分00秒〜天秤宮♎（辰）09度00分00秒→角宿一度（辰逆算二十二度）
天秤宮♎（辰）09度00分00秒〜天秤宮♎（辰）10度00分00秒→角宿二度（辰逆算二十一度）
天秤宮♎（辰）10度00分00秒〜天秤宮♎（辰）11度00分00秒→角宿三度（辰逆算二十度）
天秤宮♎（辰）11度00分00秒〜天秤宮♎（辰）12度00分00秒→角宿四度（辰逆算十九度）
天秤宮♎（辰）12度00分00秒〜天秤宮♎（辰）13度00分00秒→角宿五度（辰逆算十八度）
天秤宮♎（辰）13度00分00秒〜天秤宮♎（辰）14度00分00秒→角宿六度（辰逆算十七度）
天秤宮♎（辰）14度00分00秒〜天秤宮♎（辰）15度00分00秒→角宿七度（辰逆算十六度）
天秤宮♎（辰）15度00分00秒〜天秤宮♎（辰）16度00分00秒→角宿八度（辰逆算十五度）
天秤宮♎（辰）16度00分00秒〜天秤宮♎（辰）17度00分00秒→角宿九度（辰逆算十四度）
天秤宮♎（辰）17度00分00秒〜天秤宮♎（辰）18度00分00秒→角宿十度（辰逆算十三度）
天秤宮♎（辰）18度00分00秒〜天秤宮♎（辰）19度00分00秒→角宿十一度（辰逆算十二度）
天秤宮♎（辰）19度00分00秒〜天秤宮♎（辰）20度00分00秒→角宿十二度（辰逆算十一度）
天秤宮♎（辰）20度00分00秒〜天秤宮♎（辰）21度00分00秒→亢宿一度（辰逆算十度）
天秤宮♎（辰）21度00分00秒〜天秤宮♎（辰）22度00分00秒→亢宿二度（辰逆算九度）
天秤宮♎（辰）22度00分00秒〜天秤宮♎（辰）23度00分00秒→亢宿三度（辰逆算八度）
天秤宮♎（辰）23度00分00秒〜天秤宮♎（辰）24度00分00秒→亢宿四度（辰逆算七度）
天秤宮♎（辰）24度00分00秒〜天秤宮♎（辰）25度00分00秒→亢宿五度（辰逆算六度）
天秤宮♎（辰）25度00分00秒〜天秤宮♎（辰）26度00分00秒→亢宿六度（辰逆算五度）
天秤宮♎（辰）26度00分00秒〜天秤宮♎（辰）27度00分00秒→亢宿七度（辰逆算四度）
天秤宮♎（辰）27度00分00秒〜天秤宮♎（辰）28度00分00秒→亢宿八度（辰逆算三度）
天秤宮♎（辰）28度00分00秒〜天秤宮♎（辰）29度00分00秒→亢宿九度（辰逆算二度）
天秤宮♎（辰）29度00分00秒〜天秤宮♎（辰）30度00分00秒→氐宿初度（辰逆算一度）

二十八宿変換表8

天蝎宮♏（卯）

天蝎宮♏（卯）00度00分00秒〜天蝎宮♏（卯）01度00分00秒↓氐宿一度（卯逆算三十度）
天蝎宮♏（卯）01度00分00秒〜天蝎宮♏（卯）02度00分00秒↓氐宿二度（卯逆算二十九度）
天蝎宮♏（卯）02度00分00秒〜天蝎宮♏（卯）03度00分00秒↓氐宿三度（卯逆算二十八度）
天蝎宮♏（卯）03度00分00秒〜天蝎宮♏（卯）04度00分00秒↓氐宿四度（卯逆算二十七度）
天蝎宮♏（卯）04度00分00秒〜天蝎宮♏（卯）05度00分00秒↓氐宿五度（卯逆算二十六度）
天蝎宮♏（卯）05度00分00秒〜天蝎宮♏（卯）06度00分00秒↓氐宿六度（卯逆算二十五度）
天蝎宮♏（卯）06度00分00秒〜天蝎宮♏（卯）07度00分00秒↓氐宿七度（卯逆算二十四度）
天蝎宮♏（卯）07度00分00秒〜天蝎宮♏（卯）08度00分00秒↓氐宿八度（卯逆算二十三度）
天蝎宮♏（卯）08度00分00秒〜天蝎宮♏（卯）09度00分00秒↓氐宿九度（卯逆算二十二度）
天蝎宮♏（卯）09度00分00秒〜天蝎宮♏（卯）10度00分00秒↓氐宿十度（卯逆算二十一度）
天蝎宮♏（卯）10度00分00秒〜天蝎宮♏（卯）11度00分00秒↓氐宿十一度（卯逆算二十度）
天蝎宮♏（卯）11度00分00秒〜天蝎宮♏（卯）12度00分00秒↓氐宿十二度（卯逆算十九度）
天蝎宮♏（卯）12度00分00秒〜天蝎宮♏（卯）13度00分00秒↓氐宿十三度（卯逆算十八度）
天蝎宮♏（卯）13度00分00秒〜天蝎宮♏（卯）14度00分00秒↓氐宿十四度（卯逆算十七度）
天蝎宮♏（卯）14度00分00秒〜天蝎宮♏（卯）15度00分00秒↓氐宿十五度（卯逆算十六度）
天蝎宮♏（卯）15度00分00秒〜天蝎宮♏（卯）16度00分00秒↓氐宿十六度（卯逆算十五度）
天蝎宮♏（卯）16度00分00秒〜天蝎宮♏（卯）17度00分00秒↓房宿初度（卯逆算十四度）
天蝎宮♏（卯）17度00分00秒〜天蝎宮♏（卯）18度00分00秒↓房宿一度（卯逆算十三度）
天蝎宮♏（卯）18度00分00秒〜天蝎宮♏（卯）19度00分00秒↓房宿二度（卯逆算十二度）
天蝎宮♏（卯）19度00分00秒〜天蝎宮♏（卯）20度00分00秒↓房宿三度（卯逆算十一度）
天蝎宮♏（卯）20度00分00秒〜天蝎宮♏（卯）21度00分00秒↓房宿四度（卯逆算十度）
天蝎宮♏（卯）21度00分00秒〜天蝎宮♏（卯）22度00分00秒↓房宿五度（卯逆算九度）
天蝎宮♏（卯）22度00分00秒〜天蝎宮♏（卯）23度00分00秒↓心宿一度（卯逆算八度）
天蝎宮♏（卯）23度00分00秒〜天蝎宮♏（卯）24度00分00秒↓心宿二度（卯逆算七度）
天蝎宮♏（卯）24度00分00秒〜天蝎宮♏（卯）25度00分00秒↓心宿三度（卯逆算六度）
天蝎宮♏（卯）25度00分00秒〜天蝎宮♏（卯）26度00分00秒↓心宿四度（卯逆算五度）
天蝎宮♏（卯）26度00分00秒〜天蝎宮♏（卯）27度00分00秒↓心宿五度（卯逆算四度）
天蝎宮♏（卯）27度00分00秒〜天蝎宮♏（卯）28度00分00秒↓心宿六度（卯逆算三度）
天蝎宮♏（卯）28度00分00秒〜天蝎宮♏（卯）29度00分00秒↓尾宿一度（卯逆算二度）
天蝎宮♏（卯）29度00分00秒〜天蝎宮♏（卯）30度00分00秒↓尾宿二度（卯逆算一度）

二十八宿変換表 9

人馬宮♐（寅）

人馬宮♐（寅）00度00分00秒〜人馬宮♐（寅）01度00分00秒 ↓ 尾宿三度（寅逆算三十度）
人馬宮♐（寅）01度00分00秒〜人馬宮♐（寅）02度00分00秒 ↓ 尾宿四度（寅逆算二十九度）
人馬宮♐（寅）02度00分00秒〜人馬宮♐（寅）03度00分00秒 ↓ 尾宿五度（寅逆算二十八度）
人馬宮♐（寅）03度00分00秒〜人馬宮♐（寅）04度00分00秒 ↓ 尾宿六度（寅逆算二十七度）
人馬宮♐（寅）04度00分00秒〜人馬宮♐（寅）05度00分00秒 ↓ 尾宿七度（寅逆算二十六度）
人馬宮♐（寅）05度00分00秒〜人馬宮♐（寅）06度00分00秒 ↓ 尾宿八度（寅逆算二十五度）
人馬宮♐（寅）06度00分00秒〜人馬宮♐（寅）07度00分00秒 ↓ 尾宿九度（寅逆算二十四度）
人馬宮♐（寅）07度00分00秒〜人馬宮♐（寅）08度00分00秒 ↓ 尾宿十度（寅逆算二十三度）
人馬宮♐（寅）08度00分00秒〜人馬宮♐（寅）09度00分00秒 ↓ 尾宿十一度（寅逆算二十二度）
人馬宮♐（寅）09度00分00秒〜人馬宮♐（寅）10度00分00秒 ↓ 尾宿十二度（寅逆算二十一度）
人馬宮♐（寅）10度00分00秒〜人馬宮♐（寅）11度00分00秒 ↓ 尾宿十三度（寅逆算二十度）
人馬宮♐（寅）11度00分00秒〜人馬宮♐（寅）12度00分00秒 ↓ 尾宿十四度（寅逆算十九度）
人馬宮♐（寅）12度00分00秒〜人馬宮♐（寅）13度00分00秒 ↓ 尾宿十五度（寅逆算十八度）
人馬宮♐（寅）13度00分00秒〜人馬宮♐（寅）14度00分00秒 ↓ 尾宿十六度（寅逆算十七度）
人馬宮♐（寅）14度00分00秒〜人馬宮♐（寅）15度00分00秒 ↓ 尾宿十七度（寅逆算十六度）
人馬宮♐（寅）15度00分00秒〜人馬宮♐（寅）16度00分00秒 ↓ 尾宿十八度（寅逆算十五度）
人馬宮♐（寅）16度00分00秒〜人馬宮♐（寅）17度00分00秒 ↓ 箕宿初度（寅逆算十四度）
人馬宮♐（寅）17度00分00秒〜人馬宮♐（寅）18度00分00秒 ↓ 箕宿一度（寅逆算十三度）
人馬宮♐（寅）18度00分00秒〜人馬宮♐（寅）19度00分00秒 ↓ 箕宿二度（寅逆算十二度）
人馬宮♐（寅）19度00分00秒〜人馬宮♐（寅）20度00分00秒 ↓ 箕宿三度（寅逆算十一度）
人馬宮♐（寅）20度00分00秒〜人馬宮♐（寅）21度00分00秒 ↓ 箕宿四度（寅逆算十度）
人馬宮♐（寅）21度00分00秒〜人馬宮♐（寅）22度00分00秒 ↓ 箕宿五度（寅逆算九度）
人馬宮♐（寅）22度00分00秒〜人馬宮♐（寅）23度00分00秒 ↓ 箕宿六度（寅逆算八度）
人馬宮♐（寅）23度00分00秒〜人馬宮♐（寅）24度00分00秒 ↓ 箕宿七度（寅逆算七度）
人馬宮♐（寅）24度00分00秒〜人馬宮♐（寅）25度00分00秒 ↓ 箕宿八度（寅逆算六度）
人馬宮♐（寅）25度00分00秒〜人馬宮♐（寅）26度00分00秒 ↓ 箕宿九度（寅逆算五度）
人馬宮♐（寅）26度00分00秒〜人馬宮♐（寅）27度00分00秒 ↓ 箕宿十度（寅逆算四度）
人馬宮♐（寅）27度00分00秒〜人馬宮♐（寅）28度00分00秒 ↓ 斗宿初度（寅逆算三度）
人馬宮♐（寅）28度00分00秒〜人馬宮♐（寅）29度00分00秒 ↓ 斗宿一度（寅逆算二度）
人馬宮♐（寅）29度00分00秒〜人馬宮♐（寅）30度00分00秒 ↓ 斗宿二度（寅逆算一度）

二十八宿変換表10

磨羯宮♑（丑）

磨羯宮♑（丑）00度00分00秒～磨羯宮♑（丑）01度00分00秒↓斗宿三度（丑逆算三十度）
磨羯宮♑（丑）01度00分00秒～磨羯宮♑（丑）02度00分00秒↓斗宿四度（丑逆算二十九度）
磨羯宮♑（丑）02度00分00秒～磨羯宮♑（丑）03度00分00秒↓斗宿五度（丑逆算二十八度）
磨羯宮♑（丑）03度00分00秒～磨羯宮♑（丑）04度00分00秒↓斗宿六度（丑逆算二十七度）
磨羯宮♑（丑）04度00分00秒～磨羯宮♑（丑）05度00分00秒↓斗宿七度（丑逆算二十六度）
磨羯宮♑（丑）05度00分00秒～磨羯宮♑（丑）06度00分00秒↓斗宿八度（丑逆算二十五度）
磨羯宮♑（丑）06度00分00秒～磨羯宮♑（丑）07度00分00秒↓斗宿九度（丑逆算二十四度）
磨羯宮♑（丑）07度00分00秒～磨羯宮♑（丑）08度00分00秒↓斗宿十度（丑逆算二十三度）
磨羯宮♑（丑）08度00分00秒～磨羯宮♑（丑）09度00分00秒↓斗宿十一度（丑逆算二十二度）
磨羯宮♑（丑）09度00分00秒～磨羯宮♑（丑）10度00分00秒↓斗宿十二度（丑逆算二十一度）
磨羯宮♑（丑）10度00分00秒～磨羯宮♑（丑）11度00分00秒↓斗宿十三度（丑逆算二十度）
磨羯宮♑（丑）11度00分00秒～磨羯宮♑（丑）12度00分00秒↓斗宿十四度（丑逆算十九度）
磨羯宮♑（丑）12度00分00秒～磨羯宮♑（丑）13度00分00秒↓斗宿十五度（丑逆算十八度）
磨羯宮♑（丑）13度00分00秒～磨羯宮♑（丑）14度00分00秒↓斗宿十六度（丑逆算十七度）
磨羯宮♑（丑）14度00分00秒～磨羯宮♑（丑）15度00分00秒↓斗宿十七度（丑逆算十六度）
磨羯宮♑（丑）15度00分00秒～磨羯宮♑（丑）16度00分00秒↓斗宿十八度（丑逆算十五度）
磨羯宮♑（丑）16度00分00秒～磨羯宮♑（丑）17度00分00秒↓斗宿十九度（丑逆算十四度）
磨羯宮♑（丑）17度00分00秒～磨羯宮♑（丑）18度00分00秒↓斗宿二十度（丑逆算十三度）
磨羯宮♑（丑）18度00分00秒～磨羯宮♑（丑）19度00分00秒↓斗宿二十一度（丑逆算十二度）
磨羯宮♑（丑）19度00分00秒～磨羯宮♑（丑）20度00分00秒↓斗宿二十二度（丑逆算十一度）
磨羯宮♑（丑）20度00分00秒～磨羯宮♑（丑）21度00分00秒↓斗宿二十三度（丑逆算十度）
磨羯宮♑（丑）21度00分00秒～磨羯宮♑（丑）22度00分00秒↓牛宿初度（丑逆算九度）
磨羯宮♑（丑）22度00分00秒～磨羯宮♑（丑）23度00分00秒↓牛宿一度（丑逆算八度）
磨羯宮♑（丑）23度00分00秒～磨羯宮♑（丑）24度00分00秒↓牛宿二度（丑逆算七度）
磨羯宮♑（丑）24度00分00秒～磨羯宮♑（丑）25度00分00秒↓牛宿三度（丑逆算六度）
磨羯宮♑（丑）25度00分00秒～磨羯宮♑（丑）26度00分00秒↓牛宿四度（丑逆算五度）
磨羯宮♑（丑）26度00分00秒～磨羯宮♑（丑）27度00分00秒↓牛宿五度（丑逆算四度）
磨羯宮♑（丑）27度00分00秒～磨羯宮♑（丑）28度00分00秒↓牛宿六度（丑逆算三度）
磨羯宮♑（丑）28度00分00秒～磨羯宮♑（丑）29度00分00秒↓女宿初度（丑逆算二度）
磨羯宮♑（丑）29度00分00秒～磨羯宮♑（丑）30度00分00秒↓女宿一度（丑逆算一度）

二十八宿変換表11

宝瓶宮♒（子）

宝瓶宮♒（子）00度00分00秒〜宝瓶宮♒（子）01度00分00秒↓女宿二度（子逆算三十度）

宝瓶宮♒（子）01度00分00秒〜宝瓶宮♒（子）02度00分00秒↓女宿三度（子逆算二十九度）

宝瓶宮♒（子）02度00分00秒〜宝瓶宮♒（子）03度00分00秒↓女宿四度（子逆算二十八度）

宝瓶宮♒（子）03度00分00秒〜宝瓶宮♒（子）04度00分00秒↓女宿五度（子逆算二十七度）

宝瓶宮♒（子）04度00分00秒〜宝瓶宮♒（子）05度00分00秒↓女宿六度（子逆算二十六度）

宝瓶宮♒（子）05度00分00秒〜宝瓶宮♒（子）06度00分00秒↓女宿七度（子逆算二十五度）

宝瓶宮♒（子）06度00分00秒〜宝瓶宮♒（子）07度00分00秒↓女宿八度（子逆算二十四度）

宝瓶宮♒（子）07度00分00秒〜宝瓶宮♒（子）08度00分00秒↓女宿九度（子逆算二十三度）

宝瓶宮♒（子）08度00分00秒〜宝瓶宮♒（子）09度00分00秒↓女宿十度（子逆算二十二度）

宝瓶宮♒（子）09度00分00秒〜宝瓶宮♒（子）10度00分00秒↓虚宿初度（子逆算二十一度）

宝瓶宮♒（子）10度00分00秒〜宝瓶宮♒（子）11度00分00秒↓虚宿一度（子逆算二十度）

宝瓶宮♒（子）11度00分00秒〜宝瓶宮♒（子）12度00分00秒↓虚宿二度（子逆算十九度）

宝瓶宮♒（子）12度00分00秒〜宝瓶宮♒（子）13度00分00秒↓虚宿三度（子逆算十八度）

宝瓶宮♒（子）13度00分00秒〜宝瓶宮♒（子）14度00分00秒↓虚宿四度（子逆算十七度）

宝瓶宮♒（子）14度00分00秒〜宝瓶宮♒（子）15度00分00秒↓虚宿五度（子逆算十六度）

宝瓶宮♒（子）15度00分00秒〜宝瓶宮♒（子）16度00分00秒↓虚宿六度（子逆算十五度）

宝瓶宮♒（子）16度00分00秒〜宝瓶宮♒（子）17度00分00秒↓虚宿七度（子逆算十四度）

宝瓶宮♒（子）17度00分00秒〜宝瓶宮♒（子）18度00分00秒↓虚宿八度（子逆算十三度）

宝瓶宮♒（子）18度00分00秒〜宝瓶宮♒（子）19度00分00秒↓虚宿九度（子逆算十二度）

宝瓶宮♒（子）19度00分00秒〜宝瓶宮♒（子）20度00分00秒↓危宿一度（子逆算十一度）

宝瓶宮♒（子）20度00分00秒〜宝瓶宮♒（子）21度00分00秒↓危宿二度（子逆算十度）

宝瓶宮♒（子）21度00分00秒〜宝瓶宮♒（子）22度00分00秒↓危宿三度（子逆算九度）

宝瓶宮♒（子）22度00分00秒〜宝瓶宮♒（子）23度00分00秒↓危宿四度（子逆算八度）

宝瓶宮♒（子）23度00分00秒〜宝瓶宮♒（子）24度00分00秒↓危宿五度（子逆算七度）

宝瓶宮♒（子）24度00分00秒〜宝瓶宮♒（子）25度00分00秒↓危宿六度（子逆算六度）

宝瓶宮♒（子）25度00分00秒〜宝瓶宮♒（子）26度00分00秒↓危宿七度（子逆算五度）

宝瓶宮♒（子）26度00分00秒〜宝瓶宮♒（子）27度00分00秒↓危宿八度（子逆算四度）

宝瓶宮♒（子）27度00分00秒〜宝瓶宮♒（子）28度00分00秒↓危宿九度（子逆算三度）

宝瓶宮♒（子）28度00分00秒〜宝瓶宮♒（子）29度00分00秒↓危宿十度（子逆算二度）

宝瓶宮♒（子）29度00分00秒〜宝瓶宮♒（子）30度00分00秒↓危宿十一度（子逆算一度）

二十八宿変換表12

双魚宮♓（亥）

双魚宮♓（亥）00度00分00秒〜双魚宮♓（亥）01度00分00秒↓危宿十二度（亥逆算三十度）
双魚宮♓（亥）01度00分00秒〜双魚宮♓（亥）02度00分00秒↓危宿十三度（亥逆算二十九度）
双魚宮♓（亥）02度00分00秒〜双魚宮♓（亥）03度00分00秒↓危宿十四度（亥逆算二十八度）
双魚宮♓（亥）03度00分00秒〜双魚宮♓（亥）04度00分00秒↓危宿十五度（亥逆算二十七度）
双魚宮♓（亥）04度00分00秒〜双魚宮♓（亥）05度00分00秒↓室宿一度（亥逆算二十六度）
双魚宮♓（亥）05度00分00秒〜双魚宮♓（亥）06度00分00秒↓室宿二度（亥逆算二十五度）
双魚宮♓（亥）06度00分00秒〜双魚宮♓（亥）07度00分00秒↓室宿三度（亥逆算二十四度）
双魚宮♓（亥）07度00分00秒〜双魚宮♓（亥）08度00分00秒↓室宿四度（亥逆算二十三度）
双魚宮♓（亥）08度00分00秒〜双魚宮♓（亥）09度00分00秒↓室宿五度（亥逆算二十二度）
双魚宮♓（亥）09度00分00秒〜双魚宮♓（亥）10度00分00秒↓室宿六度（亥逆算二十一度）
双魚宮♓（亥）10度00分00秒〜双魚宮♓（亥）11度00分00秒↓室宿七度（亥逆算二十度）
双魚宮♓（亥）11度00分00秒〜双魚宮♓（亥）12度00分00秒↓室宿八度（亥逆算十九度）
双魚宮♓（亥）12度00分00秒〜双魚宮♓（亥）13度00分00秒↓室宿九度（亥逆算十八度）
双魚宮♓（亥）13度00分00秒〜双魚宮♓（亥）14度00分00秒↓室宿十度（亥逆算十七度）
双魚宮♓（亥）14度00分00秒〜双魚宮♓（亥）15度00分00秒↓室宿十一度（亥逆算十六度）
双魚宮♓（亥）15度00分00秒〜双魚宮♓（亥）16度00分00秒↓室宿十二度（亥逆算十五度）
双魚宮♓（亥）16度00分00秒〜双魚宮♓（亥）17度00分00秒↓室宿十三度（亥逆算十四度）
双魚宮♓（亥）17度00分00秒〜双魚宮♓（亥）18度00分00秒↓室宿十四度（亥逆算十三度）
双魚宮♓（亥）18度00分00秒〜双魚宮♓（亥）19度00分00秒↓室宿十五度（亥逆算十二度）
双魚宮♓（亥）19度00分00秒〜双魚宮♓（亥）20度00分00秒↓室宿十六度（亥逆算十一度）
双魚宮♓（亥）20度00分00秒〜双魚宮♓（亥）21度00分00秒↓室宿十七度（亥逆算十度）
双魚宮♓（亥）21度00分00秒〜双魚宮♓（亥）22度00分00秒↓壁宿一度（亥逆算九度）
双魚宮♓（亥）22度00分00秒〜双魚宮♓（亥）23度00分00秒↓壁宿二度（亥逆算八度）
双魚宮♓（亥）23度00分00秒〜双魚宮♓（亥）24度00分00秒↓壁宿三度（亥逆算七度）
双魚宮♓（亥）24度00分00秒〜双魚宮♓（亥）25度00分00秒↓壁宿四度（亥逆算六度）
双魚宮♓（亥）25度00分00秒〜双魚宮♓（亥）26度00分00秒↓壁宿五度（亥逆算五度）
双魚宮♓（亥）26度00分00秒〜双魚宮♓（亥）27度00分00秒↓壁宿六度（亥逆算四度）
双魚宮♓（亥）27度00分00秒〜双魚宮♓（亥）28度00分00秒↓壁宿七度（亥逆算三度）
双魚宮♓（亥）28度00分00秒〜双魚宮♓（亥）29度00分00秒↓壁宿八度（亥逆算二度）
双魚宮♓（亥）29度00分00秒〜双魚宮♓（亥）30度00分00秒↓奎宿初度（亥逆算一度）

逐年行限度早見表 1

相貌宮

相貌宮逆算一度 ↓
相貌宮逆算二度 ↓ 四ヶ月
相貌宮逆算三度 ↓ 八ヶ月
相貌宮逆算四度 ↓ 一年
相貌宮逆算五度 ↓ 一年四ヶ月
相貌宮逆算六度 ↓ 一年八ヶ月
相貌宮逆算七度 ↓ 二年
相貌宮逆算八度 ↓ 二年四ヶ月
相貌宮逆算九度 ↓ 二年八ヶ月
相貌宮逆算十度 ↓ 三年
相貌宮逆算十一度 ↓ 三年四ヶ月
相貌宮逆算十二度 ↓ 三年八ヶ月
相貌宮逆算十三度 ↓ 四年
相貌宮逆算十四度 ↓ 四年四ヶ月
相貌宮逆算十五度 ↓ 四年八ヶ月
相貌宮逆算十六度 ↓ 五年
相貌宮逆算十七度 ↓ 五年四ヶ月
相貌宮逆算十八度 ↓ 五年八ヶ月
相貌宮逆算十九度 ↓ 六年
相貌宮逆算二十度 ↓ 六年四ヶ月
相貌宮逆算二十一度 ↓ 六年八ヶ月
相貌宮逆算二十二度 ↓ 七年
相貌宮逆算二十三度 ↓ 七年四ヶ月
相貌宮逆算二十四度 ↓ 七年八ヶ月
相貌宮逆算二十五度 ↓ 八年
相貌宮逆算二十六度 ↓ 八年四ヶ月
相貌宮逆算二十七度 ↓ 八年八ヶ月
相貌宮逆算二十八度 ↓ 九年
相貌宮逆算二十九度 ↓ 九年四ヶ月
相貌宮逆算三十度 ↓ 九年八ヶ月

逐年行限度早見表 2

福徳宮

福徳宮逆算一度 ↓ 十年
福徳宮逆算二度 ↓ 十年四・四ヶ月
福徳宮逆算三度 ↓ 十年八・八ヶ月
福徳宮逆算四度 ↓ 十一年一・二ヶ月
福徳宮逆算五度 ↓ 十一年五・六ヶ月
福徳宮逆算六度 ↓ 十一年十ヶ月
福徳宮逆算七度 ↓ 十二年二・四ヶ月
福徳宮逆算八度 ↓ 十二年六・八ヶ月
福徳宮逆算九度 ↓ 十二年十一・二ヶ月
福徳宮逆算十度 ↓ 十三年三・六ヶ月
福徳宮逆算十一度 ↓ 十三年八ヶ月
福徳宮逆算十二度 ↓ 十四年〇・四ヶ月
福徳宮逆算十三度 ↓ 十四年四・八ヶ月
福徳宮逆算十四度 ↓ 十四年九・二ヶ月
福徳宮逆算十五度 ↓ 十五年一・六ヶ月
福徳宮逆算十六度 ↓ 十五年六ヶ月
福徳宮逆算十七度 ↓ 十五年十・四ヶ月
福徳宮逆算十八度 ↓ 十六年二・八ヶ月
福徳宮逆算十九度 ↓ 十六年七・二ヶ月
福徳宮逆算二十度 ↓ 十六年十一・六ヶ月
福徳宮逆算二十一度 ↓ 十七年四ヶ月
福徳宮逆算二十二度 ↓ 十七年八・四ヶ月
福徳宮逆算二十三度 ↓ 十八年〇・八ヶ月
福徳宮逆算二十四度 ↓ 十八年五・二ヶ月
福徳宮逆算二十五度 ↓ 十八年九・六ヶ月
福徳宮逆算二十六度 ↓ 十九年二ヶ月
福徳宮逆算二十七度 ↓ 十九年六・四ヶ月
福徳宮逆算二十八度 ↓ 十九年十・八ヶ月
福徳宮逆算二十九度 ↓ 二十年三・二ヶ月
福徳宮逆算三十度 ↓ 二十年七・六ヶ月

逐年行限度早見表 3

官禄宮

官禄宮逆算一度 ↓ 二十一年
官禄宮逆算二度 ↓ 二十一年六ヶ月
官禄宮逆算三度 ↓ 二十二年
官禄宮逆算四度 ↓ 二十二年六ヶ月
官禄宮逆算五度 ↓ 二十三年
官禄宮逆算六度 ↓ 二十三年六ヶ月
官禄宮逆算七度 ↓ 二十四年
官禄宮逆算八度 ↓ 二十四年六ヶ月
官禄宮逆算九度 ↓ 二十五年
官禄宮逆算十度 ↓ 二十五年六ヶ月
官禄宮逆算十一度 ↓ 二十六年
官禄宮逆算十二度 ↓ 二十六年六ヶ月
官禄宮逆算十三度 ↓ 二十七年
官禄宮逆算十四度 ↓ 二十七年六ヶ月
官禄宮逆算十五度 ↓ 二十八年
官禄宮逆算十六度 ↓ 二十八年六ヶ月
官禄宮逆算十七度 ↓ 二十九年
官禄宮逆算十八度 ↓ 二十九年六ヶ月
官禄宮逆算十九度 ↓ 三十年
官禄宮逆算二十度 ↓ 三十年六ヶ月
官禄宮逆算二十一度 ↓ 三十一年
官禄宮逆算二十二度 ↓ 三十一年六ヶ月
官禄宮逆算二十三度 ↓ 三十二年
官禄宮逆算二十四度 ↓ 三十二年六ヶ月
官禄宮逆算二十五度 ↓ 三十三年
官禄宮逆算二十六度 ↓ 三十三年六ヶ月
官禄宮逆算二十七度 ↓ 三十四年
官禄宮逆算二十八度 ↓ 三十四年六ヶ月
官禄宮逆算二十九度 ↓ 三十五年
官禄宮逆算三十度 ↓ 三十五年六ヶ月

逐年行限度早見表 4

遷移宮

遷移宮逆算一度 ↓ 三十六年
遷移宮逆算二度 ↓ 三十六年三・二ヶ月
遷移宮逆算三度 ↓ 三十六年六・四ヶ月
遷移宮逆算四度 ↓ 三十六年九・六ヶ月
遷移宮逆算五度 ↓ 三十七年〇・八ヶ月
遷移宮逆算六度 ↓ 三十七年四ヶ月
遷移宮逆算七度 ↓ 三十七年七・二ヶ月
遷移宮逆算八度 ↓ 三十七年十・四ヶ月
遷移宮逆算九度 ↓ 三十八年一・六ヶ月
遷移宮逆算十度 ↓ 三十八年四・八ヶ月
遷移宮逆算十一度 ↓ 三十八年八ヶ月
遷移宮逆算十二度 ↓ 三十八年十一・二ヶ月
遷移宮逆算十三度 ↓ 三十九年二・四ヶ月
遷移宮逆算十四度 ↓ 三十九年五・六ヶ月
遷移宮逆算十五度 ↓ 三十九年八・八ヶ月
遷移宮逆算十六度 ↓ 四十年
遷移宮逆算十七度 ↓ 四十年三・二ヶ月
遷移宮逆算十八度 ↓ 四十年六・四ヶ月
遷移宮逆算十九度 ↓ 四十年九・六ヶ月
遷移宮逆算二十度 ↓ 四十一年〇・八ヶ月
遷移宮逆算二十一度 ↓ 四十一年四ヶ月
遷移宮逆算二十二度 ↓ 四十一年七・二ヶ月
遷移宮逆算二十三度 ↓ 四十一年十・四ヶ月
遷移宮逆算二十四度 ↓ 四十二年一・六ヶ月
遷移宮逆算二十五度 ↓ 四十二年四・八ヶ月
遷移宮逆算二十六度 ↓ 四十二年八ヶ月
遷移宮逆算二十七度 ↓ 四十二年十一・二ヶ月
遷移宮逆算二十八度 ↓ 四十三年二・四ヶ月
遷移宮逆算二十九度 ↓ 四十三年五・六ヶ月
遷移宮逆算三十度 ↓ 四十三年八・八ヶ月

逐年行限度早見表 5

疾厄宮

疾厄宮逆算一度 ↓ 四十四年
疾厄宮逆算二度 ↓ 四十四年二・八ヶ月
疾厄宮逆算三度 ↓ 四十四年五・六ヶ月
疾厄宮逆算四度 ↓ 四十四年八・四ヶ月
疾厄宮逆算五度 ↓ 四十四年十一・二ヶ月
疾厄宮逆算六度 ↓ 四十五年二ヶ月
疾厄宮逆算七度 ↓ 四十五年四・八ヶ月
疾厄宮逆算八度 ↓ 四十五年七・六ヶ月
疾厄宮逆算九度 ↓ 四十五年十・四ヶ月
疾厄宮逆算十度 ↓ 四十六年一・二ヶ月
疾厄宮逆算十一度 ↓ 四十六年四ヶ月
疾厄宮逆算十二度 ↓ 四十六年六・八ヶ月
疾厄宮逆算十三度 ↓ 四十六年九・六ヶ月
疾厄宮逆算十四度 ↓ 四十七年〇・四ヶ月
疾厄宮逆算十五度 ↓ 四十七年三・二ヶ月
疾厄宮逆算十六度 ↓ 四十七年六ヶ月
疾厄宮逆算十七度 ↓ 四十七年八・八ヶ月
疾厄宮逆算十八度 ↓ 四十七年十一・六ヶ月
疾厄宮逆算十九度 ↓ 四十八年二・四ヶ月
疾厄宮逆算二十度 ↓ 四十八年五・二ヶ月
疾厄宮逆算二十一度 ↓ 四十八年八ヶ月
疾厄宮逆算二十二度 ↓ 四十八年十・八ヶ月
疾厄宮逆算二十三度 ↓ 四十九年一・六ヶ月
疾厄宮逆算二十四度 ↓ 四十九年四・四ヶ月
疾厄宮逆算二十五度 ↓ 四十九年七・二ヶ月
疾厄宮逆算二十六度 ↓ 四十九年十ヶ月
疾厄宮逆算二十七度 ↓ 五十年〇・八ヶ月
疾厄宮逆算二十八度 ↓ 五十年三・六ヶ月
疾厄宮逆算二十九度 ↓ 五十年六・四ヶ月
疾厄宮逆算三十度 ↓ 五十年九・二ヶ月

逐年行限度早見表 6

夫妻宮

夫妻宮逆算一度 ↓ 五十一年
夫妻宮逆算二度 ↓ 五十一年四・四ヶ月
夫妻宮逆算三度 ↓ 五十一年八・八ヶ月
夫妻宮逆算四度 ↓ 五十二年一・二ヶ月
夫妻宮逆算五度 ↓ 五十二年五・六ヶ月
夫妻宮逆算六度 ↓ 五十二年十ヶ月
夫妻宮逆算七度 ↓ 五十三年二・四ヶ月
夫妻宮逆算八度 ↓ 五十三年六・八ヶ月
夫妻宮逆算九度 ↓ 五十三年十・二ヶ月
夫妻宮逆算十度 ↓ 五十四年三・六ヶ月
夫妻宮逆算十一度 ↓ 五十四年八ヶ月
夫妻宮逆算十二度 ↓ 五十五年〇・四ヶ月
夫妻宮逆算十三度 ↓ 五十五年四・八ヶ月
夫妻宮逆算十四度 ↓ 五十五年九・二ヶ月
夫妻宮逆算十五度 ↓ 五十六年一・六ヶ月
夫妻宮逆算十六度 ↓ 五十六年六ヶ月
夫妻宮逆算十七度 ↓ 五十六年十・四ヶ月
夫妻宮逆算十八度 ↓ 五十七年二・八ヶ月
夫妻宮逆算十九度 ↓ 五十七年七・二ヶ月
夫妻宮逆算二十度 ↓ 五十七年十一・六ヶ月
夫妻宮逆算二十一度 ↓ 五十八年四ヶ月
夫妻宮逆算二十二度 ↓ 五十八年八・四ヶ月
夫妻宮逆算二十三度 ↓ 五十九年〇・八ヶ月
夫妻宮逆算二十四度 ↓ 五十九年五・二ヶ月
夫妻宮逆算二十五度 ↓ 五十九年九・六ヶ月
夫妻宮逆算二十六度 ↓ 六十年二ヶ月
夫妻宮逆算二十七度 ↓ 六十年六・四ヶ月
夫妻宮逆算二十八度 ↓ 六十年十・八ヶ月
夫妻宮逆算二十九度 ↓ 六十一年三・二ヶ月
夫妻宮逆算三十度 ↓ 六十一年七・六ヶ月

逐年行限度早見表 7
奴僕宮

奴僕宮逆算一度　↓　六十二年
奴僕宮逆算二度　↓　六十二年一・八ヶ月
奴僕宮逆算三度　↓　六十二年三・六ヶ月
奴僕宮逆算四度　↓　六十二年五・四ヶ月
奴僕宮逆算五度　↓　六十二年七・二ヶ月
奴僕宮逆算六度　↓　六十二年九ヶ月
奴僕宮逆算七度　↓　六十二年十・八ヶ月
奴僕宮逆算八度　↓　六十三年〇・六ヶ月
奴僕宮逆算九度　↓　六十三年二・四ヶ月
奴僕宮逆算十度　↓　六十三年四・二ヶ月
奴僕宮逆算十一度　↓　六十三年六ヶ月
奴僕宮逆算十二度　↓　六十三年七・八ヶ月
奴僕宮逆算十三度　↓　六十三年九・六ヶ月
奴僕宮逆算十四度　↓　六十三年十一・四ヶ月
奴僕宮逆算十五度　↓　六十四年一・二ヶ月
奴僕宮逆算十六度　↓　六十四年三ヶ月
奴僕宮逆算十七度　↓　六十四年四・八ヶ月
奴僕宮逆算十八度　↓　六十四年六・六ヶ月
奴僕宮逆算十九度　↓　六十四年八・四ヶ月
奴僕宮逆算二十度　↓　六十四年十・二ヶ月
奴僕宮逆算二十一度　↓　六十五年
奴僕宮逆算二十二度　↓　六十五年一・八ヶ月
奴僕宮逆算二十三度　↓　六十五年三・六ヶ月
奴僕宮逆算二十四度　↓　六十五年五・四ヶ月
奴僕宮逆算二十五度　↓　六十五年七・二ヶ月
奴僕宮逆算二十六度　↓　六十五年九ヶ月
奴僕宮逆算二十七度　↓　六十五年十・八ヶ月
奴僕宮逆算二十八度　↓　六十六年〇・六ヶ月
奴僕宮逆算二十九度　↓　六十六年二・四ヶ月
奴僕宮逆算三十度　↓　六十六年四・二ヶ月

逐年行限度早見表 8

男女宮

男女宮逆算一度 ↓ 六十六年六ヶ月
男女宮逆算二度 ↓ 六十六年七・八ヶ月
男女宮逆算三度 ↓ 六十六年九・六ヶ月
男女宮逆算四度 ↓ 六十六年十一・四ヶ月
男女宮逆算五度 ↓ 六十七年一・二ヶ月
男女宮逆算六度 ↓ 六十七年三ヶ月
男女宮逆算七度 ↓ 六十七年四・八ヶ月
男女宮逆算八度 ↓ 六十七年六・六ヶ月
男女宮逆算九度 ↓ 六十七年八・四ヶ月
男女宮逆算十度 ↓ 六十七年十・二ヶ月
男女宮逆算十一度 ↓ 六十八年
男女宮逆算十二度 ↓ 六十八年一・八ヶ月
男女宮逆算十三度 ↓ 六十八年三・六ヶ月
男女宮逆算十四度 ↓ 六十八年五・四ヶ月
男女宮逆算十五度 ↓ 六十八年七・二ヶ月
男女宮逆算十六度 ↓ 六十八年九ヶ月
男女宮逆算十七度 ↓ 六十八年十・八ヶ月
男女宮逆算十八度 ↓ 六十九年〇・六ヶ月
男女宮逆算十九度 ↓ 六十九年二・四ヶ月
男女宮逆算二十度 ↓ 六十九年四・二ヶ月
男女宮逆算二十一度 ↓ 六十九年六ヶ月
男女宮逆算二十二度 ↓ 六十九年七・八ヶ月
男女宮逆算二十三度 ↓ 六十九年九・六ヶ月
男女宮逆算二十四度 ↓ 六十九年十一・四ヶ月
男女宮逆算二十五度 ↓ 七十年一・二ヶ月
男女宮逆算二十六度 ↓ 七十年三ヶ月
男女宮逆算二十七度 ↓ 七十年四・八ヶ月
男女宮逆算二十八度 ↓ 七十年六・六ヶ月
男女宮逆算二十九度 ↓ 七十年八・四ヶ月
男女宮逆算三十度 ↓ 七十年十・二ヶ月

逐年行限度早見表 9

田宅宮

田宅宮逆算一度 ↓ 七十一年
田宅宮逆算二度 ↓ 七十一年一・八ヶ月
田宅宮逆算三度 ↓ 七十一年三・六ヶ月
田宅宮逆算四度 ↓ 七十一年五・四ヶ月
田宅宮逆算五度 ↓ 七十一年七・二ヶ月
田宅宮逆算六度 ↓ 七十一年九ヶ月
田宅宮逆算七度 ↓ 七十一年十・八ヶ月
田宅宮逆算八度 ↓ 七十二年〇・六ヶ月
田宅宮逆算九度 ↓ 七十二年二・四ヶ月
田宅宮逆算十度 ↓ 七十二年四・二ヶ月
田宅宮逆算十一度 ↓ 七十二年六ヶ月
田宅宮逆算十二度 ↓ 七十二年七・八ヶ月
田宅宮逆算十三度 ↓ 七十二年九・六ヶ月
田宅宮逆算十四度 ↓ 七十二年十一・四ヶ月
田宅宮逆算十五度 ↓ 七十三年一・二ヶ月
田宅宮逆算十六度 ↓ 七十三年三ヶ月
田宅宮逆算十七度 ↓ 七十三年四・八ヶ月
田宅宮逆算十八度 ↓ 七十三年六・六ヶ月
田宅宮逆算十九度 ↓ 七十三年八・四ヶ月
田宅宮逆算二十度 ↓ 七十三年十・二ヶ月
田宅宮逆算二十一度 ↓ 七十四年
田宅宮逆算二十二度 ↓ 七十四年一・八ヶ月
田宅宮逆算二十三度 ↓ 七十四年三・六ヶ月
田宅宮逆算二十四度 ↓ 七十四年五・四ヶ月
田宅宮逆算二十五度 ↓ 七十四年七・二ヶ月
田宅宮逆算二十六度 ↓ 七十四年九ヶ月
田宅宮逆算二十七度 ↓ 七十四年十・八ヶ月
田宅宮逆算二十八度 ↓ 七十五年〇・六ヶ月
田宅宮逆算二十九度 ↓ 七十五年二・四ヶ月
田宅宮逆算三十度 ↓ 七十五年四・二ヶ月

逐年行限度早見表10

兄弟宮

兄弟宮逆算一度　↓　七十五年六ヶ月
兄弟宮逆算二度　↓　七十五年八ヶ月
兄弟宮逆算三度　↓　七十五年十ヶ月
兄弟宮逆算四度　↓　七十六年
兄弟宮逆算五度　↓　七十六年二ヶ月
兄弟宮逆算六度　↓　七十六年四ヶ月
兄弟宮逆算七度　↓　七十六年六ヶ月
兄弟宮逆算八度　↓　七十六年八ヶ月
兄弟宮逆算九度　↓　七十六年十ヶ月
兄弟宮逆算十度　↓　七十七年
兄弟宮逆算十一度　↓　七十七年二ヶ月
兄弟宮逆算十二度　↓　七十七年四ヶ月
兄弟宮逆算十三度　↓　七十七年六ヶ月
兄弟宮逆算十四度　↓　七十七年八ヶ月
兄弟宮逆算十五度　↓　七十七年十ヶ月
兄弟宮逆算十六度　↓　七十八年
兄弟宮逆算十七度　↓　七十八年二ヶ月
兄弟宮逆算十八度　↓　七十八年四ヶ月
兄弟宮逆算十九度　↓　七十八年六ヶ月
兄弟宮逆算二十度　↓　七十八年八ヶ月
兄弟宮逆算二十一度　↓　七十八年十ヶ月
兄弟宮逆算二十二度　↓　七十九年
兄弟宮逆算二十三度　↓　七十九年二ヶ月
兄弟宮逆算二十四度　↓　七十九年四ヶ月
兄弟宮逆算二十五度　↓　七十九年六ヶ月
兄弟宮逆算二十六度　↓　七十九年八ヶ月
兄弟宮逆算二十七度　↓　七十九年十ヶ月
兄弟宮逆算二十八度　↓　八十年
兄弟宮逆算二十九度　↓　八十年二ヶ月
兄弟宮逆算三十度　↓　八十年四ヶ月

逐年行限度早見表11

財帛宮

財帛宮逆算一度 ↓ 八十年六ヶ月
財帛宮逆算二度 ↓ 八十年八ヶ月
財帛宮逆算三度 ↓ 八十年十ヶ月
財帛宮逆算四度 ↓ 八十一年
財帛宮逆算五度 ↓ 八十一年二ヶ月
財帛宮逆算六度 ↓ 八十一年四ヶ月
財帛宮逆算七度 ↓ 八十一年六ヶ月
財帛宮逆算八度 ↓ 八十一年八ヶ月
財帛宮逆算九度 ↓ 八十一年十ヶ月
財帛宮逆算十度 ↓ 八十二年
財帛宮逆算十一度 ↓ 八十二年二ヶ月
財帛宮逆算十二度 ↓ 八十二年四ヶ月
財帛宮逆算十三度 ↓ 八十二年六ヶ月
財帛宮逆算十四度 ↓ 八十二年八ヶ月
財帛宮逆算十五度 ↓ 八十二年十ヶ月
財帛宮逆算十六度 ↓ 八十三年
財帛宮逆算十七度 ↓ 八十三年二ヶ月
財帛宮逆算十八度 ↓ 八十三年四ヶ月
財帛宮逆算十九度 ↓ 八十三年六ヶ月
財帛宮逆算二十度 ↓ 八十三年八ヶ月
財帛宮逆算二十一度 ↓ 八十三年十ヶ月
財帛宮逆算二十二度 ↓ 八十四年
財帛宮逆算二十三度 ↓ 八十四年二ヶ月
財帛宮逆算二十四度 ↓ 八十四年四ヶ月
財帛宮逆算二十五度 ↓ 八十四年六ヶ月
財帛宮逆算二十六度 ↓ 八十四年八ヶ月
財帛宮逆算二十七度 ↓ 八十四年十ヶ月
財帛宮逆算二十八度 ↓ 八十五年
財帛宮逆算二十九度 ↓ 八十五年二ヶ月
財帛宮逆算三十度 ↓ 八十五年四ヶ月

十二宮早見図（１）
命度が子

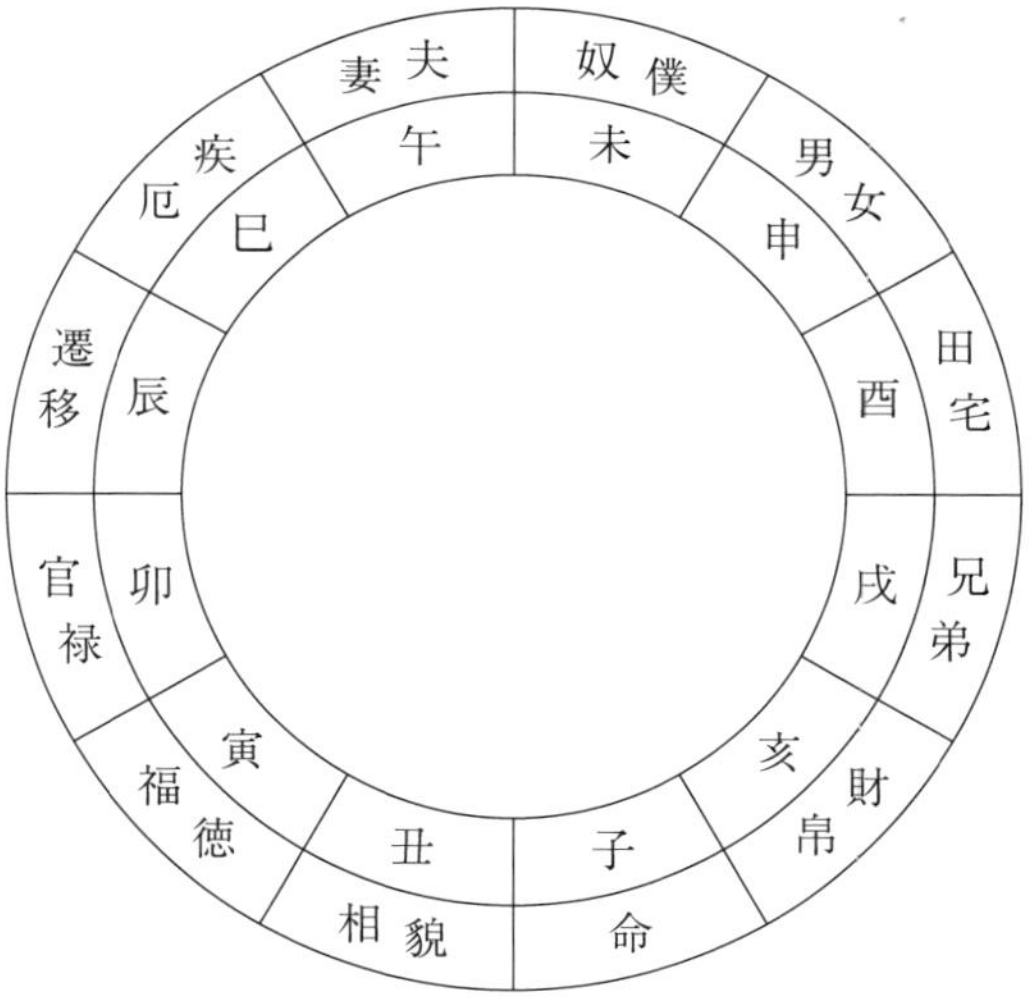

十二宮早見図（２）
命度が丑

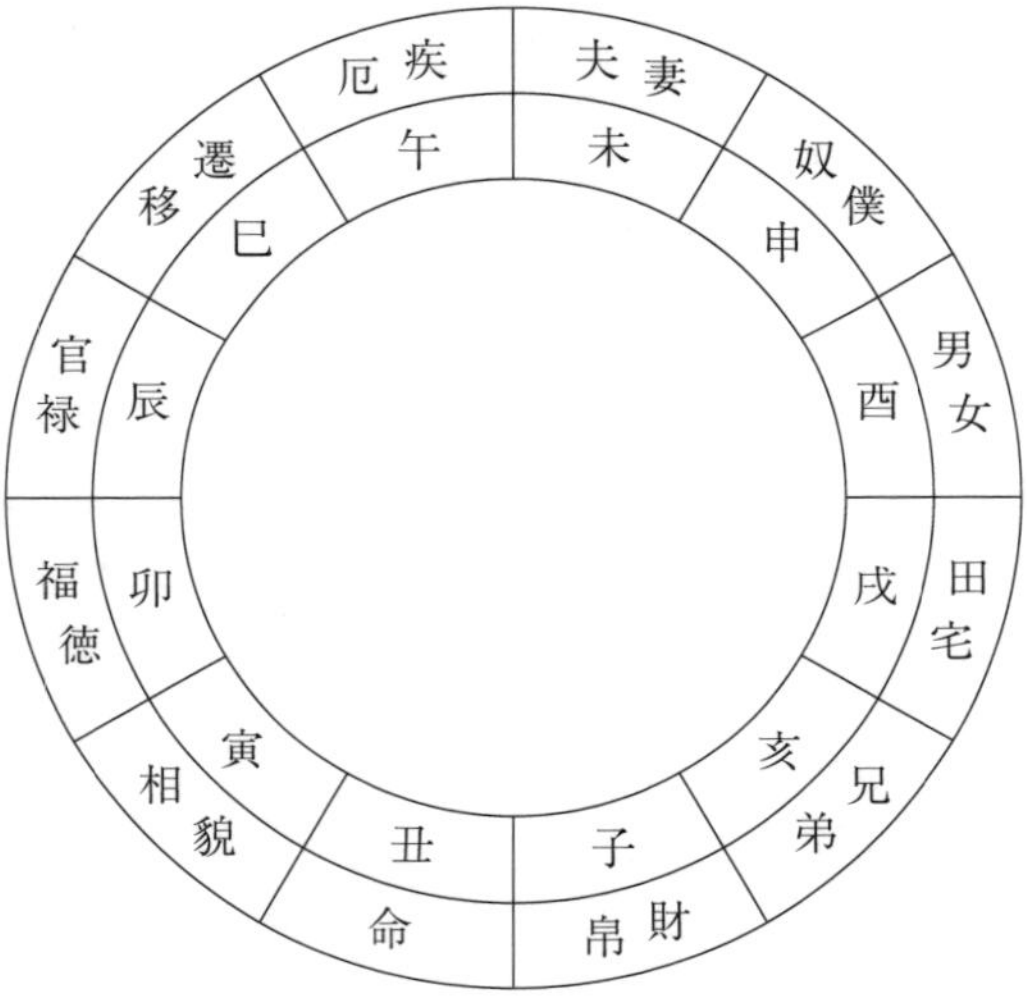

十二宮早見図（3）
命度が寅

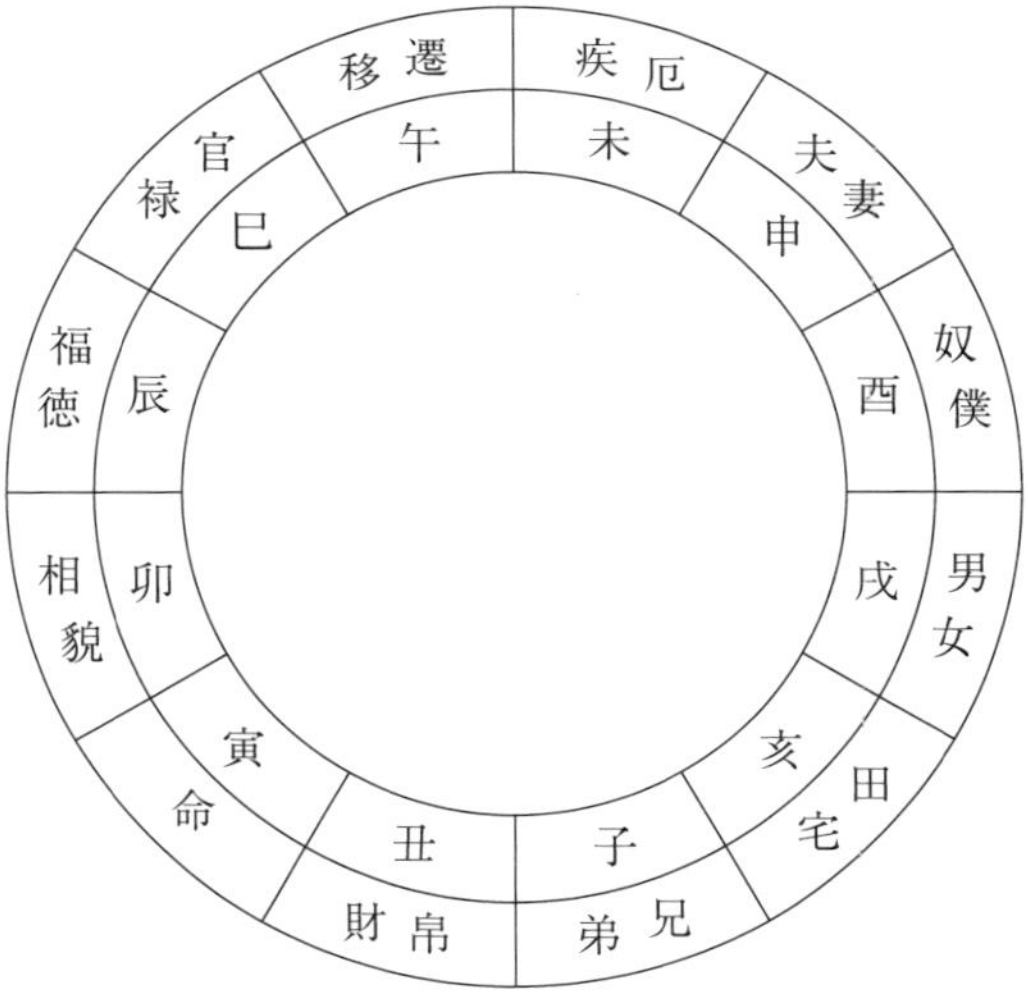

十二宮早見図（4）
命度が卯

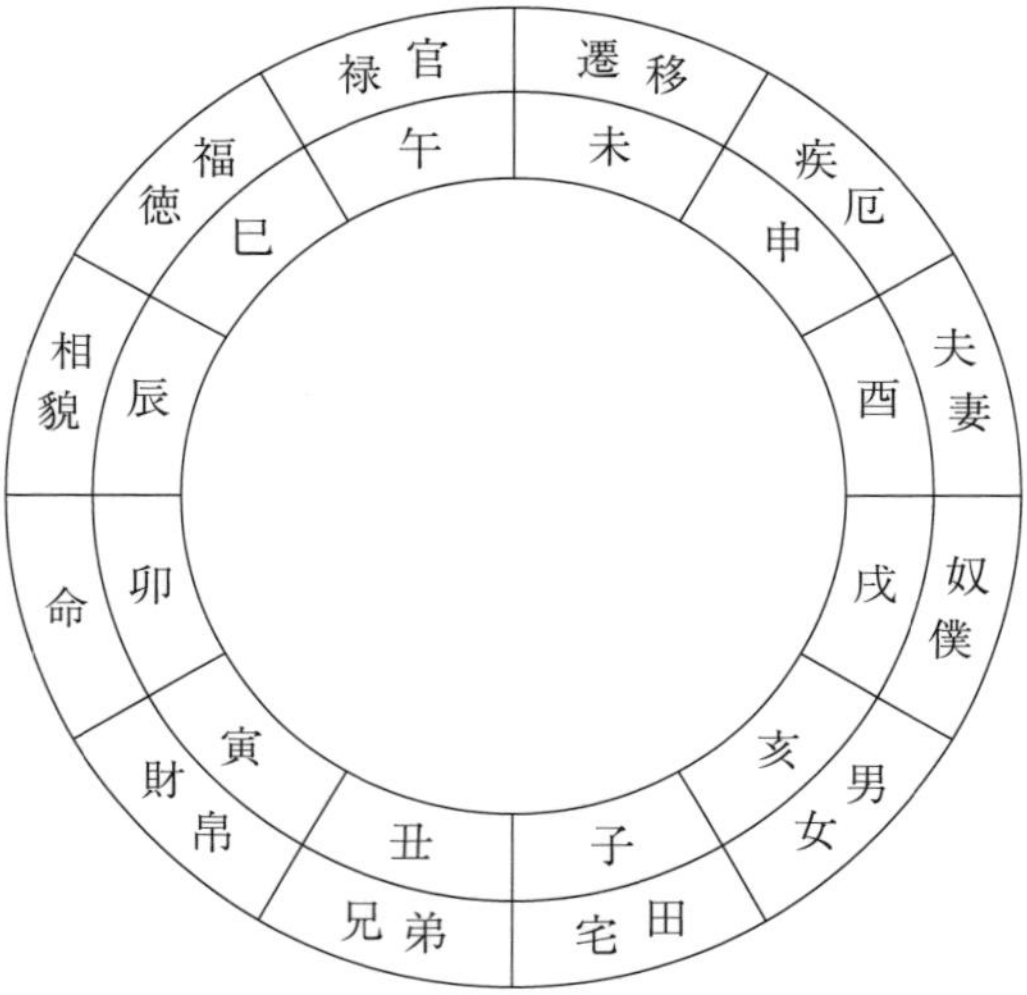

十二宮早見図（5）
命度が辰

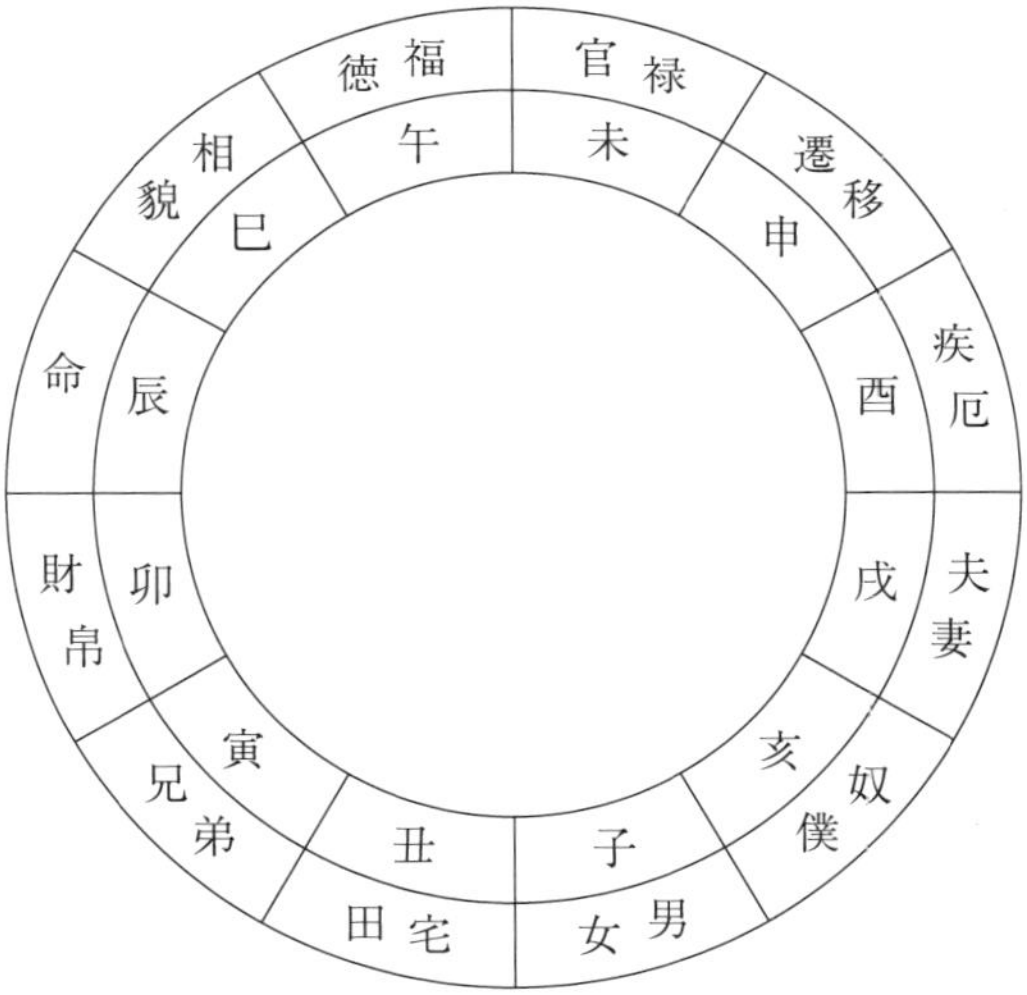

十二宮早見図（6）
命度が巳

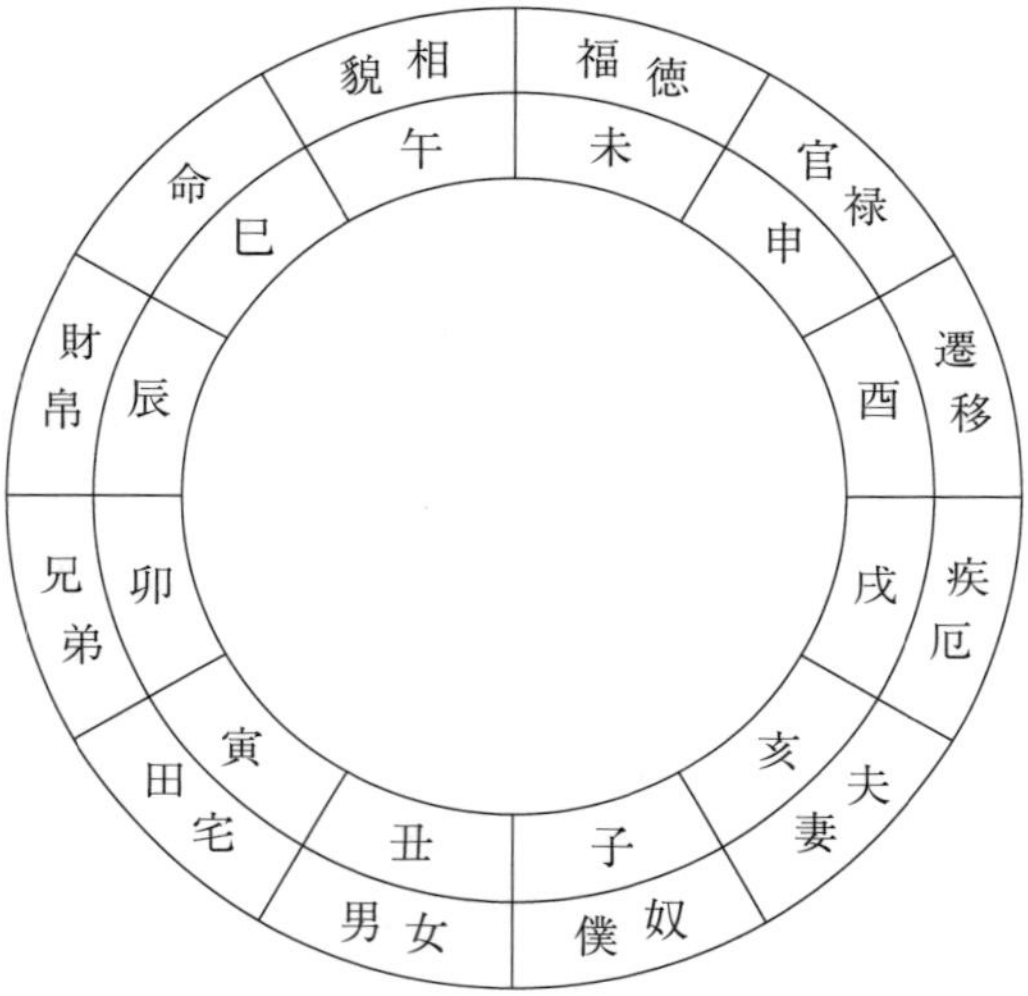

十二宮早見図（７）
命度が午

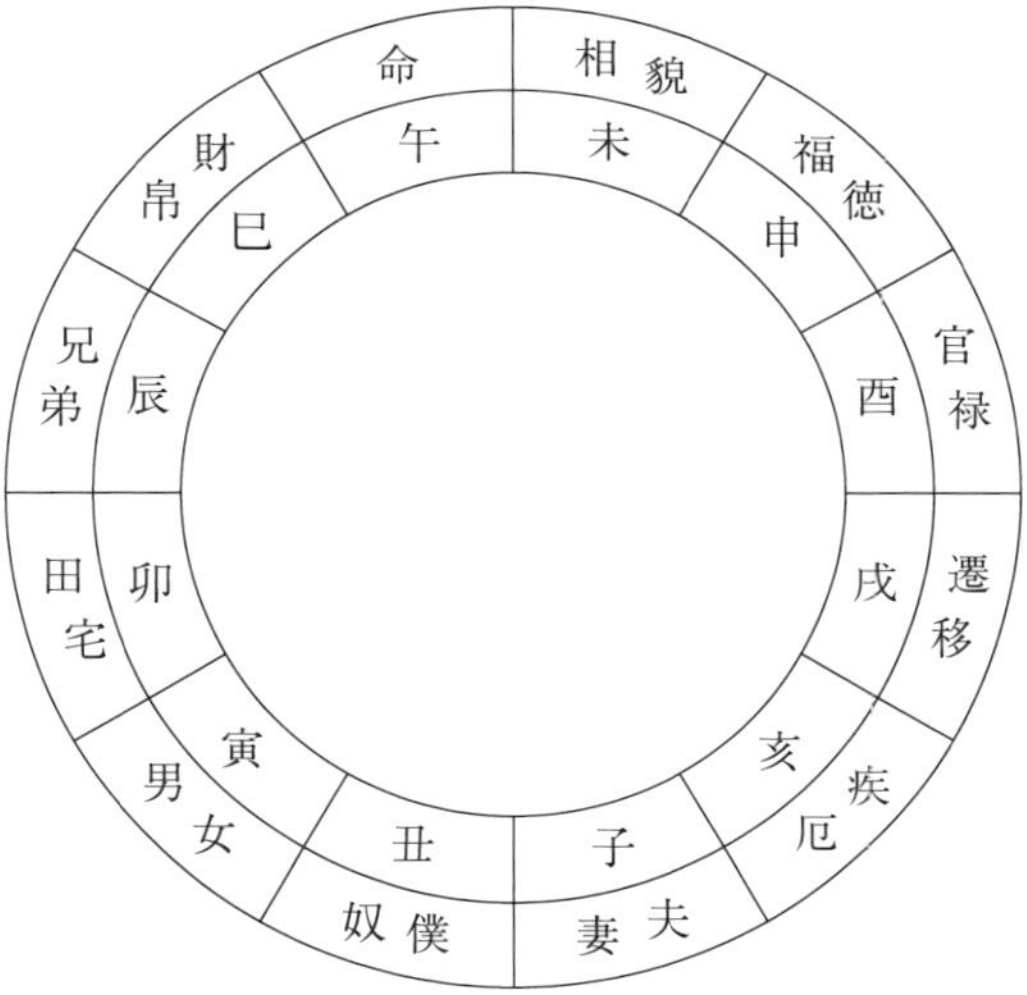

十二宮早見図（８）
命度が未

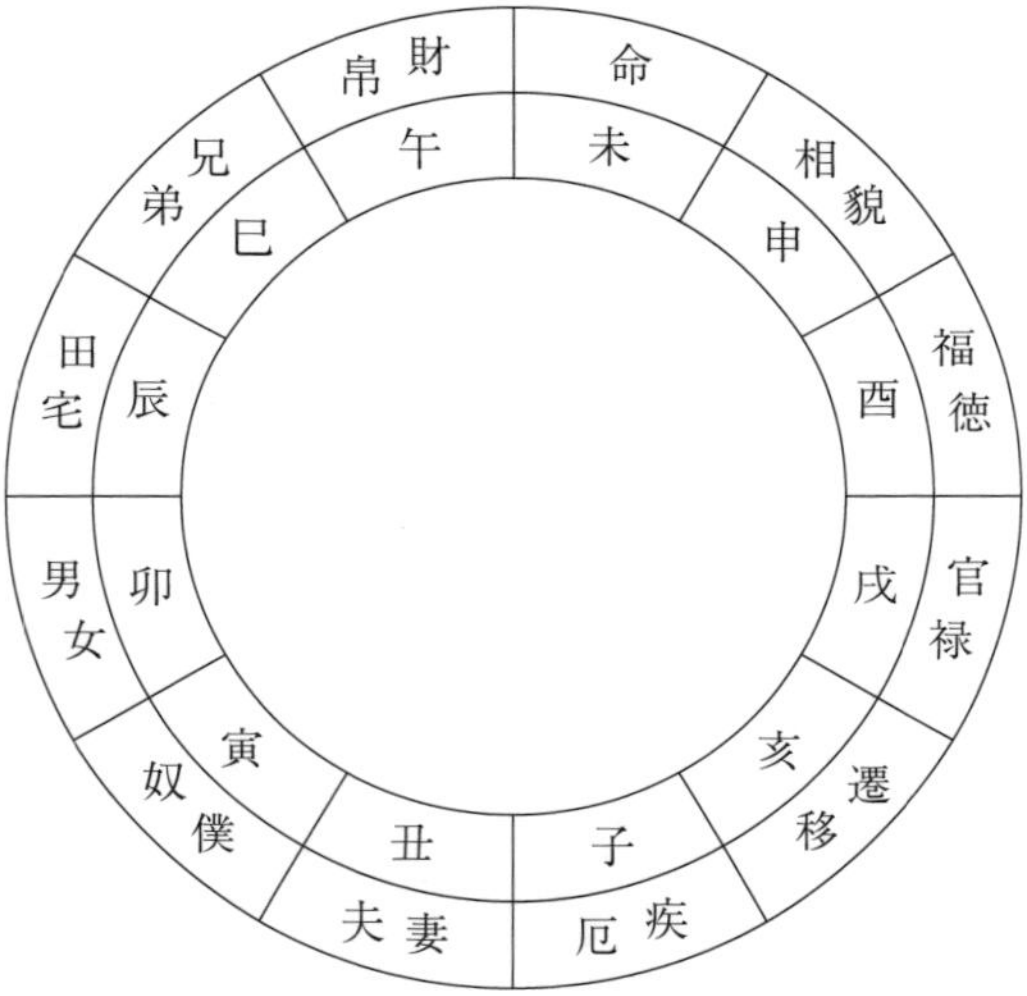

十二宮早見図（9）
命度が申

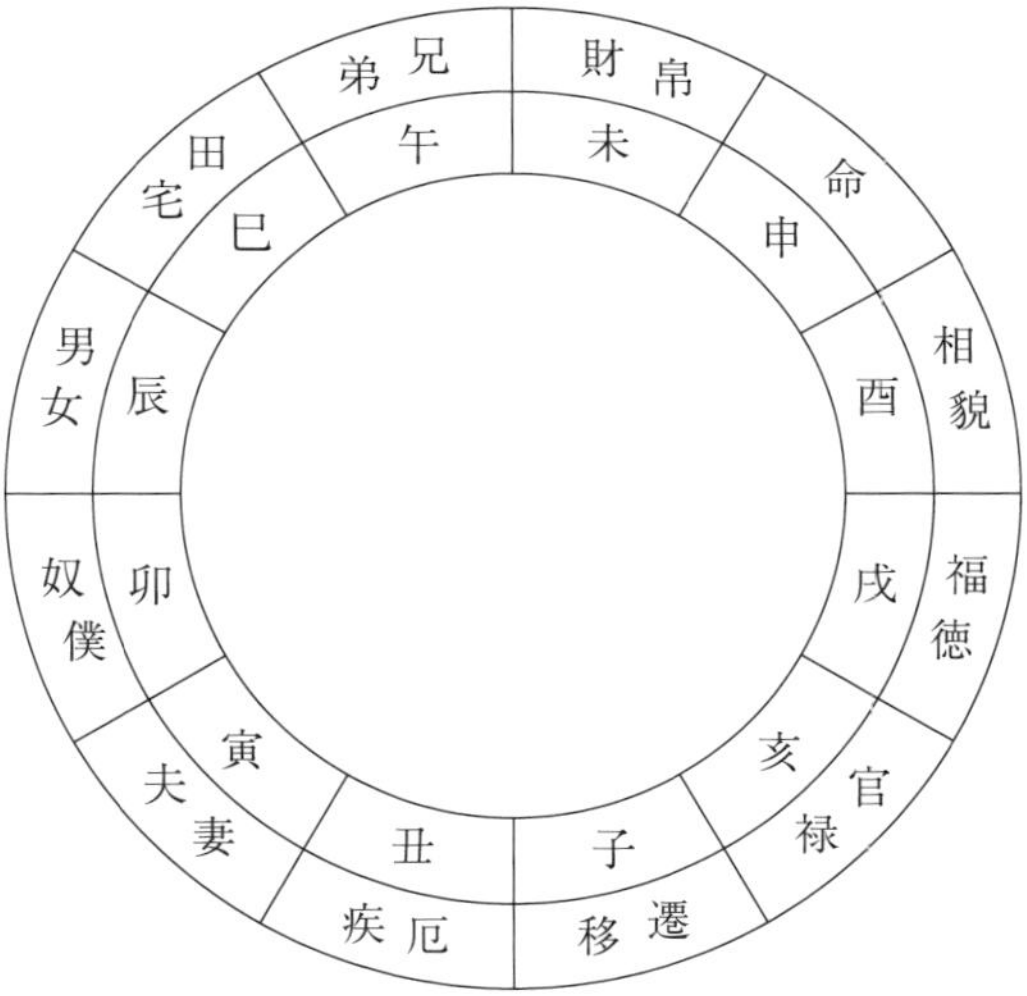

十二宮早見図（10）
命度が酉

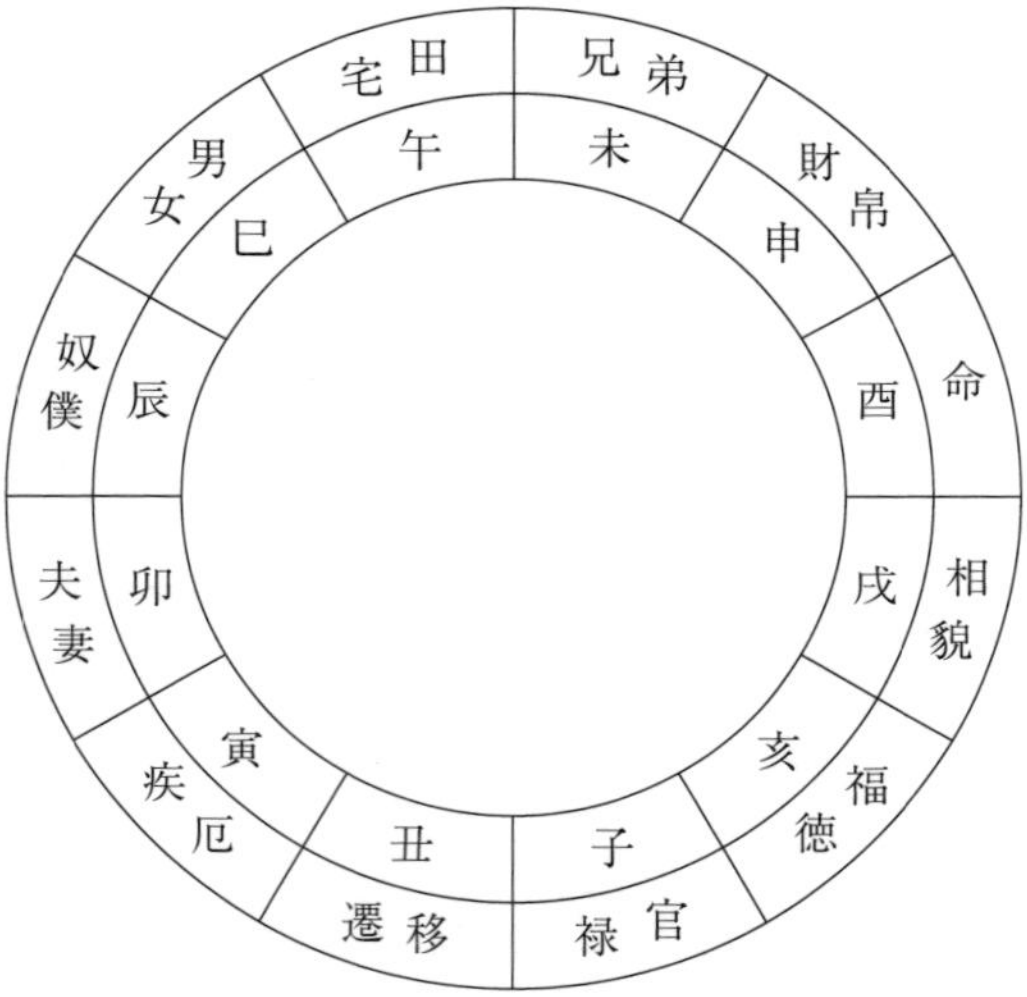

十二宮早見図（11）

命度が戌

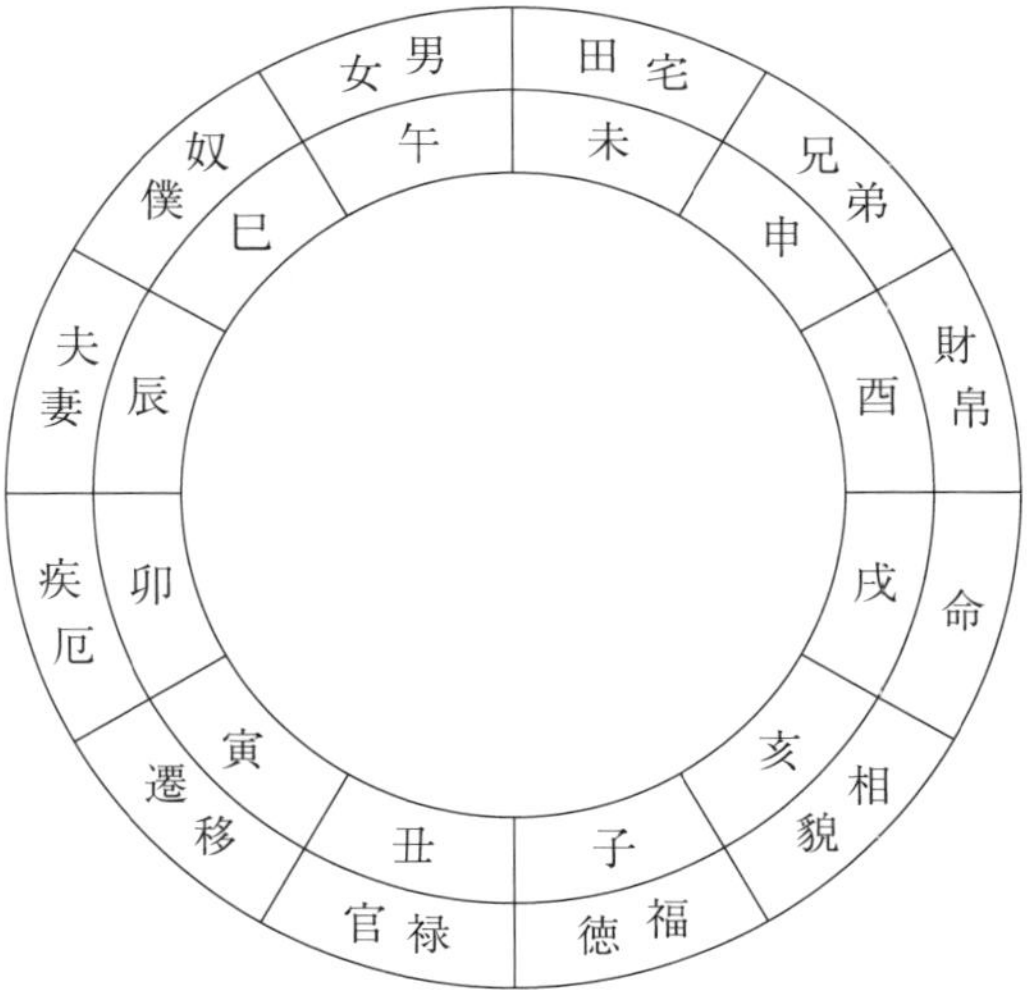

十二宮早見図（12）
命度が亥

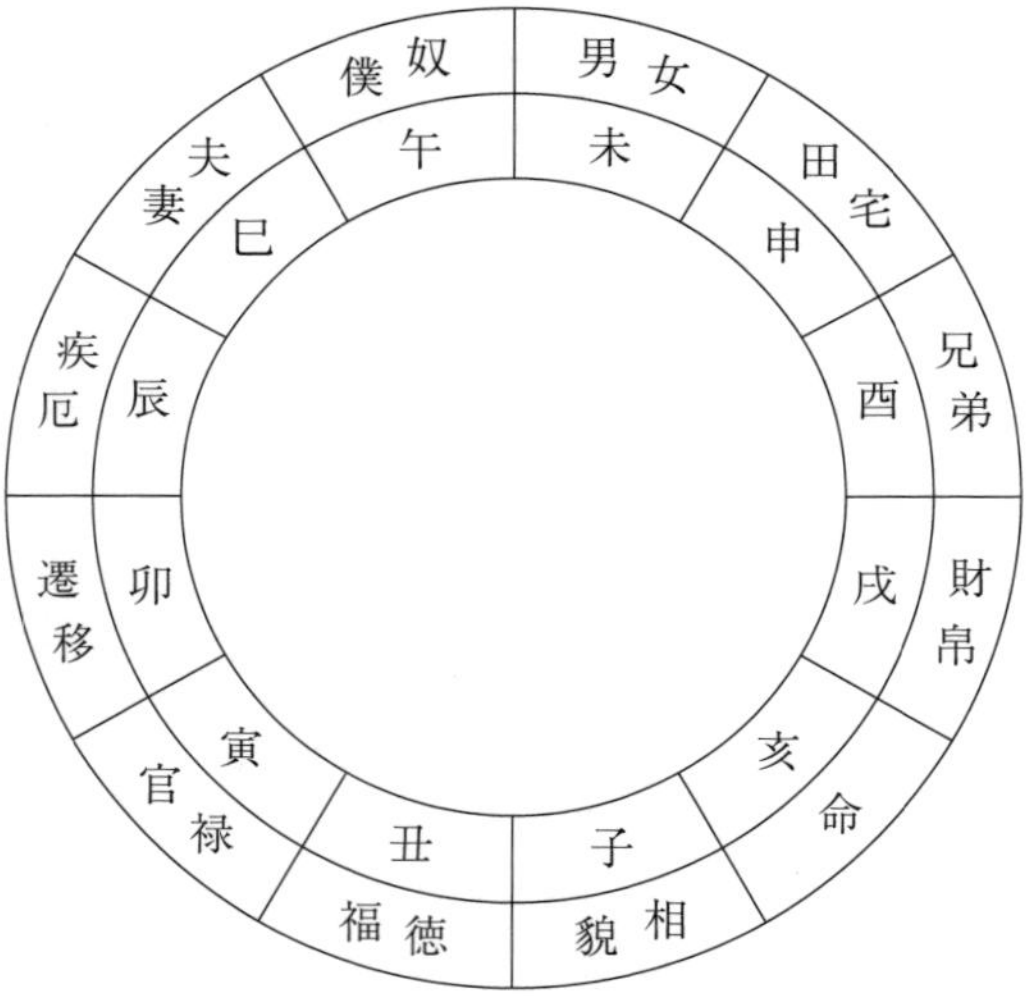

著者紹介
判田格（はんだ いたる）。本名同じ。

1964年２月24日生まれ。広島県呉市出身。

立教大学理学部物理学科中退。

運命学研究家、占術家、翻訳家。天源秘術運命学協会主宰。

訳書にS•L•マグレガー•メイザースの『ヴェールを脱いだカバラ』（国書刊行会）がある。

連絡先　＝　天源秘術運命学協会
〒272-0103千葉県市川市本行徳38-10
E-mail　info@tengenjutsu.jp
URL　http://tengenjutsu.ie-yasu.com
天源秘術運命学協会では占法の根幹から学ぶ七政四余講座や運命鑑定を実施しています。

判田格オフィシャルサイト　http://tengenjutsu.com
七政四余や天源術の解説などを閲覧できます。

七政四余《しちせいしよ》　最高度《さいこうど》の占星術《せんせいじゅつ》

2010年９月10日初版第１刷印刷
2010年９月20日初版第１刷発行

著者　判田格
発行者　佐藤今朝夫
発行所　株式会社国書刊行会
東京都板橋区志村1-13-15　〒174-0056
電話03-5970-7421
ファクシミリ03-5970-7427
URL : http://www.kokusho.co.jp
E-mail : info@kokusho.co.jp
装訂者　長井究衡
印刷所　株式会社シナノ パブリッシング プレス
製本所　株式会社ブックアート

ISBN978-4-336-05289-6 C0010

恚星天文暦

1900年～2100年
日本標準時

1900年

01月01日00時00分：室07度
01月21日07時06分：室08度
02月18日16時53分：室09度
03月19日02時40分：室10度
04月16日12時27分：室11度
05月14日22時14分：室12度
06月12日08時01分：室13度
07月10日17時49分：室14度
08月08日03時36分：室15度
09月05日13時23分：室16度
10月03日23時10分：室17度
11月01日08時57分：壁01度
11月29日18時44分：壁02度
12月28日04時31分：壁03度

1901年

01月25日14時19分：壁04度
02月23日00時06分：壁05度
03月23日09時53分：壁06度
04月20日19時40分：壁07度
05月19日05時27分：壁08度
06月16日15時14分：奎初度
07月15日01時01分：奎01度
08月12日10時48分：奎02度
09月09日20時36分：奎03度
10月08日06時23分：奎04度
11月05日16時10分：奎05度
12月04日01時57分：奎06度

1902年

01月01日11時44分：奎07度
01月29日21時31分：奎08度
02月27日07時18分：奎09度
03月27日17時05分：奎10度
04月25日02時53分：奎11度
05月23日12時40分：奎12度
06月20日22時27分：奎13度
07月19日08時14分：奎14度
08月16日18時01分：奎15度
09月14日03時48分：奎16度
10月12日13時35分：婁01度
11月09日23時22分：婁02度
12月08日09時10分：婁03度

1903年

01月05日18時57分：婁04度
02月03日04時44分：婁05度
03月03日14時31分：婁06度
04月01日00時18分：婁07度
04月29日10時05分：婁08度
05月27日19時52分：婁09度
06月25日05時39分：婁10度
07月23日15時27分：婁11度
08月21日01時14分：婁12度
09月18日11時01分：胃01度
10月16日20時48分：胃02度
11月14日06時35分：胃03度
12月12日16時22分：胃04度

1904年

01月10日02時09分：胃05度
02月07日11時56分：胃06度
03月06日21時44分：胃07度
04月04日07時31分：胃08度
05月02日17時18分：胃09度
05月31日03時05分：胃10度
06月28日12時52分：胃11度
07月26日22時39分：胃12度
08月24日08時26分：胃13度
09月21日18時13分：胃14度
10月20日04時01分：胃15度
11月17日13時48分：昴初度
12月15日23時35分：昴01度

1905年

01月13日09時22分：昴02度
02月10日19時09分：昴03度
03月11日04時56分：昴04度
04月08日14時43分：昴05度
05月07日00時30分：昴06度
06月04日10時18分：昴07度
07月02日20時05分：昴08度
07月31日05時52分：昴09度
08月28日15時39分：昴10度
09月26日01時26分：畢初度
10月24日11時13分：畢01度
11月21日21時00分：畢02度
12月20日06時47分：畢03度

1906年

01月17日16時35分：畢04度
02月15日02時22分：畢05度
03月15日12時09分：畢06度
04月12日21時56分：畢07度
05月11日07時43分：畢08度
06月08日17時30分：畢09度
07月07日03時17分：畢10度
08月04日13時04分：畢11度
09月01日22時52分：畢12度
09月30日08時39分：畢13度
10月28日18時26分：畢14度
11月26日04時13分：畢15度
12月24日14時00分：畢16度

1907年

01月21日23時47分：觜初度
02月19日09時34分：参01度
03月19日19時21分：参02度
04月17日05時09分：参03度
05月15日14時56分：参04度
06月13日00時43分：参05度
07月11日10時30分：参06度
08月08日20時17分：参07度
09月06日06時04分：参08度
10月04日15時51分：参09度
11月02日01時39分：参10度
11月30日11時26分：井初度
12月28日21時13分：井01度

1908年

01月26日07時00分：井02度
02月23日16時47分：井03度
03月23日02時34分：井04度
04月20日12時21分：井05度
05月18日22時08分：井06度
06月16日07時56分：井07度
07月14日17時43分：井08度

08月12日03時30分：井09度
09月09日13時17分：井10度
10月07日23時04分：井11度
11月05日08時51分：井12度
12月03日18時38分：井13度

1909年

01月01日04時25分：井14度
01月29日14時13分：井15度
02月26日24時00分：井16度
03月27日09時47分：井17度
04月24日19時34分：井18度
05月23日05時21分：井19度
06月20日15時08分：井20度
07月19日00時55分：井21度
08月16日10時42分：井22度
09月13日20時30分：井23度
10月12日06時17分：井24度
11月09日16時04分：井25度
12月08日01時51分：井26度

1910年

01月05日11時38分：井27度
02月02日21時25分：井28度
03月03日07時12分：井29度
03月31日16時59分：井30度
04月29日02時47分：鬼初度
05月27日12時34分：鬼01度
06月24日22時21分：鬼02度
07月23日08時08分：柳初度
08月20日17時55分：柳01度
09月18日03時42分：柳02度
10月16日13時29分：柳03度
11月13日23時16分：柳04度
12月12日09時04分：柳05度

1911年

01月09日18時51分：柳06度
02月07日04時38分：柳07度
03月07日14時25分：柳08度
04月05日00時12分：柳09度
05月03日09時59分：柳10度
05月31日19時46分：柳11度
06月29日05時33分：柳12度
07月27日15時21分：柳13度
08月25日01時08分：星01度
09月22日10時55分：星02度
10月20日20時42分：星03度
11月18日06時29分：星04度
12月16日16時16分：星05度

1912年

01月14日02時03分：星06度
02月11日11時50分：張01度
03月10日21時38分：張02度
04月08日07時25分：張03度
05月06日17時12分：張04度
06月04日02時59分：張05度
07月02日12時46分：張06度
07月30日22時33分：張07度
08月28日08時20分：張08度
09月25日18時07分：張09度
10月24日03時55分：張10度
11月21日13時42分：張11度
12月19日23時29分：張12度

1913年

01月17日09時16分：張13度
02月14日19時03分：張14度
03月15日04時50分：張15度
04月12日14時37分：張16度
05月11日00時24分：翼01度
06月08日10時12分：翼02度
07月06日19時59分：翼03度
08月04日05時46分：翼04度
09月01日15時33分：翼05度
09月30日01時20分：翼06度
10月28日11時07分：翼07度
11月25日20時54分：翼08度
12月24日06時41分：翼09度

1914年

01月21日16時29分：翼10度
02月19日02時16分：翼11度
03月19日12時03分：翼12度
04月16日21時50分：翼13度
05月15日07時37分：翼14度
06月12日17時24分：翼15度
07月11日03時11分：翼16度
08月08日12時58分：翼17度
09月05日22時46分：翼18度
10月04日08時33分：翼19度
11月01日18時20分：軫01度
11月30日04時07分：軫02度
12月28日13時54分：軫03度

1915年

01月25日23時41分：軫04度
02月23日09時28分：軫05度
03月23日19時16分：軫06度
04月21日05時03分：軫07度
05月19日14時50分：軫08度
06月17日00時37分：軫09度
07月15日10時24分：軫10度
08月12日20時11分：軫11度
09月10日05時58分：軫12度
10月08日15時45分：軫13度
11月06日01時33分：軫14度
12月04日11時20分：軫15度

1916年

01月01日21時07分：軫16度
01月30日06時54分：軫17度
02月27日16時41分：角01度
03月27日02時28分：角02度
04月24日12時15分：角03度
05月22日22時02分：角04度
06月20日07時50分：角05度
07月18日17時37分：角06度
08月16日03時24分：角07度
09月13日13時11分：角08度
10月11日22時58分：角09度
11月09日08時45分：角10度
12月07日18時32分：角11度

1917年

01月05日04時19分：角12度
02月02日14時07分：亢01度
03月02日23時54分：亢02度

03月31日09時41分：亢03度
04月28日19時28分：亢04度
05月27日05時15分：亢05度
06月24日15時02分：亢06度
07月23日00時49分：亢07度
08月20日10時36分：亢08度
09月17日20時24分：亢09度
10月16日06時11分：氐初度
11月13日15時58分：氐01度
12月12日01時45分：氐02度

1918年

01月09日11時32分：氐03度
02月06日21時19分：氐04度
03月07日07時06分：氐05度
04月04日16時53分：氐06度
05月03日02時41分：氐07度
05月31日12時28分：氐08度
06月28日22時15分：氐09度
07月27日08時02分：氐10度
08月24日17時49分：氐11度
09月22日03時36分：氐12度
10月20日13時23分：氐13度
11月17日23時10分：氐14度
12月16日08時58分：氐15度

1919年

01月13日18時45分：氐16度
02月11日04時32分：房初度
03月11日14時19分：房01度
04月09日00時06分：房02度
05月07日09時53分：房03度
06月04日19時40分：房04度
07月03日05時27分：房05度
07月31日15時15分：心01度
08月29日01時02分：心02度
09月26日10時49分：心03度
10月24日20時36分：心04度
11月22日06時23分：心05度
12月20日16時10分：心06度

1920年

01月18日01時57分：尾01度
02月15日11時44分：尾02度
03月14日21時32分：尾03度
04月12日07時19分：尾04度
05月10日17時06分：尾05度
06月08日02時53分：尾06度
07月06日12時40分：尾07度
08月03日22時27分：尾08度
09月01日08時14分：尾09度
09月29日18時01分：尾10度
10月28日03時49分：尾11度
11月25日13時36分：尾12度
12月23日23時23分：尾13度

1921年

01月21日09時10分：尾14度
02月18日18時57分：尾15度
03月19日04時44分：尾16度
04月16日14時31分：尾17度
05月15日00時18分：尾18度
06月12日10時06分：箕初度
07月10日19時53分：箕01度
08月08日05時40分：箕02度
09月05日15時27分：箕03度
10月04日01時14分：箕04度
11月01日11時01分：箕05度
11月29日20時48分：箕06度
12月28日06時36分：箕07度

1922年

01月25日16時23分：箕08度
02月23日02時10分：箕09度
03月23日11時57分：箕10度
04月20日21時44分：斗初度
05月19日07時31分：斗01度
06月16日17時18分：斗02度
07月15日03時05分：斗03度
08月12日12時53分：斗04度
09月09日22時40分：斗05度
10月08日08時27分：斗06度
11月05日18時14分：斗07度
12月04日04時01分：斗08度

1923年

01月01日13時48分：斗09度
01月29日23時35分：斗10度
02月27日09時22分：斗11度
03月27日19時10分：斗12度
04月25日04時57分：斗13度
05月23日14時44分：斗14度
06月21日00時31分：斗15度
07月19日10時18分：斗16度
08月16日20時05分：斗17度
09月14日05時52分：斗18度
10月12日15時39分：斗19度
11月10日01時27分：斗20度
12月08日11時14分：斗21度

1924年

01月05日21時01分：斗22度
02月03日06時48分：斗23度
03月02日16時35分：牛初度
03月31日02時22分：牛01度
04月28日12時09分：牛02度
05月26日21時56分：牛03度
06月24日07時44分：牛04度
07月22日17時31分：牛05度
08月20日03時18分：牛06度
09月17日13時05分：女初度
10月15日22時52分：女01度
11月13日08時39分：女02度
12月11日18時26分：女03度

1925年

01月09日04時13分：女04度
02月06日14時01分：女05度
03月06日23時48分：女06度
04月04日09時35分：女07度
05月02日19時22分：女08度
05月31日05時09分：女09度
06月28日14時56分：女10度
07月27日00時43分：虚初度
08月24日10時30分：虚01度
09月21日20時18分：虚02度
10月20日06時05分：虚03度

11月17日15時52分：虚04度
12月16日01時39分：虚05度

1926年

01月13日11時26分：虚06度
02月10日21時13分：虚07度
03月11日07時00分：虚08度
04月08日16時47分：虚09度
05月07日02時35分：危01度
06月04日12時22分：危02度
07月02日22時09分：危03度
07月31日07時56分：危04度
08月28日17時43分：危05度
09月26日03時30分：危06度
10月24日13時17分：危07度
11月21日23時04分：危08度
12月20日08時52分：危09度

1927年

01月17日18時39分：危10度
02月15日04時26分：危11度
03月15日14時13分：危12度
04月13日00時00分：危13度
05月11日09時47分：危14度
06月08日19時34分：危15度
07月07日05時21分：室01度
08月04日15時09分：室02度
09月02日00時56分：室03度
09月30日10時43分：室04度
10月28日20時30分：室05度
11月26日06時17分：室06度
12月24日16時04分：室07度

1928年

01月22日01時51分：室08度
02月19日11時38分：室09度
03月18日21時26分：室10度
04月16日07時13分：室11度
05月14日17時00分：室12度
06月12日02時47分：室13度
07月10日12時34分：室14度
08月07日22時21分：室15度
09月05日08時08分：室16度
10月03日17時56分：室17度
11月01日03時43分：壁01度
11月29日13時30分：壁02度
12月27日23時17分：壁03度

1929年

01月25日09時04分：壁04度
02月22日18時51分：壁05度
03月23日04時38分：壁06度
04月20日14時25分：壁07度
05月19日00時13分：壁08度
06月16日10時00分：奎初度
07月14日19時47分：奎01度
08月12日05時34分：奎02度
09月09日15時21分：奎03度
10月08日01時08分：奎04度
11月05日10時55分：奎05度
12月03日20時42分：奎06度

1930年

01月01日06時30分：奎07度
01月29日16時17分：奎08度
02月27日02時04分：奎09度
03月27日11時51分：奎10度
04月24日21時38分：奎11度
05月23日07時25分：奎12度
06月20日17時12分：奎13度
07月19日02時59分：奎14度
08月16日12時47分：奎15度
09月13日22時34分：奎16度
10月12日08時21分：婁01度
11月09日18時08分：婁02度
12月08日03時55分：婁03度

1931年

01月05日13時42分：婁04度
02月02日23時29分：婁05度
03月03日09時16分：婁06度
03月31日19時04分：婁07度
04月29日04時51分：婁08度
05月27日14時38分：婁09度
06月25日00時25分：婁10度
07月23日10時12分：婁11度
08月20日19時59分：婁12度
09月18日05時46分：胃01度
10月16日15時33分：胃02度
11月14日01時21分：胃03度
12月12日11時08分：胃04度

1932年

01月09日20時55分：胃05度
02月07日06時42分：胃06度
03月06日16時29分：胃07度
04月04日02時16分：胃08度
05月02日12時03分：胃09度
05月30日21時50分：胃10度
06月28日07時38分：胃11度
07月26日17時25分：胃12度
08月24日03時12分：胃13度
09月21日12時59分：胃14度
10月19日22時46分：胃15度
11月17日08時33分：昴初度
12月15日18時20分：昴01度

1933年

01月13日04時07分：昴02度
02月10日13時55分：昴03度
03月10日23時42分：昴04度
04月08日09時29分：昴05度
05月06日19時16分：昴06度
06月04日05時03分：昴07度
07月02日14時50分：昴08度
07月31日00時37分：昴09度
08月28日10時24分：昴10度
09月25日20時12分：畢初度
10月24日05時59分：畢01度
11月21日15時46分：畢02度
12月20日01時33分：畢03度

1934年

01月17日11時20分：畢04度
02月14日21時07分：畢05度
03月15日06時54分：畢06度
04月12日16時41分：畢07度
05月11日02時29分：畢08度
06月08日12時16分：畢09度

07月06日22時03分：畢10度
08月04日07時50分：畢11度
09月01日17時37分：畢12度
09月30日03時24分：畢13度
10月28日13時11分：畢14度
11月25日22時58分：畢15度
12月24日08時46分：畢16度

1935年

01月21日18時33分：觜初度
02月19日04時20分：参01度
03月19日14時07分：参02度
04月16日23時54分：参03度
05月15日09時41分：参04度
06月12日19時28分：参05度
07月11日05時15分：参06度
08月08日15時03分：参07度
09月06日00時50分：参08度
10月04日10時37分：参09度
11月01日20時24分：参10度
11月30日06時11分：井初度
12月28日15時58分：井01度

1936年

01月26日01時45分：井02度
02月23日11時33分：井03度
03月22日21時20分：井04度
04月20日07時07分：井05度
05月18日16時54分：井06度
06月16日02時41分：井07度
07月14日12時28分：井08度
08月11日22時15分：井09度
09月09日08時02分：井10度
10月07日17時50分：井11度
11月05日03時37分：井12度
12月03日13時24分：井13度
12月31日23時11分：井14度

1937年

01月29日08時58分：井15度
02月26日18時45分：井16度
03月27日04時32分：井17度
04月24日14時19分：井18度
05月23日00時07分：井19度
06月20日09時54分：井20度
07月18日19時41分：井21度
08月16日05時28分：井22度
09月13日15時15分：井23度
10月12日01時02分：井24度
11月09日10時49分：井25度
12月07日20時36分：井26度

1938年

01月05日06時24分：井27度
02月02日16時11分：井28度
03月03日01時58分：井29度
03月31日11時45分：井30度
04月28日21時32分：鬼初度
05月27日07時19分：鬼01度
06月24日17時06分：鬼02度
07月23日02時53分：柳初度
08月20日12時41分：柳01度
09月17日22時28分：柳02度
10月16日08時15分：柳03度
11月13日18時02分：柳04度
12月12日03時49分：柳05度

1939年

01月09日13時36分：柳06度
02月06日23時23分：柳07度
03月07日09時10分：柳08度
04月04日18時58分：柳09度
05月03日04時45分：柳10度
05月31日14時32分：柳11度
06月29日00時19分：柳12度
07月27日10時06分：柳13度
08月24日19時53分：星01度
09月22日05時40分：星02度
10月20日15時27分：星03度
11月18日01時15分：星04度
12月16日11時02分：星05度

1940年

01月13日20時49分：星06度
02月11日06時36分：張01度
03月10日16時23分：張02度
04月08日02時10分：張03度
05月06日11時57分：張04度
06月03日21時44分：張05度
07月02日07時32分：張06度
07月30日17時19分：張07度
08月28日03時06分：張08度
09月25日12時53分：張09度
10月23日22時40分：張10度
11月21日08時27分：張11度
12月19日18時14分：張12度

1941年

01月17日04時01分：張13度
02月14日13時49分：張14度
03月14日23時36分：張15度
04月12日09時23分：張16度
05月10日19時10分：翼01度
06月08日04時57分：翼02度
07月06日14時44分：翼03度
08月04日00時31分：翼04度
09月01日10時18分：翼05度
09月29日20時06分：翼06度
10月28日05時53分：翼07度
11月25日15時40分：翼08度
12月24日01時27分：翼09度

1942年

01月21日11時14分：翼10度
02月18日21時01分：翼11度
03月19日06時48分：翼12度
04月16日16時35分：翼13度
05月15日02時23分：翼14度
06月12日12時10分：翼15度
07月10日21時57分：翼16度
08月08日07時44分：翼17度
09月05日17時31分：翼18度
10月04日03時18分：翼19度
11月01日13時05分：軫01度
11月29日22時53分：軫02度
12月28日08時40分：軫03度

1943年

01月25日18時27分：軫04度

02月23日04時14分：軫05度
03月23日14時01分：軫06度
04月20日23時48分：軫07度
05月19日09時35分：軫08度
06月16日19時22分：軫09度
07月15日05時10分：軫10度
08月12日14時57分：軫11度
09月10日00時44分：軫12度
10月08日10時31分：軫13度
11月05日20時18分：軫14度
12月04日06時05分：軫15度

1944年

01月01日15時52分：軫16度
01月30日01時39分：軫17度
02月27日11時27分：角01度
03月26日21時14分：角02度
04月24日07時01分：角03度
05月22日16時48分：角04度
06月20日02時35分：角05度
07月18日12時22分：角06度
08月15日22時09分：角07度
09月13日07時56分：角08度
10月11日17時44分：角09度
11月09日03時31分：角10度
12月07日13時18分：角11度

1945年

01月04日23時05分：角12度
02月02日08時52分：亢01度
03月02日18時39分：亢02度
03月31日04時26分：亢03度
04月28日14時13分：亢04度
05月27日00時01分：亢05度
06月24日09時48分：亢06度
07月22日19時35分：亢07度
08月20日05時22分：亢08度
09月17日15時09分：亢09度
10月16日00時56分：氐初度
11月13日10時43分：氐01度
12月11日20時30分：氐02度

1946年

01月09日06時18分：氐03度
02月06日16時05分：氐04度
03月07日01時52分：氐05度
04月04日11時39分：氐06度
05月02日21時26分：氐07度
05月31日07時13分：氐08度
06月28日17時00分：氐09度
07月27日02時47分：氐10度
08月24日12時35分：氐11度
09月21日22時22分：氐12度
10月20日08時09分：氐13度
11月17日17時56分：氐14度
12月16日03時43分：氐15度

1947年

01月13日13時30分：氐16度
02月10日23時17分：房初度
03月11日09時04分：房01度
04月08日18時52分：房02度
05月07日04時39分：房03度
06月04日14時26分：房04度
07月03日00時13分：房05度
07月31日10時00分：心01度
08月28日19時47分：心02度
09月26日05時34分：心03度
10月24日15時21分：心04度
11月22日01時09分：心05度
12月20日10時56分：心06度

1948年

01月17日20時43分：尾01度
02月15日06時30分：尾02度
03月14日16時17分：尾03度
04月12日02時04分：尾04度
05月10日11時51分：尾05度
06月07日21時38分：尾06度
07月06日07時26分：尾07度
08月03日17時13分：尾08度
09月01日03時00分：尾09度
09月29日12時47分：尾10度
10月27日22時34分：尾11度
11月25日08時21分：尾12度
12月23日18時08分：尾13度

1949年

01月21日03時55分：尾14度
02月18日13時43分：尾15度
03月18日23時30分：尾16度
04月16日09時17分：尾17度
05月14日19時04分：尾18度
06月12日04時51分：箕初度
07月10日14時38分：箕01度
08月08日00時25分：箕02度
09月05日10時13分：箕03度
10月03日20時00分：箕04度
11月01日05時47分：箕05度
11月29日15時34分：箕06度
12月28日01時21分：箕07度

1950年

01月25日11時08分：箕08度
02月22日20時55分：箕09度
03月23日06時42分：箕10度
04月20日16時30分：斗初度
05月19日02時17分：斗01度
06月16日12時04分：斗02度
07月14日21時51分：斗03度
08月12日07時38分：斗04度
09月09日17時25分：斗05度
10月08日03時12分：斗06度
11月05日12時59分：斗07度
12月03日22時47分：斗08度

1951年

01月01日08時34分：斗09度
01月29日18時21分：斗10度
02月27日04時08分：斗11度
03月27日13時55分：斗12度
04月24日23時42分：斗13度
05月23日09時29分：斗14度
06月20日19時16分：斗15度
07月19日05時04分：斗16度
08月16日14時51分：斗17度
09月14日00時38分：斗18度

10月12日10時25分：斗19度
11月09日20時12分：斗20度
12月08日05時59分：斗21度

1952年

01月05日15時46分：斗22度
02月03日01時33分：斗23度
03月02日11時21分：牛初度
03月30日21時08分：牛01度
04月28日06時55分：牛02度
05月26日16時42分：牛03度
06月24日02時29分：牛04度
07月22日12時16分：牛05度
08月19日22時03分：牛06度
09月17日07時50分：女初度
10月15日17時38分：女01度
11月13日03時25分：女02度
12月11日13時12分：女03度

1953年

01月08日22時59分：女04度
02月06日08時46分：女05度
03月06日18時33分：女06度
04月04日04時20分：女07度
05月02日14時07分：女08度
05月30日23時55分：女09度
06月28日09時42分：女10度
07月26日19時29分：虛初度
08月24日05時16分：虛01度
09月21日15時03分：虛02度
10月20日00時50分：虛03度
11月17日10時37分：虛04度
12月15日20時24分：虛05度

1954年

01月13日06時12分：虛06度
02月10日15時59分：虛07度
03月11日01時46分：虛08度
04月08日11時33分：虛09度
05月06日21時20分：危01度
06月04日07時07分：危02度
07月02日16時54分：危03度
07月31日02時41分：危04度
08月28日12時29分：危05度
09月25日22時16分：危06度
10月24日08時03分：危07度
11月21日17時50分：危08度
12月20日03時37分：危09度

1955年

01月17日13時24分：危10度
02月14日23時11分：危11度
03月15日08時58分：危12度
04月12日18時46分：危13度
05月11日04時33分：危14度
06月08日14時20分：危15度
07月07日00時07分：室01度
08月04日09時54分：室02度
09月01日19時41分：室03度
09月30日05時28分：室04度
10月28日15時15分：室05度
11月26日01時03分：室06度
12月24日10時50分：室07度

1956年

01月21日20時37分：室08度
02月19日06時24分：室09度
03月18日16時11分：室10度
04月16日01時58分：室11度
05月14日11時45分：室12度
06月11日21時33分：室13度
07月10日07時20分：室14度
08月07日17時07分：室15度
09月05日02時54分：室16度
10月03日12時41分：室17度
10月31日22時28分：壁01度
11月29日08時15分：壁02度
12月27日18時02分：壁03度

1957年

01月25日03時50分：壁04度
02月22日13時37分：壁05度
03月22日23時24分：壁06度
04月20日09時11分：壁07度
05月18日18時58分：壁08度
06月16日04時45分：奎初度
07月14日14時32分：奎01度
08月12日00時19分：奎02度
09月09日10時07分：奎03度
10月07日19時54分：奎04度
11月05日05時41分：奎05度
12月03日15時28分：奎06度

1958年

01月01日01時15分：奎07度
01月29日11時02分：奎08度
02月26日20時49分：奎09度
03月27日06時36分：奎10度
04月24日16時24分：奎11度
05月23日02時11分：奎12度
06月20日11時58分：奎13度
07月18日21時45分：奎14度
08月16日07時32分：奎15度
09月13日17時19分：奎16度
10月12日03時06分：婁01度
11月09日12時53分：婁02度
12月07日22時41分：婁03度

1959年

01月05日08時28分：婁04度
02月02日18時15分：婁05度
03月03日04時02分：婁06度
03月31日13時49分：婁07度
04月28日23時36分：婁08度
05月27日09時23分：婁09度
06月24日19時10分：婁10度
07月23日04時58分：婁11度
08月20日14時45分：婁12度
09月18日00時32分：胃01度
10月16日10時19分：胃02度
11月13日20時06分：胃03度
12月12日05時53分：胃04度

1960年

01月09日15時40分：胃05度
02月07日01時27分：胃06度
03月06日11時15分：胃07度
04月03日21時02分：胃08度
05月02日06時49分：胃09度

05月30日15時36分：胃10度
06月28日02時23分：胃11度
07月26日12時10分：胃12度
08月23日21時57分：胃13度
09月21日07時44分：胃14度
10月19日17時32分：胃15度
11月17日03時19分：昴初度
12月15日13時06分：昴01度

1961年

01月12日22時53分：昴02度
02月10日08時40分：昴03度
03月10日18時27分：昴04度
04月08日04時14分：昴05度
05月06日14時01分：昴06度
06月03日23時49分：昴07度
07月02日09時36分：昴08度
07月30日19時23分：昴09度
08月28日05時10分：昴10度
09月25日14時57分：畢初度
10月24日00時44分：畢01度
11月21日10時31分：畢02度
12月19日20時18分：畢03度

1962年

01月17日06時06分：畢04度
02月14日15時53分：畢05度
03月15日01時40分：畢06度
04月12日11時27分：畢07度
05月10日21時14分：畢08度
06月08日07時01分：畢09度
07月06日16時48分：畢10度
08月04日02時35分：畢11度
09月01日12時23分：畢12度
09月29日22時10分：畢13度
10月28日07時57分：畢14度
11月25日17時44分：畢15度
12月24日03時31分：畢16度

1963年

01月21日13時18分：觜初度
02月18日23時05分：参01度
03月19日08時52分：参02度
04月16日18時40分：参03度
05月15日04時27分：参04度
06月12日14時14分：参05度
07月11日00時01分：参06度
08月08日09時48分：参07度
09月05日19時35分：参08度
10月04日05時22分：参09度
11月01日15時10分：参10度
11月30日00時57分：井初度
12月28日10時44分：井01度

1964年

01月25日20時31分：井02度
02月23日06時18分：井03度
03月22日16時05分：井04度
04月20日01時52分：井05度
05月18日11時39分：井06度
06月15日21時27分：井07度
07月14日07時14分：井08度
08月11日17時01分：井09度
09月09日02時48分：井10度
10月07日12時35分：井11度
11月04日22時22分：井12度
12月03日08時09分：井13度
12月31日17時56分：井14度

1965年

01月29日03時44分：井15度
02月26日13時31分：井16度
03月26日23時18分：井17度
04月24日09時05分：井18度
05月22日18時52分：井19度
06月20日04時39分：井20度
07月18日14時26分：井21度
08月16日00時13分：井22度
09月13日10時01分：井23度
10月11日19時48分：井24度
11月09日05時35分：井25度
12月07日15時22分：井26度

1966年

01月05日01時09分：井27度
02月02日10時56分：井28度
03月02日20時43分：井29度
03月31日06時30分：井30度
04月28日16時18分：鬼初度
05月27日02時05分：鬼01度
06月24日11時52分：鬼02度
07月22日21時39分：柳初度
08月20日07時26分：柳01度
09月17日17時13分：柳02度
10月16日03時00分：柳03度
11月13日12時47分：柳04度
12月11日22時35分：柳05度

1967年

01月09日08時22分：柳06度
02月06日18時09分：柳07度
03月07日03時56分：柳08度
04月04日13時43分：柳09度
05月02日23時30分：柳10度
05月31日09時17分：柳11度
06月28日19時04分：柳12度
07月27日04時52分：柳13度
08月24日14時39分：星01度
09月22日00時26分：星02度
10月20日10時13分：星03度
11月17日20時00分：星04度
12月16日05時47分：星05度

1968年

01月13日15時34分：星06度
02月11日01時21分：張01度
03月10日11時09分：張02度
04月07日20時56分：張03度
05月06日06時43分：張04度
06月03日16時30分：張05度
07月02日02時17分：張06度
07月30日12時04分：張07度
08月27日21時51分：張08度
09月25日07時38分：張09度
10月23日17時26分：張10度
11月21日03時13分：張11度
12月19日13時00分：張12度

1969年

01月16日22時47分：張13度
02月14日08時34分：張14度
03月14日18時21分：張15度
04月12日04時08分：張16度
05月10日13時55分：翼01度
06月07日23時43分：翼02度
07月06日09時30分：翼03度
08月03日19時17分：翼04度
09月01日05時04分：翼05度
09月29日14時51分：翼06度
10月28日00時38分：翼07度
11月25日10時25分：翼08度
12月23日20時12分：翼09度

1970年

01月21日06時00分：翼10度
02月18日15時47分：翼11度
03月19日01時34分：翼12度
04月16日11時21分：翼13度
05月14日21時08分：翼14度
06月12日06時55分：翼15度
07月10日16時42分：翼16度
08月08日02時30分：翼17度
09月05日12時17分：翼18度
10月03日22時04分：翼19度
11月01日07時51分：軫01度
11月29日17時38分：軫02度
12月28日03時25分：軫03度

1971年

01月25日13時12分：軫04度
02月22日22時59分：軫05度
03月23日08時47分：軫06度
04月20日18時34分：軫07度
05月19日04時21分：軫08度
06月16日14時08分：軫09度
07月14日23時55分：軫10度
08月12日09時42分：軫11度
09月09日19時29分：軫12度
10月08日05時16分：軫13度
11月05日15時04分：軫14度
12月04日00時51分：軫15度

1972年

01月01日10時38分：軫16度
01月29日20時25分：軫17度
02月27日06時12分：角01度
03月26日15時59分：角02度
04月24日01時46分：角03度
05月22日11時33分：角04度
06月19日21時21分：角05度
07月18日07時08分：角06度
08月15日16時55分：角07度
09月13日02時42分：角08度
10月11日12時29分：角09度
11月08日22時16分：角10度
12月07日08時03分：角11度

1973年

01月04日17時50分：角12度
02月02日03時38分：亢01度
03月02日13時25分：亢02度
03月30日23時12分：亢03度
04月28日08時59分：亢04度
05月26日18時46分：亢05度
06月24日04時33分：亢06度
07月22日14時20分：亢07度
08月20日00時07分：亢08度
09月17日09時55分：亢09度
10月15日19時42分：氐初度
11月13日05時29分：氐01度
12月11日15時16分：氐02度

1974年

01月09日01時03分：氐03度
02月06日10時50分：氐04度
03月06日20時37分：氐05度
04月04日06時24分：氐06度
05月02日16時12分：氐07度
05月31日01時59分：氐08度
06月28日11時46分：氐09度
07月26日21時33分：氐10度
08月24日07時20分：氐11度
09月21日17時07分：氐12度
10月20日02時54分：氐13度
11月17日12時41分：氐14度
12月15日22時29分：氐15度

1975年

01月13日08時16分：氐16度
02月10日18時03分：房初度
03月11日03時50分：房01度
04月08日13時37分：房02度
05月06日23時24分：房03度
06月04日09時11分：房04度
07月02日18時58分：房05度
07月31日04時46分：心01度
08月28日14時33分：心02度
09月26日00時20分：心03度
10月24日10時07分：心04度
11月21日19時54分：心05度
12月20日05時41分：心06度

1976年

01月17日15時28分：尾01度
02月15日01時15分：尾02度
03月14日11時03分：尾03度
04月11日20時50分：尾04度
05月10日06時37分：尾05度
06月07日16時24分：尾06度
07月06日02時11分：尾07度
08月03日11時58分：尾08度
08月31日21時45分：尾09度
09月29日07時32分：尾10度
10月27日17時20分：尾11度
11月25日03時07分：尾12度
12月23日12時54分：尾13度

1977年

01月20日22時41分：尾14度
02月18日08時28分：尾15度
03月18日18時15分：尾16度
04月16日04時02分：尾17度
05月14日13時50分：尾18度
06月11日23時37分：箕初度
07月10日09時24分：箕01度
08月07日19時11分：箕02度

09月05日04時58分：箕03度
10月03日14時45分：箕04度
11月01日00時32分：箕05度
11月29日10時19分：箕06度
12月27日20時07分：箕07度

1978年

01月25日05時54分：箕08度
02月22日15時41分：箕09度
03月23日01時28分：箕10度
04月20日11時15分：斗初度
05月18日21時02分：斗01度
06月16日06時49分：斗02度
07月14日16時36分：斗03度
08月12日02時24分：斗04度
09月09日12時11分：斗05度
10月07日21時58分：斗06度
11月05日07時45分：斗07度
12月03日17時32分：斗08度

1979年

01月01日03時19分：斗09度
01月29日13時06分：斗10度
02月26日22時53分：斗11度
03月27日08時41分：斗12度
04月24日18時28分：斗13度
05月23日04時15分：斗14度
06月20日14時02分：斗15度
07月18日23時49分：斗16度
08月16日09時36分：斗17度
09月13日19時23分：斗18度
10月12日05時10分：斗19度
11月09日14時58分：斗20度
12月08日00時45分：斗21度

1980年

01月05日10時32分：斗22度
02月02日20時19分：斗23度
03月02日06時06分：牛初度
03月30日15時53分：牛01度
04月28日01時40分：牛02度
05月26日11時27分：牛03度
06月23日21時15分：牛04度
07月22日07時02分：牛05度
08月19日16時49分：牛06度
09月17日02時36分：女初度
10月15日12時23分：女01度
11月12日22時10分：女02度
12月11日07時57分：女03度

1981年

01月08日17時44分：女04度
02月06日03時32分：女05度
03月06日13時19分：女06度
04月03日23時06分：女07度
05月02日08時53分：女08度
05月30日18時40分：女09度
06月28日04時27分：女10度
07月26日14時14分：虚初度
08月24日00時01分：虚01度
09月21日09時49分：虚02度
10月19日19時36分：虚03度
11月17日05時23分：虚04度
12月15日15時10分：虚05度

1982年

01月13日00時57分：虚06度
02月10日10時44分：虚07度
03月10日20時31分：虚08度
04月08日06時18分：虚09度
05月06日16時06分：危01度
06月04日01時53分：危02度
07月02日11時40分：危03度
07月30日21時27分：危04度
08月28日07時14分：危05度
09月25日17時01分：危06度
10月24日02時48分：危07度
11月21日12時35分：危08度
12月19日22時23分：危09度

1983年

01月17日08時10分：危10度
02月14日17時57分：危11度
03月15日03時44分：危12度
04月12日13時31分：危13度
05月10日23時18分：危14度
06月08日09時05分：危15度
07月06日18時52分：室01度
08月04日04時40分：室02度
09月01日14時27分：室03度
09月30日00時14分：室04度
10月28日10時01分：室05度
11月25日19時48分：室06度
12月24日05時35分：室07度

1984年

01月21日15時22分：室08度
02月19日01時09分：室09度
03月18日10時57分：室10度
04月15日20時44分：室11度
05月14日06時31分：室12度
06月11日16時18分：室13度
07月10日02時05分：室14度
08月07日11時52分：室15度
09月04日21時39分：室16度
10月03日07時27分：室17度
10月31日17時14分：壁01度
11月29日03時01分：壁02度
12月27日12時48分：壁03度

1985年

01月24日22時35分：壁04度
02月22日08時22分：壁05度
03月22日18時09分：壁06度
04月20日03時56分：壁07度
05月18日13時44分：壁08度
06月15日23時31分：奎初度
07月14日09時18分：奎01度
08月11日19時05分：奎02度
09月09日04時52分：奎03度
10月07日14時39分：奎04度
11月05日00時26分：奎05度
12月03日10時13分：奎06度
12月31日20時01分：奎07度

1986年

01月29日05時48分：奎08度
02月26日15時35分：奎09度
03月27日01時22分：奎10度

04月24日11時09分：奎11度
05月22日20時56分：奎12度
06月20日06時43分：奎13度
07月18日16時30分：奎14度
08月16日02時18分：奎15度
09月13日12時05分：奎16度
10月11日21時52分：婁01度
11月09日07時39分：婁02度
12月07日17時26分：婁03度

1987年

01月05日03時13分：婁04度
02月02日13時00分：婁05度
03月02日22時47分：婁06度
03月31日08時35分：婁07度
04月28日18時22分：婁08度
05月27日04時09分：婁09度
06月24日13時56分：婁10度
07月22日23時43分：婁11度
08月20日09時30分：婁12度
09月17日19時17分：胃01度
10月16日05時04分：胃02度
11月13日14時52分：胃03度
12月12日00時39分：胃04度

1988年

01月09日10時26分：胃05度
02月06日20時13分：胃06度
03月06日06時00分：胃07度
04月03日15時47分：胃08度
05月02日01時34分：胃09度
05月30日11時21分：胃10度
06月27日21時09分：胃11度
07月26日06時56分：胃12度
08月23日16時43分：胃13度
09月21日02時30分：胃14度
10月19日12時17分：胃15度
11月16日22時04分：昴初度
12月15日07時51分：昴01度

1989年

01月12日17時38分：昴02度
02月10日03時26分：昴03度
03月10日13時13分：昴04度
04月07日23時00分：昴05度
05月06日08時47分：昴06度
06月03日18時34分：昴07度
07月02日04時21分：昴08度
07月30日14時08分：昴09度
08月27日23時55分：昴10度
09月25日09時43分：畢初度
10月23日19時30分：畢01度
11月21日05時17分：畢02度
12月19日15時04分：畢03度

1990年

01月17日00時51分：畢04度
02月14日10時38分：畢05度
03月14日20時25分：畢06度
04月12日06時12分：畢07度
05月10日16時00分：畢08度
06月08日01時47分：畢09度
07月06日11時34分：畢10度
08月03日21時21分：畢11度
09月01日07時08分：畢12度
09月29日16時55分：畢13度
10月28日02時42分：畢14度
11月25日12時29分：畢15度
12月23日22時17分：畢16度

1991年

01月21日08時04分：觜初度
02月18日17時51分：参01度
03月19日03時38分：参02度
04月16日13時25分：参03度
05月14日23時12分：参04度
06月12日08時59分：参05度
07月10日18時47分：参06度
08月08日04時34分：参07度
09月05日14時21分：参08度
10月04日00時08分：参09度
11月01日09時55分：参10度
11月29日19時42分：井初度
12月28日05時29分：井01度

1992年

01月25日15時16分：井02度
02月23日01時04分：井03度
03月22日10時51分：井04度
04月19日20時38分：井05度
05月18日06時25分：井06度
06月15日16時12分：井07度
07月14日01時59分：井08度
08月11日11時46分：井09度
09月08日21時33分：井10度
10月07日07時21分：井11度
11月04日17時08分：井12度
12月03日02時55分：井13度
12月31日12時42分：井14度

1993年

01月28日22時29分：井15度
02月26日08時16分：井16度
03月26日18時03分：井17度
04月24日03時50分：井18度
05月22日13時38分：井19度
06月19日23時25分：井20度
07月18日09時12分：井21度
08月15日18時59分：井22度
09月13日04時46分：井23度
10月11日14時33分：井24度
11月09日00時20分：井25度
12月07日10時07分：井26度

1994年

01月04日19時55分：井27度
02月02日05時42分：井28度
03月02日15時29分：井29度
03月31日01時16分：井30度
04月28日11時03分：鬼初度
05月26日20時50分：鬼01度
06月24日06時37分：鬼02度
07月22日16時24分：柳初度
08月20日02時12分：柳01度
09月17日11時59分：柳02度
10月15日21時46分：柳03度
11月13日07時33分：柳04度

12月11日17時20分：柳05度

1995年

01月09日03時07分：柳06度
02月06日12時54分：柳07度
03月06日22時41分：柳08度
04月04日08時29分：柳09度
05月02日18時16分：柳10度
05月31日04時03分：柳11度
06月28日13時50分：柳12度
07月26日23時37分：柳13度
08月24日09時24分：星01度
09月21日19時11分：星02度
10月20日04時58分：星03度
11月17日14時46分：星04度
12月16日00時33分：星05度

1996年

01月13日10時20分：星06度
02月10日20時07分：張01度
03月10日05時54分：張02度
04月07日15時41分：張03度
05月06日01時28分：張04度
06月03日11時15分：張05度
07月01日21時03分：張06度
07月30日06時50分：張07度
08月27日16時37分：張08度
09月25日02時24分：張09度
10月23日12時11分：張10度
11月20日21時58分：張11度
12月19日07時45分：張12度

1997年

01月16日17時32分：張13度
02月14日03時20分：張14度
03月14日13時07分：張15度
04月11日22時54分：張16度
05月10日08時41分：翼01度
06月07日18時28分：翼02度
07月06日04時15分：翼03度
08月03日14時02分：翼04度
08月31日23時49分：翼05度
09月29日09時37分：翼06度
10月27日19時24分：翼07度
11月25日05時11分：翼08度
12月23日14時58分：翼09度

1998年

01月21日00時45分：翼10度
02月18日10時32分：翼11度
03月18日20時19分：翼12度
04月16日06時07分：翼13度
05月14日15時54分：翼14度
06月12日01時41分：翼15度
07月10日11時28分：翼16度
08月07日21時15分：翼17度
09月05日07時02分：翼18度
10月03日16時49分：翼19度
11月01日02時36分：軫01度
11月29日12時24分：軫02度
12月27日22時11分：軫03度

1999年

01月25日07時58分：軫04度
02月22日17時45分：軫05度
03月23日03時32分：軫06度
04月20日13時19分：軫07度
05月18日23時06分：軫08度
06月16日08時53分：軫09度
07月14日18時41分：軫10度
08月12日04時28分：軫11度
09月09日14時15分：軫12度
10月08日00時02分：軫13度
11月05日09時49分：軫14度
12月03日19時36分：軫15度

2000年

01月01日05時23分：軫16度
01月29日15時10分：軫17度
02月27日00時58分：角01度
03月26日10時45分：角02度
04月23日20時32分：角03度
05月22日06時19分：角04度
06月19日16時06分：角05度
07月18日01時53分：角06度
08月15日11時40分：角07度
09月12日21時27分：角08度
10月11日07時15分：角09度
11月08日17時02分：角10度
12月07日02時49分：角11度

2001年

01月04日12時36分：角12度
02月01日22時23分：亢01度
03月02日08時10分：亢02度
03月30日17時57分：亢03度
04月28日03時44分：亢04度
05月26日13時32分：亢05度
06月23日23時19分：亢06度
07月22日09時06分：亢07度
08月19日18時53分：亢08度
09月17日04時40分：亢09度
10月15日14時27分：氐初度
11月13日00時14分：氐01度
12月11日10時01分：氐02度

2002年

01月08日19時49分：氐03度
02月06日05時36分：氐04度
03月06日15時23分：氐05度
04月04日01時10分：氐06度
05月02日10時57分：氐07度
05月30日20時44分：氐08度
06月28日06時31分：氐09度
07月26日16時18分：氐10度
08月24日02時06分：氐11度
09月21日11時53分：氐12度
10月19日21時40分：氐13度
11月17日07時27分：氐14度
12月15日17時14分：氐15度

2003年

01月13日03時01分：氐16度
02月10日12時48分：房初度
03月10日22時35分：房01度
04月08日08時23分：房02度
05月06日18時10分：房03度
06月04日03時57分：房04度
07月02日13時44分：房05度

07月30日23時31分：心01度
08月28日09時18分：心02度
09月25日19時05分：心03度
10月24日04時52分：心04度
11月21日14時40分：心05度
12月20日00時27分：心06度

2004年

01月17日10時14分：尾01度
02月14日20時01分：尾02度
03月14日05時48分：尾03度
04月11日15時35分：尾04度
05月10日01時22分：尾05度
06月07日11時09分：尾06度
07月05日20時57分：尾07度
08月03日06時44分：尾08度
08月31日16時31分：尾09度
09月29日02時18分：尾10度
10月27日12時05分：尾11度
11月24日21時52分：尾12度
12月23日07時39分：尾13度

2005年

01月20日17時27分：尾14度
02月18日03時14分：尾15度
03月18日13時01分：尾16度
04月15日22時48分：尾17度
05月14日08時35分：尾18度
06月11日18時22分：箕初度
07月10日04時09分：箕01度
08月07日13時56分：箕02度
09月04日23時44分：箕03度
10月03日09時31分：箕04度
10月31日19時18分：箕05度
11月29日05時05分：箕06度
12月27日14時52分：箕07度

2006年

01月25日00時39分：箕08度
02月22日10時26分：箕09度
03月22日20時13分：箕10度
04月20日06時01分：斗初度
05月18日15時48分：斗01度
06月16日01時35分：斗02度
07月14日11時22分：斗03度
08月11日21時09分：斗04度
09月09日06時56分：斗05度
10月07日16時43分：斗06度
11月05日02時30分：斗07度
12月03日12時18分：斗08度
12月31日22時05分：斗09度

2007年

01月29日07時52分：斗10度
02月26日17時39分：斗11度
03月27日03時26分：斗12度
04月24日13時13分：斗13度
05月22日23時00分：斗14度
06月20日08時47分：斗15度
07月18日18時35分：斗16度
08月16日04時22分：斗17度
09月13日14時09分：斗18度
10月11日23時56分：斗19度
11月09日09時43分：斗20度
12月07日19時30分：斗21度

2008年

01月05日05時17分：斗22度
02月02日15時04分：斗23度
03月02日00時52分：牛初度
03月30日10時39分：牛01度
04月27日20時26分：牛02度
05月26日06時13分：牛03度
06月23日16時00分：牛04度
07月22日01時47分：牛05度
08月19日11時34分：牛06度
09月16日21時21分：女初度
10月15日07時09分：女01度
11月12日16時56分：女02度
12月11日02時43分：女03度

2009年

01月08日12時30分：女04度
02月05日22時17分：女05度
03月06日08時04分：女06度
04月03日17時51分：女07度
05月02日03時38分：女08度
05月30日13時26分：女09度
06月27日23時13分：女10度
07月26日09時00分：虚初度
08月23日18時47分：虚01度
09月21日04時34分：虚02度
10月19日14時21分：虚03度
11月17日00時08分：虚04度
12月15日09時55分：虚05度

2010年

01月12日19時43分：虚06度
02月10日05時30分：虚07度
03月10日15時17分：虚08度
04月08日01時04分：虚09度
05月06日10時51分：危01度
06月03日20時38分：危02度
07月02日06時25分：危03度
07月30日16時12分：危04度
08月28日02時00分：危05度
09月25日11時47分：危06度
10月23日21時34分：危07度
11月21日07時21分：危08度
12月19日17時08分：危09度

2011年

01月17日02時55分：危10度
02月14日12時42分：危11度
03月14日22時29分：危12度
04月12日08時17分：危13度
05月10日18時04分：危14度
06月08日03時51分：危15度
07月06日13時38分：室01度
08月03日23時25分：室02度
09月01日09時12分：室03度
09月29日18時59分：室04度
10月28日04時46分：室05度
11月25日14時34分：室06度
12月24日00時21分：室07度

2012年

01月21日10時08分：室08度
02月18日19時55分：室09度

03月18日05時42分：室10度
04月15日15時29分：室11度
05月14日01時16分：室12度
06月11日11時04分：室13度
07月09日20時51分：室14度
08月07日06時38分：室15度
09月04日16時25分：室16度
10月03日02時12分：室17度
10月31日11時59分：壁01度
11月28日21時46分：壁02度
12月27日07時33分：壁03度

2013年

01月24日17時21分：壁04度
02月22日03時08分：壁05度
03月22日12時55分：壁06度
04月19日22時42分：壁07度
05月18日08時29分：壁08度
06月15日18時16分：奎初度
07月14日04時03分：奎01度
08月11日13時50分：奎02度
09月08日23時38分：奎03度
10月07日09時25分：奎04度
11月04日19時12分：奎05度
12月03日04時59分：奎06度
12月31日14時46分：奎07度

2014年

01月29日00時33分：奎08度
02月26日10時20分：奎09度
03月26日20時07分：奎10度
04月24日05時55分：奎11度
05月22日15時42分：奎12度
06月20日01時29分：奎13度
07月18日11時16分：奎14度
08月15日21時03分：奎15度
09月13日06時50分：奎16度
10月11日16時37分：婁01度
11月09日02時24分：婁02度
12月07日12時12分：婁03度

2015年

01月04日21時59分：婁04度
02月02日07時46分：婁05度
03月02日17時33分：婁06度
03月31日03時20分：婁07度
04月28日13時07分：婁08度
05月26日22時54分：婁09度
06月24日08時41分：婁10度
07月22日18時29分：婁11度
08月20日04時16分：婁12度
09月17日14時03分：胃01度
10月15日23時50分：胃02度
11月13日09時37分：胃03度
12月11日19時24分：胃04度

2016年

01月09日05時11分：胃05度
02月06日14時58分：胃06度
03月06日00時46分：胃07度
04月03日10時33分：胃08度
05月01日20時20分：胃09度
05月30日06時07分：胃10度
06月27日15時54分：胃11度
07月26日01時41分：胃12度
08月23日11時28分：胃13度
09月20日21時15分：胃14度
10月19日07時03分：胃15度
11月16日16時50分：昴初度
12月15日02時37分：昴01度

2017年

01月12日12時24分：昴02度
02月09日22時11分：昴03度
03月10日07時58分：昴04度
04月07日17時45分：昴05度
05月06日03時32分：昴06度
06月03日13時20分：昴07度
07月01日23時07分：昴08度
07月30日08時54分：昴09度
08月27日18時41分：昴10度
09月25日04時28分：畢初度
10月23日14時15分：畢01度
11月21日00時02分：畢02度
12月19日09時49分：畢03度

2018年

01月16日19時37分：畢04度
02月14日05時24分：畢05度
03月14日15時11分：畢06度
04月12日00時58分：畢07度
05月10日10時45分：畢08度
06月07日20時32分：畢09度
07月06日06時19分：畢10度
08月03日16時06分：畢11度
09月01日01時54分：畢12度
09月29日11時41分：畢13度
10月27日21時28分：畢14度
11月25日07時15分：畢15度
12月23日17時02分：畢16度

2019年

01月21日02時49分：觜初度
02月18日12時36分：参01度
03月18日22時24分：参02度
04月16日08時11分：参03度
05月14日17時58分：参04度
06月12日03時45分：参05度
07月10日13時32分：参06度
08月07日23時19分：参07度
09月05日09時06分：参08度
10月03日18時53分：参09度
11月01日04時41分：参10度
11月29日14時28分：井初度
12月28日00時15分：井01度

2020年

01月25日10時02分：井02度
02月22日19時49分：井03度
03月22日05時36分：井04度
04月19日15時23分：井05度
05月18日01時10分：井06度
06月15日10時58分：井07度
07月13日20時45分：井08度
08月11日06時32分：井09度
09月08日16時19分：井10度
10月07日02時06分：井11度
11月04日11時53分：井12度

12月02日21時40分：井13度
12月31日07時27分：井14度

2021年

01月28日17時15分：井15度
02月26日03時02分：井16度
03月26日12時49分：井17度
04月23日22時36分：井18度
05月22日08時23分：井19度
06月19日18時10分：井20度
07月18日03時57分：井21度
08月15日13時44分：井22度
09月12日23時32分：井23度
10月11日09時19分：井24度
11月08日19時06分：井25度
12月07日04時53分：井26度

2022年

01月04日14時40分：井27度
02月02日00時27分：井28度
03月02日10時14分：井29度
03月30日20時01分：井30度
04月28日05時49分：鬼初度
05月26日15時36分：鬼01度
06月24日01時23分：鬼02度
07月22日11時10分：柳初度
08月19日20時57分：柳01度
09月17日06時44分：柳02度
10月15日16時31分：柳03度
11月13日02時18分：柳04度
12月11日12時06分：柳05度

2023年

01月08日21時53分：柳06度
02月06日07時40分：柳07度
03月06日17時27分：柳08度
04月04日03時14分：柳09度
05月02日13時01分：柳10度
05月30日22時48分：柳11度
06月28日08時35分：柳12度
07月26日18時23分：柳13度
08月24日04時10分：星01度
09月21日13時57分：星02度
10月19日23時44分：星03度
11月17日09時31分：星04度
12月15日19時18分：星05度

2024年

01月13日05時05分：星06度
02月10日14時52分：張01度
03月10日00時40分：張02度
04月07日10時27分：張03度
05月05日20時14分：張04度
06月03日06時01分：張05度
07月01日15時48分：張06度
07月30日01時35分：張07度
08月27日11時22分：張08度
09月24日21時09分：張09度
10月23日06時57分：張10度
11月20日16時44分：張11度
12月19日02時31分：張12度

2025年

01月16日12時18分：張13度
02月13日22時05分：張14度
03月14日07時52分：張15度
04月11日17時39分：張16度
05月10日03時26分：翼01度
06月07日13時14分：翼02度
07月05日23時01分：翼03度
08月03日08時48分：翼04度
08月31日18時35分：翼05度
09月29日04時22分：翼06度
10月27日14時09分：翼07度
11月24日23時56分：翼08度
12月23日09時44分：翼09度

2026年

01月20日19時31分：翼10度
02月18日05時18分：翼11度
03月18日15時05分：翼12度
04月16日00時52分：翼13度
05月14日10時39分：翼14度
06月11日20時26分：翼15度
07月10日06時13分：翼16度
08月07日16時01分：翼17度
09月05日01時48分：翼18度
10月03日11時35分：翼19度
10月31日21時22分：軫01度
11月29日07時09分：軫02度
12月27日16時56分：軫03度

2027年

01月25日02時43分：軫04度
02月22日12時30分：軫05度
03月22日22時18分：軫06度
04月20日08時05分：軫07度
05月18日17時52分：軫08度
06月16日03時39分：軫09度
07月14日13時26分：軫10度
08月11日23時13分：軫11度
09月09日09時00分：軫12度
10月07日18時47分：軫13度
11月05日04時35分：軫14度
12月03日14時22分：軫15度

2028年

01月01日00時09分：軫16度
01月29日09時56分：軫17度
02月26日19時43分：角01度
03月26日05時30分：角02度
04月23日15時17分：角03度
05月22日01時04分：角04度
06月19日10時52分：角05度
07月17日20時39分：角06度
08月15日06時26分：角07度
09月12日16時13分：角08度
10月11日02時00分：角09度
11月08日11時47分：角10度
12月06日21時34分：角11度

2029年

01月04日07時21分：角12度
02月01日17時09分：亢01度
03月02日02時56分：亢02度
03月30日12時43分：亢03度
04月27日22時30分：亢04度
05月26日08時17分：亢05度
06月23日18時04分：亢06度

07月22日03時51分：亢07度
08月19日13時38分：亢08度
09月16日23時26分：亢09度
10月15日09時13分：氐初度
11月12日19時00分：氐01度
12月11日04時47分：氐02度

2030年

01月08日14時34分：氐03度
02月06日00時21分：氐04度
03月06日10時08分：氐05度
04月03日19時55分：氐06度
05月02日05時43分：氐07度
05月30日15時30分：氐08度
06月28日01時17分：氐09度
07月26日11時04分：氐10度
08月23日20時51分：氐11度
09月21日06時38分：氐12度
10月19日16時25分：氐13度
11月17日02時12分：氐14度
12月15日12時00分：氐15度

2031年

01月12日21時47分：氐16度
02月10日07時34分：房初度
03月10日17時21分：房01度
04月08日03時08分：房02度
05月06日12時55分：房03度
06月03日22時42分：房04度
07月02日08時29分：房05度
07月30日18時17分：心01度
08月28日04時04分：心02度
09月25日13時51分：心03度
10月23日23時38分：心04度
11月21日09時25分：心05度
12月19日19時12分：心06度

2032年

01月17日04時59分：尾01度
02月14日14時46分：尾02度
03月14日00時34分：尾03度
04月11日10時21分：尾04度
05月09日20時08分：尾05度
06月07日05時55分：尾06度
07月05日15時42分：尾07度
08月03日01時29分：尾08度
08月31日11時16分：尾09度
09月28日21時03分：尾10度
10月27日06時51分：尾11度
11月24日16時38分：尾12度
12月23日02時25分：尾13度

2033年

01月20日12時12分：尾14度
02月17日21時59分：尾15度
03月18日07時46分：尾16度
04月15日17時33分：尾17度
05月14日03時21分：尾18度
06月11日13時08分：箕初度
07月09日22時55分：箕01度
08月07日08時42分：箕02度
09月04日18時29分：箕03度
10月03日04時16分：箕04度
10月31日14時03分：箕05度
11月28日23時50分：箕06度
12月27日09時38分：箕07度

2034年

01月24日19時25分：箕08度
02月22日05時12分：箕09度
03月22日14時59分：箕10度
04月20日00時46分：斗初度
05月18日10時33分：斗01度
06月15日20時20分：斗02度
07月14日06時07分：斗03度
08月11日15時55分：斗04度
09月09日01時42分：斗05度
10月07日11時29分：斗06度
11月04日21時16分：斗07度
12月03日07時03分：斗08度
12月31日16時50分：斗09度

2035年

01月29日02時37分：斗10度
02月26日12時24分：斗11度
03月26日22時12分：斗12度
04月24日07時59分：斗13度
05月22日17時46分：斗14度
06月20日03時33分：斗15度
07月18日13時20分：斗16度
08月15日23時07分：斗17度
09月13日08時54分：斗18度
10月11日18時41分：斗19度
11月09日04時29分：斗20度
12月07日14時16分：斗21度

2036年

01月05日00時03分：斗22度
02月02日09時50分：斗23度
03月01日19時37分：牛初度
03月30日05時24分：牛01度
04月27日15時11分：牛02度
05月26日00時58分：牛03度
06月23日10時46分：牛04度
07月21日20時33分：牛05度
08月19日06時20分：牛06度
09月16日16時07分：女初度
10月15日01時54分：女01度
11月12日11時41分：女02度
12月10日21時28分：女03度

2037年

01月08日07時15分：女04度
02月05日17時03分：女05度
03月06日02時50分：女06度
04月03日12時37分：女07度
05月01日22時24分：女08度
05月30日08時11分：女09度
06月27日17時58分：女10度
07月26日03時45分：虚初度
08月23日13時32分：虚01度
09月20日23時20分：虚02度
10月19日09時07分：虚03度
11月16日18時54分：虚04度
12月15日04時41分：虚05度

2038年

01月12日14時28分：虚06度
02月10日00時15分：虚07度

03月10日10時02分：虚08度
04月07日19時49分：虚09度
05月06日05時37分：危01度
06月03日15時24分：危02度
07月02日01時11分：危03度
07月30日10時58分：危04度
08月27日20時45分：危05度
09月25日06時32分：危06度
10月23日16時19分：危07度
11月21日02時06分：危08度
12月19日11時54分：危09度

2039年

01月16日21時41分：危10度
02月14日07時28分：危11度
03月14日17時15分：危12度
04月12日03時02分：危13度
05月10日12時49分：危14度
06月07日22時36分：危15度
07月06日08時23分：室01度
08月03日18時11分：室02度
09月01日03時58分：室03度
09月29日13時45分：室04度
10月27日23時32分：室05度
11月25日09時19分：室06度
12月23日19時06分：室07度

2040年

01月21日04時53分：室08度
02月18日14時41分：室09度
03月18日00時28分：室10度
04月15日10時15分：室11度
05月13日20時02分：室12度
06月11日05時49分：室13度
07月09日15時36分：室14度
08月07日01時23分：室15度
09月04日11時10分：室16度
10月02日20時58分：室17度
10月31日06時45分：壁01度
11月28日16時32分：壁02度
12月27日02時19分：壁03度

2041年

01月24日12時06分：壁04度
02月21日21時53分：壁05度
03月22日07時40分：壁06度
04月19日17時27分：壁07度
05月18日03時15分：壁08度
06月15日13時02分：奎初度
07月13日22時49分：奎01度
08月11日08時36分：奎02度
09月08日18時23分：奎03度
10月07日04時10分：奎04度
11月04日13時57分：奎05度
12月02日23時44分：奎06度
12月31日09時32分：奎07度

2042年

01月28日19時19分：奎08度
02月26日05時06分：奎09度
03月26日14時53分：奎10度
04月24日00時40分：奎11度
05月22日10時27分：奎12度
06月19日20時14分：奎13度
07月18日06時01分：奎14度
08月15日15時49分：奎15度
09月13日01時36分：奎16度
10月11日11時23分：婁01度
11月08日21時10分：婁02度
12月07日06時57分：婁03度

2043年

01月04日16時44分：婁04度
02月02日02時31分：婁05度
03月02日12時18分：婁06度
03月30日22時06分：婁07度
04月28日07時53分：婁08度
05月26日17時40分：婁09度
06月24日03時27分：婁10度
07月22日13時14分：婁11度
08月19日23時01分：婁12度
09月17日08時48分：胃01度
10月15日18時35分：胃02度
11月13日04時23分：胃03度
12月11日14時10分：胃04度

2044年

01月08日23時57分：胃05度
02月06日09時44分：胃06度
03月05日19時31分：胃07度
04月03日05時18分：胃08度
05月01日15時05分：胃09度
05月30日00時52分：胃10度
06月27日10時40分：胃11度
07月25日20時27分：胃12度
08月23日06時14分：胃13度
09月20日16時01分：胃14度
10月19日01時48分：胃15度
11月16日11時35分：昴初度
12月14日21時22分：昴01度

2045年

01月12日07時09分：昴02度
02月09日16時57分：昴03度
03月10日02時44分：昴04度
04月07日12時31分：昴05度
05月05日22時18分：昴06度
06月03日08時05分：昴07度
07月01日17時52分：昴08度
07月30日03時39分：昴09度
08月27日13時26分：昴10度
09月24日23時14分：畢初度
10月23日09時01分：畢01度
11月20日18時48分：畢02度
12月19日04時35分：畢03度

2046年

01月16日14時22分：畢04度
02月14日00時09分：畢05度
03月14日09時56分：畢06度
04月11日19時43分：畢07度
05月10日05時31分：畢08度
06月07日15時18分：畢09度
07月06日01時05分：畢10度
08月03日10時52分：畢11度
08月31日20時39分：畢12度
09月29日06時26分：畢13度

10月27日16時13分：畢14度
11月25日02時01分：畢15度
12月23日11時48分：畢16度

2047年

01月20日21時35分：觜初度
02月18日07時22分：参01度
03月18日17時09分：参02度
04月16日02時56分：参03度
05月14日12時43分：参04度
06月11日22時30分：参05度
07月10日08時18分：参06度
08月07日18時05分：参07度
09月05日03時52分：参08度
10月03日13時39分：参09度
10月31日23時26分：参10度
11月29日09時13分：井初度
12月27日19時00分：井01度

2048年

01月25日04時47分：井02度
02月22日14時35分：井03度
03月22日00時22分：井04度
04月19日10時09分：井05度
05月17日19時56分：井06度
06月15日05時43分：井07度
07月13日15時30分：井08度
08月11日01時17分：井09度
09月08日11時04分：井10度
10月06日20時52分：井11度
11月04日06時39分：井12度
12月02日16時26分：井13度
12月31日02時13分：井14度

2049年

01月28日12時00分：井15度
02月25日21時47分：井16度
03月26日07時34分：井17度
04月23日17時21分：井18度
05月22日03時09分：井19度
06月19日12時56分：井20度
07月17日22時43分：井21度
08月15日08時30分：井22度
09月12日18時17分：井23度
10月11日04時04分：井24度
11月08日13時51分：井25度
12月06日23時38分：井26度

2050年

01月04日09時26分：井27度
02月01日19時13分：井28度
03月02日05時00分：井29度
03月30日14時47分：井30度
04月28日00時34分：鬼初度
05月26日10時21分：鬼01度
06月23日20時08分：鬼02度
07月22日05時55分：柳初度
08月19日15時43分：柳01度
09月17日01時30分：柳02度
10月15日11時17分：柳03度
11月12日21時04分：柳04度
12月11日06時51分：柳05度

2051年

01月08日16時38分：柳06度
02月06日02時25分：柳07度
03月06日12時12分：柳08度
04月03日22時00分：柳09度
05月02日07時47分：柳10度
05月30日17時34分：柳11度
06月28日03時21分：柳12度
07月26日13時08分：柳13度
08月23日22時55分：星01度
09月21日08時42分：星02度
10月19日18時29分：星03度
11月17日04時17分：星04度
12月15日14時04分：星05度

2052年

01月12日23時51分：星06度
02月10日09時38分：張01度
03月09日19時25分：張02度
04月07日05時12分：張03度
05月05日14時59分：張04度
06月03日00時46分：張05度
07月01日10時34分：張06度
07月29日20時21分：張07度
08月27日06時08分：張08度
09月24日15時55分：張09度
10月23日01時42分：張10度
11月20日11時29分：張11度
12月18日21時16分：張12度

2053年

01月16日07時03分：張13度
02月13日16時51分：張14度
03月14日02時38分：張15度
04月11日12時25分：張16度
05月09日22時12分：翼01度
06月07日07時59分：翼02度
07月05日17時46分：翼03度
08月03日03時33分：翼04度
08月31日13時21分：翼05度
09月28日23時08分：翼06度
10月27日08時55分：翼07度
11月24日18時42分：翼08度
12月23日04時29分：翼09度

2054年

01月20日14時16分：翼10度
02月18日00時03分：翼11度
03月18日09時50分：翼12度
04月15日19時38分：翼13度
05月14日05時25分：翼14度
06月11日15時12分：翼15度
07月10日00時59分：翼16度
08月07日10時46分：翼17度
09月04日20時33分：翼18度
10月03日06時20分：翼19度
10月31日16時07分：軫01度
11月29日01時55分：軫02度
12月27日11時42分：軫03度

2055年

01月24日21時29分：軫04度
02月22日07時16分：軫05度
03月22日17時03分：軫06度
04月20日02時50分：軫07度
05月18日12時37分：軫08度

06月15日22時24分：軫09度
07月14日08時12分：軫10度
08月11日17時59分：軫11度
09月09日03時46分：軫12度
10月07日13時33分：軫13度
11月04日23時20分：軫14度
12月03日09時07分：軫15度
12月31日18時54分：軫16度

2056年

01月29日04時41分：軫17度
02月26日14時29分：角01度
03月26日00時16分：角02度
04月23日10時03分：角03度
05月21日19時50分：角04度
06月19日05時37分：角05度
07月17日15時24分：角06度
08月15日01時11分：角07度
09月12日10時58分：角08度
10月10日20時46分：角09度
11月08日06時33分：角10度
12月06日16時20分：角11度

2057年

01月04日02時07分：角12度
02月01日11時54分：亢01度
03月01日21時41分：亢02度
03月30日07時28分：亢03度
04月27日17時15分：亢04度
05月26日03時03分：亢05度
06月23日12時50分：亢06度
07月21日22時37分：亢07度
08月19日08時24分：亢08度
09月16日18時11分：亢09度
10月15日03時58分：氐初度
11月12日13時45分：氐01度
12月10日23時32分：氐02度

2058年

01月08日09時20分：氐03度
02月05日19時07分：氐04度
03月06日04時54分：氐05度
04月03日14時41分：氐06度
05月02日00時28分：氐07度
05月30日10時15分：氐08度
06月27日20時02分：氐09度
07月26日05時49分：氐10度
08月23日15時37分：氐11度
09月21日01時24分：氐12度
10月19日11時11分：氐13度
11月16日20時58分：氐14度
12月15日06時45分：氐15度

2059年

01月12日16時32分：氐16度
02月10日02時19分：房初度
03月10日12時06分：房01度
04月07日21時54分：房02度
05月06日07時41分：房03度
06月03日17時28分：房04度
07月02日03時15分：房05度
07月30日13時02分：心01度
08月27日22時49分：心02度
09月25日08時36分：心03度
10月23日18時23分：心04度
11月21日04時11分：心05度
12月19日13時58分：心06度

2060年

01月16日23時45分：尾01度
02月14日09時32分：尾02度
03月13日19時19分：尾03度
04月11日05時06分：尾04度
05月09日14時53分：尾05度
06月07日00時40分：尾06度
07月05日10時28分：尾07度
08月02日20時15分：尾08度
08月31日06時02分：尾09度
09月28日15時49分：尾10度
10月27日01時36分：尾11度
11月24日11時23分：尾12度
12月22日21時10分：尾13度

2061年

01月20日06時58分：尾14度
02月17日16時45分：尾15度
03月18日02時32分：尾16度
04月15日12時19分：尾17度
05月13日22時06分：尾18度
06月11日07時53分：箕初度
07月09日17時40分：箕01度
08月07日03時27分：箕02度
09月04日13時15分：箕03度
10月02日23時02分：箕04度
10月31日08時49分：箕05度
11月28日18時36分：箕06度
12月27日04時23分：箕07度

2062年

01月24日14時10分：箕08度
02月21日23時57分：箕09度
03月22日09時44分：箕10度
04月19日19時32分：斗初度
05月18日05時19分：斗01度
06月15日15時06分：斗02度
07月14日00時53分：斗03度
08月11日10時40分：斗04度
09月08日20時27分：斗05度
10月07日06時14分：斗06度
11月04日16時01分：斗07度
12月03日01時49分：斗08度
12月31日11時36分：斗09度

2063年

01月28日21時23分：斗10度
02月26日07時10分：斗11度
03月26日16時57分：斗12度
04月24日02時44分：斗13度
05月22日12時31分：斗14度
06月19日22時18分：斗15度
07月18日08時06分：斗16度
08月15日17時53分：斗17度
09月13日03時40分：斗18度
10月11日13時27分：斗19度
11月08日23時14分：斗20度
12月07日09時01分：斗21度

2064年

01月04日18時48分：斗22度

02月02日04時35分：斗23度
03月01日14時23分：牛初度
03月30日00時10分：牛01度
04月27日09時57分：牛02度
05月25日19時44分：牛03度
06月23日05時31分：牛04度
07月21日15時18分：牛05度
08月19日01時05分：牛06度
09月16日10時52分：女初度
10月14日20時40分：女01度
11月12日06時27分：女02度
12月10日16時14分：女03度

2065年

01月08日02時01分：女04度
02月05日11時48分：女05度
03月05日21時35分：女06度
04月03日07時22分：女07度
05月01日17時09分：女08度
05月30日02時57分：女09度
06月27日12時44分：女10度
07月25日22時31分：虚初度
08月23日08時18分：虚01度
09月20日18時05分：虚02度
10月19日03時52分：虚03度
11月16日13時39分：虚04度
12月14日23時26分：虚05度

2066年

01月12日09時14分：虚06度
02月09日19時01分：虚07度
03月10日04時48分：虚08度
04月07日14時35分：虚09度
05月06日00時22分：危01度
06月03日10時09分：危02度
07月01日19時56分：危03度
07月30日05時43分：危04度
08月27日15時31分：危05度
09月25日01時18分：危06度
10月23日11時05分：危07度
11月20日20時52分：危08度
12月19日06時39分：危09度

2067年

01月16日16時26分：危10度
02月14日02時13分：危11度
03月14日12時00分：危12度
04月11日21時48分：危13度
05月10日07時35分：危14度
06月07日17時22分：危15度
07月06日03時09分：室01度
08月03日12時56分：室02度
08月31日22時43分：室03度
09月29日08時30分：室04度
10月27日18時18分：室05度
11月25日04時05分：室06度
12月23日13時52分：室07度

2068年

01月20日23時39分：室08度
02月18日09時26分：室09度
03月17日19時13分：室10度
04月15日05時00分：室11度
05月13日14時47分：室12度
06月11日00時35分：室13度
07月09日10時22分：室14度
08月06日20時09分：室15度
09月04日05時56分：室16度
10月02日15時43分：室17度
10月31日01時30分：壁01度
11月28日11時17分：壁02度
12月26日21時04分：壁03度

2069年

01月24日06時52分：壁04度
02月21日16時39分：壁05度
03月22日02時26分：壁06度
04月19日12時13分：壁07度
05月17日22時00分：壁08度
06月15日07時47分：奎初度
07月13日17時34分：奎01度
08月11日03時21分：奎02度
09月08日13時09分：奎03度
10月06日22時56分：奎04度
11月04日08時43分：奎05度
12月02日18時30分：奎06度
12月31日04時17分：奎07度

2070年

01月28日14時04分：奎08度
02月25日23時51分：奎09度
03月26日09時38分：奎10度
04月23日19時26分：奎11度
05月22日05時13分：奎12度
06月19日15時00分：奎13度
07月18日00時47分：奎14度
08月15日10時34分：奎15度
09月12日20時21分：奎16度
10月11日06時08分：婁01度
11月08日15時55分：婁02度
12月07日01時43分：婁03度

2071年

01月04日11時30分：婁04度
02月01日21時17分：婁05度
03月02日07時04分：婁06度
03月30日16時51分：婁07度
04月28日02時38分：婁08度
05月26日12時25分：婁09度
06月23日22時12分：婁10度
07月22日08時00分：婁11度
08月19日17時47分：婁12度
09月17日03時34分：胃01度
10月15日13時21分：胃02度
11月12日23時08分：胃03度
12月11日08時55分：胃04度

2072年

01月08日18時42分：胃05度
02月06日04時29分：胃06度
03月05日14時17分：胃07度
04月03日00時04分：胃08度
05月01日09時51分：胃09度
05月29日19時38分：胃10度
06月27日05時25分：胃11度
07月25日15時12分：胃12度
08月23日00時59分：胃13度
09月20日10時46分：胃14度

10月18日20時34分：胃15度
11月16日06時21分：昴初度
12月14日16時08分：昴01度

2073年

01月12日01時55分：昴02度
02月09日11時42分：昴03度
03月09日21時29分：昴04度
04月07日07時16分：昴05度
05月05日17時03分：昴06度
06月03日02時51分：昴07度
07月01日12時38分：昴08度
07月29日22時25分：昴09度
08月27日08時12分：昴10度
09月24日17時59分：畢初度
10月23日03時46分：畢01度
11月20日13時33分：畢02度
12月18日23時20分：畢03度

2074年

01月16日09時08分：畢04度
02月13日18時55分：畢05度
03月14日04時42分：畢06度
04月11日14時29分：畢07度
05月10日00時16分：畢08度
06月07日10時03分：畢09度
07月05日19時50分：畢10度
08月03日05時38分：畢11度
08月31日15時25分：畢12度
09月29日01時12分：畢13度
10月27日10時59分：畢14度
11月24日20時46分：畢15度
12月23日06時33分：畢16度

2075年

01月20日16時20分：觜初度
02月18日02時07分：参01度
03月18日11時55分：参02度
04月15日21時42分：参03度
05月14日07時29分：参04度
06月11日17時16分：参05度
07月10日03時03分：参06度
08月07日12時50分：参07度
09月04日22時37分：参08度
10月03日08時24分：参09度
10月31日18時12分：参10度
11月29日03時59分：井初度
12月27日13時46分：井01度

2076年

01月24日23時33分：井02度
02月22日09時20分：井03度
03月21日19時07分：井04度
04月19日04時54分：井05度
05月17日14時41分：井06度
06月15日00時29分：井07度
07月13日10時16分：井08度
08月10日20時03分：井09度
09月08日05時50分：井10度
10月06日15時37分：井11度
11月04日01時24分：井12度
12月02日11時11分：井13度
12月30日20時58分：井14度

2077年

01月28日06時46分：井15度
02月25日16時33分：井16度
03月26日02時20分：井17度
04月23日12時07分：井18度
05月21日21時54分：井19度
06月19日07時41分：井20度
07月17日17時28分：井21度
08月15日03時15分：井22度
09月12日13時03分：井23度
10月10日22時50分：井24度
11月08日08時37分：井25度
12月06日18時24分：井26度

2078年

01月04日04時11分：井27度
02月01日13時58分：井28度
03月01日23時45分：井29度
03月30日09時32分：井30度
04月27日19時20分：鬼初度
05月26日05時07分：鬼01度
06月23日14時54分：鬼02度
07月22日00時41分：柳初度
08月19日10時28分：柳01度
09月16日20時15分：柳02度
10月15日06時02分：柳03度
11月12日15時49分：柳04度
12月11日01時37分：柳05度

2079年

01月08日11時24分：柳06度
02月05日21時11分：柳07度
03月06日06時58分：柳08度
04月03日16時45分：柳09度
05月02日02時32分：柳10度
05月30日12時19分：柳11度
06月27日22時06分：柳12度
07月26日07時54分：柳13度
08月23日17時41分：星01度
09月21日03時28分：星02度
10月19日13時15分：星03度
11月16日23時02分：星04度
12月15日08時49分：星05度

2080年

01月12日18時36分：星06度
02月10日04時23分：張01度
03月09日14時11分：張02度
04月06日23時58分：張03度
05月05日09時45分：張04度
06月02日19時32分：張05度
07月01日05時19分：張06度
07月29日15時06分：張07度
08月27日00時53分：張08度
09月24日10時40分：張09度
10月22日20時28分：張10度
11月20日06時15分：張11度
12月18日16時02分：張12度

2081年

01月16日01時49分：張13度
02月13日11時36分：張14度
03月13日21時23分：張15度
04月11日07時10分：張16度
05月09日16時57分：翼01度

06月07日02時45分：翼02度
07月05日12時32分：翼03度
08月02日22時19分：翼04度
08月31日08時06分：翼05度
09月28日17時53分：翼06度
10月27日03時40分：翼07度
11月24日13時27分：翼08度
12月22日23時15分：翼09度

2082年

01月20日09時02分：翼10度
02月17日18時49分：翼11度
03月18日04時36分：翼12度
04月15日14時23分：翼13度
05月14日00時10分：翼14度
06月11日09時57分：翼15度
07月09日19時44分：翼16度
08月07日05時32分：翼17度
09月04日15時19分：翼18度
10月03日01時06分：翼19度
10月31日10時53分：軫01度
11月28日20時40分：軫02度
12月27日06時27分：軫03度

2083年

01月24日16時14分：軫04度
02月22日02時01分：軫05度
03月22日11時49分：軫06度
04月19日21時36分：軫07度
05月18日07時23分：軫08度
06月15日17時10分：軫09度
07月14日02時57分：軫10度
08月11日12時44分：軫11度
09月08日22時31分：軫12度
10月07日08時18分：軫13度
11月04日18時06分：軫14度
12月03日03時53分：軫15度
12月31日13時40分：軫16度

2084年

01月28日23時27分：軫17度
02月26日09時14分：角01度
03月25日19時01分：角02度
04月23日04時48分：角03度
05月21日14時35分：角04度
06月19日00時23分：角05度
07月17日10時10分：角06度
08月14日19時57分：角07度
09月12日05時44分：角08度
10月10日15時31分：角09度
11月08日01時18分：角10度
12月06日11時05分：角11度

2085年

01月03日20時52分：角12度
02月01日06時40分：亢01度
03月01日16時27分：亢02度
03月30日02時14分：亢03度
04月27日12時01分：亢04度
05月25日21時48分：亢05度
06月23日07時35分：亢06度
07月21日17時22分：亢07度
08月19日03時09分：亢08度
09月16日12時57分：亢09度
10月14日22時44分：氐初度
11月12日08時31分：氐01度
12月10日18時18分：氐02度

2086年

01月08日04時05分：氐03度
02月05日13時52分：氐04度
03月05日23時39分：氐05度
04月03日09時26分：氐06度
05月01日19時14分：氐07度
05月30日05時01分：氐08度
06月27日14時48分：氐09度
07月26日00時35分：氐10度
08月23日10時22分：氐11度
09月20日20時09分：氐12度
10月19日05時56分：氐13度
11月16日15時43分：氐14度
12月15日01時31分：氐15度

2087年

01月12日11時18分：氐16度
02月09日21時05分：房初度
03月10日06時52分：房01度
04月07日16時39分：房02度
05月06日02時26分：房03度
06月03日12時13分：房04度
07月01日22時00分：房05度
07月30日07時48分：心01度
08月27日17時35分：心02度
09月25日03時22分：心03度
10月23日13時09分：心04度
11月20日22時56分：心05度
12月19日08時43分：心06度

2088年

01月16日18時30分：尾01度
02月14日04時17分：尾02度
03月13日14時05分：尾03度
04月10日23時52分：尾04度
05月09日09時39分：尾05度
06月06日19時26分：尾06度
07月05日05時13分：尾07度
08月02日15時00分：尾08度
08月31日00時47分：尾09度
09月28日10時35分：尾10度
10月26日20時22分：尾11度
11月24日06時09分：尾12度
12月22日15時56分：尾13度

2089年

01月20日01時43分：尾14度
02月17日11時30分：尾15度
03月17日21時17分：尾16度
04月15日07時04分：尾17度
05月13日16時52分：尾18度
06月11日02時39分：箕初度
07月09日12時26分：箕01度
08月06日22時13分：箕02度
09月04日08時00分：箕03度
10月02日17時47分：箕04度
10月31日03時34分：箕05度
11月28日13時21分：箕06度
12月26日23時09分：箕07度

2090年

01月24日08時56分：箕08度
02月21日18時43分：箕09度
03月22日04時30分：箕10度
04月19日14時17分：斗初度
05月18日00時04分：斗01度
06月15日09時51分：斗02度
07月13日19時38分：斗03度
08月11日05時26分：斗04度
09月08日15時13分：斗05度
10月07日01時00分：斗06度
11月04日10時47分：斗07度
12月02日20時34分：斗08度
12月31日06時21分：斗09度

2091年

01月28日16時08分：斗10度
02月26日01時55分：斗11度
03月26日11時43分：斗12度
04月23日21時30分：斗13度
05月22日07時17分：斗14度
06月19日17時04分：斗15度
07月18日02時51分：斗16度
08月15日12時38分：斗17度
09月12日22時25分：斗18度
10月11日08時12分：斗19度
11月08日18時00分：斗20度
12月07日03時47分：斗21度

2092年

01月04日13時34分：斗22度
02月01日23時21分：斗23度
03月01日09時08分：牛初度
03月29日18時55分：牛01度
04月27日04時42分：牛02度
05月25日14時29分：牛03度
06月23日00時17分：牛04度
07月21日10時04分：牛05度
08月18日19時51分：牛06度
09月16日05時38分：女初度
10月14日15時25分：女01度
11月12日01時12分：女02度
12月10日10時59分：女03度

2093年

01月07日20時46分：女04度
02月05日06時34分：女05度
03月05日16時21分：女06度
04月03日02時08分：女07度
05月01日11時55分：女08度
05月29日21時42分：女09度
06月27日07時29分：女10度
07月25日17時16分：虛初度
08月23日03時03分：虛01度
09月20日12時51分：虛02度
10月18日22時38分：虛03度
11月16日08時25分：虛04度
12月14日18時12分：虛05度

2094年

01月12日03時59分：虛06度
02月09日13時46分：虛07度
03月09日23時33分：虛08度
04月07日09時20分：虛09度
05月05日19時08分：危01度
06月03日04時55分：危02度
07月01日14時42分：危03度
07月30日00時29分：危04度
08月27日10時16分：危05度
09月24日20時03分：危06度
10月23日05時50分：危07度
11月20日15時37分：危08度
12月19日01時25分：危09度

2095年

01月16日11時12分：危10度
02月13日20時59分：危11度
03月14日06時46分：危12度
04月11日16時33分：危13度
05月10日02時20分：危14度
06月07日12時07分：危15度
07月05日21時55分：室01度
08月03日07時42分：室02度
08月31日17時29分：室03度
09月29日03時16分：室04度
10月27日13時03分：室05度
11月24日22時50分：室06度
12月23日08時37分：室07度

2096年

01月20日18時24分：室08度
02月18日04時12分：室09度
03月17日13時59分：室10度
04月14日23時46分：室11度
05月13日09時33分：室12度
06月10日19時20分：室13度
07月09日05時07分：室14度
08月06日14時54分：室15度
09月04日00時41分：室16度
10月02日10時29分：室17度
10月30日20時16分：壁01度
11月28日06時03分：壁02度
12月26日15時50分：壁03度

2097年

01月24日01時37分：壁04度
02月21日11時24分：壁05度
03月21日21時11分：壁06度
04月19日06時58分：壁07度
05月17日16時46分：壁08度
06月15日02時33分：奎初度
07月13日12時20分：奎01度
08月10日22時07分：奎02度
09月08日07時54分：奎03度
10月06日17時41分：奎04度
11月04日03時28分：奎05度
12月02日13時15分：奎06度
12月30日23時03分：奎07度

2098年

01月28日08時50分：奎08度
02月25日18時37分：奎09度
03月26日04時24分：奎10度
04月23日14時11分：奎11度
05月21日23時58分：奎12度
06月19日09時45分：奎13度
07月17日19時32分：奎14度
08月15日05時20分：奎15度

09月12日15時07分：奎16度
10月11日00時54分：婁01度
11月08日10時41分：婁02度
12月06日20時28分：婁03度

2099年

01月04日06時15分：婁04度
02月01日16時02分：婁05度
03月02日01時49分：婁06度
03月30日11時37分：婁07度
04月27日21時24分：婁08度
05月26日07時11分：婁09度
06月23日16時58分：婁10度
07月22日02時45分：婁11度
08月19日12時32分：婁12度
09月16日22時19分：胃01度
10月15日08時06分：胃02度
11月12日17時54分：胃03度
12月11日03時41分：胃04度

2100年

01月08日13時28分：胃05度
02月05日23時15分：胃06度
03月05日09時02分：胃07度
04月02日18時49分：胃08度
05月01日04時36分：胃09度
05月29日14時23分：胃10度
06月27日00時11分：胃11度
07月25日09時58分：胃12度
08月22日19時45分：胃13度
09月20日05時32分：胃14度
10月18日15時19分：胃15度
11月16日01時06分：昴初度
12月14日10時53分：昴01度